호세아서
강해설교

저자 **박병은**

호세아서 강해설교

발행일 2025년 12월 15일

지은이 박병은
펴낸이 김기영
펴낸곳 도서출판 영음사

주 소 서울특별시 강남구 광평로 56길 8-13, 1406호
전 화 02-3412-0901
팩 스 02-3412-1409
이메일 biblecomen@daum.net
등 록 2008년 4월 21일 제2021-000311호

978-89-7304-208-1(03230)

호세아서
강해설교

저자 **박병은**

HOSEA

하나님의
애증어린 사랑과
회복 이야기

도서출판 **영음사**

목차

HOSEA

호세아서
강해설교

하나님의
애증어린 사랑과
회복 이야기

HOSEA

서문

호세아서 강해서를 펴내며

구약 소선지서 첫 권인 호세아서는 북조 이스라엘을 향한 하나님의 심판과 구원에 관한 예언의 말씀입니다. 이 예언서를 묵상할 때마다 마음이 먹먹해집니다. 하나님은 마치 자신을 버린 아내에 대한 간곡한 사랑을 회복하시려는 신실한 남편처럼 우리에게 다가오십니다. 저는 그분의 마음을 '애증 어린 사랑'이라 부르고 싶었습니다. 하나님의 강력한 애증의 메시지는 한 절, 한 장마다 깊이 담겨 전해집니다. 심판과 사랑이 교차하는 모든 구절에서 여전히 포기하지 않으시는 하나님의 사랑을 만나게 됩니다. "너는 다시 여호와께로 돌아오라"(호 14:1). 호세아 선지자의 간곡한 이 메시지는 하나님의 아픈 사랑을 담아 전합니다. 맺은 언약에 따라 변치 않는 사랑으로 배교의 역사 속에서 징계하시며 회복을 계획하신 말씀이 담겨 있는 호세아서! 저는 그 애증 어린 하나님의 언약적 사랑을 한 구절 한 구절 풀어보려 노력했습니다.

여호와 하나님의 특별한 부르심에 따라 음란한 여인 고멜을 아내로 맞아 세 자녀를 둔 호세아는 자녀들의 이름을 통해 하나님께서 택한 백성을 흩어 버리시고(이스르엘), 그들에게 긍휼을 베풀지 않으셔서(로루하마) 백성을 삼지 않으시겠다(로암미)는 심판의 메시지를 전하였습니다. 그러나 언약의 하나님은 다윗과 맺은 언약에 따라 이스라엘을 절대로 버리지는 않으시겠다고 약속하십니다.

내가 그들의 반역을 고치고 기쁘게 그들을 사랑하리니 나의 진노가 그에게서 떠났음이니라. 내가 이스라엘에게 이슬과 같으리니 그가 백합화 같이 피겠고 레바논 백향목 같이 뿌리가 박힐 것이라. 그의 가지는 퍼지며 그의 아름다움은 감람나무와 같고 그의 향기는 레바논 백향목 같으리니, 그 그늘 아래에 거주하는 자가 돌아올지라. 그들은 곡식 같이 풍성할 것이며 포도나무 같이 꽃이 필 것이며 그 향기는 레바논의 포도주 같이 되리라(호 14:4-7).

이 구절은 하나님께서 사랑을 베푸시며 이루실 놀라운 구원의 경륜을 밝힌 것으로, 예수 그리스도 안에서 완성될 구원을 보장하는 말씀입니다. 한 선지자의 "삶의 정황"(Sitz im Leben) 속에서 죄로 얼룩진 그 타락의 역사가 장차 예수 그리스도께서 이루실 구속 사역, 즉 십자가와 부활로 완성될 하나님의 사랑이 놀랍게 펼쳐지고 있습니다. 이 구속 역사의 비밀은 그 누구의 조언이나 협력도 필요로 하지 않고 오직 역사를 주관하시고 섭리하시는 하나님만의 특별한 지혜와 능력에 있습니다. 그것은 하나님께서 애증 어린 말씀으로 다루시는 구속 역사이자 결코 취소되거나 변경될 수 없는 언약적 사랑과 은혜의 역사입니다.

본서는 지난 2023년 1월 8일(주일)부터 그해 8월 6일(주일)까지 전한 말씀을 모은 것입니다. 20년을 섬기며 전한 강해들을 묶어 소개해 왔는데, 이제 17번째로 호세아서를 출판하게 된 것은 전적으로 사랑하는 덴버 둘로스 장로교회 성도가 있었기에 가능했습니다. 한결같은 인내로 매시간 말씀을 사모하며 경청해 주신 둘로스 교회 성도들께 감사의 마음을 담아 이 책자를 드리고자 합니다. 또한 살아계신 하나님께서 "나는 너를 포기하지 않았다. 여전히 사랑한다"라고 말씀하시는 음성을 이 책자를 통하여 독자께서 들을 수 있다면 더는 기대할 것이 없습니다.

마지막으로, 출판을 독려해 준 영음사 이사장 박삼열 목사님께 감사의 마음을 전합니다. 아울러 제가 몸 담고 있는 미국개혁교회 로키마운틴 노회(Rocky Mountain Classis, Reformed Church in America)의 지원으로 출판이 가능했음을 밝히며 감사를 드립니다.

Soli Deo Gloria!

2025년 추수감사절

Mile High City, CO

박 병 은 목사

호세아서 강해설교

HOSEA

하나님의
애증어린 사랑과
회복 이야기

01.

하나님의 입

:: 웃시야와 요담과 아하스와 히스기야가 이어 유다 왕이 된 시대 곧 요아스의 아들 여로보암이 이스라엘 왕이 된 시대에 브에리의 아들 호세아에게 임한 여호와의 말씀이라. 여호와께서 처음 호세아에게 말씀하실 때 여호와께서 호세아에게 이르시되 너는 가서 음란한 여자를 맞이하여 음란한 자식들을 낳으라. 이 나라가 여호와를 떠나 크게 음란함이니라 하시니, 이에 그가 가서 디블라임의 딸 고멜을 맞이하였더니 고멜이 임신하여 아들을 낳으매 여호와께서 호세아에게 이르시되 그의 이름을 이스르엘이라 하라. 조금 후에 내가 이스르엘의 피를 예후의 집에 갚으며 이스라엘 족속의 나라를 폐할 것임이니라. 그 날에 내가 이스르엘 골짜기에서 이스라엘의 활을 꺾으리라 하시니라(호 1:1-5).

:: 내가 그들의 형제 중에서 너와 같은 선지자 하나를 그들을 위하여 일으키고 내 말을 그 입에 두리니 내가 그에게 명령하는 것을 그가 무리

에게 다 말하리라(신 18:18).

구원의 도리가 담긴 텃밭은 구약이라고 할 수 있습니다. 초대교회 교부 성 어거스틴(St. Augustine)은 신구약의 관계에 대해 "구약 속에 신약이 감추어져 있고 신약 속에 구약이 드러난다."(The New Testament is in the Old concealed, the Old Testament is in the New revealed)라고 표현했습니다. 이는 구약 속에 계시된 하나님의 사랑과 구원이 구약 성도의 역사 속에서 어떻게 주어졌는지를 살피면 신약에서 말씀하신 바를 확실하게 이해할 수 있다는 신념으로 했던 말일 것입니다.

1. 말씀하시는 하나님

히브리서 저자는 하나님의 계시의 시작을 이렇게 설명합니다.

:: 옛적에 선지자들을 통하여 여러 부분과 여러 모양으로 우리 조상들에게 말씀하신 하나님이 이 모든 날 마지막에는 아들을 통하여 우리에게 말씀하셨으니 이 아들을 만유의 상속자로 세우시고 또 그로 말미암아 모든 세계를 지으셨느니라. 이는 하나님의 영광의 광채시요 그 본체의 형상이시라. 그의 능력의 말씀으로 만물을 붙드시며 죄를 정결하게 하는 일을 하시고 높은 곳에 계신 지극히 크신 이의 우편에 앉으셨느니라(히 1:1-3).

이 구절은 하나님께서 자신의 뜻을 밝히시는 방식을 말하고 있습니다.

선지자를 통하여 말씀하신 하나님의 계시 방식의 다양성과 풍성함을 말합니다. 그 최종 계시 방식이 아들로 말씀하신 방식입니다. 계시의 다양한 방편이 최종 계시로 아들로 나타난 것을 강조합니다.

구약의 아브라함, 모세, 사무엘, 엘리야, 엘리사 그리고 이사야를 비롯한 대선지자, 그리고 소선지자들, 이 모든 선지자가 예수 그리스도의 그림자이며 동역자로서 하나님의 사랑과 구원을 전하는 사역자들입니다. 그러나 아들은 하나님의 영광의 광채, 본체의 형상, 만물을 말씀으로 붙드시고, 죄를 정결하게 하시고, 지금은 구원을 완성하셔서 이루어 가시며 하나님 보좌 우편에 앉으시고 통치하시는 분이십니다. 이렇게 구약의 선지자들과 아들 사이에는 엄청난 차이점이 있습니다. 둘 다 하나님의 계시 방식이자 수단으로 쓰임 받은 것은 비슷할지 모르나, 본질적으로 차이가 있는 것입니다. 그것은 하나님은 선지자라는 방편과는 달리 아들을 통하여서는 직접 말씀하셨기 때문입니다.

흔히 구약은 율법, 신약은 복음이라고 생각하는데, 사실은 구약에서 먼저 은혜가 주어졌다는 사실을 잊어버리고 하는 말입니다. 생각해 봅시다. 하나님께서는 아브라함을 은혜로 부르셨습니다. 강 건너편에 있던 그는 하나님을 몰랐습니다. 그런 그를 하나님께서 은혜로 부르셔서 복의 근원으로 삼으시고 그로 인하여 만민이 복을 받도록 하시겠다며 언약을 맺으셨습니다. 이것이 그에게 베푸신 하나님의 은혜입니다. 하나님은 그 후에 모세를 통하여 율법을 주셨습니다. 이렇게 따져 볼 때 은혜가 율법 이전에 주어진 것입니다. 후에 하나님은 모세를 통하여 율법을 주심으로써 이미 은혜로 아브라함에게 주신 그 복된 나라의 질서와 영광됨을 갖도록 하셨습니다. 그렇게 하신 이유는 하나님께서 자기 백성을 사랑하셨기 때문입니다.

그러나 인간은 하나님께 감사하고 순종하지 못하고 불순종하며 반역했습니다. 그러자 하나님께서는 계속하여 당신의 종들을 보내셔서 은혜를 받은 백성으로 살아갈 것을 요구하셨습니다. 이러한 사역을 구약 선지자들은 성실하게 수행했습니다. 그 과정을 자세히 보면, 선지자들이 그저 죄를 책망하는 사역만 했던 것은 절대 아닙니다. 그들은 죄를 지적하고 회개를 촉구하였으며 마지막에는 희망을 제시하고 구원을 선포했습니다. 즉 이 과정, 다시 말해 죄를 지적하고, 회개를 촉구하고 구원의 보장을 선포하는 과정에서, 영적으로 구원 너머에서 하나님의 통치로 인하여 주어질 영광스러운 나라 백성으로서의 복됨을 전했던 것입니다.

이런 점에서 구약 선지자들의 예언 사역은 매우 풍부하고 깊은 의미가 있다고 하겠습니다. 물론 아브라함 이전에도 에녹과 노아와 같은 선지자 역할을 한 자들도 있지만, 실제로 선지자 역할을 한 이는 모세라 할 것입니다. 그는 하나님의 부르심을 받아 전달하는 임무를 수행했기에 그의 위치와 의무와 권세가 위중했습니다.

성경 말씀은 하나님의 독생자 예수를 보내신 은혜와 진리는 하나님의 사랑으로 가능했다고 설명합니다.

:: 율법은 모세로 말미암아 주어진 것이요, 은혜와 진리는 예수 그리스도로 말미암아 온 것이라(요 1:17).

하나님께서는 은혜를 먼저 주신 후에 율법을 주시고, 그 율법을 따르지 않는 자들에게 경고하신 후 그들이 듣지 않을 때는 그들을 심판하신 후에,

다시 은혜를 베풀어 아들까지 주셨습니다. 그 이유는 우리를 사랑하셨기 때문이며 그로 인하여 구원, 즉 생명을 얻게 하시려는 목적이 있었기 때문입니다.

:: 하나님이 세상을 이처럼 사랑하사 독생자를 주셨으니 이는 그를 믿는 자마다 멸망하지 않고 영생을 얻게 하려 하심이라. 하나님이 그 아들을 세상에 보내신 것은 세상을 심판하려 하심이 아니요. 그로 말미암아 세상이 구원을 받게 하려 하심이라(요 3:16-17).

죄로 망한 인간을 다시 창조의 상태로 회복시키기 위하여 구약에서는 율법이, 신약에서는 은혜가 주어진 것으로 설명되는 듯하지만, 사실 이미 구약에서도 은혜가 먼저이며 신약에서 그 은혜의 완성으로서 독생자 예수를 보내셔서 구원의 역사를 이루셨습니다. 이 모든 역사의 배경에는 하나님의 조건 없는 사랑과 긍휼하심이 전제되어 있습니다.

2. 선지자에 대한 이해

구약 시대의 선지자는 인간의 죄와 무능을 밝히며 하나님의 변함없는 사랑의 은혜를 선포하는 한편, 죄로 타락하여 하나님과의 관계가 단절된 인간을 회복시키는 역할을 감당했습니다. 기나긴 구약 역사 속에서 이러한 선지자들의 활동은 인간의 무능과 무력함을 여실히 증명해 보여줍니다. 그리고 구원은 오직 은혜로만 주어진다는 사실을 증명하고 있습니다.

1) 선지자의 위치와 특권

선지자는 하나님의 말씀을 받아 백성에게 전달하는 역할을 했습니다. 그들은 대상을 가리지 않고 하나님의 말씀을 전했습니다. 그들은 백성은 물론이고 왕에게까지 하나님의 말씀을 전함으로 큰 영향력을 발휘했습니다. 신정 국가에 있어서 이들은 하나님의 말씀을 듣고 왕과 백성 앞에 타협없이 공포함으로써 진정한 통치자는 여호와 하나님이심을 강력하게 주장하며 하나님의 뜻을 전달하는 역할을 수행했습니다.

이 임무를 수행하는 이들은 단순하게 하나님의 뜻을 받고 그 말씀을 전달하기만 하는 것이 아니라, 선지자 개인의 삶과 문화 그리고 시대 속에서 받은 하나님의 말씀을 백성에게 전하는 임무를 수행했습니다. 그러기에 이들이 활동했던 시대와 장소, 대상과 메시지, 그리고 그들이 사용한 언어들은 진지하게 연구되어야 합니다.

2) 선지자의 명칭

구약에서 선지자를 지칭하는 히브리어 단어는 "나비"(nabi), "로에"(loeh), 그리고 "호제"(hozeh) 이렇게 세 가지입니다. "로에"와 "호제"는 "미리 보는 자"(for seer)로 번역되나, 두 단어의 용법은 "인식하다"(perceive)와 "지각"(perception)으로 그 적용 폭이 매우 넓습니다. 이 단어들은 "보는 것"과 관련지어 "통찰력"과 같은 뜻을 갖습니다. 따라서 로에와 호제는 환상을 통하여 하나님의 마음과 뜻을 백성에게 전달하는 의미를 갖습니다. "나비"라는 단어의 용례를 살펴보면, 나비 즉 선지자는 하나님의 대변인으로 불리며 하나님과 같은 위치에서 하나님의 말씀을 전달하는 자, 즉 하나님의 입 역할을 했던 것을 알 수 있습니다. 이러한 이해는 다음 구절에서 확인됩니다.

:: 너는 그에게 말하고 그의 입에 할 말을 주라. 내가 네 입과 그의 입에 함께 있어서 너희들이 행할 일을 가르치리라. 그가 너를 대신하여 백성에게 말할 것이니 그는 네 입을 대신할 것이요 너는 그에게 하나님 같이 되리라(출 4:15-16).

:: 여호와께서 모세에게 이르시되 볼지어다. 내가 너를 바로에게 신 같이 되게 하였은즉 네 형 아론은 네 대언 자가 되리니(출 7:1).

위의 두 구절에서 알 수 있듯이 모세는 바로 앞에서 신과 같은 존재, 아론은 그 신과 같은 존재가 전하는 여호와의 말씀을 전달하는 "여호와의 입"으로서의 임무를 수행했습니다. 이는 바로에게 있어서 모세는 인간이 아닌 하나님과 같은 존재였으며, 아론은 하나님의 입과 같은 존재로 인식되었다는 뜻입니다. 그들은 하나님의 뜻, 다시 말해 하나님의 말씀과 변함없는 사랑을 전했습니다. 그들이 이 사역을 수행할 때 신비스러운 방법으로 사역한 것이 아니라, 오히려 백성들이 일상에서 경험하는 바를 쉽게 이해하도록 전했습니다. 이런 점에서 구약의 선지자들은 하나님 말씀의 해석자가 아니라 자신의 삶 속에서 보여주는 전달자라고 하겠습니다. 이제 다루고자 하는 호세아 역시 마찬가지입니다. 불량한 여인을 아내로 얻는 삶을 통하여 하나님 사랑의 진정성을 보여주며 호세아 자신의 삶 속에서 참된 사랑과 자비 그리고 징계와 회복의 메시지를 체험적 메시지로 전달하며 하나님의 사랑과 구원을 전했습니다.

3) 선지자의 자격

여호와 하나님은 선지자의 입에 당신의 말씀을 두셨습니다. 특정 선지자에게 그가 살았던 시대와 환경에 맞는 하나님의 뜻이 말씀으로 계시가 되었고, 선지자는 하나님께서 명령하신 바를 받은 그대로 백성에게 전달했습니다. 이 점에서 구약의 모든 선지자는 모세와 같은 위치에서 사역해야 했으며 선지자의 선택 조건은 아래와 같습니다.

첫째, 이스라엘 지파 출신이어야 했다.

둘째, 여호와의 부르심을 받아야 했다.

셋째, 여호와의 영, 즉 성령의 권능을 입어야 했다.

넷째, 여호와 하나님의 대언자로서의 역할을 감당해야 했다.

다섯째, 여호와 하나님의 권위로써 "여호와 하나님(주, 아도나이)의 이름"으로 전달했다.

여섯째, 선지자는 백성들을 인도하는 선한 목자여야 했다.

일곱째, 전달하려 한 하나님의 메시지의 진정성을 입증해야 했다.

이렇게 선지자란 하나님의 계시를 전달하는 사람 즉 백성에게 하나님의 뜻을 알아들을 수 있게 말로 전하는 자입니다. 또한, 그들은 먼저 자신이 하나님께 받은 계시를 기록으로 남겼습니다. 이들의 특별한 역할은 하나님의 회의에 참여하는 일원이라고 백성들은 이해하여 그들에게 하나님의 대언자의 신적 권위를 부여했습니다. 그런데 선지자들의 활동 무대는 예배장소 즉 성소나 성전이 아니라 왕궁 혹은 왕실이었습니다. 당시 선지자는 여호와 하나님의 통치권을 행사하는 차원에서 왕을 비롯한 정치 지도자에게 하나님의 말씀을 전달하는 자였기 때문입니다.

이들의 주된 역할은 나라를 다스리는 권세를 백성 앞에서 행사하는 것입니다. 선지자의 이런 임무 수행 방식은 당시 왕권 행사 방식과 백성의 생활 방식 규례와는 달라서, 때에 따라서는 왕과 백성이 선지자가 전달하는 하나님의 말씀을 거부하는 경우가 적지 않았습니다. 그 결과, 백성은 하나님의 말씀을 전달하는 자들을 미워하였고 박해하여 숱한 선지자들이 고통 속에서 사역을 감당하였으며 심지어 목숨을 잃고 희생을 당하기까지 했습니다. 우리 주께서도 이러한 선지자의 역할을 잘 아셔서 다음과 같이 언급하셨습니다(참조. 눅 20:10-12; 느 9:26; 렘 7:25-26; 마 23:34; 행 7:52; 히 11:36-38).

:: 예루살렘아 예루살렘아 선지자들을 죽이고 네게 파송된 자들을 돌로 치는 자여 암탉이 그 새끼를 날개 아래에 모음 같이 내가 네 자녀를 모으려 한 일이 몇 번이더냐 그러나 너희가 원하지 아니하였도다(마 23:37).

이렇게 선지자는 다양하게 여호와 하나님의 말씀을 받아 백성에게 전달하는 임무를 수행했습니다. 여호와 하나님께서 선지자의 대표라고 할 수 있는 모세에게 놀라운 말씀을 하셨습니다.

:: 내가 그들의 형제 중에서 너와 같은 선지자 하나를 그들을 위하여 일으키고 내 말을 그 입에 두리니 내가 그에게 명령하는 것을 그가 무리에게 다 말하리라(신 18:18).

이 말씀은 장차 모세와 같은 선지자를 보내시겠다는 예언으로 그 선지자는 다름 아닌 예수 그리스도를 암시합니다. 이 구절의 핵심은 백성이 하나님의 말씀을 전하는 선지자의 말을 들어야 한다는 것입니다. 문제는 하나님의 말씀을 전달하는 자, 즉 그 선지자의 말을 거역하거나 불순종하는 것은 곧 하나님을 거역하는 것이며 하나님의 말씀에 불순종하는 것이라는 점입니다. 이는 구약의 모세 시대나, 예수께서 하나님의 뜻을 전하시며 사역하시던 때에 인간은 언제나 하나님의 말씀을 거역하는 역사를 지녀왔다는 의미입니다.

한편, 선지자가 이 중차대한 여호와 하나님의 말씀을 대언하는 사역을 제대로 감당하지 못할 때는 하나님께서 그런 불충한 선지자를 죽이시기까지 하셨습니다. 그러기에 백성은 선지자가 전하는 말이 여호와 하나님의 말씀인지를 분명하게 파악해야 했고, 또 그 신실한 종을 통하여 전달되는 하나님의 말씀을 들어야만 했습니다. 이것이 백성의 의무였습니다.

:: 누구든지 내 이름으로 전하는 내 말을 듣지 아니하는 자는 내게 벌을 받을 것이요, 만일 어떤 선지자가 내가 전하라고 명령하지 아니한 말을 제 마음대로 내 이름으로 전하든지 다른 신들의 이름으로 말하면 그 선지자는 죽임을 당하리라 하셨느니라. 네가 마음속으로 이르기를 그 말이 여호와께서 이르신 말씀인지 우리가 어떻게 알리요 하리라(신 18:19-21).

백성에게 하나님의 말씀을 전달하는 선지자의 신임은 그가 전달하는 말씀의 성취 여부에 따라 결정되었으며 백성들은 그 성취 여부에 따라 어느 선지자가 참 선지자인지 알 수 있었습니다. 하나님은 모세에게 진실한 하나님의 종 선지자 판별법을 말씀해 주셨습니다.

:: 만일 선지자가 있어 여호와의 이름으로 말한 일에 증험도 없고 성취함도 없으면 이는 여호와께서 말씀하신 것이 아니요. 그 선지자가 제 마음대로 한 말이니 너는 그를 두려워하지 말지니라(신 18:22).

4) 선지자의 메시지

선지자가 전한 말씀들은 다양한 배경을 갖고 있습니다. 선지자 개인의 집안 배경과 개인적인 특성, 시대적 상황, 백성들의 필요 그리고 계시의 내용이 모두 달랐습니다. 이는 각 선지자가 하나님께서 부르심에 따라 달리 사역했음을 의미합니다. 하나님의 영이 선지자를 각각 부르셔서 하나님의 구원 섭리에 따라 강권적으로 사용하셨습니다. 이 과정에서 각각의 선지자는 자신이 처한 상황과 성격에 따라 사역함으로 그만이 갖는 독특한 모습을 사역 속에서 나타냈습니다.

이는 선지자의 성격, 사역에 임하는 의도와 자세 그리고 태도, 당시 시대적 상황에 따른 활동, 백성의 수용 여부, 계시의 강조에 따라 그만의 사역의 독특성이 나타난다는 의미입니다. 이렇게 선지자들은 자신만의 독특한 배경 속에서 하나님께서 주신 예언의 말씀을 받아 백성들에게 하나님의 뜻을 전달했습니다.

이렇게 볼 때, 선지자들의 예언 사역은 하나님 말씀의 다양성과 함께 독특성을 나타내며 동시에 하나님께서 의도하셨던 공통적인 예언의 특징 즉 선지자적 유산을 전달했습니다. 선지자들은 하나님의 어전 회의(Divine

Council)에서 전달되는 예언을 받고 그 계시를 자신만의 언어와 문학적 수식으로 그가 처한 시대에 맞게 다양한 방법으로 전했습니다. 선지자들의 이러한 계시 활동은 역사적 흐름 속에서 풍성하게 나타났습니다. 이는 구약성경에서 대선지자들과 소선지자들의 활동으로 나타났으며 백성들에게 하나님의 심판과 구원이 선언되어 하나님의 통치가 시행되었습니다.

3. 선지자 예언의 특징

선지자가 전하는 예언 계시의 흐름에는 몇 가지 특징이 나타납니다.

1) 메시지의 통일성

다양한 시대에서 활동한 많은 선지자가 있지만, 놀랍게도 그들은 하나님의 구원과 심판 그리고 회복의 메시지를 전하는 통일성(unity)을 놀랍게 보여줍니다. 그들은 하나님의 부르심을 받아 자기가 처한 시대와 환경 속에서 하나님의 입으로 즉 하나님의 대언자의 사역을 충실하게 수행했습니다. 이 점에서 그들의 다양한 메시지에는 일정한 통일성이 나타난다고 하겠습니다.

2) 종말론적 메시지

구약 선지자들은 옛 시대의 종말을 고하고 새 시대의 도래를 전달하는 종말론적 메시지(eschatological message)를 항상 전했습니다. 이 사역은 반드시 자기 백성의 구속을 위하여 하나님 즉 예수 그리스도를 통하여 이루실 하나님의 나라 회복을 전하는 일이었습니다. 그들의 선포는 여호와 하나님께서 창조 때에 보여주셨던 백성과 함께 영원한 나라를 건설하실 약속이 성취될 것이며 종국에 가서는 충성스러운 하나님의 백성에게 주어질 영원한 성취의 때가 올 것이라는 메시지를 담고 있습니다.

그래서 선지자들이 전했던 메시지는 "주의 날"(The Day of the Lord) 즉 하나님께서 심판하실 그날의 도래를 전하는 것입니다. 그들은 하나님께서 죄 가운데 빠져 멸망의 길을 가고 있는 이방 민족을 심판하심은 물론, 비록 선택한 자기 백성이라 할지라도 불순종하면 철저히 그 책임을 물을 것이며, 장차 정한 때에 반드시 심판하실 것을 전했습니다. 선지자가 전하는 메시지는 예루살렘 성전과 성이 바벨론에 의하여 철저하게 패망한다는 것입니다. 이는 하나님께서 역사 속에 개입하셔서 자기 백성의 반역과 범죄에 대하여 철저한 심판을 행사하실 것이며 백성들은 그 심판을 피하기 위해 어떤 행위를 시행할 것을 촉구하는 종말론적 예언입니다.

3) 예언의 연속성

선지자들의 예언 활동은 끊임없이 이어져 이스라엘의 역사 속에서 지속되었습니다(continuity of prophecy). 이는 여호와 하나님께서 인간이 지은 죄가 얼마나 집요하게 지배하여 사망에 이르게 하는지를 잘 보여줍니다. 또한 하나님께서는 이 사망의 세력 즉 죄에서 인간을 구원하시려 끈질긴 사랑과 긍휼로 역사 속에 개입하심을 잘 보여줍니다. 이런 점에서 선지자의 사역은 유기적으로 하나의 메시지를 전하고 있다고 하겠습니다.

살아계신 하나님께서 구약 시대에 선지자들을 통하여 다양한 방식으로 구원의 뜻을 계시하셨고 선지자는 이 사실을 전했습니다. 구약 선지자의 이러한 예언 활동은 이렇게 다양한 방법으로 계시하시는 하나님의 계시 방식 가운데 하나입니다. 하나님의 최종 계시 방식은 아들을 통하여 구원의 뜻을 계시하시는 것입니다. 하나님의 말씀이신 예수 그리스도를 통하여 하나님은 죄로 망한 인류를 구원하시는 역사를 이루셨고 그 구원 역사는 지금도 이루어져 가고 있습니다.

4) 하나님 중심 메시지

선지자들의 메시지는 하나님 중심적(Theo-centric)입니다. 선지자들은 하나님이 당신의 권세와 능력으로 죄인들을 향해 끊임없는 사랑과 은혜를 베풀어 주시며 완전한 구원을 이루어 가시는 하나님이심을 선포했습니다. 선지자의 이 말씀을 통하여 전능하신 하나님의 지식과 지혜, 긍휼과 자비, 사랑과 보호, 그리고 심판과 회복의 전 구원의 과정을 알 수 있습니다.

이 모든 과정을 사도 베드로는 잘 설명해 주고 있습니다.

:: 이 구원에 대하여는 너희에게 임할 은혜를 예언하던 선지자들이 연구하고 부지런히 살펴서 자기 속에 계신 그리스도의 영이 그 받으실 고난과 후에 받으실 영광을 미리 증언하여 누구를 또는 어떠한 때를 지시하시는지 상고 하니라. 이 섬긴 바가 자기를 위한 것이 아니요, 너희를 위한 것임이 계시로 알게 되었으니 이것은 하늘로부터 보내신 성령을 힘입어 복음을 전하는 자들로 이제 너희에게 알린 것이요 천사들도 살펴보기를 원하는 것이니라(벧전 1:10-12).

5) 예언의 점진성

선지자의 계시는 점진적(progressive)입니다. 이는 구속사의 흐름에 따라 나타나는 시대적 변화에 따라 주어진 것으로 출애굽, 광야 생활, 가나안 정착, 사사시대, 왕조시대, 분열 왕국 시대, 포로기, 회복기, 회복 후기 등에 따라 그 예언의 성격들은 점진적으로 예수 그리스도의 구속 사역으로 모여 점진적으로 성취되고 완성되는 특징을 보여줍니다. 이렇게 구속사적 진리를 전한 선지자들의 증언은 그들의 예언 사역 속에 잘 나타나게 되었습니다.

이는 하나님 예언의 점진적 성격을 잘 보여준다고 하겠습니다. 마치 밭에 심긴 씨앗이 발아하고 성장하며 꽃이 피고 열매를 맺게 되는 것과 같습니다. 모세 오경에서 계시하신 하나님의 예언은 포로기와 포로기 이후에까지 점진적으로 발전합니다. 구약의 많은 예언은 반드시 이 틀에 맞추어 해석하는 것이 가장 옳으며 그럴 때 분명하게 구원의 진리를 알 수 있습니다. 이러한 방식으로 선지서를 해석할 때, 예수 그리스도의 구원 진리가 점진적 발전을 통한 계시에 의한 것임을 알 수 있습니다. 이는 마치 작은 계곡물과 시냇물이 모여 강물을 이루고 마침내 바닷물로 합류되는 것처럼, 구약 선지자들의 모든 예언은 예수 그리스도의 구속 사역 속에서 완성됩니다. 이는 사도들의 해석과 선포를 통하여 예수 그리스도라는 구원의 바다에서 완성된다고 하겠습니다. 성경은 에스겔 선지자의 환상과 하박국 선지자의 메시지를 통하여 확실하게 이 점을 보여줍니다.

:: 그가 나를 데리고 성전 문에 이르시니 성전의 앞면이 동쪽을 향하였는데 그 문지방 밑에서 물이 나와 동쪽으로 흐르다가 성전 오른쪽 제단 남쪽으로 흘러내리더라. 그가 또 나를 데리고 북문으로 나가서 바깥 길로 꺾여 동쪽을 향한 바깥문에 이르시기로 본즉 물이 그 오른쪽에서 스며 나오더라. 그 사람이 손에 줄을 잡고 동쪽으로 나아가며 천

척을 측량한 후에 내게 그 물을 건너게 하시니 물이 발목에 오르더니, 다시 천척을 측량하고 내게 물을 건너게 하시니 물이 무릎에 오르고 다시 천척을 측량하고 내게 물을 건너게 하시니 물이 허리에 오르고, 다시 천척을 측량하시니 물이 내가 건너지 못할 강이 된지라. 그 물이 가득하여 헤엄칠 만한 물이요 사람이 능히 건너지 못할 강이더라(겔 47:1-5).

:: 이는 물이 바다를 덮음 같이 여호와의 영광을 인정하는 것이 세상에 가득함이니라(합 2:14).

6) 예언의 연속성과 불연속성

선지자의 예언은 점진적 연속성(progressive continuity)과 함께 불연속성(discontinuity)을 나타냅니다. 이는 구속사에 굴곡이 있음을 뜻합니다. 선지자의 유기적이고 점진적인 메시지는 내면적으로 서로 깊은 연결고리를 갖고 있으면서도 외적으로는 역동적이며 다양한 메시지로 나타나고 있습니다. 놀라운 점은 이 역시 구속의 회복과 완성을 향한 내적 통일성을 나타내고 있다는 점입니다. 이는 성령 하나님께서 줄기차게 선지자의 예언을 성취해 나가심으로 이루어져 가는 현상이라 하겠습니다. 비록 예언이 선지자 개개인의 경험과 사건 속에서 이루어지지만, 만사를 주관하시고 섭리하시는 성령 하나님의 역사로 이루어지는 것입니다. 모든 예언 활동은 하나님의 원대한 구속 섭리 가운데서 진행되고 있음을 분명하게 보여줍니다. 이것이 구약 예언서를 해석하는 핵심 원리라 하겠습니다.

결론

이러한 이해 속에서 구약의 12 소선지서를 공부해 보려 합니다. 하나님께서 시간마다 큰 은혜를 베풀어 주셔서 망해가는 이스라엘의 역사 속에 구원의 진리를 어떻게 알리시고 시행하시는지, 그 속에서 하나님의 사랑이 어떻게 전달되며 인간은 그러한 선지자들의 예언 속에서 어떤 반응을 보이며 죄의 길로 치닫는지, 그러한 인간의 배반과 불신 그리고 반역의 역사 속에서 하나님은 공의로운 심판과 함께 어떻게 구원의 회복을 통하여 사랑을 시행하시는지를 배울 것입니다.

그 대표적인 예언서가 호세아서입니다. 하나님은 한 선지자 호세아의 치열한 인생 속에서 근본적인 사랑의 메시지를 극단적으로 전하게 하시며 심판과 회복을 알리셨습니다. 계속하여 이 귀한 진리의 말씀을 살피며 놀라운 하나님의 사랑과 회복의 역사를 경험하는 귀한 시간이 되시길 소원합니다.

기도

하나님 아버지 우리의 삶의 현장에서 그 크신 하나님의 사랑과 뜻을 밝혀 주시는 줄 믿고 감사드립니다. 이 귀한 진리를 구약 예언서들을 통하여 살피려 합니다. 시간마다 은혜 베풀어 주셔서 하나님의 망극하신 사랑과 풍성한 은혜를 깨닫게 하시고 경험하게 하셔서 하나님의 크신 사랑을 고백하며 증언하는 자들이 되게 하옵소서. 거룩하신 주 예수 이름으로 기도드리옵나이다. 아멘.

02.
하나님의 대언자

:: 웃시야와 요담과 아하스와 히스기야가 이어 유다 왕이 된 시대 곧 요아스의 아들 여로보암이 이스라엘 왕이 된 시대에 브에리의 아들 호세아에게 임한 여호와의 말씀이라. 여호와께서 처음 호세아에게 말씀하실 때 여호와께서 호세아에게 이르시되 너는 가서 음란한 여자를 맞이하여 음란한 자식들을 낳으라. 이 나라가 여호와를 떠나 크게 음란함이니라 하시니, 이에 그가 가서 디블라임의 딸 고멜을 맞이하였더니 고멜이 임신하여 아들을 낳으매 여호와께서 호세아에게 이르시되 그의 이름을 이스르엘이라 하라. 조금 후에 내가 이스르엘의 피를 예후의 집에 갚으며 이스라엘 족속의 나라를 폐할 것임이니라. 그 날에 내가 이스르엘 골짜기에서 이스라엘의 활을 꺾으리라 하시니라(호 1:1-5).

:: 거짓 선지자들을 삼가라 양의 옷을 입고 너희에게 나아오나 속에는 노략질하는 이리라. 그들의 열매로 그들을 알지니 가시나무에서 포도

를, 또는 엉겅퀴에서 무화과를 따겠느냐. 이와 같이 좋은 나무마다 아름다운 열매를 맺고 못된 나무가 나쁜 열매를 맺나니 좋은 나무가 나쁜 열매를 맺을 수 없고 못된 나무가 아름다운 열매를 맺을 수 없느니라. 아름다운 열매를 맺지 아니하는 나무마다 찍혀 불에 던져지느니라. 이러므로 그들의 열매로 그들을 알리라. 나더러 주여 주여 하는 자마다 다 천국에 들어갈 것이 아니요 다만 하늘에 계신 내 아버지의 뜻대로 행하는 자라야 들어가리라(마 7:15-21).

인생은 만남으로 시작됩니다. 인생은 부모를 만나면서 시작되고 형제와 친구, 그리고 선생님을 만남으로 인간관계를 비롯한 삶의 지식과 지혜를 얻게 됩니다. 그리고 배우자를 만남으로 한평생의 여행을 배우자와 함께하게 됩니다. 이 여정에서 모두에게 꼭 필요한 세 사람 있습니다. 교사, 의사, 변호사라고 합니다. 인생을 살아가는 데 절대적인 직업을 가진 사람이란 의미일 것입니다. 이때 흔히 간과하는 한 직책이 있습니다. 바로 목사(성직자)입니다. 다른 직책들은 모두 세상을 살아가는 데 도움이 되는 직업이지만, 목사는 영적인 문제를 다루어 주는 사람이기 때문입니다. 여러분은 이런 직업을 가진 사람을 알고 계십니까?

앞 시간에서 살핀 바와 같이, 선지자는 "하나님 입 역할을 하는 자"입니다. 그는 하나님의 뜻과 말씀을 전하는 하나님의 전령입니다. 그가 단순하게 기계적으로 하나님의 말씀을 받아서 전달만 하는 것이 아니라, 시대적 상황 즉 그가 직접 겪는 삶의 현장 속에서 받은 말씀을 전달했다는 점은 선지자의 예언 사역의 특별한 점이라 할 것입니다.

그 좋은 사례가 호세아 선지자의 경우입니다.

:: 여호와께서 처음 호세아에게 말씀하실 때 여호와께서 호세아에게 이르시되 너는 가서 음란한 여자를 맞이하여 음란한 자식들을 낳으라. 이 나라가 여호와를 떠나 크게 음란함이니라(호 1:2).

하나님은 선지자 호세아에게 음란한 아내를 얻어 가정을 이루라고 명하셨습니다. 음란한 여인을 아내로 맞이한 호세아가 바른 선지자라는 평을 받을 수 있을까요? 아마도 당시 사람들은 부정한 여인과 결혼한 그를 고운 시선으로 보지 않았을 것입니다. 더더구나 결혼한 그의 가정에 많은 문제가 있다면 더욱 구설수에 올라 조롱거리가 되었을 것입니다.

그러나 성경은 호세아에 대해 그는 구원의 진리를 전한 바른 선지자라는 평가를 내리는 것이 사실입니다. 이때 참 선지자와 거짓 선지자를 어떻게 구별할 것입니까? 문제는 이 구별이 쉽지 않다는 점입니다. 이 시간 이에 관하여 생각하려 합니다. 이것이 중요한 이유는 바른 교역자를 만나야 바른 성도, 좋은 성도가 될 수 있기 때문입니다. 그러기에 이 말씀은 지금도 유효하다 하겠습니다.

1. 두 부류의 선지자

선지자는 두 부류로 나누어집니다. 예수께서 산상수훈에서 분명하게 말씀하셨습니다.

:: 거짓 선지자들을 삼가라. 양의 옷을 입고 너희에게 나아오나 속에는 노략질하는 이리라. 그들의 열매로 그들을 알지니 가시나무에서 포도를, 또는 엉겅퀴에서 무화과를 따겠느냐, 이와 같이 좋은 나무마다 아름다운 열매를 맺고 못된 나무가 나쁜 열매를 맺나니, 좋은 나무가 나쁜 열매를 맺을 수 없고 못된 나무가 아름다운 열매를 맺을 수 없느니라. 아름다운 열매를 맺지 아니하는 나무마다 찍혀 불에 던져지느니라. 이러므로 그들의 열매로 그들을 알리라. 나더러 주여, 주여 하는 자마다 다 천국에 들어갈 것이 아니요, 다만 하늘에 계신 내 아버지의 뜻대로 행하는 자라야 들어가리라(마 7:15-21).

구약에서는 선지자를 둘로 구분합니다. 참 선지자와 거짓 선지자입니다. 참 선지자는 하나님의 부르심을 받아 바르게 활동한 선지자이며, 거짓 선지자는 말 그대로 선지자인 척하며 활동하는 자입니다. 과연 누가 참 선지자며 누가 거짓 선지자일까요? 어떻게 구별할 수 있을까요? 성경은 그 기준을 분명하게 제시합니다. 하나님께서 이에 관하여 모세와 선지자 이사야에게 하신 말씀을 살펴봅시다.

:: 너희 중에 선지자나 꿈꾸는 자가 일어나서 이적과 기사를 네게 보이고, 그가 네게 말한 그 이적과 기사가 이루어지고 너희가 알지 못하던 다른 신들을 우리가 따라 섬기자고 말할지라도, 너는 그 선지자나 꿈꾸는 자의 말을 청종하지 말라. 이는 너희의 하나님 여호와께서 너희가 마음을 다하고 뜻을 다하여 너희의 하나님 여호와를 사랑하는 여부를 알려 하사 너희를 시험하심이니라(신 13:1-3).

:: 어떤 사람이 너희에게 말하기를 주절거리며 속살거리는 신접한 자와 마술사에게 물으라 하거든 백성이 자기 하나님께 구할 것이 아니냐. 산 자를 위하여 죽은 자에게 구하겠느냐 하라(사 8:19).

당시 선지자는 사회적으로나 종교적으로 "직업적 선지자"라 할 것입니다. 이는 오늘날 목사와 같은 위치에 있다고 봐도 무방합니다. 문제는 이들이 선지자 직분을 어떻게 수행했는가 하는 점입니다. 이때 그가 그 직을 수행하도록 하나님께서 부르신 소명의 정당성이 어떠한가가 가장 중요합니다.

우리가 앞서 언급했듯이, 선지자는 시대의 필요에 의해 활동했고 제한된 범위 안에서 백성의 요구 혹은 정책 입안자의 요구에 따라 활동했습니다. 예를 들면 백성의 필요에 따라 종교의식을 행하고, 그들의 복을 위하여 점을 치고 굿을 했습니다. 또한 위정자가 국사를 수행할 때 그가 요청하면 종교적인 행사를 집전하는 일도 수행했습니다. 이때 그는 자신만의 방법으로 하나님의 말씀을 해석하고 상황에 따른 해결책을 제시합니다. 그 과정에서 백성을 다독이고 국가 정책의 방향을 제시합니다. 이들의 이러한 활약은 국민과 국가 지도자에게 큰 영향을 미치게 마련입니다.

문제는 이들 가운데 어떤 선지자는 백성을 속이고 참 선지자를 핍박하기도 한다는 점입니다. 이들은 자신과 사역에 강한 자부심과 확신으로 자신의 입장에 반대하는 참 선지자를 무시하고 비난하며 저주까지 했습니다.

2. 참 선지자와 거짓 선지자 구별법

과연 이스라엘 백성은 참 선지자와 거짓 선지자를 어떻게 구별했을까요? 누가 하나님의 신에 의하여 부름을 받아 보내심을 받은 자인지를 알 수 있었을까요?

1) 메시지의 진위

참 선지자는 위기 상황에 더욱 빛을 발합니다. 그들은 위기 상황에 적절한 메시지를 하나님에게서 받아 전합니다. 그때 그가 전달하는 하나님의 말씀은 아주 선명하고 구체적이고 적극적인 해결 방안으로 제시됩니다. 문제는 이렇게 전하는 참 선지자의 사역은 대체로 당시 사회 분위기 즉 여론과 불일치한다는 점입니다. 그래서 참 선지자가 전하는 메시지는 번번이 당시 사람의 호응을 얻지 못했습니다. 반면에 거짓 선지자가 전하는 메시지는 백성의 적극적인 호응을 받았습니다. 그들이 백성의 요구에 맞게 위로와 소망의 메시지를 전했기 때문입니다. 거짓 선지자는 백성의 마음을 빼앗기 위하여 백성의 귀를 즐겁게 하고 과도한 정책을 발표하며 적극적인 활동으로 백성의 인기를 얻었습니다.

거짓 선지자와 참 선지자 사이에 벌어지는 첨예한 갈등의 대표적인 사례가 있습니다. 예레미야와 하나냐의 예언 사건입니다(렘 28장). 당시 하나님은 예레미야에게 바벨론을 대적하지 말고 항복할 것을 전하라고 하셨습니다. 선지자 예레미야는 하나님의 말씀을 받은 대로 백성에게 전했습니다. 예레미야 선지자의 말을 들은 백성들은 당연히 그를 첩자라고 정죄하며 그를 비난했습니다. 반면에 하나냐는 유다가 멸망할 것이라는 말을 인정하지 않고 그저 나라가 잘될 것이라며 백성을 안심시켰습니다. 그리고 바벨론의 침공 위기를 애급의 협력을 구하여 외교력으로 해결하자고 제안했습니다. 그는 유다는 절대 망하지 않는다고 강하게 주장했습니다. 거짓 선지자 하나냐 와 백성들은 하나님의 뜻이 무엇인지에는 관심이 없고 오직 생존 방법만을 모색했던 것입니다. 그리고 하나냐는 참 선지자 예레미야를 간첩으로 몰아 그를 제거해야 한다고 선동했습니다.

이 상황 속에서 하나님은 예레미야에게 어떤 말씀을 하셨을까요? 살펴봅시다.

:: 평화를 예언하는 선지자는 그 예언자의 말이 응한 후에야 그가 진실로 여호와께서 보내신 선지자로 인정받게 되리라. 선지자 하나냐가 선지자 예레미야의 목에서 멍에를 빼앗아 꺾고 모든 백성 앞에서 하나냐가 말하여 이르되 여호와께서 이와 같이 말씀 하시니라. 내가 이 년 안에 모든 민족의 목에서 바빌론의 왕 느부갓네살의 멍에를 이와 같이 꺾어 버리리라 하셨느니라 하매, 선지자 예레미야가 자기의 길을 가니라. 선지자 하나냐가 선지자 예레미야의 목에서 멍에를 꺾어 버린 후에 여호와의 말씀이 예레미야에게 임하니라. 이르시기를, 너는 가서 하나냐 에게 말하여 이르기를 여호와의 말씀에 네가 나무 멍에들을 꺾었으나 그 대신 쇠 멍에들을 만들었느니라. 만군의 여호와 이스라엘의 하나님께서 이와 같이 말씀 하시니라. 내가 쇠 멍에로 이 모든 나라의 목에 메워 바벨론의 왕 느부갓네살을 섬기게 하였으니 그들이 그를 섬기리라. 내가 들짐승도 그에게 주었느니라 하라. 선지자 예레미야가 선지자 하나냐 에게 이르되 하나냐여 들으라. 여호와께서 너

를 보내지 아니하셨거늘 네가 이 백성에게 거짓을 믿게 하는도다. 그러므로 여호와께서 이와 같이 말씀하시되 내가 너를 지면에서 제하리니 네가 여호와께 패역한 말을 하였음이라. 네가 금년에 죽으리라 하셨느니라 하더니 선지자 하나냐가 그 해 일곱째 달에 죽었더라(렘 28:9-17).

이런 사례는 유다가 예레미야의 예언과 같이 심판받아 바벨론에 잡혀가서도 계속 발견됩니다. 유다 백성은 예레미야의 예언대로 바벨론에 패하여 포로로 잡혀갔습니다. 하나님께서 예언하신 말씀 그대로였습니다. 그럼에도 유다 백성들은 여전히 하나님의 말씀을 배척했습니다. 그들은 과거의 역사를 통하여 배우지 못했습니다. 포로기 선지자 에스겔은 여전히 백성의 환심을 사기 위하여 좋은 말만 하며 지도자와 백성에게 아부하는 자들을 향하여 "회칠하는 자들"이라고 비난했습니다. 하나님은 그때도 이런 거짓 선지자들을 심판하시겠다고 강력하게 경고하셨습니다.

:: 이렇게 칠 것은 그들이 내 백성을 유혹하여 평강이 없으나 평강이 있다 함이라 어떤 사람이 담을 쌓을 때에 그들이 회칠을 하는도다. 그러므로 너는 회칠하는 자에게 이르기를 그것이 무너지리라. 폭우가 내리며 큰 우박덩이가 떨어지며 폭풍이 몰아치리니 그 담이 무너진즉 어떤 사람이 너희에게 말하기를 그것에 칠한 회가 어디 있느냐 하지 아니하겠느냐. 그러므로 나 주 여호와가 말하노라. 내가 분노하여 폭풍을 퍼붓고 내가 진노하여 폭우를 내리고 분노하여 큰 우박덩어리로 무너뜨리리라. 회칠한 담을 내가 이렇게 허물어서 땅에 넘어뜨리고 그 기초를 드러낼 것이라. 담이 무너진즉 너희가 그 가운데에서 망하리니

나를 여호와인 줄 알리라. 이와 같이 내가 내 노를 담과 회칠한 자에게 모두 이루고 또 너희에게 말하기를 담도 없어지고 칠한 자들도 없어졌다 하리니 이들은 예루살렘에 대하여 예언하기를 평강이 없으나 평강의 묵시를 보았다고 하는 이스라엘의 선지자들이니라. 주 여호와의 말씀이니라(겔 13:10-16).

이러한 경향은 초대교회 당시도 같아서, 바울은 믿음의 아들 디도에게 당시 타락한 영적 지도자를 경계할 것을 명했습니다.

:: 불순종하고 헛된 말을 하며 속이는 자가 많은 중 할례파 가운데 특히 그러하니 그들의 입을 막을 것이라. 이런 자들이 더러운 이득을 취하려고 마땅하지 아니한 것을 가르쳐 가정들을 온통 무너뜨리는 도다.…그러므로 네가 그들을 엄히 꾸짖으라. 이는 그들로 하여금 믿음을 온전하게 하고, 유대인의 허탄한 이야기와 진리를 배반하는 사람들의 명령을 따르지 않게 하려 함이라(딛 1:10-14).

2) 하나님의 경륜에 대한 이해 정도

거짓 선지자는 하나님의 구원 섭리에 대하여 무지하고 무식했습니다. 거짓 선지자는 시대의 흐름과 상관없이 백성에게 아부하며 잘될 것이라고 백성을 안심시키며 평안만을 전했습니다. 그들은 자신의 활동에 대한 백성의 여론에 민감하게 반응하였고 역사 속에서 제시하시는 하나님의 구원의 말씀에는 관심이 없었습니다. 그래서 그들은 하나님의 말씀을 제대로 받지도 못했고 또한 그들에게는 하나님의 말씀을 옳게 판단할 능력도 없었고 그 말씀을 온전히 전할 수도 없었습니다. 그저 여론의 추세에 예민했으며 권력자의 기호에 맞추기에 급급했습니다. 비록 자신이 전하는 평안의 메시지가 옛 계시 즉 모세의 계시에 근거한 것이라고 주장하지만, 그들은 각 시대에 따라 새롭게 주시는 하나님의 계시를 온전히 이해하지 못한 채 그저 권력자의 기호와 백성의 욕구에 맞추기에 급급했습니다.

이는 하나님의 섭리 역사에 대한 무지와 무식으로 구원 역사의 흐름을 전혀 이해하지 못했기 때문입니다. 그들은 하나님의 특별한 선택을 받은 유대인은 멸망할리가 없다고 맹신했습니다. 그들은 다윗 왕조의 합법적 상속자이기에 예루살렘이 무너지고 유다가 망할 것이라는 사실을 도저히 상상할 수 없었고 받아들일 수 없었습니다. 이유는 그들이 공의로우신 하나님이시며 그 하나님께서 이루어 가실 구원 섭리를 이해하지 못했기 때문입니다.

반면에 참 선지자는 자신에게 알려주신 하나님의 섭리를 알았습니다. 그리고 권력자들과 백성을 고려하지 않고 받은 하나님의 말씀을 담대하게 전했습니다. 안타깝게도 이러한 참 선지자의 신실함을 백성은 인정하지 않았고, 그 참 선지자를 배척하여 심지어 그를 죽이려고까지 했습니다. 하나님께서는 이러한 백성들의 불신앙을 지적하시며 이렇게 책망하셨습니다.

:: 내가 너희에게 나의 종 선지자들을 꾸준히 보내 그들의 말을 순종하라고 하였으나 너희는 순종하지 아니하였느니라(렘 26:5).

오늘날도 이런 거짓 사역자들이 얼마나 많이 있습니까? 그들은 하나님의 말씀을 성실하게 연구하지 않고 기복신앙만을 전하며 축복을 일삼는 무당과 같은 짓을 하고 있습니다. 지금도 한국교회의 강단은 이런 거짓 사역자들이 판을 치는 상황임을 부인할 수 없습니다. 이들은 일명 "목사 무당"이라 할 것입니다. 그 결과 성도와 교회가 영적 권위를 상실한 채 세상으로부터 놀림을 당하는 상황이 되었습니다. 그 결과 교회가 예수 없는 상황, 십자가의 복음이 배제된 무당 점집이 되고 말았습니다.

성도는 그저 재미있고 부담 없는 시원한 말씀을 원하고 이에 부응하여 사역자는 그들의 입맛에 맞는 말만을 재미있게 짧게 전하는 것이 한국교회의 대세가 되었습니다. 그 결과 성도나 성직자 모두 세상의 안녕과 복지만을 추구한 나머지 성경이 계시하는 구원 섭리에 대하여 무지하게 되어 하나님의 바른 말씀을 전하지도 못하고 그 말씀을 받지도 못하는 상황이 되고 말았습니다. 그 결과 성도와 교회는 심각한 영적 질병으로 죽어가고 있습니다.

놀랍게도 이런 현상은 바울 당시에도 있었습니다. 이에 관하여 바울의 지적을 들어봅시다.

∷ 형제들아 내가 너희를 권하노니 너희가 배운 교훈을 거슬러 분쟁을 일으키거나 거치게 하는 자들을 살피고 그들에게서 떠나라. 이 같은 자들은 우리 주 그리스도를 섬기지 아니하고 다만 자기들의 배만 섬기나니 교활한 말과 아첨하는 말로 순진한 자들의 마음을 미혹하느니라(롬 16:17-18).

3. 선지자를 구분하는 기준

1) 소명 문제

성직자 대부분은 소명 의식을 기억하고 사역합니다. 문제는 그 소명을 사역 내내 유지하는가 하는 점입니다. 얼마나 하나님의 부르심에 충실하게 하나님께서 깨닫게 하신 말씀을 타협 없이 전하며 불쌍한 영혼들을 성실하게 목양하는지를 점검해야 합니다. 사역자로 부르실 때 가졌던 초심을 잊지 않고 세상과 타협하지 않고 성실하게 사역하는지를 돌아보아야 합니다.

2) 혼합주의 문제

거짓 선지자의 혼합주의적 입장은 언제나 대중적인 인기를 얻었습니다. 이러한 현상은 오늘날도 예외가 아닙니다. 세상의 흐름에 교회가 동화되어 적당한 선에서 타협하며 신앙의 정체성을 포기해 가는 실정입니다. 그 결과 교회는 영적 권위를 상실하게 되어 선민에게 주어진 영적 특권을 상실해 버렸습니다. 참 선지자는 오로지 하나님께서 주신 계시(율법)의 수호자로서의 사명에 충실한 자입니다. 그들은 어떠한 상황 속에서도 세속의 영향에 흔들림 없이 그가 받은 소명에 따른 사역에 충실했습니다.

3) 사역 중심 문제

거짓 선지자들은 하나님의 계시에 집중하지 않고 백성에게 위안을 주는 주제만을 택하여 전했습니다. 그들은 하나님의 약속들, 즉 이스라엘의 선택, 언약, 성전의 불가침성, 다윗과 관련된 약속들, 하나님의 통치권 등에 대한 가르침을 등한히 할 뿐 아니라, 죄에 대한 경고나 심판과 같이 백성들이 부담스럽게 생각하고 듣기 싫어할 주제를 다루지 않았습니다. 그렇게 할 수 밖에 없는 이유는 그들이 하나님의 구원 섭리에 관하여 관심을 두지 않았을 뿐만 아니라, 그러한 하나님의 섭리에 관하여 포괄적 이해 보다 오직 현실적인 문제를 해결하는 일에만 집중했기 때문입니다. 그래서 이들은 백성의 죄 때문에 하나님의 심판이 임박했음에 대하여 침묵했습니다. 그들은 심지어 그런 하나님의 심판은 없다고까지 호도했습니다. 이는 어디까지나 여론과 인기에 영합한 결과입니다.

4) 세속적 성직자 문제

거짓 선지자는 현실적이며 세속적인 정책을 옹호하며 참 진리의 가치를 혼란스럽게 했습니다. 거짓 선지자의 관심은 사회, 경제, 문화 전반에 당면한 문제 해결에 있었습니다. 반면에 참 선지자는 유행에 민감하지 않았으며 하나님의 뜻을 실천하는 일을 사회적 추세와는 동떨어진 방식으로 사역했습니다. 그 결과 그들은 세상으로부터 조롱과 배제 그리고 증오와 음모의 대상이 되었고 차별과 고독 속에 살아야 했습니다.

이러한 참 선지자의 삶은 장차 예수 그리스도를 위한 고난과 핍박 그리고 순교의 길이라고 주께서 평가하셨습니다.

∷ 나로 말미암아 너희를 욕하고 박해하고 거짓으로 너희를 거슬러 모든 악한 말을 할 때에는 너희에게 복이 있나니 기뻐하고 즐거워하라. 하늘에서 너희의 상이 큼이라. 너희 전에 있던 선지자들도 이같이 박해하였느니라(마 5:11-12).

5) 사역 자세 문제

거짓 선지자는 이상이나 꿈, 그리고 안녕과 평안을 위해 일했습니다. 그들은 다양한 프로그램과 기술을 개발하고 증진했으며 현재를 누리기 위하여 구체적인 방법을 개발하는 데 힘썼습니다. 그들은 참 선지자가 전하는 하나님의 말씀을 무시하고 그들을 조롱하며 핍박하고 심지어 살해 시도까지 했습니다. 그러한 상황 속에서 예레미야 선지자는 하나님께 탄원했습니다.

:: 그들이 말하기를 오라 우리가 꾀를 내어 예레미야를 치자 제사장에게서 율법이, 지혜로운 자에게서 책략이, 선지자에게서 말씀이 끊어지지 아니할 것이니, 오라 우리가 혀로 그를 치고 그의 어떤 말에도 주의하지 말자 하나이다. 여호와여 나를 돌아보사 나와 더불어 다투는 그들의 목소리를 들어 보옵소서. 어찌 악으로 선을 갚으리이까마는 그들이 나의 생명을 해하려고 구덩이를 팠나이다. 내가 주의 분노를 그들에게서 돌이키려 하고 주의 앞에 서서 그들을 위하여 유익한 말을 한 것을 기억하옵소서(렘 18:18-20).

거짓 선지자는 자기 주도적 사역을 하지만, 참 선지자는 하나님과 백성 사이에 서서 중개자로서 하나님의 뜻을 살피고 그 말씀을 받아 백성에게 전하는 중개적 역할을 성실하게 수행했습니다. 당연히 이런 사역이 백성에게 인기가 있을 수는 없었습니다.

6) 사역 목적 문제

거짓 선지자는 다윗 왕조와 성전 그리고 예루살렘의 보존과 유지에만 신경을 썼습니다. 그들은 이스라엘 왕국을 통하여 이루시려는 하나님 나라 즉 구속의 진리가 계속하여 전파되어 아브라함과 맺은 하나님의 언약이 온 세상에 펼쳐지는 사실을 무시하고 거부했습니다. 그들은 오직 현재 자신이 누리고 있는 위치와 특권을 얻으려 애썼고 그것을 유지하려는 것이 그들의 목적이었습니다. 그들은 이것만을 쟁취하기에 몰두했던 것입니다.

7) 실천적 사역 문제

거짓 선지자는 인간 중심의 윤리를 가르쳤습니다. 그들은 대중들에게 인기 있는 방식으로 모세의 율법을 해석하고 적용하는 데 주력했습니다. 그래서 율법을 지키는 구체적인 방법과 절차, 이를 실천하는 예법과 경건한 종교적 행위, 예를 들면 기도, 금식, 희생적 삶을 어떻게 실천해야 하는지를 가르쳤습니다. 그들은 현실주의적 경건주의를 가르쳤고 또 실천하게 하는 데 주력했습니다.

반면에, 참 선지자들은 하나님 중심 윤리를 가르쳤습니다. 그들은 하나님께서 명하신 바를 삶 속에서 어떻게 실천할 것인지를 가르칠 뿐 아니라, 종말론적인 입장에서 이러한 윤리를 실천하도록 열심히 가르쳤습니다. 이는 넓은 시각에서 하나님의 말씀에 담긴 구속의 진리를 보고 그 하나님을 신뢰하고 말씀의 의미를 찾아 하나님께서 원하시는 선한 일에 주력하도록 가르치는 사역이었습니다. 그들은 백성에게 바른 정의와 사랑 그리고 신실함과 끈기로 장차 완성될 하나님 나라를 소망하며 살아갈 것을 가르쳤습니다.

8) 종말에 대한 자세

∷ 거짓 선지자들은 낙관론적인 견해를 가지고 기득권 세력의 유지와

번영을 꾀하는 일에 주력했습니다. 그들은 백성의 인기에 야합하여 자신에 대한 그들의 평가에 예민했습니다. 그렇게 한 이유는 그것이 자신에게 이익이 되기 때문입니다. 반면에 참 선지자들은 하나님의 말씀이 성취되기를 기다리며 숱한 박해 가운데서도 굴하지 않고 받은 예언의 말씀을 전하는 일에 주력했습니다. 이들은 고난 중에서도 신실하게 여호와 하나님을 신뢰하였으며 반드시 하나님 말씀은 성취된다는 믿음 속에서 성실하게 사역했습니다. 참으로 이들은 히브리서 저자가 말한 대로 "세상이 감당할 수 없는 믿음의 위인"들이었습니다(히 11:33-38).

결론

참 선지자는 하나님 왕국을 이루기 위하여 역사하시는 성령의 능력을 신뢰하며 사역에 몰두했습니다. 그들은 하나님께서 확실하게 말씀으로 만들어 주신 이스라엘이며, 확연하게 보여주신 말씀으로 계시하신 나라임을 확신했습니다. 이들은 장차 임할 이 나라를 바라보고 그 나라의 왕께서 도래하실 것을 전했습니다. 문제는 이 나라는 인간의 능력이나 제도 그리고 군사력으로 이루어질 나라가 아니라, 성령의 역사로 이루어질 나라라는 점입니다. 하나님의 섭리는 참된 선지자에게 환상으로 그 나라를 보여주시고 구체적인 말씀으로 그 나라를 전하도록 역사하셨습니다.

이런 점에서 참 선지자는 하나님과 백성 사이에 서서 하나님 나라를 설명하고 보여주고 확신하게 하는 중보자였습니다. 참 선지자는 "긴장 속에서" 하나님의 마음과 사람 사이에서 하나님의 섭리 역사를 몸소 체험하고 전했으며 백성의 고통을 살피며 함께 고난에 동참하며 사역했던 것입니다. 이러한 상황 가운데 하나님은 이사야 선지자에게 말씀하셨습니다.

:: 그러므로 내가 말하노니 돌이켜 나를 보지 말지어다. 나는 슬피 통곡하겠노라. 내 딸 백성이 패망하였음으로 말미암아 나를 위로하려고 힘쓰지 말지니라(사 22:4).

이렇게 참 선지자는 어려운 상황 속에서도 굴하지 않고 받은 소명에 충실하여 항상 말씀을 전하는 사명을 충실하게 수행했습니다.

:: 주 여호와께서 학자들의 혀를 내게 주사 나로 곤고한 자를 말로 어떻게 도와줄 줄을 알게 하시고 아침마다 깨우치시되 나의 귀를 깨우치사 학자들 같이 알아듣게 하시 도다(사 50:4-5).

그들은 시류에 야합하거나 타협하지 않고 하나님으로부터 받은 말씀을 과감하게 전달하므로 숱한 무시와 멸시, 조롱과 비난, 그리고 핍박과 고난을 감수하며 하나님의 은혜를 사모하며 신실한 자들과 교제하며 받은 사명을 완수하려 헌신했습니다.

:: 주 여호와께서 나의 귀를 여셨으므로 내가 거역하지도 아니하며 뒤로 물러가지도 아니하며, 나를 때리는 자들에게 내 등을 맡기며 나의 수염을 뽑는 자들에게 나의 뺨을 맡기며 모욕과 침 뱉음을 당하여도 내 얼굴을 가리지 아니하였느니라(사 50:5-6).

:: 보라. 주 여호와께서 나를 도우시리니 나를 정죄할 자 누구냐 보라 그들은 다 옷과 같이 해어지며 좀이 그들을 먹으리라. 너희 중에 여호와를 경외하며 그의 종의 목소리를 청종하는 자가 누구냐 흑암 중에 행하여 빛이 없는 자라도 여호와의 이름을 의뢰하며 자기 하나님께 의지할지어다(사 50:9-10).

이렇게 참 선지자들은 신의 회의에 참석한 자로서 하나님 나라가 형성되는 환상 속에서 주어진 말씀을 신뢰하고 전하는 사역자였습니다. 이들이 이렇게 사역할 수 있었던 것은 바로 그 하나님 나라의 완성을 바라보고 확신했기 때문입니다.

오늘도 어려운 가운데서도 굴하지 않고 받은 사명에 충성하는 신실한 사역자들이 있지만, 적지 않은 자들이 세상과 타협하며 이기적으로 사역하는 자들이 적지 않다고 여겨집니다. 이제 호세아서를 통하여 하나님께서 전하시는 구원의 도리를 살펴봅시다. 호세아 선지자가 온갖 난관에도 굴하지 않고 받은 하나님의 예언의 말씀을 수행하며 교훈하는지 살펴봅시다.

기도

지금도 살아계셔서 말씀하시는 하나님, 이 시간 말씀을 받아 전달하는 하나님의 종에 대하여 살펴보았습니다. 확실한 부르심에 순종하며 충성스럽게 말씀 사역에 힘쓰는 종들이 이 땅에 많아지게 하옵시고, 이곳에도 은혜 주셔서 부르심의 상을 바라보고 충성스럽게 바른길 가게 하옵소서. 말씀을 사모하는 모든 이들에게 하나님의 말씀을 들을 수 있는 귀를 열어주셔서 말씀을 말씀으로 알아듣게 하시고 그 말씀을 사모하게 하옵소서. 거룩하신 주 예수 이름으로 기도드리옵나이다. 아멘.

03.

구원자 호세아

:: 웃시야와 요담과 아하스와 히스기야가 이어 유다 왕이 된 시대 곧 요아스의 아들 여로보암이 이스라엘 왕이 된 시대에 브에리의 아들 호세아에게 임한 여호와의 말씀이라. 여호와께서 처음 호세아에게 말씀하실 때 여호와께서 호세아에게 이르시되 너는 가서 음란한 여자를 맞이하여 음란한 자식들을 낳으라. 이 나라가 여호와를 떠나 크게 음란함이니라 하시니, 이에 그가 가서 디블라임의 딸 고멜을 맞이하였더니 고멜이 임신하여 아들을 낳으매, 여호와께서 호세아에게 이르시되 그의 이름을 이스르엘이라 하라. 조금 후에 내가 이스르엘의 피를 예후의 집에 갚으며 이스라엘 족속의 나라를 폐할 것임이니라. 그 날에 내가 이스르엘 골짜기에서 이스라엘의 활을 꺾으리라 하시니라(호 1:1-5).

:: 내가 나를 위하여 그를 이 땅에 심고 긍휼히 여김을 받지 못하였던 자를 긍휼히 여기며 내 백성 아니었던 자에게 향하여 이르기를 너는 내

백성이라 하리니 그들은 이르기를 주는 내 하나님이시라 하리라 하시니라(호 2:23).

서두에서도 강조했지만, 초대교회 교부 어거스틴(St. Augustine)은 "신약은 구약 속에 감추어져 있고, 구약은 신약 속에 드러난다."며 구약과 신약의 관계성에 대하여 말했습니다. 이런 설명은 구약과 신약을 연결하여 이해하는 데 큰 도움이 됩니다.

호세아 역시 하나님의 진한 사랑을 전한 선지자입니다. 이는 예수 그리스도의 희생을 통하여 드러난 구속의 진리인 신약의 핵심 메시지와 같은 복음을 전했기 때문입니다. 하나님은 호세아를 선지자로 부르시고 그를 통하여 구원 진리를 전하셨습니다. 그가 전한 메시지의 주제는 "하나님 사랑"입니다. 본서를 강해한 제네바 개혁신학교(Geneva Reformed Seminary) 총장 마이클 배럿 박사(Dr. Michael Barrett)는 강해서 제목을 "거룩하신 하나님의 결코 실패하지 않는 사랑"(Love Divine and Unfailing)이라고 지었습니다. 적당한 제목이라고 생각합니다.

1. 호세아서 주제

하나님께서 구약을 통하여 말씀하신 바가 무엇입니까? "창조주 하나님께서 인간을 얼마나 사랑하셨는가!"입니다. 하나님은 험난한 인류 역사 속에 개입하셔서 사랑을 구현하셨습니다. 성경 역사는 진공 가운데서 형성되지 않았습니다. 인간은 끊임없이 하나님을 떠나 우상숭배에 몰두했으나 하나님은 포기하지 않으시고 때가 되자 마침내 아들을 보내주시는 구속의 사랑을 시행하셨습니다.

사도 요한은 이 역사를 "하나님이 세상을 이처럼 사랑하사 독생자를 주셨으니 이는 그를 믿는 자마다 멸망하지 않고 영생을 얻게 하려 하심이라. 하나님이 그 아들을 세상에 보내신 것은 세상을 심판하려 하심이 아니요 그로 말미암아 세상이 구원을 받게 하려 하심이라"(요 3:16-17)라고 설명합니다.

하나님의 사랑 이야기의 최고점은 독생자 예수를 십자가에 처형하시는 사건이라 하겠습니다. 문제는 이렇게 신약에서 밝혀지고 완성되는 하나님의 세상을 향한 사랑 이야기가 구약 호세아에서 잘 나타나고 있다는 것입니다. 이는 신약에서 그려지는 하나님의 망극하신 사랑이 구약역사 속에서 이스라엘 백성이 부인할 수 없는 역사적 사건으로 보여주시는가 하는 것입니다.

여호와 하나님께서는 호세아에게 이렇게 명령하셨습니다.

:: 여호와께서 처음 호세아에게 말씀하실 때 여호와께서 호세아에게 이르시되 너는 가서 음란한 여자를 맞이하여 음란한 자식들을 낳으라. 이 나라가 여호와를 떠나 크게 음란함이니라(호 1:2).

호세아에게 가서 음란한 여인을 아내로 맞으라는 하나님의 특이한 지시는 상식과 관습 그리고 정서적으로 수용하기 힘든 지시였을 것입니다. 하나님께서 호세아에게 왜 그런 명령을 내리셨을까요? 그 이유는 "북 왕조 이스라엘의 타락 때문"이라고 하나님은 밝히셨습니다. 참으로 놀라운 일이 아닐 수 없습니다. 선지자에게 명하신 이 명령은 당시 시대적 흐름과 분위기 그리고 타락한 시대사조 가운데 개입하시는 계시로, 선지자 개인의 삶과 역사 속에서 주시는 시대적 메시지라 하겠습니다.

그것은 음란한 여인 고멜과의 결혼생활의 삶의 현장(Sitzen im leben) 속에서, 하나님께서 어떻게 그 백성을 사랑하시는 구속의 메시지였습니다. 이 과정을 밝히는 것이 호세아서의 핵심 메시지입니다. 여호와 하나님은 호세아서가 담고 있는 이 메시지를 통하여 구원 역사 속에 궁극적으로 목적하신 바를 드러내시기를 원하셨습니다.

:: 내가 나를 위하여 그를 이 땅에 심고 긍휼히 여김을 받지 못하였던 자를 긍휼히 여기며 내 백성 아니었던 자에게 향하여 이르기를 너는 내 백성이라 하리니 그들은 이르기를 주는 내 하나님이시라 하리라 하시니라(호 2:23).

2. 호세아서의 구약 내 위치

아는 대로 구약성경은 크게 이렇게 구분합니다. 모세 오경(창세기, 출애굽기, 레위기, 민수기, 신명기) 역사서(여호수아-에스더), 시가서(욥기, 시편, 잠언, 전도서, 아가), 예언서(이사야-말라기)입니다. 이 중에 다루려는 예언서도 둘로 나눌 수 있습니다. 대 예언서(대선지서), 소 예언서(소선지서) 입니다. 이렇게 대소로 나누는 것은 예언의 분량 때문이지 예언의 가치 혹은 중요도에 따라 나눈 것은 아닙니다.

우리는 소선지서 12권 중에 먼저 호세아를 만납니다. 왜 호세아가 소선지서 첫 권으로 등장할까요? 이 역시 일반적으로 호세아서의 분량이 소선지서 가운데 가장 많고 길기 때문입니다. 호세아서는 14장에 걸쳐 주어진 계시입니다. 그런데 이러한 설명도 문제가 전혀 없는 것은 아닙니다. 호세아서(14장) 보다 후에 나오는 스가랴서가 장수는 같으나 전체적인 분량은 호세아서보다 약간 더 많기 때문입니다. 그러면 왜 호세아가 먼저 배치되었을까요? 시기적으로 스가랴보다 호세아의 활동이 먼저라고 여겨지기 때문입니다.

3. 호세아 활동 시기

솔로몬이 부친 다윗 왕에게서 물려받은 통일 왕국 이스라엘은 솔로몬 왕 말기가 되면 둘로 나누어집니다. 그 과정에서 매우 혼란스러운 정국이 형성되는 것은 매우 당연합니다. 분단의 가장 큰 이유는 솔로몬이 부친 다윗의 명을 어기고 여호와 하나님을 배반하고 우상을 숭배했기 때문입니다. 여호와 하나님은 솔로몬에게 두 번씩이나 나타나셔서 직접 경고하셨습니다.

:: 솔로몬이 마음을 돌려 이스라엘의 하나님 여호와를 떠나므로 여호와께서 그에게 진노하시니라. 여호와께서 일찍이 두 번이나 그에게 나타나시고 이 일에 대하여 명령하사 다른 신을 따르지 말라 하셨으나 그가 여호와의 명령을 지키지 않았으므로 여호와께서 솔로몬에게 말씀

하시되 네게 이러한 일이 있었고 또 네가 내 언약과 내가 네게 명령한 법도를 지키지 아니하였으니 내가 반드시 이 나라를 네게서 빼앗아 네 신하에게 주리라(왕상 11:9-11).

결국 다윗과 같이 회개하고 철저하게 하나님만을 섬기지 못한 솔로몬의 이스라엘은 그의 어리석은 아들 르호보암 시대에 분단국가가 됩니다. 열 지파(수도 사마리아)의 북 왕조 이스라엘, 두 지파의 남 왕조 유다(수도 예루살렘)로 나눠집니다. 당시 10지파로 형성된 북 왕조 이스라엘이 남 왕조보다 경제력으로나 군사력으로나 훨씬 강력했을 것은 짐작하고도 남습니다.

호세아는 이러한 북 왕조 이스라엘을 대상으로 예언 사역을 했습니다. 참고로 북 왕조 이스라엘에서 활동한 선지자는 호세아, 아모스, 요나, 나훔 네 명이고, 남 왕조 유다를 상대로 활동한 선지자는 예레미야, 하박국, 스바냐, 이사야, 미가, 요엘입니다. 이들을 흔히 8세기 선지자라 부릅니다. 이렇게 호세아는 주전 8세기에 북 왕조 이스라엘을 향하여 예언 활동을 한 이스라엘 의 선지자입니다. 그와 동시대에 활동한 선지자로는 이사야, 아모스, 미가가 있습니다. 이들 중 북조 이스라엘을 향하여 활동한 대표적인 선지자가 아모스입니다. 성경학자들은 호세아와 아모스 두 선지자의 사역을 비교하는 연구를 많이 합니다. 이 강해에서는 이러한 부분을 자세하게 다루지는 않으려 합니다.

호세아서는 이렇게 시작합니다.

:: 웃시야와 요담과 아하스와 히스기야가 이어 유다 왕이 된 시대 곧 요

아스의 아들 여로보암이 이스라엘 왕이 된 시대에 브에리의 아들 호세아에게 임한 여호와의 말씀이라(호 1:1).

이 구절은 호세아 선지자가 활동한 시기에 대하여 밝혀 줍니다. 그는 여로보암 2세가 통치하던 시기(793-753 BC)에 북 왕국 이스라엘에 대하여 예언 활동을 한 선지자입니다. 이 시기는 남 왕조 유다의 웃시야(767 BC) 때부터 히스기야(686 BC) 때로 거의 81년에 해당하는 기간입니다. 웃시야(767-739 BC), 요담(739-731 BC), 아하스(731-715 BC), 히스기야(715-686 BC)가 이어서 다스렸으며, 이 당시의 북 왕조 이스라엘은 여로보암 2세(793-753 BC), 스가랴(753 BC), 살룸(755 BC), 므나헴(752-742 BC), 브가히야(742-740 BC), 베가(740-732 BC), 호세아(732-722 BC) 왕이 통하던 시기입니다. 이렇게 남북 왕조 이스라엘의 급변하는 정치 상황 속에서 활동한 선지자가 호세아입니다. 성경학자들은 호세아가 대략 50년 넘게 북 왕조 이스라엘에서 활동했을 것으로 추산합니다.

흥미로운 점이 있습니다. 1절에서, 북 왕조 이스라엘을 상대로 활동했음에도 호세아는 남 왕조 유다 왕국을 먼저 언급하면서 비교하며 북 왕조에서 활동한 자신에 대하여 기록하고 있다는 점입니다. 왜 호세아는 먼저 남 왕조의 왕국을 언급했을까요? 성경학자들은 이렇게 설명합니다. 비록 남과 북이 나뉘었으나 나라의 정통성은 자신이 활동하는 북 왕조가 아니라 남 왕조에 있다는 점을 의식하고 있다고 하겠습니다. 무슨 말인가 하면, 이스라엘의 정통성은 북왕조가 아니라 남 왕조 유다에 있다는 점입니다. 정권의 정통성에 있어서 유다에 밀린다는 의미입니다.

역사적 배경은 이렇습니다. 비록 유다와 베냐민 지파로 구성된 작은 나라 유다였지만, 그 수도가 예루살렘이었습니다. 알다시피 예루살렘은 통일 이스라엘의 수도입니다. 다윗성이 있고 국가의 정치, 경제, 종교, 문화 등이 집중된 곳입니다. 그러기에 이곳을 통치하는 자가 나라의 중심이 되는 것입니다. 비록 호세아 자신은 북 왕조 이스라엘에서 활동하지만, 그의 마음 중심은 남 왕조 예루살렘으로 향해 있다는 것을 은연중에 밝히고 있다 하겠습니다. 그는 히스기야가 왕일 때도 예언 활동을 했으므로 아마도 북 왕국 이스라엘이 앗수르에 의해서 멸망할 때(721 BC)까지 그의 예언 활동은 계속되었을 것입니다.

4. 호세아서 메시지

북 왕조 이스라엘의 죄는 정치적 혹은 문화적 죄가 아니라, "영적 반항" 즉 하나님을 떠나 우상을 숭배로 종교의 핵심적인 가치와 문화를 만들어 가는 죄입니다. 호세아는 이런 북 왕조 이스라엘이 하나님께 반항했기 때문에 멸망할 것이라고 강력하게 하나님의 심판을 경고했습니다. 북 왕조 이스라엘이 여호와 하나님을 떠나 배교한 영적 죄는 다음과 같습니다.

1) 배은망덕의 죄

여호와 하나님께서 모세를 보내셔서 애급의 노예로 신음하던 이스라엘 백성을 해방시켜 자유로운 백성이 되게 해 주셨습니다. 하나님은 그들을 출애굽 시켜 가나안을 향한 자유의 여정을 경험하게 하셨습니다. 그러나 그들은 40일간의 가나안 정탐 사건(민 13:1-14:38; 신 1:19-33)에서 자신들을 구원하신 여호와 하나님을 온전히 신뢰하지 못함으로 40년을 방황하는 형벌을 받았습니다. 그 과정에서 출애굽 1세대는 여호수아와 갈렙을 제외한 자들, 심지어 모세까지 모두 죽고 마침내 가나안 땅에 입성하게 되었습니다. 사랑의 하나님께서 그들을 광야에서 파멸하지 않으시고 아브라함과 약속하신 바를 이루셔서 이스라엘 백성을 젖과 꿀이 흐르는 가나안에 정착하게 해 주신 것입니다. 그리고 하나님은 다윗과 영원한 언약을 맺으시고 그 나라를 통일 이스라엘 즉 하나님 나라의 정형적 모형으로 허락해 주셨습니다. 그러나 정작 통일 이스라엘 백성은 이 영광스러운 하나님 나라를 유지하지 못하고 여호와 하나님을 버리고 분단국가로 전락하고 말았습니다. 이 이스라엘의 분단 역사는 하나님과 맺은 언약을 저버리고 하나님의 보호하심과 풍성한 은혜를 다 잊고 타락하여 우상숭배로 하나님을 배역한 역사로 점철되었습니다. 이는 하나님의 은혜를 저버린 배은망덕의 죄의 역사입니다.

2) 어리석음의 죄

이스라엘 백성은 역사를 통해 하나님을 섬길 때는 모든 것이 잘 되었지만 반대로 우상숭배에 심취할 때는 모든 것이 잘못되었음을 경험했음에도, 이방 민족의 풍습을 적극 받아들여 지속적으로 우상을 섬기는 데 몰두했습니다. 이는 참 어리석은 짓으로 그 결과 그들은 하나님의 심판을 피할 수 없었습니다.

3) 우상숭배의 죄

우상숭배는 영적으로 간음하는 것입니다. 이스라엘 백성은 배은망덕하고 어리석었으며 음녀와 같았습니다. 여호와 하나님은 호세아에게 음란한 여인을 아내로 맞아 가정을 꾸리고 음란한 자녀를 낳아 그들의 이름을 지으라고 명하셨습니다. 호세아가 낳은 자녀들은 아들 이스르엘(4절), 딸 로루하마(6절), 아들 로암미(8-9절)라고 불렀습니다. 이 이름들의 의미는 모두 이스라엘의 역사와 관련이 있습니다. 이 이름들은 이스라엘을 심판을 경고하는 여호와 하나님을 저버린 결과로 주어진 것입니다.

이 상황 속에서 호세아가 수행해야 할 사명은 무엇일까요? 음녀를 아내로 맞아 낳은 자녀들의 이름처럼, 호세아의 삶은 하나님의 은혜를 저버리고 영적으로 타락하여 우상숭배를 하는 민족의 실체와 아픔 그리고 고통을 가정에서 날마다 겪으며, 이를 통하여 강력하게 경고하시는 심판과 그 심판 과정 속에서 나타내 보이시는 하나님의 사랑을 전하는 것입니다. 이는 이스라엘을 결코 포기하지 않으시는 하나님의 극진하신 사랑입니다.

호세아의 이러한 사역은 매우 감당하기 힘든 일이었을 것입니다. 좋은 일에 앞장서는 것도 어려운데, 무서운 심판 메시지를 특히 가정 속에서 날마다 느끼며 전하는 일이 얼마나 힘들고 괴로운 일이겠습니까? 그럼에도 불구하고 선지자 호세아는 이 어려운 사명을 자기 가정을 무대로 수행했던 것입니다.

한편 호세아의 아내 고멜은 어떤 인물이며 하나님께서 이 여인을 통하여 무엇을 교훈하시려는 것일까요? 아이러니하게도 "고멜"의 뜻은 "완전"(perfect)입니다. 안타깝게도 완벽한 여인이라는 고멜은 결코 완전한 여자가 아니었습니다. 학자들은 고멜이 호세아와 결혼 전부터 음행했는지 아니면 결혼 후에 바람이 났는지 논쟁하지만, 그것은 중요한 주제가 아닙니다. 핵심은 하나님께서 고멜이란 여인을 통하여 이스라엘이 영적으로 음행했다는 것을 상징적으로 보여주시려 했다는 점입니다. 즉 도덕적으로 타락한 한 여인의 신분에 관심이 있는 것이 아니라, 이스라엘이라는 나라 전체가 우상숭배로 저지른 배교적 영적 음행을 지적한 것입니다. 이 과정 속에서 주어진 호세아가 전한 메시지의 핵심 주제는 하나님께서 어떻게 이런 현실에도 불구하고 끝까지 인내하시며 무한한 사랑을 베푸시는지를 보여주시는 것입니다.

결론

어떤 분은 우리나라 역사도 잘 모르는데 왜 이스라엘의 소선지서를 공부해야 하냐고 질문합니다. 우리가 선지서 들을 공부해야 하는 이유가 무엇일까요? 선지서 들이 하나님께서 자기 백성을 향한 무한한 사랑을 구체적으로 보여주신 구속역사의 기록이며, 하나님께서 언약에 따라 실행하시고 성취하신 예언의 기록이기 때문입니다.

물론 성도들이 선지서를 제대로 알기란 쉽지 않습니다. 그러나 자세하게 살피면 살필수록 성경 지식을 쌓아가는 과정에서 지난 날 저지른 죄를 용서받기 위한 한 영적 지혜를 얻을 뿐 아니라, 실생활 속에서 영적 교훈을 얻고 현재를 살아가는 나와 우리를 향한, 그리고 이 시대를 향한 하나님의 뜻을 발견할 수 있습니다. 그것은 비록 죄 가운데 하나님을 저버리고 타락의 길을 간다고 하더라도, 하나님의 사랑은 결코 변경되거나 포기되지 않는다는 사실을 보여주고 있습니다. 사도 바울은 이 점에 대하여 로마서에서 적극적으로 설명했습니다.

:: 우리가 아직 죄인 되었을 때에 그리스도께서 우리를 위하여 죽으심으로 하나님께서 우리에 대한 자기의 사랑을 확증하셨느니라. 그러면 이제 우리가 그의 피로 말미암아 의롭다 하심을 받았으니 더욱 그로 말미암아 진노하심에서 구원을 받을 것이니(롬 5:8-9).

바울 사도가 하는 말씀이 무엇입니까? 하나님께서 우리에 대한 자기 사랑을 보여주시기 위해 독생자 예수를 십자가에 처형하셨다는 사실입니다. 즉 예수 그리스도의 무죄한 피를 믿는 자들을 사죄하시려는 하나님의 공의로운 심판이 십자가 사건이었음을 깨닫게 하는 말씀입니다. 이는 죄인을 향한 하나님의 무조건적인 사랑의 증명입니다. 이렇게 십자가 사건은 죄인을 향한 하나님의 지독한 사랑의 극적 사건이요, 그 사랑의 완성 사건입니다.

호세아서는 이러한 하나님의 극적인 사랑이 어떻게 호세아의 가정 속에서 그리고 그의 사역 속에서 구체적으로 실현되었는지를 잘 보여줍니다. 이제 이 놀라운 하나님의 사랑을 예표로 담아주신 호세아서를 통하여 더욱 깊이 하나님과 그의 사랑을 깨닫기 바랍니다. 그리고 그 하나님의 사랑이 예수 그리스도의 십자가 사건에서 구현되었음을 고백하는 은혜가 있기를 기대합니다.

기도

역사 속에서 말씀하시는 하나님, 이 시간 주신 말씀을 통하여 오늘 우리가 살아가는 이 시대를 향한 하나님의 음성을 듣게 하옵소서. 예수 십자가로 베풀어 주신 하나님의 무조건적인 사랑을 깊이 인식하고 더욱 구속의 진리를 사모하고 고백하게 하옵소서. 거룩하신 주 예수 그리스도의 이름으로 기도드리옵나이다. 아멘.

04.

세상 죄를 지고 가는 선지자

:: 여호와께서 호세아에게 이르시되 그의 이름을 이스르엘이라 하라. 조금 후에 내가 이스르엘의 피를 예후의 집에 갚으며 이스라엘 족속의 나라를 폐할 것임이니라. 그 날에 내가 이스르엘 골짜기에서 이스라엘의 활을 꺾으리라 하시니라. 고멜이 또 임신하여 딸을 낳으매 여호와께서 호세아에게 이르시되 그의 이름을 로루하마라 하라 내가 다시는 이스라엘 족속을 긍휼히 여겨서 용서하지 않을 것임이니라. 그러나 내가 유다 족속을 긍휼히 여겨 그들의 하나님 여호와로 구원하겠고 활과 칼이나 전쟁이나 말과 마병으로 구원하지 아니하리라 하시니라. 고멜이 로루하마를 젖 뗀 후에 또 임신하여 아들을 낳으매 여호와께서 이르시되 그의 이름을 로암미라 하라. 너희는 내 백성이 아니요, 나는 너희 하나님이 되지 아니할 것임이니라(호 1:4-9).

우리가 살아가면서 피치 못할 일들을 겪을 때가 있습니다. 어떤 일은 피하려 해도 피할 수 없고 취소하려고 해도 취소되지 않는, 그래서 싫어도 해야만 하는 것이 있습니다. 여기 참으로 비극적인 삶을 살아야 하는 한 남자가 있습니다. 하나님은 그에게 도저히 받아들일 수 없는 요구를 하셨습니다. 그것은 말이 안 되는 상식 밖의 지시였습니다. 하나님께서 호세아에게 "너는 가서 음란한 여자를 맞이하여 음란한 자식들을 낳으라!"(2절)고 명하신 것입니다.

1. 순종한 선지자

여러분은 도저히 이해하기 힘든 말도 안 되는 명령을 받을 때 어떤 생각을 하게 될까요? 이해할 수 없는 일에 부딪혔을 때 어떤 생각을 하게 되나요? "이게 무슨 명령인가? 왜 나에게 이런 일이 발생했나? 내가 이런 일을 꼭 해야만 하는가? 이 일은 나에게 어떤 유익이 있을 것인가?" 등등 여러 생각을 할 것입니다. 대부분 이런 명령을 듣는 순간 즉각 "싫어요! 좋아요!" 답할 것입니다. 호세아 역시 그런 마음이 있었을 것입니다. 그도 순종하기 힘든 하나님의 명령에 순순히 순종했을까요? 과연 그가 즉각적으로 하나님의 지시에 순종했을까요? 놀랍게도 호세아는 하나님의 명령에 순종했습니다. 어떻게 그가 순종하게 되었을까요?

본문 2절 말씀을 읽어봅니다.

:: 여호와께서 처음 호세아에게 말씀하실 때 여호와께서 호세아에게 이르시되 너는 가서 음란한 여자를 맞이하여 음란한 자식들을 낳으라. 이 나라가 여호와를 떠나 크게 음란함이니라 하시니 이에 그가 가서

디블라임의 딸 고멜을 맞이하였더니 고멜이 임신하여 아들을 낳으매 (호 1:2-3).

2절은 "여호와께서 처음 호세아에게 말씀하실 때 여호와께서 호세아에게 이르시되"라고 반복적으로 설명한 것으로 이해되기 쉽습니다. 그런데 "여호와께서 처음 호세아에게 말씀하실 때"에서 주목할 부분은 "호세아에게"(to Hosea)가 아니라, "호세아를 통하여"(in, by, with, through Hosea)를 의미한다는 점입니다. 무슨 뜻일까요? 이는 하나님께서 호세아에게 먼저 계시하시고 그가 마음으로 깨닫게 한 후에 "그를 통하여" 하나님의 명령인 계시를 실행에 옮기도록 하신 것이라고 이해됩니다. 이는 그가 순종하기까지 시간이 걸렸고 갈등이 있었고 얼마 동안인지는 모르나 마음에 허락이 될 때까지 하나님은 기다리신 후에 "여호와께서 비로소 호세아로 말씀하신" 것(개역개정판)으로 판단됩니다.

어느 누가 아내를 얻으려 할 때 순진하고 정숙한 처녀와 결혼하고 싶지, 세상 적으로 방탕한 여자를 아내로 얻을 사람이 있겠습니까! 호세아 역시 마찬가지였을 것입니다. 그 역시 하나님의 명하시는 말씀을 듣고 많은 갈등과 고민을 했을 것입니다. 하나님은 한 번이 아니라, 지속적으로 호세아의 내면에 말씀하셨으며, 번민하고 숙고한 후에 마침내 그는 하나님의 명령에 순종했던 것입니다.

이런 믿음의 갈등은 자연스러운 것이라 할 수 있습니다. 아무리 믿음이 좋다는 사람도 감당하기 힘든 경우를 만나면 마찬가지일 것입니다. 저 역시 예외가 아닙니다. 순종하기 싫은 하나님의 부르심에 즉각 나서지 못하는 것은 극히 자연스러운 반응이 아니겠습니까! 성경에서도 하나님의 사람 모세가 그랬고 선지자 요나도 그랬습니다. 하나님의 부르심을 호렙 산에서 받은 모세도 이스라엘 백성을 구원하라고 부르시는 하나님의 명령을 계속 거절하다가 하나님이 화까지 내시며 아론을 붙여주시며 순종 할 것을 명하신 사실을 우리는 알고 있습니다(출 4:14).

하나님의 부르심에 대하여 가장 극적으로 대응한 경우가 선지자 요나입니다. 하나님께서 요나에게 이렇게 명령하셨습니다.

:: 너는 일어나 저 큰 성읍 니느웨로 가서 그것을 향하여 외치라 그 악독이 내 앞에 상달되었음이니라 하시니라. 그러나 요나가 여호와의 얼굴을 피하려고 일어나 다시스로 도망하려 하여 욥바로 내려갔더니 마침 다시스로 가는 배를 만난 지라. 여호와의 얼굴을 피하여 그들과 함께 다시스로 가려고 배 삯을 주고 배에 올랐더라(욘 1:2-3).

요나는 하나님의 지시를 실행하기 싫어서 "여호와의 낯을 피하여 도망갔습니다!" 그에겐 이스라엘을 괴롭힌 앗수르는 멸망해야 할 나라이고 민족이었기 때문이다. 참으로 애국자 요나라고 할 수 있습니다. 이런 입장이 무슨 문제가 되겠습니까? 36년간 식민지 통치를 한 일본을 미워하는 한국인이 무슨 잘못이 있겠습니까? 요나가 그랬습니다. 요나서에서 알게 되는 점은 하나님은 강제로 요나를 이스라엘을 괴롭힌 니느웨를 위한 구원의 도구로 사용하셨다는 것입니다.

하나님은 언약 백성 이스라엘을 향한 사랑을 호세아 선지자에게 알리시며 명령하셨습니다. 얼마의 시간이 걸렸는지는 알 수 없으나 호세아는 결국 하나님의 말씀에 순종하여 음란한 여인 고멜(Gomer)을 아내로 맞아 가정을 꾸렸습니다. 앞에서도 살폈듯이, "완전한"(perfect) 고멜은 완전하지 못하여 타락하였고 망가진 여인이었습니다. 그런데 호세아 선지자는 하나님의 명령에 순종하여 불완전하고 추한 고멜을 맞아 정상적인 여인으로 구원해 주었습니다. 그래서 호세아란 이름의 뜻이 "구원"(Salvation)입니다. 명백하게 구원자 예수 그리스도를 예표 하는 구약의 선지자 호세아입니다.

모두 사무엘이 불순종한 사울 왕을 책망하면서 했던 "순종이 제사보다 낫고 듣는 것이 숫양의 기름보다 나으니 이는 거역하는 것은 점치는 죄와 같고 완고한 것은 사신 우상에게 절하는 죄와 같음이라"(삼상 15:22b-23)라는 말씀과 같이, 호세아의 행위에서 하나님의 말씀에 온전하게 순종하기를 힘쓰는 성도가 되길 바랍니다.

2. 부채 의식을 가진 선지자

왜 하나님께서 이런 지시를 호세아에게 하셨을까요? 그 이유는 우리가 생각할 수 있는 범주를 뛰어넘습니다. 도저히 용납될 수 없는 "음란한 여인을 아내로 맞이하고, 그 여자로 음란한 자식들을 낳으라."고 지시하시는 하나님의 의도는 무엇일까요? 하나님은 그 이유를 "이 나라가 여호와를 떠나 크게 음란하기(호 1:2b) 때문"이라고 설명하셨습니다.

여기서 "음란(zenunim, adulterous)한 여자와 음란한 자식들(children of unfaithfulness)"은 어떤 의미일까요? 방탕한 생활을 하는 여자이며, 누구의 씨인지 알 수 없는, 즉 "아비를 모르는 자식들"이란 뜻입니다. 하나님께서 호세아에게 그런 가정을 꾸미라고 명하셨던 것입니다. 왜요? "나라가 크게 음란"했기 때문입니다.

성도 여러분, 어떻게 개인이 결혼하고 가정을 꾸미는 일과 나라의 음란함과 연결이 되는 것일까요? 놀랍게도 이것이 선지자의 운명이며 사명이라 하십니다. 이는 죄악된 세상의 짐을 자신의 삶 속에서 짊어지고 가야 하는 것이 하나님의 종 선지자가 해야 할 일이라는 의미입니다.

이름의 뜻대로 호세아는 구원자입니다. 그는 죄로 심판을 받아 마땅한 나라와 민족을 구원할 운명을 지닌 사명자입니다. 이는 놀랍게도 그는 이름에서도 알 수 있듯이 구원자 예수를 예표하고 있습니다. 즉 호세아는 구원자 예수 그리스도의 모형(type)입니다. 이와 관련하여 흥미로운 기록이 있습니다. 북 왕조 이스라엘의 마지막 19대 왕 역시 호세아였습니다(왕하 17:1-14). 그러나 그는 나라와 민족을 구원하지 못하고 패망하여 앗수르에게 민족과 나라를 빼앗겼습니다. 이것이 자기 백성을 보호하고 구원할 이름을 가진 왕이란 인간의 한계였습니다. 그러나 하나님께서는 자기 백성을 향하여 구원의 역사를 완전한 구원자 예수 그리스도를 통하여 완성하셨습니다.

세례 요한은 예수님을 이렇게 소개했습니다.

:: 이튿날 요한이 예수께서 자기에게 나아오심을 보고 이르되 보라 세상 죄를 지고 가는 하나님의 어린 양이로다(요 1:29).

그렇습니다. 예수는 세상 죄를 지고 이 땅에 육신의 몸으로 오신 하나님의 어린양입니다. 이같이 호세아는 하나님을 떠나 음란에 빠져 심판받은 북 왕조 이스라엘의 죄를 지고 음란한 아내를 얻고 음란한 자식을 낳아 가정을 꾸리는 임무를 감당했습니다. 이는 타락한 여인을 구원하고 자식들을 구원하는 구원 사역이었습니다. 이는 호세아 그의 이름의 뜻이 예수와 같이 "구원자"임을 잘 보여줍니다.

문제는 당시 북 왕조 이스라엘은 경제적으로는 남 왕조 유다에 비해 부유하고 국방력은 강했으나 종교적으로 심각하게 타락하여 하나님을 떠나 이방 우상을 섬기며 타락한 음란한 나라가 되었다는 사실입니다. 하나님은 이렇게 종교적으로 도덕적으로 그리고 영적으로 부패한 민족의 책임을 호세아에게 물으시고, 그와 그의 가정이 타락된 세상의 현실을 몸소 체험하며 하나님의 사랑과 구원을 전하라는 명령이었던 것입니다.

여러분, 성도는 이 사명을 왕 같은 제사장, 선지자로서 감당하도록 부름을 받습니다. 사도 베드로는 놀랍게도 이러한 사명으로 부름 받은 성도의 영적 신분에 대하여 이렇게 말했습니다.

:: 그러나 너희는 택하신 족속이요 왕 같은 제사장들이요 거룩한 나라요 그의 소유가 된 백성이니 이는 너희를 어두운 데서 불러내어 그의 기이한 빛에 들어가게 하신 이의 아름다운 덕을 선포하게 하려 하심이라(벧전 2:9).

성도는 하나님께 이 세상으로부터 구별된 영역으로가 아니라, "세상의 빛이며 소금으로" 부르심을 받습니다. 성도는 이 점을 잊지 말아야 합니다.

성도가 이 정체성을 잃어버리는 순간 명분과 특권은 무용지물이 되고 성도라는 영광스러운 신분은 상실되고 맙니다. 이에 대하여 우리 주께서 이미 말씀하셨음을 기억합시다.

:: 너희는 세상의 소금이니 소금이 만일 그 맛을 잃으면 무엇으로 짜게 하리요 후에는 아무 쓸데없어 다만 밖에 버려져 사람에게 밟힐 뿐이니라. 너희는 세상의 빛이라 산 위에 있는 동네가 숨겨지지 못할 것이요(마 5:13-14).

성도는 이 세상을 떠나서 광야에서 살고 수도원에 갇혀 있는 존재가 아닙니다. 마치 소금이 소금 통에서 나와야 맛을 내듯이, 성도는 신앙의 울타리 속에서 밖으로 나와 부패하고 냄새나는 어두운 세상 속에서 희생적 삶을 살아가는 소금이며 빛임을 잊지 말아야 합니다. 그래서 썩어가는 현장, 냄새나는 추한 곳, 어둡고 캄캄하고 부패한 세상 속에서 온 몸으로 부딪치며 살면서 자신을 녹여 썩고 냄새나는 상황을 멈추게 하는 소금처럼, 어둡고 부패한 세상을 밝히는 빛 같은 성도로서의 본연의 역할을 수행해야 하는 존재가 예수의 제자입니다. 그것은 소금처럼 희생과 헌신의 길이며 복음의 빛을 발하며 전파하는 일입니다. 주께서는 우리에게 이 길을 가라고 명하셨습니다. 이러한 의식을 가진 사도 바울 역시 복음에 대한 부채 의식을 가지고 사역했습니다.

:: 헬라인이나 야만인이나 지혜 있는 자나 어리석은 자에게 다 내가 빚진 자라(롬 1:14).

복음의 부채 의식을 갖는 것! 이것이 성도의 위치이며 사명이며 임무입니다. 이런 의식과 사명으로 살아가야 하는 것이 하나님의 부르심을 받은 성도입니다. 우리 모두 이 사명을 잊지 말아야 합니다. 호세아가 그랬던 것처럼, 예수께서 그 길을 가셨던 것처럼, 성도 역시 세상의 소금이며 세상의 빛으로 부르심을 받습니다. 여러분은 여러분의 삶의 현장 속에서 어느 위치에 있다고 생각하십니까? 스스로 잘 살펴보기를 바랍니다.

3. 하나님 사랑을 먼저 체득해야 할 선지자

호세아는 마침내 여호와 하나님의 말씀에 순종하여 음란한 여인 고멜을 아내로 얻었습니다. 그리고 가정을 꾸몄습니다. 호세아는 그녀에게서 아들 둘, 딸 하나를 얻어 단란한 가정을 이루었습니다. 아내는 디블라임의 딸 고멜, 큰아들은 이스르엘, 딸은 로루하마, 막내아들은 로암미입니다.

하나님은 이 명령을 그 어떤 지시보다 "먼저"(비로소, 처음) 호세아에게 하셨습니다. 그것은 음란한 아내를 얻고 음란한 자식을 낳아 가정을 꾸미는 일입니다. 호세아에게는 음란한 아내와 자식을 낳아 가정을 꾸미는 일이 그 어떤 사역보다 우선해야 할 사역이었던 것입니다.

70인 역 헬라어 역본에는 "너는 가서 음란한 여자와 음란한 자녀들을 취하라"라고 되어 있어서, 어떤 학자들은 호세아에게 하나님은 결혼할 때 이미 고멜이 낳은 이 세 아이까지 데리고 오라는 뜻이었다는 식으로 해석하기도 합니다. 그러나 첫아들 이스르엘을 낳고 젖을 뗀 후에 딸을 낳았다고 하는 기록을 보아 이런 해석은 맞지 않다고 판단됩니다.

이에 관하여 생각해야 할 중요한 몇 가지 질문이 있습니다. 우선 하나님의 명령은 율법적으로 합당한 지시였을까 하는 점입니다.

:: 그는 처녀를 데려다가 아내를 삼을지니, 과부나 이혼 당한 여자나 창녀 짓을 하는 더러운 여인을 취하지 말고 자기 백성 중에서 처녀를 취하여 아내를 삼아 그의 자손이 그의 백성 중에서 속되게 하지 말지니 나는 그를 거룩하게 하는 여호와임이니라(레 21:13-15).

이 율법을 볼 때, 거룩하신 하나님께서 자신이 주신 율법을 어기고 선지자 호세아에게 음란한 여자를 아내로 맞으라고 하신 것이라 할 수 있습니다. 그래서 혹자는 여기 고멜을 상징적인 인물로 봐야 한다고 해석하기도 합니다. 그러나 호세아는 아내 고멜의 부친 이름을 기록하므로 실제로 존재한 여인이었음을 분명히 하고 있습니다. 더구나 아내 고멜이 참다못해 옛 애인에게로 돌아가자, 하나님은 호세아에게 다시 고멜을 데려오라고 명하셔서 호세아는 "은 다섯 개, 보리 한 호멜 반"을 그녀의 몸값으로 지불하고 집으로 데려왔다고 기록하고 있어서(호 3:1-2), 도저히 고멜이라는 인물이 상징적 존재라고 볼 수 없다고 판단됩니다.

두 번째 질문은 하나님은 왜 반율법적 명령을 하셨을까 하는 점입니다. 놀랍게도 하나님은 호세아에게 이렇게까지 말씀하셨습니다.

:: 여호와께서 이르시되 그 날에 네가 나를 내 남편이라 일컫고 다시는 내 바알이라 일컫지 아니하리라. 내가 바알들의 이름을 그의 입에서 제거하여 다시는 그의 이름을 기억하여 부르는 일이 없게 하리라. 그

날에는 내가 그들을 위하여 들짐승과 공중의 새와 땅의 곤충과 더불어 언약을 맺으며 또 이 땅에서 활과 칼을 꺾어 전쟁을 없이하고 그들로 평안히 눕게 하리라. 내가 네게 장가들어 영원히 살되 공의와 정의와 은총과 긍휼히 여김으로 네게 장가들며, 진실함으로 네게 장가들리니 네가 여호와를 알리라(호 2:16-20).

만약 음란한 여인을 취하는 것이 율법을 어긴 것이라면, 이 말씀은 하나님께서 불법을 행하신 것이 됩니다. 과연 하나님이 율법을 어기신 것일까요? 하나님은 이스라엘과 연애를 하시고 결혼하셔서 이미 가정을 꾸린 사이인데, 아내인 이스라엘이 가정을 떠나 외간 남자인 "바알"을 남편이라 부르며 사랑을 나누는 것을 참지 못하고, 그 아내 이스라엘을 다시 찾으시고 재 청혼을 하여 그녀로 하여금 여호와 하나님을 다시 남편이라 부르게 하겠다는 것입니다.

이는 하나님의 공의와 사랑이 어떻게 조화를 이루는지를 잘 보여줍니다. 신실하신 하나님은 결코 언약 백성 이스라엘을 버릴 수 없습니다. 그러기에 하나님은 호세아에게 먼저 가정을 이룬 아내가 다시 옛정을 못 이겨 가출해도 그 여자를 데려오기 위하여 몸값을 주더라도 다시 데려 오라고 명하셨던 것입니다. 이 메시지는 하나님의 무조건적인 사랑을 보여줍니다.

세 번째 질문은 어느 정도까지 하나님은 언약 백성을 사랑하시는가? 입니다. 여호와 하나님은 선지자 이사야에게 이렇게 말씀하셨습니다.

:: 오직 시온이 이르기를 여호와께서 나를 버리시며 주께서 나를 잊으셨

다. 하였거니와 여인이 어찌 그 젖 먹는 자식을 잊겠으며 자기 태에서 난 아들을 긍휼히 여기지 않겠느냐 그들은 혹시 잊을지라도 나는 너를 잊지 아니할 것이라(사 49:14-15).

하나님은 결단코 택한 백성 한 사람 한 사람을 잊지 않으십니다. 사랑하는 아들까지 희생시키면서까지 사랑하신 자기 백성을 결단코 잊지 않으시고 구원하시는 하나님이십니다. 이는 참 목자이신 예수께서 비유로 말씀하신 바와 같습니다. 하나님은 한 마리의 양이 우리 밖으로 나가자 아흔아홉 마리의 양을 우리에 남겨둔 채 우리 밖으로 나간 한 마리 양을 찾아 나선 목자와 같습니다(눅 15:4). 이것이 하나님 아버지의 사랑이며 예수께서는 비유로 하나님의 사랑을 말씀하셨던 것입니다. 자신을 희생하시기까지 하나님은 결코 택하신 자녀를 잊지 않으시고 사랑하십니다(롬 8:32). 창조하시고 택하신 피조물을 창조주께서 버릴 수가 있단 말입니까?

사도 요한은 이 하나님의 크신 사랑이 이렇게 나타났다고 선언합니다.

:: 하나님의 사랑이 우리에게 이렇게 나타난바 되었으니 하나님이 자기의 독생자를 세상에 보내심은 그로 말미암아 우리를 살리려 하심이라(요일 4:9).

그렇습니다. 우리를 향한 하나님의 사랑은 결코 변경되거나 취소되지 않습니다. 왜냐하면 아들까지 희생시키면서 까지 여러분과 저의 죗값을 치르시고 우리를 사셨기 때문입니다. 십자가는 하나님께서 우리를 끝까지 사랑하신 사랑의 증표입니다. 이를 바울은 다음과 같이 설명합니다.

:: 우리가 아직 죄인 되었을 때에 그리스도께서 우리를 위하여 죽으심으로 하나님께서 우리에 대한 자기의 사랑을 확증하셨느니라(롬 5:8).

하나님은 호세아에게 그 어떤 사역을 수행하기 전에 먼저 이 사랑을 느끼고 체득하라고 하셨습니다. 그가 음란한 여인을 아내로 맞아 가정을 꾸리고 음란한 자녀를 낳으라고 하신 것입니다. 그렇게 명하신 이유는 나라와 민족이 하나님을 떠나 음란했기 때문입니다. 진정 호세아는 세상 죄를 지고 가는 예수님의 표상이며 성도가 수행해야 할 믿음의 사표라 하겠습니다.

결론

사랑하는 성도 여러분, 우리는 하나님의 언약 백성입니다. 에스겔 선지자는 하나님께서 이스라엘을 이방인 중에서 불러 키워 아름답게 한 후에 결혼한 관계 즉 하나님의 신부요 아내로 부르셨다고 정의합니다(겔 16:1-8). 신약 역시 성도를 예수 그리스도의 신부라 칭하고(계 21:9, 10), 주님의 신부인 교회로 부르셨다고 강조합니다(엡 5:25-27).

이유가 무엇인지 아십니까? 하나님은 호세아에게 "너는 가서 음란한 여자를 맞이하여 음란한 자식들을 낳으라."(2b)고 명령하셨고, 그에게 음란한 이 민족과 나라의 죄에 대하여 연대 책임을 지고 가라고 말씀하셨습니다. 그러기 위해서 그는 먼저 크신 하나님의 사랑을 느끼고 체득해야만 했습니다. 그 후에 호세아는 그 하나님의 사랑을 전해야 했던 것입니다.

성도 여러분, 여전히 우리는 반복적으로 죄를 짓습니다. 하나님의 신부이며 주님의 몸 된 교회이면서도 여전히 세상이 좋고, 돈이 좋고, 정욕에 따라 사는 것이 좋습니다. 그래서 가끔은 고멜과 같이 떠나기도 합니다. 그런 와중에 여전히 우리는 거룩하고 완전한 척하나 이런 태도는 완전하지도 않거니와 위선과 거짓투성이 인생을 살고 있는 것입니다.

그러나 하나님은 절대 우리를 향한 사랑을 포기하지 않으십니다. 우리를 정죄하지 않으십니다. 하나님은 하나님만의 특유하고 집요한 사랑으로 다시 부르시고 품어 주십니다.

:: 그러므로 이제 그리스도 예수 안에 있는 자에게는 결코 정죄함이 없나니, 이는 그리스도 예수 안에 있는 생명의 성령의 법이 죄와 사망의 법에서 너를 해방하였음이라(롬 8:1-2).

성도 여러분, 말로 다 표현할 수 없는 하나님의 깊은 사랑을 확인하고 거룩한 사명을 잘 수행하는 성도들이 되길 바랍니다.

기도

우리를 극진히 사랑하시는 하나님 아버지, 이 시간 놀라운 진리로 사랑을 나타내시고 우리를 설득하심에 감사드립니다. 우리를 사랑하여 부르신 주님의 그 부르심의 의도와 목적을 분명하게 인식하게 하옵소서. 저희가 먼저 하나님의 사랑과 그 크고 심오하신 나를 향하신 뜻을 잘 파악하여 주의 명령에 온전히 순종하게 하옵소서. 공의와 정의를 먼저 생각하고 삶의 현장에서 받은 하나님의 사랑을 드러내며 신실하게 살아가게 하옵소서. 거룩하신 주 예수 이름으로 기도드리옵나이다. 아멘.

05.

애증 어린 하나님 사랑 1

:: 그러나 이스라엘 자손의 수가 바닷가의 모래 같이 되어서 헤아릴 수도 없고 셀 수도 없을 것이며 전에 그들에게 이르기를 너희는 내 백성이 아니라 한 그 곳에서 그들에게 이르기를 너희는 살아 계신 하나님의 아들들이라 할 것이라. 이에 유다 자손과 이스라엘 자손이 함께 모여 한 우두머리를 세우고 그 땅에서부터 올라오리니 이스르엘의 날이 클 것임이로다. 너희 형제에게는 암미라 하고 너희 자매에게는 루하마라 하라(호 1:10-2:1).

어떤 남자가 감당할 수 없는 어려움을 만나서 삶을 포기하고 싶어질 때면 지갑 속에 넣어 가지고 다니는 아내의 사진을 꺼내서 본다고 합니다. 삶을 포기하고 싶을 만큼 어려운 순간에도 아내의 사진을 들여다보면 새로운 용기가 생기기 때문이랍니다. 그의 친구가 신기해서 그에게 물었습니다. "친구여, 자네 아내 사진을 들여다본다고 어떻게 용기가 생기나?" 그의 대답이 걸작입니다. "자네, 내가 아내 사진을 들여다보면서 무슨 생각을 하는

지 아나? 이제까지 참고 견디면서 살아왔는데, 앞으로 무엇을 못 감당하겠는가 하는 생각이 들어서 새 힘을 얻는다네"라고 하더랍니다. 살면서 얼마나 시달렸으면 아내의 사진을 보며 힘을 낸다고 말할까요? 웃자고 만들어 낸 이야기라는 생각도 들긴 하지만, 한편으로 참으로 애증이 깊이 담긴 이야기라 생각됩니다.

여러분, 사랑의 반대가 무엇인지 아십니까? 미움일까요? 아닙니다. 사랑의 반대는 무관심입니다. 무관심하게 되면 잔소리도 하지 않고 간섭도 하지 않고 남남처럼 무덤덤하게 되고 맙니다. 이유는 한마디로 사랑이 없기 때문입니다.

1. 호세아가 낳은 세 자녀

본문은 하나님의 애증에 관한 이야기입니다. 하나님께서 호세아에게 음란한 여인 고멜을 데려다 아내를 삼으라고 명하셨습니다. 호세아는 많은 생각 속에서 마침내 음란한 여인 고멜을 데려와 가정을 꾸몄습니다. 그리고 아들 둘에 딸 하나, 이상적인 가정을 꾸몄습니다. 자녀들의 이름을 이스르엘, 로루하마, 그리고 로암미라 지었습니다. 이 이름들의 뜻은 무얼일까요?

1) 첫째 아들, "이스르엘"(Jezreel)(3-5절)

이스르엘! 이스라엘(Israel)과 발음이 매우 흡사합니다. 그러나 뜻은 정반대입니다. 아시는 대로 "이스라엘"은 야곱이 형과 대면하는 것이 두려워

얍복강 가에서 밤새도록 고민하고 있을 때 나타난 천사와 싸워 받은 이름입니다. 이 이름의 뜻은 "하나님과 싸워 이기다"입니다. 하나님은 그에게 져주시고 축복하시며 이스라엘이란 이름을 주셨습니다.

:: 그가 이르되 날이 새려 하니 나로 가게 하라. 야곱이 이르되 당신이 내게 축복하지 아니하면 가게 하지 아니하겠나이다. 그 사람이 그에게 이르되 네 이름이 무엇이냐 그가 이르되 야곱이니 이다. 그가 이르되 네 이름을 다시는 야곱이라 부를 것이 아니요 이스라엘이라 부를 것이니 이는 네가 하나님과 및 사람들과 겨루어 이겼음이니라(창 32:26-28).

호세아의 첫아들 이름이 이스라엘과 비슷한 "이스르엘"인데 그 의미는 "하나님이 흩으시다"(God scatters), 혹은 "하나님이 심으신다."(God sows)입니다. 농부가 봄에 파종할 때 씨를 밭에 흩어 심듯이 하나님께서 이스라엘을 흩어서 심으시겠다는 뜻입니다. 이스라엘이 하나님과 싸워 이긴 승리의 이름이라면, 이스르엘은 저주스러운 이름입니다. 호세아는 첫아들의 이름을 저주의 뜻을 가진 이스르엘 즉 "흩어버리겠다"라고 하나님께서 하시니 참으로 당황스럽고 난감했을 것입니다. 하나님께서 왜 그런 이름을 지으라 하셨을까요? 이미 하나님은 고멜을 아내로 맞으라고 하신 이유가 나라가 "크게 음란해졌기 때문이라"(호 1:2)라고 밝히셨기에, 호세아가 말씀에 순종하여 택한 아내에게서 얻은 첫아들의 이름을 "이스르엘" 즉 '흩어버리겠다'로 지으라는 공의로우신 하나님이심을 깨닫게 되었을 것입니다.

2) 딸, "로루하마"(lo-rohamah)(6-7절)

이 이름의 뜻은 "긍휼히 여김을 받지 못한 자"입니다. 접두어 "로"(lo)는 부정을 나타냅니다. 그리고 "루하마"(ruhamah)는 특히 아버지가 아들에게 베풀어 주는 사랑, 관심, 그리고 긍휼을 의미합니다(시 103:13). 이처럼 루하마는 하나님께서 자기 백성에게 적극적으로 베푸시는 사랑과 긍휼의 하나님이심을 뜻합니다(사 30:18). 그런데 하나님께서 호세아의 장녀의 이름을 "로루하마"라 지으라고 하셨습니다.

:: 고멜이 또 임신하여 딸을 낳으매 여호와께서 호세아에게 이르시되 그의 이름을 로루하마라 하라. 내가 다시는 이스라엘 족속을 긍휼히 여겨서 용서하지 않을 것임이니라. 그러나 내가 유다 족속을 긍휼히 여겨 그들의 하나님 여호와로 구원하겠고 활과 칼이나 전쟁이나 말과 마병으로 구원하지 아니하리라 하시니라(호 1:6-7).

"다시는"(6절) 앞에 접속사 "왜냐하면"(ki, for)이 있습니다. 이 말은 이유를 밝히는 말입니다. 6절 원문에는 한글 번역에 생략된 "계속하여"(osip, continue), "더하여"라는 말이 있습니다. 즉 로루하마는 하나님께서 "더는 긍휼을 계속하여 베풀 수 없다"(I have no more have mercy. NIV, I will no longer show love to the house of Israel)라는 강한 부정의 의미를 갖는 이름입니다. 즉 로루하마는 아버지가 딸에게 계속하여 혹은 끝까지 긍휼을 베풀지 않겠다고 다짐하며 지은 이름이라 하겠습니다.

어떻게 사랑의 하나님이 이럴 수 있습니까? 얼마나 예쁜 딸인데, 모든 아버지가 딸 바보라 하지 않습니까! 그런데 사랑의 하나님께서 딸을 주시면서 더 이상 긍휼을 베풀지 않겠다니 어떻게 우리가 이 이름을 이해할 수 있겠습니까? 알다시피 여기서 딸은 북 왕조 이스라엘을 상징합니다. 이는 하나님께서 더는 북 왕조 이스라엘에 긍휼을 베풀지 않겠다고 선언한 것입니다.

3) 둘째 아들, "로암미(lo-Ammi)(8-9절)

이 이름의 뜻은 "내 백성이 아니다."(not my people)입니다. 히브리어 원문에는 "나 자신이 네 편이 되지 않을 것이다"(I myself will not be for you)입니다.

생각해 보면, 이 "로암미"란 이름은 앞의 장남 이스르엘, 장녀 로루하마보다 강력한 이름이라 할 수 있습니다. 즉 "로암미"(내 백성이 아니다)는 앞의 "이스르엘"(저주), "로루하마"(은총이 떠남)보다 더 강한 "하나님께서 자기 백성임을 부인"하는 절망적 표현입니다. 이는 자기 백성을 이방인과 같이 취급하겠다는 폭탄선언인 셈입니다. 원문에서는 "나는 너를 위해 존재하지 않는다" 혹은 "나는 너희에게는 아무것도 아니라"(I will not be for you, or to you)라고 표현했습니다. 이 말은 "하나님께서 더는 네 편이 되지 않겠다."라는 것입니다.

다윗은 이렇게 항상 하나님을 찬양하며 신뢰했습니다.

:: 여호와는 나의 반석이시요 나의 요새시요 나를 건지시는 이시요 나의 하나님이시요 내가 그 안에 피할 나의 바위시요 나의 방패시요 나의 구원의 뿔이시요 나의 산성이시로다(시 18:2).

그렇습니다. 하나님은 본래 이스라엘의 하나님이십니다. 하나님은 이스라엘의 피난처, 반석, 소망이며 구원이셨습니다. 그들의 아버지이시며 요새이셨습니다. 자녀는 항상 아버지가 편들어 줄 것이기에 안심하고 행복합니다. 전능하신 하나님이 자기편이라면 무엇이 걱정되고 누구를 두려워하겠습니까? 시편 저자는 이 사실을 굳게 믿고 "여호와는 내 편이시라 내가 두려워하지 아니하리니 사람이 내게 어찌할까"(시 118:6)라며 항상 하나님을 찬양하고 신뢰했습니다.

그런데 하나님은 이스라엘에게 그런 역할을 더는 하지 않겠다고 선언하시며 호세아의 차남을 로암미로 부르라고 하셨던 것입니다. 호세아에게 하나님께서 지으신 세 자녀의 이름이 얼마나 절망스러운 계시입니까!

2. 이름의 의도와 역사적 배경

흥미로운 점은 하나님께서 이런 이름들을 지으라고 명하실 때 의도가 있고 역사적인 배경이 있어서, 호세아를 비롯한 이스라엘 백성이 이 자식들의 이름을 통하여 하나님의 계시를 알도록 하셨다는 점입니다. 하나님은 첫아들을 저주의 이름 "이스르엘"로 지으라는 의도를 이렇게 설명하셨습니다.

:: 여호와께서 호세아에게 이르시되 그의 이름을 이스르엘이라 하라 조금 후에 내가 이스르엘의 피를 예후의 집에 갚으며 이스라엘 족속의 나라를 폐할 것임이니라. 그 날에 내가 이스르엘 골짜기에서 이스라엘

의 활을 꺾으리라 하시니라(호 1:4-5).

이 말씀은 장차 예후의 집이 어떻게 멸망할지를 예언하고 있습니다. 이 사건의 배경을 알려면 엘리야 선지자 시대로 올라가야 합니다.

:: 여호와께서 그에게 이르시되 너는 네 길을 돌이켜 광야를 통하여 다메섹에 가서 이르거든 하사엘에게 기름을 부어 아람의 왕이 되게 하고, 너는 또 님시의 아들 예후에게 기름을 부어 이스라엘의 왕이 되게 하고 또 아벨므홀라 사밧의 아들 엘리사에게 기름을 부어 너를 대신하여 선지자가 되게 하라. 하사엘의 칼을 피하는 자를 예후가 죽일 것이요 예후의 칼을 피하는 자를 엘리사가 죽이리라(왕상 19:15-17).

엘리야는 여호와 하나님께서 다시 주신 사명에 따라 먼저 엘리사를 후임 선지자로 세우고, 하나님께서 명하신 바에 따라 예후는 아합의 왕자 70명을 살해하고 바알 신당을 전멸시켜(왕하 10:19-24) 무너트리고 북 왕조 이스라엘의 왕이 되었습니다. 하나님은 그런 일을 수행한 엘리사에게 칭찬하셨습니다.

:: 여호와께서 예후에게 이르시되 네가 나보기에 정직한 일을 행하되 잘 행하여 내 마음에 있는 대로 아합 집에 다 행하였은즉 네 자손이 이스라엘 왕위를 이어 사대를 지내리라 하시니라(왕하 10:30).

그런데 엘리야의 예언과 같이 예후가 비록 왕이 되었지만, 그가 완전하게 하나님께 돌아온 것이 아니었습니다. 그는 획득한 정치권력에 심취하여 여로보암과 같이 금송아지 우상을 섬기는 길로 갔습니다. 결국 그의 왕가는 4대가 지난 후(여호아하스, 요아스, 여로보암 2세, 스가랴) 완전하게 무너졌습니다. 하나님은 호세아의 활동 시기가 여로보암 2세 시대이니까, 혼란스러운 나라가 계속될 것 즉 하나님의 저주가 지속적으로 진행될 것을 예언하시며 아들의 이름을 "이스르엘"이라고 명명하신 것입니다.

둘째, "로루하마"라고 명명하신 이유에 대하여 하나님은 그 연유를 이렇게 밝히셨습니다.

:: 그러나 내가 유다 족속을 긍휼히 여겨 그들의 하나님 여호와로 구원하겠고 활과 칼이나 전쟁이나 말과 마병으로 구원하지 아니하리라(호 1:7).

북 왕조 이스라엘에 대한 이름을 주시면서 남 왕조 유다에 대하여 말씀하신 것입니다. 왜 그랬을까요? 역사적으로 볼 때, 북 왕조 이스라엘은 앗수르에 의하여 주전 722년경에 철저하게 망합니다. 하나님께서 로루하마라 이름 지은 대로 전혀 긍휼을 베풀어 주지 않은 결과입니다.

사실, 북 왕조 이스라엘에 비해 남 왕조 유다는 비록 100여 년이 지난 후에 바벨론에 주전 586년에 망하긴 했으나, 바벨론 포로에서 70년이 지나 예루살렘으로 귀환하게 됩니다. 이렇게 역사를 주관하시고 섭리하시는 하나님께서 유다에게 긍휼을 베풀어 주셨으나 북 왕조 이스라엘에게는 그러한 긍휼을 베풀지 않으시겠다는 차원에서 로루하마라 작명하셨습니다.

3. 애증 어린 하나님의 사랑

이렇게 강하게 북 왕조 이스라엘을 외면하고 그들을 저주하시며 사랑과 긍휼을 베풀지 않으신 하나님은 아예 이스라엘을 향하여 "로암미! 내 백성이 아니다!"라고 하셨습니다. 이때 놀랍게도 하나님은 반전의 메시지 "그러나"를 선언하셨습니다.

∶ 그러나 이스라엘 자손의 수가 바닷가의 모래 같이 되어서 헤아릴 수도 없고 셀 수도 없을 것이며 전에 그들에게 이르기를 너희는 내 백성이 아니라 한 그 곳에서 그들에게 이르기를 너희는 살아 계신 하나님의 아들들이라 할 것이라. 이에 유다 자손과 이스라엘 자손이 함께 모여 한 우두머리를 세우고 그 땅에서부터 올라오리니 이스르엘의 날이 클 것임이로다. 너희 형제에게는 암미라 하고 너희 자매에게는 루하마라 하라(호 1:10-2:1).

무슨 말입니까? 하나님이 어떻게 마음을 돌이키셨을까요? 그렇게 미움과 저주로 내팽개친 북 왕조 이스라엘 10지파에 대하여 어떻게 하나님께서 이런 반전의 메시지, 즉 놀라운 축복을 하실 수 있는 것일까요? 참으로 애증이 철철 넘치는 하나님이 아닐 수 없습니다.

하나님은 철저하게 앗수르에 패하여 산지사방에 흩어져 민족 신앙과 정기를 다 잃어버렸을 이스라엘을 앞으로 다시 모아 부흥시키셔서 셀 수 없을 만큼 위대한 민족이 되게 하시겠다고 말씀하셨습니다. 그때가 되면 다시 "내 백성"(암미)이라, "살아계신 하나님의 아들들"이라고 부르시고, 한 걸음 더 나아가 유다 자손과 이스라엘 자손 모두가 통일 이스라엘이 되게 하시겠다고 예언하셨습니다. 이는 이스르엘이 이스라엘이 되고, 백성이 아닌 자에게 내 백성이라 부르시고, 긍휼을 베풀지 않았던 미움의 자매 즉 이스라엘 민족에게 긍휼과 사랑을 듬뿍 부어 위대한 민족 위대한 나라로 만드시겠다는 축복의 계시입니다.

놀랍게도 이 말씀은 하나님께서 일찍이 체결하신 아브라함 언약의 성취를 의미합니다. 참으로 신실하신 하나님이심이 다시금 드러나는 대목입니다.

:: 내가 너로 큰 민족을 이루고 네게 복을 주어 네 이름을 창대하게 하리니 너는 복이 될지라. 너를 축복하는 자에게는 내가 복을 내리고 너를 저주하는 자에게는 내가 저주하리니 땅의 모든 족속이 너로 말미암아 복을 얻을 것이라 하신지라(창 12:2-3).

4. 신실하신 하나님의 예언 성취

이로써 우리가 깨닫는 영적 교훈은 참으로 귀합니다.

1) 하나님은 살아계십니다

본문에서 보듯이 하나님은 사랑하시고 미워하시고 긍휼을 베푸시고 저주까지 하셨습니다. 그러나 하나님의 이런 행위는 극도의 사랑 행위라 하겠습니다. 이는 여전히 살아 있고 인격이 있는 존재만이 할 수 있는 행위입니다. 죽은 것은 그 어떤 행위도 할 수 없습니다. 하나님은 우리가 단순하게 예물 드리고 정성을 쏟으면 우리를 가상하게 여기셔서 무조건 받으시고 우리가 요구하는 대로 허락하시는 하나님이 결코 아닙니다. 하나님은 지금도 살아계셔서 우리를 보시고 느끼시고 상황을 판단하셔서 당신의 뜻대로 행하시는 살아계신 하나님이십니다. 그 하나님은 지금도 동일한 역사를 이루어 가십니다. 하나님을 믿는 자들은 이 점을 잊지 말아야 합니다.

:: 하나님은 사람이 아니시니 거짓말을 하지 않으시고 인생이 아니시니 후회가 없으시도다. 어찌 그 말씀하신 바를 행하지 않으시며 하신 말씀을 실행하지 않으시랴(민 23:19).

2) 하나님은 역사를 주관하십니다

사람이 낳기 전에 지음을 받은 이름은 그의 인생 여정이 어떻게 흘러갈 것인지를 보여줍니다. 본문에서 보듯이 "이스르엘, 로루하마, 로암미" 각각의 이름은 하나님께서 장차 일어날 역사를 주관하시는 하나님이심을 여실히 보여줍니다. 그 역사 가운데서 하나님은 당신의 구원의 섭리를 온전히 드러내어 실행하십니다. 이는 하나님이 시간과 역사를 주관하시고 섭리하시는 사실을 여실히 보여주는 증거입니다. 그러기에 우리는 개인은 물론 가정과 교회 그리고 나라와 민족을 향한 하나님의 뜻을 물어야 할 것입니다. 이것이 믿는 성도가 말씀과 기도로 하나님의 뜻을 분별하는 방식이라 하겠습니다.

이같이 사도 바울은 우리에게 "너희는 이 세대를 본받지 말고 오직 마음을 새롭게 함으로 변화를 받아 하나님의 선하시고 기뻐하시고 온전하신 뜻이 무엇인지 분별하도록 하라"(롬 12:2)라고 권면했습니다.

3) 하나님은 애증의 역사 속에 예수 그리스도로 구원을 완성하신다

:: 이에 유다 자손과 이스라엘 자손이 함께 모여 한 우두머리를 세우고 그 땅에서부터 올라오리니 이스르엘의 날이 클 것임이로다(호 1:11).

하나님은 장차 유다와 이스라엘이 통일국가가 되어 한 우두머리를 지도자로 세울 것이라고 예언하셨습니다. 역사적으로 이 통일 이스라엘은 다윗 왕의 통치 시대를 의미합니다. 그런데 선지자 호세아의 활동 시기는 다윗의 통일 이스라엘 시대보다 훨씬 후입니다. 다시 말해 호세아의 예언은 장차 임할 통일된 나라를 의미합니다. 과연 이 나라는 어떤 나라일까요?

이렇게 생각해 볼 때 이 예언의 의미는 무엇일까요? 여기서 말하는 한 우두머리는 누구를 지칭할까요? 이 우두머리는 바로 장차 오실 예수 그리스도께서 만왕의 왕으로 만주의 주로 등극하시어 모든 나라와 민족을 하나로 모으사 세울 나라 즉 구원의 나라인 하나님의 나라를 완성하실 것이라는 예언입니다.

요한계시록에서 하나님은 사도 요한에게 구원의 역사가 완성될 것을 계시하셨습니다.

:: 그들이 새 노래를 불러 이르되 두루마리를 가지시고 그 인봉을 떼기에 합당하시도다. 일찍이 죽임을 당하사 각 족속과 방언과 백성과 나라 가운데에서 사람들을 피로 사서 하나님께 드리시고(계 5:9).

결론

하나님은 그저 완벽하게 만드신 자연 법칙대로 내버려주시며 자연과 인간과 나라와 민족을 방치하시는 분이 아닙니다. 우리가 믿는 하나님은 우리의 일거수일투족을 다 알고 계시면서 우리를 극진히 사랑하시는 하나님이십니다. 우리가 믿는 하나님은 자기 아들까지 주신 사랑의 하나님이십니다. 여러분은 이 하나님의 사랑을 아십니까? 나의 인생이 내 마음대로 되지 않고 불행하다고 생각하십니까? 또한 그런 상황이 하나님으로부터 저주를 받았기 때문이라고 생각하십니까? 나를 사랑하시는 하나님, 독생자까지 나를 구원하시기 위하여 희생시키시면서 까지 사랑해 주신 그 하나님을 지금 이 자리에서 곰곰이 생각해 보시기 바랍니다.

호세아 선지자를 통하여 주시는 말씀으로 살아계신 하나님을 만날 기회임을 알기 바랍니다.

:: 하나님의 사랑이 우리에게 이렇게 나타난바 되었으니 하나님이 자기의 독생자를 세상에 보내심은 그로 말미암아 우리를 살리려 하심이라. 사랑은 여기 있으니 우리가 하나님을 사랑한 것이 아니요 하나님이 우리를 사랑하사 우리 죄를 속하기 위하여 화목 제물로 그 아들을 보내셨음이라. 사랑하는 자들아 하나님이 이같이 우리를 사랑하셨은즉 우리도 서로 사랑하는 것이 마땅하도다. 어느 때나 하나님을 본 사람이 없으되 만일 우리가 서로 사랑하면 하나님이 우리 안에 거하시고 그의 사랑이 우리 안에 온전히 이루어지느니라(요일 4:9-12).

기도

살아계신 하나님, 역사를 주관하시고 섭리하시는 하나님, 이 놀라운 진리의 말씀으로 구원의 뜻을 살피게 하시니 감사드립니다. 지금도 역사는 요동치고 있습니다. 전염병과 전쟁, 각종 자연재해로 온 인류가 신음하고 있습니다. 이 가운데 택한 백성을 품으시고 말씀으로 인도하시며 구원의 진리를 계시하심을 깊이 느끼게 하옵소서. 이 모든 역사를 주관하시며 말씀하신 대로 이루어 가심을 확인하게 하시고, 그 역사 속에서 나를 사랑하셔서 부르시고 경고하시어 깨닫게 하시는 살아계신 하나님을 믿게 하옵소서. 그리하여 하나님의 아들 예수 그리스도 안에서 참된 구원을 얻게 하옵소서. 거룩하신 주 예수 이름으로 기도드리옵나이다. 아멘.

06.

애증 어린 하나님의 사랑 2

:: 그러므로 보라. 내가 그를 타일러 거친 들로 데리고 가서 말로 위로하고 거기서 비로소 그의 포도원을 그에게 주고 아골 골짜기로 소망의 문을 삼아 주리니 그가 거기서 응대하기를 어렸을 때와 애굽 땅에서 올라오던 날과 같이 하리라. 여호와께서 이르시되 그 날에 네가 나를 내 남편이라 일컫고 다시는 내 바알이라 일컫지 아니하리라. 내가 바알들의 이름을 그의 입에서 제거하여 다시는 그의 이름을 기억하여 부르는 일이 없게 하리라(호 2:14-17).

성경은 하나님과 이스라엘 백성 간의 관계를 혼인과 부부관계로 설명합니다. 이는 구약 선지서에서 특히 두드러지게 나타납니다. 부부관계, 혼인 관계에 있어서 절대 필요조건은 혼인 서약을 준수하는 것입니다. 이것은 서로 간의 믿음의 조건이며 토대입니다. 남편과 아내가 서로 순결과 정조를 지켜야 합니다. 그래야 부부관계가 성립되어 유지되는 것입니다. 한편이라도 그 조건을 어기면 그 결혼은 파탄이 나고 말 것입니다..

솔로몬 이후 통일 이스라엘은 북 왕조 이스라엘 열 지파와 남 왕조 유다 두 지파로 분리가 됩니다. 남 왕조 유다는 예루살렘 성과 성전을 중심으로 여호와 하나님을 섬겼으나, 북 왕조 이스라엘은 사마리아를 수도로 삼고 여호와 하나님을 버리고 금송아지 바알 우상을 만들어 섬기는 정책을 시행합니다. 이유는 백성이 예루살렘에 가지 못하게 하려는 것입니다.

선지자 호세아의 사역 시기는 북 왕조 이스라엘이 경제적으로 군사적으로 부강했을 때입니다(1절). 그때, 하나님은 놀랍게도 그에게 음란한 여인 고멜을 데려다가 아내를 삼고 가정을 꾸리라고 지시하셨습니다. 놀랍게도 호세아는 그 명령에 순종하여 고멜을 아내로 삼고 세 자녀를 둔 가정을 이루었습니다. 하나님께서 그에게 이런 명령을 하신 이유는 이스라엘이 여호와 하나님을 떠나 음란에 빠져 타락했기 때문입니다(2절).

1. 배교한 백성을 향한 하나님의 요청(2-4절)

호세아 자녀들의 이름은 당시 이스라엘의 영적 상황을 상징적으로 말해줍니다. 저주의 이름들 즉 "흩어버리다"라는 뜻의 장남 이스르엘, "긍휼을 베풀지 않겠다."는 딸 로루하마, "내 백성이 아니라"는 차남 로암미, 이 이름들 모두 하나님을 떠나 배교한 백성을 뜻합니다. 하나님은 이렇게 이름을 지어주시며 한번 따져 보자고 하셨습니다.

⁚⁚ 너희 어머니와 논쟁하고 논쟁하라. 그는 내 아내가 아니요, 나는 그의 남편이 아니라. 그가 그의 얼굴에서 음란을 제하게 하고 그 유방 사이

에서 음행을 제하게 하라. 그렇지 아니하면 내가 그를 벌거벗겨서 그 나던 날과 같게 할 것이요 그로 광야 같이 되게 하며 마른 땅 같이 되게 하여 목말라 죽게 할 것이며 내가 그의 자녀를 긍휼히 여기지 아니하리니 이는 그들이 음란한 자식들임이니라(호 2:2-4).

하나님께서는 "논쟁하라!", 네 어미를 "정죄하라"(rebuke)고 두 번씩이나 명하셨습니다. 이스라엘은 호세아의 아내 고멜이 전에 사랑했던 자를 못 잊고 가출한 것 같이, 이방문화를 동경하며 그들의 신을 섬기며 방탕한 생활로 되돌아갔던 것을 빗대어 논쟁하라고 하신 것입니다.

이렇게 타락한 이스라엘 백성의 상황을 빗대어 호세아의 가정에 음란한 여자에게서 난 자식들을 주신 것입니다. 사실 호세아의 자녀들의 실상은 그들이 누구의 씨로부터 낳은 자식인지 알 수 없을 정도입니다. 이유는 아내 고멜이 방탕한 생활을 했기 때문입니다. 이것이 이스라엘의 음행 상태이고 과정이고 결과입니다. 그래서 하나님은 "너희 어머니와 논쟁하고 논쟁하라!"라고 다그치셨습니다.

여기서 "어머니"(어미)는 이스라엘 민족인 야곱의 12지파를 뜻합니다. 하나님은 이스라엘을 이방에서 불러 하나님의 언약 백성으로 삼으시고 그들과 혼인관계를 맺으시고 그들을 영화롭게 하셨습니다. 이는 통일 이스라엘이 다윗 시대와 솔로몬 시대에 화려했음을 의미합니다. 문제는 그 이후의 역사입니다. 이스라엘은 솔로몬 이후 주변 나라와 동맹을 맺고 정략결혼을 통하여 국가의 안정을 꾀하는 한편 그 나라의 우상을 예루살렘 성 안과 성전 안에 들여놓기까지 했습니다. 그 결과, 온 백성이 우상을 숭배하며 음란에 빠지게 되었습니다. 더욱 큰 아이러니는 이 모든 것을 하나님께서 공급해 주신 것으로 방탕스러운 우상 숭배 문화를 만들었다는 점입니다. 그들은 하나님께서 공급해 주신 모든 것으로 하나님을 경배하는 데 사용하지 않고 오히려 타락한 우상숭배 문화를 만들며 쾌락과 향락을 즐기는 데 사용했습니다.

하나님은 그 점을 지적하셨습니다.

:: 곡식과 새 포도주와 기름은 내가 그에게 준 것이요 그들이 바알을 위하여 쓴 은과 금도 내가 그에게 더하여 준 것이거늘 그가 알지 못하도다(호 2:8).

에스겔도 이 점을 지적하며 이스라엘이 멸망한 이유를 질책했습니다.

:: 내가 물로 네 피를 씻어 없애고 네게 기름을 바르고 수놓은 옷을 입히고 물 돼지 가죽신을 신기고 가는 베로 두르고 모시로 덧입히고 패물을 채우고 팔 고리를 손목에 끼우고 목걸이를 목에 걸고 코 고리를 코에 달고 귀고리를 귀에 달고 화려한 왕관을 머리에 씌웠나니 이와 같이 네가 금, 은으로 장식하고 가는 베와 모시와 수놓은 것을 입으며 또 고운 밀가루와 꿀과 기름을 먹음으로 극히 곱고 형통하여 왕후의 지위에 올랐느니라. 네 화려함으로 말미암아 네 명성이 이방인 중에 퍼졌음은 내가 네게 입힌 영화로 네 화려함이 온전함이라. 나 주 여호와의 말이니라. 그러나 네가 네 화려함을 믿고 네 명성을 가지고 행음하되 지나가는 모든 자와 더불어 음란을 많이 행하므로 네 몸이 그들의 것이 되도다. 네가 네 의복을 가지고 너를 위하여 각색으로 산당을

꾸미고 거기에서 행음하였나니 이런 일은 전무후무하니라. 네가 또 내가 준 금, 은 장식품으로 너를 위하여 남자 우상을 만들어 행음하며 또 네 수놓은 옷을 그 우상에게 입히고 나의 기름과 향을 그 앞에 베풀며 또 내가 네게 주어 먹게 한 내 음식물 곧 고운 밀가루와 기름과 꿀을 네가 그 앞에 베풀어 향기를 삼았나니 과연 그렇게 하였느니라. 주 여호와의 말씀이니라. 또 네가 나를 위하여 낳은 네 자녀를 그들에게 데리고 가서 드려 제물로 삼아 불살랐느니라. 네가 네 음행을 작은 일로 여겨서 나의 자녀들을 죽여 우상에게 넘겨 불 가운데로 지나가게 하였느냐, 네가 어렸을 때에 벌거벗은 몸이었으며 피투성이가 되어서 발짓하던 것을 기억하지 아니하고 네가 모든 가증한 일과 음란을 행하였느니라(겔 16:9-20).

이스라엘은 그동안 하나님께 받은 은혜를 고맙게 여기지 않고 오히려 받은 그것으로 허랑방탕하여 하나님의 모든 은혜를 다 허비해 버리고 말았습니다. 그들의 음란 행위는 부끄럽기 짝이 없었습니다. 하나님은 그들의 추잡한 행위를 적나라하게 밝히셨습니다. 음탕한 얼굴, 질펀한 성적 쾌락, 음란한 자식 등 참으로 수치스러운 타락상을 가감 없이 낱낱이 밝히셨습니다.

여기서 우리의 흥미를 끄는 점은 아내 고멜이 음란할 수밖에 없는 이유입니다. 무엇이 그녀가 남편 호세아를 떠나도록 했을까요? 5절을 보면, "이는 그가 이르기를 나는 나를 사랑하는 자들을 따르리니 그들이 내 떡과 내 물과 내 양털과 내 삼과 내 기름과 내 술들을 내게 준다 하였음이라."

무슨 말입니까? 그녀가 세상적인 물질과 쾌락의 유혹에 넘어간 것입니다. 아내가 남편을 떠나고 가정을 떠나게 된 결정적인 이유가 애정 공세와 물질적 유혹입니다. 그녀는 물질적 풍요와 쾌락의 유혹에 넘어간 것입니다. 그녀는 세상이 가정보다 더 좋아서 남편과 자식을 버리고 떠난 것입니다. 지금도 성적 쾌락과 도박과 같은 유혹은 도덕 상실로 이어져 가정을 붕괴시키고 있습니다. 하나님은 그 죄의 현장을 다 보고 계셨고 또 알고 계셨던 것입니다. 도를 넘게 구는 자기 백성을 도저히 참을 수 없었던 하나님은 이스라엘에게 논쟁하자고 요구하셨습니다.

이 말씀에서 어떤 교훈을 얻을 수 있을까요? 지난날 하나님으로부터 엄청난 은혜를 받았음에도 불구하고 배신과 배교를 일삼고 있는 우리들을 다 아시고 보시고 계시는 하나님께서 우리와 따져보자고 하십니다. 자신의 현재의 모습을 숨김없이 내어 놓고 점검하며 회개할 것을 요구하시는 하나님이십니다. 이 점을 깨닫고 하나님 앞에 나오라는 것입니다. 이것이 선지자 호세아가 전하는 설교입니다.

바른 설교는 이러한 하나님의 말씀을 전하는 것이며, 성도들로 하여금 이 말씀을 듣고 스스로를 되돌아보고 회개하게 하는 것입니다. 문제는 오늘날 교인들이 이런 설교를 듣기 싫어한다는 데 있습니다. 현대 교인들은 그저 듣기 좋고 재미있는 설교를 듣기 원합니다. 목사들은 이에 편승하여 적당한 선에서 타협하며 마땅히 전해야 할 하나님의 공의와 진리를 전하려 하지 않습니다. 이는 분명히 직무 유기입니다. 이것이 현대 교회의 타락한 설교자의 모습입니다. 하나님께서는 반드시 이런 목회자, 설교자 아니 한국 교회의 상황을 그냥 버려두기만 하지 않으실 것입니다. 반드시 따져 보자고 논쟁해 보자고 하실 것입니다. 그리고 그에 합당한 판단을 하실 것입니다.

현재 한국교회와 교계는 어떠합니까? 심히 우려스러운 상황이 아닙니까?

다음 말씀을 봅시다. 교회의 주인 되시는 예수께서 에베소 교회에 하신 명령입니다.

:: 그러므로 어디서 떨어졌는지를 생각하고 회개하여 처음 행위를 가지라. 만일 그리하지 아니하고 회개하지 아니하면 내가 네게 가서 네 촛대를 그 자리에서 옮기리라(계 2:5).

회개는 무조건 잘못했다고 말하는 것이 아닙니다. 진정한 회개는 자신의 지난날의 행위를 점검하고, 확인하여 무엇이 문제였는지를 구체적으로 깨닫고 하나님 앞에 솔직하게 용서를 구하는 것입니다. 그리고 다시는 그런 행위를 하지 않는 것이 참된 회개입니다. 하나님은 이스라엘에게 회개를 촉구하시며 즉각 돌아올 것을 강하게 요청하셨습니다. 우리는 진정성 있는 회개의 사례를 예수께서 말씀하신 탕자의 비유에서 찾아볼 수 있습니다.

:: 이에 스스로 돌이켜 이르되 내 아버지에게는 양식이 풍족한 품꾼이 얼마나 많은가 나는 여기서 주려 죽는구나. 내가 일어나 아버지께 가서 이르기를 아버지 내가 하늘과 아버지께 죄를 지었사오니, 지금부터는 아버지의 아들이라 일컬음을 감당하지 못하겠나이다. 나를 품꾼의 하나로 보소서 하리라 하고, 이에 일어나서 아버지께로 돌아가니라(눅 15:17-20).

2. 하나님의 간섭과 적극적인 구애

한편, 이스라엘을 사랑하시는 하나님은 은혜를 저버리고 방탕에 빠진 아내 이스라엘을 방관하지 않으셨습니다. 하나님은 책망하실 뿐 아니라 적극적으로 개입하셔서 그들이 가려는 길을 막으셨습니다.

:: 그러므로 내가 가시로 그 길을 막으며 담을 쌓아 그로 그 길을 찾지 못하게 하리니 그가 그 사랑하는 자를 따라갈지라도 미치지 못하며 그들을 찾을지라도 만나지 못할 것이라 그제야 그가 이르기를 내가 본 남편에게로 돌아가리니 그 때의 내 형편이 지금보다 나았음이라 하리라. 곡식과 새 포도주와 기름은 내가 그에게 준 것이요 그들이 바알을 위하여 쓴 은과 금도 내가 그에게 더하여 준 것이거늘 그가 알지 못하도다. 그러므로 내가 내 곡식을 그것이 익을 계절에 도로 찾으며 내가 내 새 포도주를 그것이 맛 들 시기에 도로 찾으며 또 그들의 벌거벗은 몸을 가릴 내 양털과 내 삼을 빼앗으리라. 이제 내가 그 수치를 그 사랑하는 자의 눈앞에 드러내리니 그를 내 손에서 건져낼 사람이 없으리라. 내가 그의 모든 희락과 절기와 월삭과 안식일과 모든 명절을 폐하겠고 그가 전에 이르기를 이것은 나를 사랑하는 자들이 내게 준 값이라 하던 그 포도나무와 무화과나무를 거칠게 하여 수풀이 되게 하며 들짐승들에게 먹게 하리라. 그가 귀고리와 패물로 장식하고 그가 사랑하는 자를 따라가서 나를 잊어버리고 향을 살라 바알들을 섬긴 시일대로 내가 그에게 벌을 주리라 여호와의 말씀이니라(호 2:6-13).

하나님은 이스라엘이 방탕의 길로 가려는 것을 막고, 그 길을 찾지 못하게 하고, 사랑하는 자를 따라가도 만나지 못하게 하셨습니다. 그리고 그녀를 유혹했던 매력적인 물질과 그 화려함이 얼마나 허망한 것인지를 깨닫게 하셔서 더 이상 그런 것들을 사모하고 자랑할 것이 없게 하셨습니다. 그들이 음란에 완전히 빠지지 않게 개입하시고 방해하셨습니다. 그리고 수치스러운 음란과 방탕의 부끄러움을 여지없이 밝히셔서 철저하게 심판하셨습니다. 그 심판은 그들이 세상에서 즐기던 화려함과 웅장함과 부귀와 영화를 하루아침에 망하게 하시는 것입니다.

왜 그렇게 하셨을까요? 그들을 참으로 사랑하기 때문입니다. 하나님은 그들이 향락에 빠져 살던 것을 심판하시겠다고 경고하셨습니다. 그들이 하나님을 잊고 살았던 지난날의 연수대로 하나님은 심판하시겠다고 하십니다. 이것은 하나님께서 택한 백성을 대하시는 애증 어린 사랑의 심판 경고입니다. 이렇게 하나님은 죽은 지금도 우리 일상에 개입하셔서 구원을 이끌어 가시는 살아계신 하나님, 나를 극진히 사랑하시는 하나님이십니다. 하나님은 순간순간 우리를 일깨우시고 간섭하시고 이끌어 보호하시며 순결하게 하시는 사랑의 하나님이십니다. 이 하나님을 믿으십니까?

구약의 욥은 바로 그런 하나님을 경험하며 살았습니다.

:: 사람이 무엇이기에 주께서 그를 크게 만드사 그에게 마음을 두시고 아침마다 권징하시며 순간마다 단련하시나이까. 주께서 내게서 눈을 돌이키지 아니하시며 내가 침을 삼킬 동안도 나를 놓지 아니하시기를 어느 때까지 하시리이까(욥 7:17-19).

지난날을 되돌아보기를 바랍니다. 여기까지 온 인생 여정을 점검하길 바랍니다. 지난날의 과정은 심한 낙심과 좌절로 점철된 여정이었을 것입니다. 그리고 현재의 삶 역시 의미를 찾지 못하고 방황하며 깊은 좌절을 느끼고 있지는 않습니까? 성도 여러분, 지금 이 순간 하나님의 말씀을 들으십시오! 그 말씀이 뭐라 하시는지 깊이 생각해 보십시오. 지난날 겪은 모든 인생 여정은 바로 하나님의 끈질긴 사랑이며, 구애이라는 것이라는 사실을 아시기 바랍니다. 그리고 내 마음과 생각대로 되지 않는 인생 여정은 나를 사랑하시는 하나님의 개입하심이요 간섭하심이라는 점을 깊이 인식하시길 바랍니다.

3. 하나님의 구체적인 구애

하나님은 용서하기 힘든 음란한 이스라엘에게 다시 구애하셨습니다. 하나님께서 하시는 몇 가지 구애 내용을 살펴봅시다.

:: 그러므로 보라 내가 그를 타일러 거친 들로 데리고 가서 말로 위로하고, 거기서 비로소 그의 포도원을 그에게 주고 아골 골짜기로 소망의 문을 삼아 주리니 그가 거기서 응대하기를 어렸을 때와 애굽 땅에서 올라오던 날과 같이 하리라. 여호와께서 이르시되 그 날에 네가 나를 내 남편이라 일컫고 다시는 내 바알이라 일컫지 아니하리라. 내가 바알들의 이름을 그의 입에서 제거하여 다시는 그의 이름을 기억하여 부르는 일이 없게 하리라(호 2:14-17).

1) 설득하시며 위로하십니다(14절)

"거친 들"이란 누구도 잘 가지 않는 험하고 고독하고 조용한 곳을 뜻합니다. 그런데 오히려 그러한 곳은 하나님과 긴밀한 대화가 가능한 곳이기도 합니다. 말씀과 기도 가운데 회개와 치유 그리고 다시 살 용기를 얻게 하고, 위로와 재생의 기회를 얻을 수 있는 장소입니다. 얼마나 살아가는 인생이 힘이 듭니까? 이러한 때 정말 필요한 것은 하나님의 설득하심과 위로하심이 아니겠습니까! 우리에게 얼마나 하나님의 위로와 치유 그리고 회복이 필요합니까! 이러한 하나님의 개입과 간섭하심을 기대하시기 바랍니다.

2) 삶의 터전을 마련하시고 소망을 갖게 하십니다(15a)

"포도원을 주시겠다"는 것은 삶의 터전 즉 육신이 살아가는 공급원을 제공해 주신다는 뜻입니다. 회개하며 아버지께 돌아온 탕자에게 아버지가 한 것과 같이(눅 15:22-32), 영육 간에 풍성함을 보장해 주십니다. 그리고 우리 인생의 아골 골짜기를 소망이 되도록 변화시켜 주십니다. 이 아골 골짜기는 여호수아가 여리고 성을 정복할 때, 이스라엘 백성 가운데 하나님의 명령에 불순종하여 도적질한 아간과 그 일가족 모두를 죽여 시체를 버렸던 저주의 골짜기입니다(수 7:22-26). 이와 같은 우리의 절망 상황에서 벗어나 소망을 갖도록 변화시켜 주신다고 보장하시는 하나님이십니다. 그것은 다름 아니라 죄 가운데 죽음의 절망 속에서 살던 우리를 예수 안에서 영생을 바라보며 살게 하시겠다는 소망의 말씀입니다.

사도 바울은 이 놀라운 예수께서 완성해 주신 구원의 말씀을 이렇게 설명합니다.

:: 그는 허물과 죄로 죽었던 너희를 살리셨도다. 그 때에 너희는 그 가운데서 행하여 이 세상 풍조를 따르고 공중의 권세 잡은 자를 따랐으니 곧 지금 불순종의 아들들 가운데서 역사하는 영이라. 전에는 우리도 다 그 가운데서 우리 육체의 욕심을 따라 지내며 육체와 마음의 원하는 것을 하여 다른 이들과 같이 본질상 진노의 자녀이었더니, 긍휼이 풍성하신 하나님이 우리를 사랑하신 그 큰 사랑을 인하여, 허물로 죽은 우리를 그리스도와 함께 살리셨고 (너희는 은혜로 구원을 받은 것이라), 또 함께 일으키사 그리스도 예수 안에서 함께 하늘에 앉히시니(엡 2:1-6).

예수를 십 수 년을 믿는다고 하면서 과거의 영화와 번영에만 사로잡혀 그에서 벗어나지 못하고 그 화려함과 풍부함만을 자랑하며 살아가는 자들이 있다면 얼마나 한심한 노릇입니까? 이제 그러한 헛된 것에서 벗어나야 합니다. 현실을 인정하고 솔직하게 하나님 앞에 현재의 모습 그대로 나오시기 바랍니다. 그리고 예수 안에서 주어진 영광스럽고 고상한 신분을 확인하시기 바랍니다. 예수를 온전히 믿는 성도가 예수 안에서 누리는 순결과 거룩함과 영광됨을 인식하고 겸손히 신랑 되신 예수 그리스도를 진정으로 사랑하시길 바랍니다.

3) 구원의 역사를 이루어 가십니다(15b)

이것이 구원입니다. 이제 하나님은 그 소망을 가지는 그들의 조상이 출애굽 때 홍해를 건너는 기적적인 구원을 경험하게 하시겠다고 말씀하십니다. 이것이 진정으로 예수 믿어 거듭나는 인생인 것입니다.

4) 여호와 하나님만이 진정한 남편이심을 깨닫게 하십니다(16절)

하나님께서 음란하여 남편을 버리고 가정을 버리고 방탕한 삶을 살았던 아내를 다시 불러 여전히 그녀를 사랑하는 남편이 다시 되겠다고 하십니다. 이 말도 되지 않는 것을 하나님께서 하시겠다고 하십니다. 얼마나 감사한 일입니까! 남편을 떠나고 가정을 떠난 여인을 다시 불러 과거를 묻지 않으시고 다시 품어주시는 사랑의 남편이신 우리 하나님이십니다.

:: 그날에 네가 나를 남편(이쉬, ishi)이라 일컫고 다시는 내 바알이라 일컫지 아니하리라. 내가 바알들의 이름을 그의 입에서 제거하여 다시는 그의 이름을 기억하여 부르는 일이 없게 하리라(호 2:16-17).

여기서 "바알"(Baal)은 고유명사로 바알 신의 이름이지만, 보통명사로는 "주인"(the lord), 혹은 "남편"(husband)을 지칭합니다. 이 구절은 말의 유희(word play)입니다. 바알을 주인(Baal is the lord)으로 삼고 섬기던 배교의 삶에서, 여호와 하나님을 남편으로, 즉 주인과 종의 관계가 아닌 진정한 남편과 아내의 부부관계가 되어 하나님을 남편(이쉬, ishi)이라 부르게 하겠다고 하신 하나님이십니다. 나이와 신분을 초월한 관계로 맺어질 때 진정한 부부라 할 것입니다. 그 어떤 차별도 없이 동등한 관계가 설정되어야만 진정한 부부라 할 것입니다.

우리 하나님께서 죄 가운데 있는 형편없는 우리를 부르셔서 자신을 남편으로 부르게 하시겠다고 약속하십니다. 다른 말로 하면 우리의 남편이신 하나님은 여자를 부리는 주인으로서가 아니라, 여자에 대한 법적 책임과 의무를 다하는 권리를 가진 남편이 되시겠다는 것입니다. 이 얼마나 놀랍고 감사한 사실입니까! 이것이 우리를 향한 하나님의 지고한 사랑이고 끈질긴 무조건적 사랑입니다. 감사하게도 우리는 이 하나님 사랑의 은총을 입은 존재들입니다. 하나님은 한 사람 한 사람을 무조건 사랑하셨고 무한한 은혜를 베푸셔서 구원하신 것입니다.

결론

이런 일화가 있습니다.

어느 유대인 남성이 랍비를 찾아왔습니다.
남성: "제 아내가 간음을 했습니다. 이혼하고 싶습니다."
랍비: 단호하게 "안 돼!"
남성: "그럼, 그런 여자와 계속 참고 살라는 말입니까?"
랍비: "그걸 왜 이혼을 하니? 죽여 버려야지."

아내의 불륜은 이렇게 유대 법으로 이혼 사유가 아니라 "처형 사유"입니다.

:: 그들은 부정한 창녀나 이혼 당한 여인을 취하지 말지니 이는 그가 여호와 하나님께 거룩함이니라. 너는 그를 거룩히 여기라. 그는 네 하나님의 음식을 드림이니라. 너는 그를 거룩히 여기라 너희를 거룩하게 하는 나 여호와는 거룩함이니라. 어떤 제사장의 딸이든지 행음하여 자신을 속되게 하면 그의 아버지를 속되게 함이니 그를 불사를지니라 (레 21:7-9).

그런데도 사랑의 하나님은 자신이 제시한 율법 조항을 적용하지 않으십니다. 그리고 불륜을 저지른 아내임에도 불구하고 기꺼이 그녀를 받아들여 남편이 되어 주겠다고 하십니다. 이것이 놀라운 은혜요 끈질기고 지독한 사랑이 아니고 무엇입니까!

우리가 믿는 하나님은 이런 하나님이십니다. 타락하여 죄를 짓고 세상과 타협하며 배교의 삶을 살아간다 하더라도 우리를 사랑하셔서 아들까지 죽이셔서 구원하신 하나님은 결코 택한 백성을 포기할 수 없으십니다. 이 점을 지적하며 사도 바울은 이렇게 우리를 설득합니다.

:: 자기 아들을 아끼지 아니하시고 우리 모든 사람을 위하여 내주신 이가 어찌 그 아들과 함께 모든 것을 우리에게 주시지 아니하겠느냐(롬 8:32).

하나님은 우리를 어떤 조건하에서도 포기하지 않으시고 끝까지 사랑하십니다. 이는 우리를 미치도록 사랑하시는 하나님의 "미친 사랑"이라 부를 것입니다. 우리는 이런 하나님을 남편으로 모시고 사는 하나님의 신부요 아내입니다. 여러분, 이 하나님의 망극하신 사랑을 아십니까? 우리를 극진히 사랑하시는 하나님은 우리에게 눈이 멀어 무조건 사랑하십니다. 우리에게 눈이 머셔서 아골 골짜기와 같이 저주와 사망 가운데 사는 우리를 구하시기 위하여 우리의 모든 죄를 당신의 외아들에게 담당시켜 십자가에서 처형하여 우리가 받은 죄의 값을 그가 다 해결하도록 하셨습니다. 그리고 우리가 이 예수를 믿어 구원을 얻어 영원한 영생을 누리게 하셨습니다. 할렐루야!

이런 하나님을 믿으십니까? 이 하나님을 끝까지 신뢰하고 믿으시기 바랍니다.

:: 하나님이 그 아들을 세상에 보내신 것은 세상을 심판하려 하심이 아니요 그로 말미암아 세상이 구원을 받게 하려 하심이라. 그를 믿는 자는 심판을 받지 아니하는 것이요 믿지 아니하는 자는 하나님의 독생자의 이름을 믿지 아니하므로 벌써 심판을 받은 것이니라. 그 정죄는 이것이니 곧 빛이 세상에 왔으되 사람들이 자기 행위가 악하므로 빛보다 어둠을 더 사랑한 것이니라. 악을 행하는 자마다 빛을 미워하여 빛으로 오지 아니하나니 이는 그 행위가 드러날까 함이요. 진리를 따르는 자는 빛으로 오나니 이는 그 행위가 하나님 안에서 행한 것임을 나타내려 함이라 하시니라(요 3:17-21).

우리는 이런 놀라운 하나님의 사랑으로 주님의 영광스러운 신부인 교회가 되었습니다. 이 부부관계를 추악하게 하지 말고 거룩하고 고결한 하나님의 집, 주님의 몸 된 교회를 가꾸어 가야 할 것입니다. 모두 남편이신 주께서 사랑해 주신 바를 깊이 인식하고 고백하며 사모하여 순결하고 순수하여 신랑 되신 주의 사랑을 듬뿍 받는 아름다운 신부가 되길 바랍니다.

기도

우리를 극진히 사랑하시는 하나님 아버지, 놀라운 은혜로 저희를 부르시고 변화시켜 영광스러운 주의 신부로 삼아주심에 감사합니다. 이 은혜를 받았사오니 신분에 걸맞은 의식을 갖게 하시고 생각하여 치열하게 살아가는 인생의 여정에서 하나님의 영광을 드러내며 살아 주님을 기쁘시게 하는 성숙한 성도가 되게 하옵소서. 세상의 빛과 소금인 영광스러운 신분을 잘 견지하여 주 앞에서 주를 기쁘게 뵐 수 있는 거룩한 주님의 신부가 되게 하옵소서. 거룩하신 주 예수 이름으로 기도드리옵나이다. 아멘.

07

하나님의 강력한 언약 준수

:: 내가 네게 장가들어 영원히 살되 공의와 정의와 은총과 긍휼히 여김으로 네게 장가들며 진실함으로 네게 장가들리니 네가 여호와를 알리라. 여호와께서 이르시되 그 날에 내가 응답하리라. 나는 하늘에 응답하고 하늘은 땅에 응답하고 땅은 곡식과 포도주와 기름에 응답하고 또 이것들은 이스르엘에 응답하리라. 내가 나를 위하여 그를 이 땅에 심고 긍휼히 여김을 받지 못하였던 자를 긍휼히 여기며 내 백성 아니었던 자에게 향하여 이르기를 너는 내 백성이라 하리니 그들은 이르기를 주는 내 하나님이시라 하리라 하시니라(호 2:19-23).

사람은 만나고 헤어집니다. 흔히 만난 사람이 믿을 만한지 알려면 세 가지를 테스트해 보라고 합니다. 약속 시간을 잘 지키는지 확인해 보거나, 돈을 거래해 보거나, 유흥 장소에 함께 가보거나, 이런 과정을 통하여 그가 얼마나 진실하고 성실하며 평정심과 자존심을 유지하는지를 확인할 수 있다고 합니다.

사람은 서로 약속하며 살아갑니다. 그런데 약속한 바를 온전히 지키는 것은 쉽지 않습니다. 비교적 가벼운 약속은 지키기가 쉬우나 큰 이익이 걸린 약속을 지키기는 쉽지 않습니다. 어떤 상황과 조건에도 약속한 바를 신실하게 지키는 사람은 믿을 수 있습니다. 여러분은 약속을 잘 지키는 믿을 만한 사람입니까?

1. 약속의 책 하나님의 말씀

성경은 약속의 책입니다. 구약(Old Testament)은 장차 구원자 아들을 보내시겠다는 하나님의 약속이고, 신약(New Testament)은 오셔서 천국을 소개하신 예수께서 십자가와 부활로 완성된 복음을 믿으면 천국을 완성하신 주께서 다시 오시겠다는 약속입니다.

왜 하나님은 이런 약속을 성경에 담아주셨을까요? 전적으로 이 세상에서 사는 우리를 사랑하시는 하나님이시기 때문입니다. 하나님은 성경에 우리를 구원하시려는 약속을 담아 사랑의 서사시를 주셨습니다. 이것이 그 유명한 요한복음 3:16-17 말씀입니다.

:: 하나님이 세상을 이처럼 사랑하사 독생자를 주셨으니 이는 그를 믿는 자마다 멸망하지 않고 영생을 얻게 하려 하심이라. 하나님이 그 아들을 세상에 보내신 것은 세상을 심판하려 하심이 아니요 그로 말미암아 세상이 구원을 받게 하려 하심이라(요 3:16-17).

구약에서 하나님께서 아들을 보내시겠다고 약속하신 이유가 무엇일까요? 하나님의 피조물인 인간이 하나님의 신실함을 저버리고 명하신 약속 즉 영원한 생명을 얻고 누릴 복을 상실했기 때문입니다. 조상 아담이 하나님과 약속한 바를 신뢰하지 못하고 선과 악을 구별하는 나무의 열매를 따 먹은 결과 에덴동산에서 추방되어 사망에 처하게 되었습니다(창 3:1-21). 그 결과 지금도 사망의 권세는 모든 사람에게 적용되어 모든 사람은 반드시 죽게 되어 있습니다. 이유는 죄의 값이 사망이기 때문입니다.(롬 6:23)

이 진리의 과정을 사도 바울은 이렇게 설명합니다.

:: 그러므로 한 사람으로 말미암아 죄가 세상에 들어오고 죄로 말미암아 사망이 들어왔나니 이와 같이 모든 사람이 죄를 지었으므로 사망이 모든 사람에게 이르렀느니라(롬 5:12).

그런데 하나님은 죄 때문에 사망의 지배를 받는 인간을 불쌍히 여기셔서 창조 시 약속하신 영생으로 회복하기 위하여 그 약속을 확인하시고 시행하셨던 것입니다. 이것이 구약의 역사입니다. 우리는 구약 역사를 통하여 모든 인간이 하나님의 끈질긴 사랑을 계속 외면하며 배척하고 배교했다는 사실을 알게 됩니다. 하나님과 인간 간의 이런 애증의 관계를 가장 긴장감 있게 보여주는 성경이 호세아서라 하겠습니다. 우리는 호세아서를 통하여 하나님의 집요하고 끈질긴 사랑을 깨달아 알 수 있습니다. 그 대표적인 구절이 본문 호세아 2:19~23 말씀입니다.

2. 언약을 준수하시는 하나님

약속하면 그 약속을 잊지 않고 어떤 조건과 상황 속에서라도 준수하는 사람은 믿을 만합니다. 그렇지 않습니까! 그런데 우리 인간은 모든 약속을 다 지킬 수 없습니다. 그래서 거짓말을 할 수 밖에 없는 인간입니다. 하지만 전능하신 하나님은 당신이 하신 약속은 반드시 지키십니다. 하나님은 인간이 아니기 때문입니다.

:: 하나님은 사람이 아니시니 거짓말을 하지 않으시고 인생이 아니시니 후회가 없으시도다. 어찌 그 말씀하신 바를 행하지 않으시며 하신 말씀을 실행하지 않으시랴(민 23:19).

언약을 준수하시는 하나님은 "결혼 모티프"(marriage motif)로 이스라엘과의 관계와 구원을 설명합니다. 이스라엘과 하나님과의 관계는 혼인 관계입니다. 혼인 관계에 있어서 가장 중요한 것은 서약한 것을 지키는 것입니다. 혼인 서약이 깨어지면, 그 혼인 관계는 더 이상 유지되기 어렵습니다. 이렇게 약속, 서약, 또 맹세와 언약은 서로 간의 관계를 유지하는 근거며 원동력이고 핵심입니다. 하나님과 우리 사이의 관계 역시 마찬가지입니다. 문제는 하나님과 이스라엘 즉 성도 간의 관계는 "일방적"이라는 데 있습니다. 무슨 말일까요? 인간은 연약하여 맺은 언약을 파기하기 쉽지만, 하나님은 신실하게 그 언약을 지키십니다.

그 배경을 살펴보면 이렇습니다. 하나님은 이스라엘 백성을 출애굽 시킨 후 시내 산에서 언약을 맺으셨습니다. 하나님은 모세를 통하여 십계명으로 압축되는 "모세 언약"(Mosaic Covenant) 혹은 "시내산 언약"(Sinai Covenant)을 체결하셔서 이스라엘은 오직 하나님만을 섬기게 하셨습니다.

:: 너는 나 외에는 다른 신들을 네게 두지 말라. 너를 위하여 새긴 우상을 만들지 말고 또 위로 하늘에 있는 것이나 아래로 땅에 있는 것이나 땅 아래 물속에 있는 것의 어떤 형상도 만들지 말며 그것들에게 절하지 말며 그것들을 섬기지 말라(출 20:3-5a).

이 언약을 통하여 이스라엘은 하나님 나라 백성이 되었고 하나님의 신부가 되었습니다. 하나님은 이 과정을 광야에서 탯줄도 자르지 못하고 태어난 여아를 구하여 정성껏 키워 아리따운 처녀로 단장시켜 아내로 맞아들였다고 설명하십니다(겔 16:1-22). 이렇게 아름다운 처녀로 성장한 이스라엘은 놀랍게도 사랑으로 키워준 하나님의 은혜를 저버리고 음란에 빠져버렸습니다.

호세아서는 이렇게 혼인 관계를 파기하고 집을 나간 이스라엘이 하나님과 맺은 언약을 파기하고 이방 우상을 숭배하는 배교 상황임을 확실하게 알도록 명하신 하나님께서 호세아가 가정 속에서 영적 타락상을 직접 체득하고 경험하도록 하시며, 그 상황 속에서 베푸시는 하나님의 사랑이 어떠하신 지를 내포하고 있습니다. 이 내용 속에서 선민 이스라엘을 향하여 하나님은 그들의 불법과 탈법적인 행위를 심하게 질책하실 뿐 아니라, 다시 언약을 회복하게 하려고 그들을 향하여 끈질기게 사랑의 구애를 하십니다.

본문은 그 사실을 잘 보여줍니다. 세 가지를 생각해 볼 수 있습니다.

1) 언약의 갱신

:: 그 날에는 내가 그들을 위하여 들짐승과 공중의 새와 땅의 곤충과 더불어 언약을 맺으며 또 이 땅에서 활과 칼을 꺾어 전쟁을 없이하고 그들로 평안히 눕게 하리라. 내가 네게 장가들어 영원히 살되 공의와 정의와 은총과 긍휼히 여김으로 네게 장가들며 진실함으로 네게 장가들리니 네가 여호와를 알리라(호 2:18-20).

여기서 말하는 "그 날"은 장남 "이스르엘의 날"(1:11)로, 이스르엘이 하나님의 저주로 많은 피를 흘려 망해 산지사방에 흩어지는 날이기도 하지만, 다른 의미로 흩어진 백성을 "새롭게 심는 날"(the day of planted)이기도 합니다.

이는 21절 이하의 말씀과 같습니다.

:: 여호와께서 이르시기를 그 날에 내가 응답하리라. 나는 하늘에 응답하고 하늘은 땅에 응답하고 땅은 곡식과 포도주와 기름에 응답하고 또 이것들은 이스르엘에 응답하리라. 내가 나를 위하여 그를 이 땅에 심고(호 2:21-23a).

하나님께서 이스르엘과 언약을 갱신하시겠다고 약속하십니다. 그런데 이상한 점은 언약을 어긴 이스르엘을 위한 것이 아니라, "하나님 스스로를 위한 시도"라는 것입니다. 하나님은 이 점을 강조하시며 저주받아 흩어졌던 이스르엘을 다시 심고 가꾸시려는 것은 하나님의 자존심이 걸린 문제라고 주장하셨습니다. 참으로 놀라운 말씀이 아닐 수 없습니다.

여기서 "여호와의 날"(the day of Yahweh)은 결정적인 심판과 구원이 성취되는 날을 의미합니다. 이 날은 심판(암 5:18-20; 8:9-13)과 구원이 동시에 시행되는 날(호 9:11-13)이며, 종말의 날입니다. 신약에서는 이날을 예수께서 천국에 대한 진리를 선포하시고 복음을 믿고 회개를 촉구하시면서 공생애를 시작한 날이라고 밝힙니다.

:: 요한이 잡힌 후 예수께서 갈릴리에 오셔서 하나님의 복음을 전파하여 이르시되 때가 찼고 하나님의 나라가 가까이 왔으니 회개하고 복음을 믿으라 하시더라(막 1:14-15).

그 날에 하나님은 "그들을 위하여"(for them) 즉 이스르엘을 위하여 그들을 괴롭혔던 들짐승, 공중의 새 그리고 땅의 곤충들과 언약을 맺고, 전쟁과 파괴의 상징인 땅의 활을 꺾고 전쟁을 없애서 평화의 시대가 오도록 하시겠다." 고 약속하셨습니다(18-19절). 이는 이전 창조 시에 에덴동산에 주셨던 하나님의 복이 넘치는 평화의 시대가 다시 도래 하도록 하시겠다는 약속입니다. 참으로 놀랍지 않습니까!

이사야 선지자도 이 날에 대하여 놀라운 예언을 했습니다.

:: 그때에 이리가 어린 양과 함께 살며 표범이 어린 염소와 함께 누우며 송아지와 어린 사자와 살진 짐승이 함께 있어 어린아이에게 끌리며 암소와 곰이 함께 먹으며 그것들의 새끼가 함께 엎드리며 사자가 소처

럼 풀을 먹을 것이며 젖 먹는 아이가 독사의 구멍에서 장난하며 젖 뗀 어린아이가 독사의 굴에 손을 넣을 것이라. 내 거룩한 산 모든 곳에서 해 됨도 없고 상함도 없을 것이니 이는 물이 바다를 덮음 같이 여호와를 아는 지식이 세상에 충만할 것임이니라. 그날에 이새의 뿌리에서 한 싹이 나서 만민의 기치로 설 것이요 열방이 그에게로 돌아오리니 그가 거한 곳이 영화로우리라(사 11:6-10).

이 예언은 하나님께서 만물을 창조하실 때 인간을 위하여 마련해 주셨던 완벽했던 에덴동산의 아름다움과 평화가 다시 도래할 것을 약속하신 것입니다. 이 날은 하나님은 공의와 정의 그리고 은총과 긍휼로 저주받은 이스르엘을 깨끗하게 하셔서 그에게 장가드시겠다는 예언을 구체적으로 이루시는 구속의 역사가 시작되는 날입니다. 이 날은 예수께서 이 땅에 오셔서 만민을 부르셔서 하나님의 나라 깃발 즉 천국 복음을 높이 들고 열방에 복음을 전하게 하실 날입니다. 이날의 도래는 예수께서 공생애를 시작하시면서 전파한 첫 일성으로 시작됩니다. (막 1:15). 즉 예수 그리스도의 초림으로 이루어지는 하나님 나라의 도래이며 그 나라의 임재를 뜻합니다.

2) 하나님의 언약의 내용

:: 내가 네게 장가들어 영원히 살되 공의와 정의와 은총과 긍휼히 여김으로 네게 장가들며 진실함으로 네게 장가들리니 네가 여호와를 알리라(호 2:19-20).

이 구절에서 하나님은 저주하여 흩어버린 이스르엘을 다시 모아 심으신 후에 그들에게 장가드시겠다고 세 번씩이나 강조하십니다. 여기서 "장가든다."(betroth)라는 원어(iresh)는 순수한 처녀와 결혼한다는 뜻입니다. 즉 재혼이 아니라 초혼을 뜻합니다. 설령 음란에 빠졌던 자라고 하더라도 더 이상 그 행위를 묻지 않으시고 은혜로 품어 그를 처녀로 인정하여 그와 혼인하겠다는 것입니다. 이것이 죄인을 향한 하나님의 놀라운 은혜가 아니고 무엇입니까?

종교개혁자 칼빈(John Calvin)은 이 구절에 대하여 다음과 같이 설명했습니다. "이 결혼은 '새로운 혼인'(a new marriage)이다. 이는 허물없는 순결한 처녀와의 혼인을 뜻하며 버렸던 여인을 다시 아내로 맞겠다는 말이 아니다."

이 말은 하나님께서 과거를 묻지 않고 약속을 반드시 준행하시는 하나님의 명예를 걸고 "새로운 언약"(a new covenant)을 체결하시겠다는 것입니다. 공의로우신 하나님께서 그 공의를 적용하지 않으시고 긍휼과 사랑으로 새 언약을 세우시겠다는 것입니다. 놀라운 은혜로운 말씀입니다. 이 말씀은 하나님의 긍휼과 사랑을 풍성하게 받았음에도 이를 저버리고 세상으로 나갔던 믿을 수 없고 사랑할 수 없는 몹쓸 인간을 공의로우신 하나님께서 풍성한 긍휼과 사랑으로 부르셔서 신부로 삼으시겠다는 약속입니다.

이것이 성경이 말하는 언약이며 복음입니다. 하나님께서 죄 가운데 빠져 사망의 굴레 속에 사는 우리를 향하여 감동스러운 사랑의 노래를 불러주셨습니다. 감사하게도 하나님의 이 일방적이고 독단적 언약은 지금도 계속되고 있습니다. 그러면, 왜 하나님은 독단적으로 언약을 갱신하시는 것일까요? 인간은 지은 죄로 도저히 스스로를 구원할 수 없는 존재이기 때문입니다. 우리는 전적으로 무능하고 연약하여 스스로를 구원할 능력이 없기 때문입니다. 죄로 저주와 심판을 받은 자를 긍휼히 여기신 하나님께서 지난날의 죄에 대하여 따지지 않으시고 다시 모아 심으시고 키우셔서 정결한 신부로 삼으시겠다는 이 약속을 믿으시기 바랍니다.

예레미야 선지자 역시 이 놀라운 구원의 은총이 일어날 것을 그의 예언에 담아 전합니다.

:: 그의 날에 유다는 구원을 받겠고 이스라엘은 평안히 살 것이며 그의 이름은 여호와 우리의 공의라 일컬음을 받으리라(렘 23:6).

하나님은 이 예언을 아들 예수 그리스도를 보내심으로 성취하셨습니다. 하나님은 사랑하는 독생자 예수를 십자가에서 죽이시고 부활시키셔서 구원의 복음을 완성하시고 이 복음을 믿는 자는 하나님의 백성으로 그리고 예수 그리스도의 신부인 교회로 부르셨습니다. 이것이 구약과 신약에서 계시하신 하나님의 언약의 핵심 내용입니다.

예수께서 사도 요한에게 계시하신 요한계시록의 마지막 말씀을 보십시오. 이 말씀은 예수를 믿어 구원받은 성도들의 최종 상황이 어떻게 될 것을 보여준 말씀입니다.

:: 또 내가 보매 거룩한 성 새 예루살렘이 하나님께로부터 하늘에서 내려오니 그 준비한 것이 신부가 남편을 위하여 단장한 것 같더라(요계 21:2).

하나님과 결혼한 신부에게는 어떤 혜택이 주어지는지 살펴봅시다. 모두 여섯 가지의 복이 주어진다고 말합니다(19-20절). 첫째는 영원한 삶 즉 영생, 둘째는 공의, 셋째는 정의, 넷째는 은총, 다섯째는 긍휼, 여섯째는 진실함입니다.

이 놀라운 복들 하나하나가 신부에게 절대적으로 필요한 복이 아니겠습니까! 이 복에 대하여 마틴 루터(M. Luther)는 "이 여섯 가지 복은 신랑이 신부에게 주는 육각형 보석 반지 결혼 선물이다!"라고 말했습니다. 참으로 이 덕목들은 신랑 예수께서 신부에게 주시는 신령한 복입니다.

여호와 하나님은 배교하여 타락한 이스라엘을 저주하여 무자비하게 자기 백성으로 인정하지 않는 일을 더는 하지 않으시고 다시 정결하게 하십니다. 그리고 그에게 장가들어 다시는 헤어지지 않고 "영원히 함께 살 것"을 약속하십니다. 신부에게 가장 중요한 것은 선물이 아니라 사랑입니다. 남편과 이혼하는 것이 최악의 저주입니다. 신부에게 신랑이 항상 함께 있겠다는 약속처럼 든든한 약속이 그 어디 있겠습니까! 영원히 신랑 되신 예수께서 우리를 구원하시고 함께 하시겠다고 약속하심을 믿으시기 바랍니다. 공생애 사역을 마감하시고 마지막 말씀으로 제자들에게 예수께서 약속하셨습니다.

:: 내가 아버지께 구하겠으니 그가 또 다른 보혜사를 너희에게 주사 영원토록 너희와 함께 있게 하리니, 그는 진리의 영이라. 세상은 능히 그를 받지 못하나니 이는 그를 보지도 못하고 알지도 못함이라. 그러나 너희는 그를 아나니 그는 너희와 함께 거하심이요 또 너희 속에 계시

겠음이라. 내가 너희를 고아와 같이 버려두지 아니하고 너희에게로 오리라. 조금 있으면 세상은 다시 나를 보지 못할 것이로되 너희는 나를 보리니 이는 내가 살아 있고 너희도 살아 있겠음이라. 그날에는 내가 아버지 안에, 너희가 내 안에, 내가 너희 안에 있는 것을 너희가 알리라(요 14:16-20).

사도 바울은 이 복음은 유대인이나 헬라인에게 차별이 없이 선포되고 전파되어 믿는 자 누구에게나 구원이 주어진다고 강조합니다. 그는 "성령께서 친히 우리 영과 더불어 우리가 하나님의 자녀인 것을 증거하신다."(롬 8:16)고 설명합니다. 여러분, 이것이 우리를 구원하는 복음입니다. 성령께서 친히 우리 속에서 예수의 복음을 믿게 하시어 나 스스로 하나님의 자녀임을 고백하게 하십니다. 이것이 성령 하나님께서 일하시는 방식이며 구원 계시의 구조입니다. 예수를 믿는 자에게 차별 없이 적용되는 주어지는 복음의 능력은 참으로 놀랍기만 합니다.

:: 이 복음은 모든 믿는 자에게 구원을 주시는 하나님의 능력이 됨이라 먼저는 유대인에게요 그리고 헬라인에게로다. 복음에는 하나님의 의가 나타나서 믿음으로 믿음에 이르게 하나니 기록된바 오직 의인은 믿음으로 말미암아 살리라 함과 같으니라(롬 1:16-17).

3) 간구에 응답하심으로

:: 여호와께서 이르시되 그 날에 내가 응답하리라 나는 하늘에 응답하고 하늘은 땅에 응답하고 땅은 곡식과 포도주와 기름에 응답하고 또

이것들은 이스르엘에 응답하리라(호 2:21-22).

결혼하면 신랑이 신부를 깊이 배려하고 그녀의 필요는 모두 충족시켜 주려 하듯이, 하나님은 택하신 신부의 요청을 모두 들어주십니다. 신랑 되신 예수께서 약속하시고 보장하셨습니다.

:: 내가 진실로 진실로 너희에게 이르노니 너희가 무엇이든지 아버지께 구하는 것을 내 이름으로 주시리라. 지금까지는 너희가 내 이름으로 아무 것도 구하지 아니하였으나 구하라 그리하면 받으리니 너희 기쁨이 충만하리라(요 16:23b-24).

아내가 남편에게 요구하는 모든 것을 얻을 수 있다면 그 아내는 얼마나 행복할까요? 예수를 믿는다는 것은 바로 남편이신 예수 그리스도와 결혼한 것입니다. 남편이신 예수께서 하시는 일은 신부인 성도 즉 교회를 정결하게 하시고 자신을 주시어 당신의 소유로 삼으실 뿐 아니라, 교회를 영광스럽게 하십니다. 바울은 이를 강조하여 남편이 아내에게 수행할 모델로 예수께서 교회에게 하신 것처럼 하라고 명합니다.

:: 남편들아 그리스도께서 교회를 사랑하시고 그 교회를 위하여 자신을 주심 같이 하라. 이는 곧 물로 씻어 말씀으로 깨끗하게 하사 거룩하게 하시고 자기 앞에 영광스러운 교회로 세우사 티나 주름 잡힌 것이나 이런 것들이 없이 거룩하고 흠이 없게 하려 하심이라(엡 5:25-27).

오늘날 예수를 믿는 자들이 세상 사람의 도덕 수준에 미치지 못하여 세상으로부터 비난과 조롱을 받는 것은 바로 이 진리를 모르거나 무시하기 때문이라고 하겠습니다. 예수를 믿고 교회로 부르심을 받는 성도는 주께서 신랑이 되시고 우리가 예수의 신부로 부르심을 받은 성도요 교회임을 잊지 말아야 합니다. 성도는 남편이신 그 예수를 온전히 신뢰하고 주께서 주신 모든 신령한 복을 마음껏 누리며 살아야 합니다. 이것이 성도가 오직 말씀과 기도로 누릴 수 있는 신령한 복입니다.

우리 모두 사도 바울의 권면을 기억합시다.

:: 항상 기뻐하라. 쉬지 말고 기도하라. 범사에 감사하라. 이것이 그리스도 예수 안에서 너희를 향하신 하나님의 뜻이니라. 성령을 소멸하지 말며, 예언을 멸시하지 말고(살전 5:16-20).

3. 하나님의 주권적 언약 갱신

:: 내가 나를 위하여 그를 이 땅에 심고 긍휼히 여김을 받지 못하였던 자를 긍휼히 여기며 내 백성 아니었던 자에게 향하여 이르기를 너는 내 백성이라 하리니 그들은 이르기를 주는 내 하나님이시라 하리라 하시니라(호 2:23).

이 구절은 1장과 2장의 결론입니다. 하나님은 저주하여 흩어버린 이스르엘을 다시 이 땅에 심고, 긍휼히 여기지 않겠다는 로루하마를 긍휼히 여기시고, 내 백성이 아니라고 한 로암미를 내 백성으로 삼으셔서 이스라엘 백성이 스스로 "하나님은 나의 하나님이십니다!"라고 고백하게 하시겠다는 선언의 말씀입니다. 주석가 퓨지(Pusey)는 "이것은 이스라엘의 남은 자에게 성취될 하나님의 복이다. 이는 예수 그리스도로 말미암아 이루어질 교회 시대를 바라본 예언이다. 특히 "이 땅(this earth)에 심고"란 표현은 이스라엘 땅이 아니라 지구 전체를 의미하는 온 땅에 심으시겠다는 의미다."고 설명합니다. 이는 차별 없는 구원의 역사가 온 세상에 널리 펼쳐질 것을 말씀하신 것입니다.

사실 이러한 사상은 메시아 예언 시에서도 찾아볼 수 있습니다.

:: 내가 여호와의 명령을 전하노라. 여호와께서 내게 이르시되 너는 내 아들이라 오늘 내가 너를 낳았도다. 내게 구하라. 내가 이방 나라를 네 유업으로 주리니 네 소유가 땅 끝까지 이르리로다. 네가 철장으로 그들을 깨뜨림이여 질그릇 같이 부수리라 하시 도다(시 2:7-9).

그렇습니다. 예수께서 오셔서 십자가와 부활로 하나님의 통치권을 가지시고 온 세상을 다스려서 하나님의 나라를 세우시겠다고 선언하신 것입니다. 그 예수께서 성도의 신랑이 되십니다. 그 분은 만왕의 왕이시고 만주의 주이십니다. 예수께서 하늘과 땅의 권세를 가지시고 지금도 살아계셔서 온 세상을 다스리십니다. 성도는 이 예수와 혼인한 자들이며 왕의 신부로서 이 세상을 주와 함께 다스리는 영광된 신분을 누리는 자입니다. 이 점을 잊어서는 아니 되겠습니다.

사도 바울은 이 놀라운 은혜는 복음으로 주어졌고 성취되었다고 선언합니다.

:: 호세아의 글에도 이르기를 내가 내 백성 아닌 자를 내 백성이라, 사랑하지 아니한 자를 사랑한 자라 부르리라. 너희는 내 백성이 아니라 한 그 곳에서 그들이 살아 계신 하나님의 아들이라 일컬음을 받으리라 함과 같으니라(롬 9:25-26).

여러분은 성도의 영광스러운 예수 안에서 누리는 신분을 기억하십니까?

:: 긍휼이 풍성하신 하나님이 우리를 사랑하신 그 큰 사랑을 인하여 허물로 죽은 우리를 그리스도와 함께 살리셨고 (너희는 은혜로 구원을 받은 것이라) 또 함께 일으키사 그리스도 예수 안에서 함께 하늘에 앉히시니(엡 2:4-6).

이렇게 성도는 하나님의 긍휼과 풍성하신 은혜를 받아 고상하고 영광스러운 신분을 가진 자가 되었습니다. 우리는 이 점을 잊지 말아야 합니다. 이유는 이사야 선지자의 말과 같이 "비록 바다의 모래 같을지라도 남은 자만 구원을 받는 자"(롬 9:27b)로, 마지막 시대에 우리를 그루터기로 보전하신 선택의 은혜가 작동했기 때문입니다. 하나님은 지금도 호세아에게 하신 예언을 성취하시고 시행하고 계십니다. 그 결과 우리가 예수를 믿게 된 것입니다.

:: 주께서 땅 위에서 그 말씀을 이루고 속히 시행하시리라 하셨느니라(롬 9:28).

결론

하나님은 지금도 살아계십니다. 이스라엘 백성을 향하여 집요하게 애증어린 사랑을 구애하신 하나님은 예언하신 대로 독생자 예수 그리스도를 통하여 그 언약을 성취하시고 구원의 역사를 우리 속에서 이루어 가십니다. 예수를 믿고 교회에 다니는 신앙생활을 가볍게 생각하지 마세요. 우리가 예수 믿는 것은 엄청난 하나님의 애증이 담긴 과정이며 결과입니다. 이 모든 것이 하나님의 주권으로 이루어 가시는 구원 섭리의 여정입니다.

사랑하는 성도 여러분, 하나님은 여러분 한 분 한 분을 당신의 손바닥에 새겨 놓으시고(사 49:10-17), 잊지 않고 기억하시고, 사랑으로 깊이 다루어 가십니다. 그리고 영광스러운 구원의 잔치에 이르기 까지 성령으로 이끌어 가십니다. 얼마나 복된 주님의 교회이며 주님의 신부입니까! 이 하나님의 끈질긴 관심과 사랑 그리고 복됨을 잊지 말고 깊이 주님을 사랑하며 교회의 영광됨을 깊이 인식하시기 바랍니다.

기도

하나님 아버지 감사드립니다. 놀라운 언약의 말씀으로 우리를 품으시고 사랑하시어 여기까지 인도해 주심에 감사드립니다. 예수 안에서 언약하신 구원을 신실하게 그리고 강력하게 시행하시는 하나님의 뜻을 깊이 인식하여 삶 속에서 항상 신랑되신 예수 그리스도를 의식하고 고결하고 성숙되게 그리고 하나님의 자녀답게 살아가는 주님의 신부, 성도가 되게 하옵소서. 거룩하신 주 예수 이름으로 기도드리옵나이다. 아멘.

08.
언약을 끝까지 지키시는 사랑

:: 여호와께서 내게 이르시되 이스라엘 자손이 다른 신을 섬기고 건포도 과자를 즐길지라도 여호와가 그들을 사랑하나니 너는 또 가서 타인의 사랑을 받아 음녀가 된 그 여자를 사랑하라 하시기로 내가 은 열다섯 개와 보리 한 호멜 반으로 나를 위하여 그를 사고 그에게 이르기를 너는 많은 날 동안 나와 함께 지내고 음행하지 말며 다른 남자를 따르지 말라. 나도 네게 그리하리라 하였노라. 이스라엘 자손들이 많은 날 동안 왕도 없고 지도자도 없고 제사도 없고 주상도 없고 에봇도 없고 드라빔도 없이 지내다가 그 후에 이스라엘 자손이 돌아와서 그들의 하나님 여호와와 그들의 왕 다윗을 찾고 마지막 날에는 여호와를 경외하므로 여호와와 그의 은총으로 나아가리라(호 3:1-5).

대한민국이 세계에서 출산율이 가장 낮다고 합니다. 출산율 0.79! 이는 한 여성이 평생 한 명의 자녀도 낳지 않는다는 뜻입니다. 그래서 전 세계에서 가장 먼저 소멸할 나라 중에 하나가 대한민국이라고 합니다. 이로서 가정이 제대로 형성되고 또 유지되지 못하는 상황이 점점 늘어가고 있습니다. 여러 가지 이유가 있겠지만 결정적인 이유는 경제적인 문제라기보다는 결혼 그리고 가정이라는 굴레에서 벗어나 자유롭게 인생을 누리고 싶어 하는 풍조 때문이라고 하겠습니다. 이는 "생육하고 번성하라(창 1:28)"는 하나님의 창조 명령과 섭리를 무시하는 처사로 보다 자기 자신을 더 즐기고 싶은 의식이 팽배한 풍조 때문이라 하겠습니다.

1. 하나님의 무조건적 사랑(1b-2)

선지자 호세아는 하나님의 명령에 따라 음란한 여인 고멜을 아내로 맞아 가정을 이루어 세 자녀까지 두었습니다. 그런데 아내 고멜이 결혼 전에 사귀었던 남자를 못 잊고 가출했습니다. 그러자 여호와 하나님께서 호세아에게 다시 명령하셨습니다.

∶∶ 너는 또 가서 타인의 사랑을 받아 음녀가 된 그 여자를 사랑하라 하시기로 내가 은 열다섯 개와 보리 한 호멜 반으로 나를 위하여 그를 사고(호 3:1b-2)

이 구절의 원문은 "다시 가라. 친구에 의하여 그리고 매춘으로 사랑받는 그 여인을 다시 사랑하라"입니다. "또 가서"란 말은 이미 앞에서 한 번 하신 바를 한 번 더 하셨다는 뜻입니다. 이는 첫 번째 하신 "너는 가서 음란한 여자를 맞이하여 음란한 자식들을 낳으라."(호 1:2)는 명령을 다시 하셨다는 뜻입니다. "다시 가서!" 다른 남자의 사랑을 받아 음란한 여인이 된 바로 그 여자를 사랑하고 너를 위하여 아내로 데리고 오라"는 명령입니다.

이때가 어떤 상황입니까? 아내가 "타인의 사랑을 받아 음녀가 된 상황" 입니다. 여기서 말하는 "타인"(another)은 남편의 사랑을 받으면서 동시에 다른 남성과 사귀는, 즉 양다리 걸친 음부가 되었음을 뜻하는 표현입니다. 성경에는 "타인"이란 단어가 용례 상 남편으로도 사용되기도 했습니다(렘 3:20). 즉 고멜은 남편의 사랑 속에서 살면서 먼저 사귀었던 전 애인을 못 잊고 가출하여 음란에 빠진 불륜을 저지르고 있었던 것입니다.

하나님은 왜 이 명령을 다시 하신 것일까요? 1절이 설명합니다. "여호와께서 내게 이르시되 이스라엘 자손이 다른 신을 섬기고 건포도 과자를 즐길지라도 여호와가 그들을 사랑하나니", 즉 하나님께서 이스라엘 자손을 사랑하기 때문입니다. 이스라엘이 어떤 행위 즉 다른 신을 섬기며 건포도 과자(떡)를 즐긴다고 하더라도, 여호와 하나님은 그들을 사랑하셨기 때문에, "호세아 너는 고멜을 사랑하고 아내로 삼아 데려오라!"라고 명하셨던 것입니다.

"건포도 과자(떡)"는 고급 음식을 상징합니다. 일례로 다윗 왕이 법궤를 다윗 성에 올려 올 때 이를 기뻐하면서 온 백성에게 기념으로 나누어 준 것이 바로 이 건포도 떡이었습니다(삼하 6:19). 아마도 고멜은 그 값진 음식과 사치 즉 쾌락과 생계를 위하여 옛 애인을 따라갔을 것입니다. 이는 고급스러운 세속의 삶을 그리워한 고멜의 부도덕한 타락상을 잘 보여줍니다.

하나님은 호세아에게 "그 여자"를 사랑하라고 다시 명하셨습니다. 이 여인에 대한 이런 설명이 있습니다. 주석가 랑게(Lange)는 "그 여자는 고멜로, 호세아 앞에 간음을 행한 여자로 나타난 바로 그 여자이다"라고 설명했고, 퓨지(Pusey) 주석가는 "이때, 이 여자 고멜은 이미 호세아와 별거하여 살았음을 뜻한다."고 설명합니다.

이러한 설명에서 두 가지를 생각하게 됩니다. 먼저 둘 간의 관계를 생각해 봅시다. 둘은 별거 상황일까요, 아니면 이혼 상태일까요? 호세아가 지불할 수밖에 없는 이유가 무엇일까요? 이는 그에게 그녀에 대한 권리 즉 소유권이 당시 없기 때문이라고 생각할 수 있습니다. 그래서 퓨지는 별거를, 리처드 치좀(Richard Chisholm)은 이혼을 주장합니다.

만약 호세아가 여전히 아내에 대한 소유권 혹은 권리를 갖고 있었다면, 굳이 값을 지불할 이유가 없을 것입니다. 오히려 간음한 그 타인을 법으로 제재했을 것입니다. 그가 값을 지불한 것은 이미 그녀는 누군가의 소유가 되었기 때문일 것이라는 추측이 가능합니다. 이러한 설명은 매우 합리적입니다. 그렇다면 호세아가 고멜을 데려오기 위하여 지불한 것이 얼마의 가치가 될까요? 은 15개는 15세겔에 해당합니다. 한 호멜 반 역시 15세겔 정도 됩니다. 모두 30세겔입니다. 얼마나 가치가 있을까요? 출애굽기 기준으로 볼 때 당시 종 한 사람의 몸값에 해당할 것입니다.

:: 소가 만일 남종이나 여종을 받으면 소 임자가 은 삼십 세겔을 그의 상전에게 줄 것이요 그 소는 죽일 것이니라(출 21:32).

이 과정에서 호세아에게 명하신 하나님 말씀의 배경에는 바로 이스라엘의 간교한 배교로 하나님을 속인 죄에 대한 질책이 깔려 있습니다. 이는 예레미야 선지자의 말씀과 같습니다.

:: 그런데 이스라엘 족속아 마치 아내가 그의 남편을 속이고 떠나감 같이 너희가 확실히 나를 속였느니라. 여호와의 말씀이니라(렘 3:20).

즉 이스라엘 백성은 고멜과 같이 남편을 속이고 옛 애인을 못 잊고 다시 음란에 빠진 것처럼, 이스라엘 백성은 여호와 하나님을 섬긴다고 하지만, 실은 거짓말을 하고 바알과 각종 우상을 섬기며 타락했다는 것입니다.

여기서 한 가지 의문은 과연 호세아가 가출한 아내를 데려오려는 것이 율법적으로 허용되는 것일까 하는 점입니다. 당시 율법 내에서는 허용되었습니다(삿 19:2).

:: 만일 그가 과부가 되든지 이혼을 당하든지 자식이 없이 그의 친정에 돌아와서 젊었을 때와 같으면 그는 그의 아버지 몫의 음식을 먹을 것이나 일반인은 먹지 못할 것이니라(레 22:13).

2. 호세아의 애정 어린 간청(3절)

호세아는 하나님께 순종하여 고멜을 다시 데려오면서 돈을 지불하고 아내에게 간청합니다.

:: 그에게 이르기를 너는 많은 날 동안 나와 함께 지내고 음행하지 말며 다른 남자를 따르지 말라 나도 네게 그리하리라 하였노라(호 3:3).

무슨 말입니까? 호세아는 다시 맞은 아내 고멜에게, "오랫동안 나와 사랑을 나누자! 다른 남자와 음행하지 말고! 만약 네가 그렇게 한다면 나는 너와 더는 관계하지 않겠다!"라는 애정 어린 간청이면서 강력한 경고였습니다.

여기서 "많은 날 동안"이 문제의 표현입니다. 이 말은 "여러 날, 어느 정도 긴 기간"을 뜻합니다. 즉 "이스라엘이 하나님과 어느 정도 긴 세월을 함께 지내자!"라는 제안입니다. "나와 함께 지내고"의 원문은 "너는 잠잠히 앉아서 나를 기다리라"(Thou shalt sit still for me)라는 뜻입니다. 즉 "이스라엘이 지난 행실을 회개하며 겸손하게 하나님의 오심을 사모하라"고 요청한 것입니다. 이는 너를 데려오기는 했지만, 아직 완전한 사랑을 나눌 단계는 아니기에 일정 기간 자숙하며 조용히 기다리라고 하신 것입니다. 얼마나 인간적인 하나님이십니까!

하나님께서 원하시는 바는 시편 저자의 기도와 같은 자세가 되기를 원하셨던 것입니다.

:: 여호와여 주의 은혜로 나를 산 같이 굳게 세우셨더니 주의 얼굴을 가리시매 내가 근심하였나이다. 여호와여 내가 주께 부르짖고 여호와께 간구하기를 내가 무덤에 내려갈 때에 나의 피가 무슨 유익이 있으리오, 진토가 어떻게 주를 찬송하며 주의 진리를 선포하리이까. 여호와

여 들으시고 내게 은혜를 베푸소서. 여호와여 나를 돕는 자가 되소서. 하였나이다(시 30:7-10).

하나님은 고멜이 남편의 사랑을 깊이 깨닫고 지난날의 잘못을 뉘우쳐 회개하고 새 마음으로 사랑을 나눌 마음을 준비해야 하듯이, 북 왕조 이스라엘 역시 깊은 자각과 회개로 마음을 새롭게 하여 하나님께로 돌아올 것을 촉구하신 것입니다. 그래서 하나님은 호세아를 통하여 이렇게 말씀하셨습니다. "나도 네게 그리하리라"(3b).

이 구절에 대하여 두 설명이 가능합니다. 첫째, "네가(고멜) 외간 남자와 관계한다면, 나(호세아)도 너와 더는 관계하지 않겠다."(부정적 해석, Keil) 둘째, "네가 만약 외간 남자와 관계하지 않는다면, 나는 고멜 너와만 관계하겠다."(긍정적 해석, Calvin) 즉 3절은 얼마나 하나님께서 택한 백성 이스라엘에 대한 애정이 변하지 않는지를 잘 보여줍니다. 호세아는 아마도 빈들에 가서 지금으로 말하면, 둘만의 호젓한 곳으로 나가서 깊은 사랑의 대화를 했을 것입니다.

이처럼 하나님은 세상으로 갔다가 다시 돌아온 "돌탕교인(돌아온 탕자)"이 부끄러움과 연약함에 어쩔 줄 몰라 할 때, 그에게 성령으로 깊은 사랑과 위로를 베푸시고 격려하십니다. 이는 돌아온 탕자가 아버지께 돌아왔을 때 벌어지는 상황에서 찾아볼 수 있습니다.

:: 이에 일어나서 아버지께로 돌아 가니라. 아직도 거리가 먼데 아버지가 그를 보고 측은히 여겨 달려가 목을 안고 입을 맞추니, 아들이 이르되

아버지 내가 하늘과 아버지께 죄를 지었사오니 지금부터는 아버지의 아들이라 일컬음을 감당하지 못하겠나이다 하나, 아버지는 종들에게 이르되 제일 좋은 옷을 내어다가 입히고 손에 가락지를 끼우고 발에 신을 신기라(눅 15:20-22).

"가락지"는 아들의 자격이 회복되는 것이고, "좋은 옷"은 아들임을 공개적으로 천명하는 의미가 있고, 신발은 신분을 보장하는 모습을 갖게 합니다. 이처럼 남편(하나님)의 품을 떠나 세상으로 갔던 아내("돌아온 탕자" 성도)에게 긍휼과 사랑이 풍성한 남편(하나님)은 그를 기쁘게 맞으시고 품으시며 원래의 신분인 하나님의 자녀(성도)로 받아주십니다.

3. 이스라엘의 남편이신 하나님의 애정 어린 호소(4절)

호세아의 간청과 같이 이어서 하나님은 이스라엘에게 이렇게 호소합니다.

:: 이스라엘 자손들이 많은 날 동안 왕도 없고 지도자도 없고 제사도 없고 주상도 없고 에봇도 없고 드라빔도 없이 지내다가(호 3:4).

3절과 4절의 "많은 날"은 역사의 진행을 생각하게 합니다. 즉 북 왕조 이스라엘은 남 왕조 유다와 달리 예루살렘에 가서 여호와 하나님께 예배하지 못하고 우상숭배를 하며 타락했기에 주전 722년경에 앗수르에 망했습니다. 당시 앗수르는 매우 잔인하고 무자비하여 점령한 민족을 다른 지역으로 이주시켜 민족 말살 정책을 펼쳤습니다. 그 결과 북 왕조 이스라엘의 열 지파는 당시 지중해를 중심으로 산지사방에 흩어져 망해버렸습니다. 이에 반하여, 남 왕조 유다는 주전 586년경에 바벨론 포로로 잡혀 70년 후에 고토로 돌아왔습니다.

이러한 역사의 흐름 속에서, 하나님은 북 왕조 이스라엘은 "많은 날 동안 왕, 지도자, 제사, 주상, 에봇, 드라빔도 없는 시대"가 지속될 것을 호세아 선지자를 통하여 예언하셨던 것입니다. 즉 3절의 "많은 날"은 북 왕조 열 지파가 역사 속에서 겪는 시련과 환란을 통하여 겪게 될 회개와 그 과정에서 터득하게 되는 민족적 체질 변화를 위해 필요한 시간을 말한다면, 4절의 "많은 날"은 그 이스라엘의 긴 시간 포로 기간을 뜻한다고 하겠습니다.

하나님은 호세아를 통하여 마치 그 긴 시간 동안 고멜에게 "홀로 조용히 나를 기다리라"고 당부한 것 같이, 하나님은 이스라엘에게 오직 하나님과의 언약 관계를 깊이 생각하며 오직 하나님만을 생각하는 시간을 가지라고 당부하신 것입니다. 그럴 때 모세 언약을 갱신하여 새 언약을 체결하고 그에게 약속한 포도원을 주겠다는 약속을 하셨습니다. 구속사적으로, 이는 포도나무이신 예수 안에서 누릴 풍성한 구원을 약속하신 것입니다.

:: 그러므로 보라 내가 그를 타일러 거친 들로 데리고 가서 말로 위로하고, 거기서 비로소 그의 포도원을 그에게 주고 아골 골짜기로 소망의 문을 삼아 주리니 그가 거기서 응대하기를 어렸을 때와 애굽 땅에서 올라오던 날과 같이 하리라(호 2:14-15).

이에 대하여 우리 주님께서 이렇게 설명하셨습니다.

:: 내 안에 거하라. 나도 너희 안에 거하리라. 가지가 포도나무에 붙어 있지 아니하면 스스로 열매를 맺을 수 없음 같이 너희도 내 안에 있지 아니하면 그러하리라. 나는 포도나무요, 너희는 가지라. 그가 내 안에, 내가 그 안에 거하면 사람이 열매를 많이 맺나니 나를 떠나서는 너희가 아무 것도 할 수 없음이라(요 15:4-5).

하나님은 북 왕조 이스라엘은 하나님의 심판을 받아 산지사방에 흩어져 왕도 지도자도 없는 국가 상실되어 그 어떤 기념할 기념물, 종교적 행사를 위한 에봇과 드라빔과 같은 가족 수호신을 섬기는 종교조차 제대로 갖지 못할 것이고, 즐겁게 지키는 그 어떤 축제 문화도 즐기지 못하는 절망스러운 상황을 감내해야 할 것이라고 경고하셨습니다. 이는 북 왕조 이스라엘이 하나님을 배반하고 세상 우상을 섬겼기 때문입니다. 이 예언은 이스라엘이 얼마나 비참한 고난과 환란 속에서 오랫동안 겪게 될 것인지는 지나간 역사를 통하여 증명됩니다.

히브리서 저자 역시 이 점을 경고했습니다. 이는 성도가 만약 타락하면 그 후에 어떤 영적 빈곤과 비참함을 겪게 될지를 깊이 생각하라는 경고입니다.

:: 한 번 빛을 받고 하늘의 은사를 맛보고 성령에 참여한바 되고, 하나님의 선한 말씀과 내세의 능력을 맛보고도, 타락한 자들은 다시 새롭게 하여 회개하게 할 수 없나니 이는 그들이 하나님의 아들을 다시 십자

가에 못 박아 드러내 놓고 욕되게 함이라(히 6:4-6).

한편, 이 말씀은 한번 예수를 믿는 믿음을 가진 자는 말씀과 기도 가운데 순종하며 사모하여 더욱 성숙된 자리까지 나아가 끝까지 믿음의 경주를 완주해야 한다고 격려합니다. 사도 바울도 성도에게 주어진 예수 그리스도의 희생적 사랑의 역사는 결코 변치 않으며 완벽함을 강조했습니다.

:: 누가 우리를 그리스도의 사랑에서 끊으리요 환난이나 곤고나 박해나 기근이나 적신이나 위험이나 칼이랴. … 그러나 이 모든 일에 우리를 사랑하시는 이로 말미암아 우리가 넉넉히 이기느니라. 내가 확신하노니 사망이나 생명이나 천사들이나 권세 자들이나 현재 일이나 장래 일이나 능력이나 높음이나 깊음이나 다른 어떤 피조물이라도 우리를 우리 주 그리스도 예수 안에 있는 하나님의 사랑에서 끊을 수 없으리라(롬 8:35, 37-39).

4. 화해와 보장으로 회복되는 언약(5절)

여호와 하나님께서 장차 이루어질 언약 갱신과 회복 그리고 주어질 혜택을 말씀하십니다.

:: 그 후에 이스라엘 자손이 돌아와서 그들의 하나님 여호와와 그들의 왕 다윗을 찾고 마지막 날에는 여호와를 경외하므로 여호와와 그의 은총으로 나아가리라(호 3:5).

이스라엘의 회복은 단순히 유다 지파만의 회복이 아닙니다. 이 회복에는 이스라엘 자손 즉 야곱의 12지파 모두 즉 다윗의 통일국가 백성 모두의 회복입니다. 4절에서 보았듯이, 역사적으로 북 왕조 이스라엘은 산지사방으로 모두 흩어져서 유대 지파와 온전한 일치를 이루지 못했습니다. 그래서 서로 간의 깊은 알력이 있었습니다. 이것이 예수님 당시 사마리아 지역 주민들이 유다 지파 사람들로부터 업신여김을 당했던 역사적 배경입니다. 그 점은 예수께서 전도한 수가 성 여인을 만난 사건에서 잘 나타납니다.

:: 사마리아 여자가 이르되 당신은 유대인으로서 어찌하여 사마리아 여자인 나에게 물을 달라 하나이까. 하니 이는 유대인이 사마리아인과 상종하지 아니함 이러라(요 4:9).

본문에서 하나님은 "그들의 왕 다윗을 찾고 마지막 날에 여호와를 경외하므로 여호와와 그의 은총에 나아가리라"라고 예언하셨습니다. 이는 다윗의 혈통으로 오신 예수께서 구속을 완성하셔서 만왕의 왕이요, 만주의 주로 등극하시고 온 세상의 구원의 역사를 완수하실 것을 예언한 말씀입니다. 이 예언은 모든 선지자들이 전한 예언의 핵심입니다(민 24:14; 사 2:2; 렘 30:9; 겔 34:23-24; 37:24-25; 미 4:1-2).

:: 말일에 여호와의 전의 산이 모든 산꼭대기에 굳게 설 것이요, 모든 작은 산 위에 뛰어나리니 만방이 그리로 모여들 것이라(사 2:2).

:: 끝 날에 이르러는 여호와의 전의 산이 산들의 꼭대기에 굳게 서며 작은 산들 위에 뛰어나고 민족들이 그리로 몰려갈 것이라. 곧 많은 이방

사람들이 가며 이르기를 오라. 우리가 여호와의 산에 올라가서 야곱의 하나님의 전에 이르자 그가 그의 도를 가지고 우리에게 가르치실 것이니라. 우리가 그의 길로 행하리라 하리니 이는 율법이 시온에서부터 나올 것이요 여호와의 말씀이 예루살렘에서부터 나올 것임이라(미 4:1-2).

선지자 이사야의 이 말씀들은 호세아 3:5의 반복입니다. 언약 백성은 때가 되면 하나님의 섭리 가운데 회복되어 겸손하게 손을 들고 하나님께로 나아와 그가 허락하신 각종 좋은 것들을 받아 누리게 될 것입니다. 이는 "아브라함과 다윗의 자손"(마 1:1)이신 예수께서 만왕의 왕이며 만주의 주로 오셔서 온 땅에 하나님의 나라와 복음을 전하셔서(막 1:15), 여호와 하나님을 믿는 자가 하나님 나라 백성이 되는 것입니다. 복음을 믿는 그 나라 백성은 차별이 없이 그 복음을 마음으로 믿어(롬 10:10) 의롭게 되어 구원을 얻고 하나님 나라 즉 영생을 누리게 됩니다.

결론

세상사람 대부분은 자기 자신의 욕심과 정욕에 따라 세상을 살아가면서 마음껏 살기를 원하지만 사실 그것은 자기 욕심에 따른 것입니다. 그들은 비참한 인생을 살 수밖에 없습니다. 그러나 성도는 이 세상을 본받지 않고 합리적인 생각과 방식으로 하나님의 뜻을 분별하며 삶 속에서 하나님께서 받으실 수 있는 예배를 드리는 자들입니다(롬 12:1-2). 그들에게 하나님은 풍성한 은혜를 주십니다.

야고보 사도의 권면을 들어봅시다.

:: 오직 각 사람이 시험을 받는 것은 자기 욕심에 끌려 미혹됨이니 욕심이 잉태한즉 죄를 낳고 죄가 장성한즉 사망을 낳느니라. 내 사랑하는 형제들아 속지 말라. 온갖 좋은 은사와 온전한 선물이 다 위로부터 빛들의 아버지께로부터 내려오나니 그는 변함도 없으시고 회전하는 그림자도 없으시니라(약 1:14-17).

하나님의 치밀하고 끈질긴 언약의 시행은 우리가 잘못할 때마다 즉각 대응하여 다루지 않으시고, 긴 시간 동안 기다리시며 살피시며 인도하십니다. 주께서는 지금도 우리 인생의 전 여정을 다루어 가십니다. 이 점을 기억하시기 바랍니다. 살아계신 하나님은 무한한 사랑과 긍휼 그리고 인내로 우리를 만들어 가십니다. 그러기에 일희일비하지 말고 성실과 절제 그리고 인내로 주의 오심을 사모하며 내 속에서 말씀으로 깨닫게 하시는 성령의 음성에 예민하게 반응하길 바랍니다. 그러면 현재는 암울하고 힘들더라도 장차 하나님께로부터 주어질 모든 좋은 것(Goodness of God)을 풍성하게 받아 누리게 될 것입니다.

기도

거룩하신 하나님 아버지 감사드립니다. 이 놀라운 진리의 말씀으로 비록 한심한 인생을 살면서 하나님께 불순종하는 생활을 하지만, 우리를 내치지 않으시고 끝까지 인내하시며 격려하심에 감사드립니다. 이미 받은 은혜를 기억하여 마음을 새롭게 하여 주의 말씀에 귀를 기울이게 하옵소서. 그리하여 하나님으로부터 주어지는 갖가지 신령하고 풍성한 은총을 받아 누리며 살아가는 복된 성도가 되게 하옵소서. 거룩하신 주 예수 이름으로 기도드리옵나이다. 아멘.

09.

무지한 하나님 지식

:: 이스라엘 자손들아 여호와의 말씀을 들으라. 여호와께서 이 땅 주민과 논쟁하시나니 이 땅에는 진실도 없고 인애도 없고 하나님을 아는 지식도 없고 오직 저주와 속임과 살인과 도둑질과 간음뿐이요 포악하여 피가 피를 뒤이음이라.…내 백성이 지식이 없으므로 망하는 도다. 네가 지식을 버렸으니 나도 너를 버려 내 제사장이 되지 못하게 할 것이요, 네가 네 하나님의 율법을 잊었으니 나도 네 자녀들을 잊어버리리라. 그들은 번성할수록 내게 범죄하니, 내가 그들의 영화를 변하여 욕이 되게 하리라. 그들이 내 백성의 속죄제물을 먹고 그 마음을 그들의 죄악에 두는 도다. 장차는 백성이나 제사장이나 동일함이라. 내가 그들의 행실대로 벌하며 그들의 행위대로 갚으리라(호 4:1-2, 4-9).

"무식과 가난은 나라님도 구제 못 한다"라는 말이 있습니다. 지식과 부는 자기책임이라는 말입니다. 우리 민족은 일제 치하, 한국전쟁과 같은 혼란 속에 가난의 연속이었습니다. 한국전쟁이 끝난 후 남한 사정은 이루 말할 수 없을 정도로 어려웠었습니다. 그 후 온 국민이 얼마나 열심히 일했는지 오늘날 세계 10대 경제 대국을 이룰 만큼 강하고 부유한 나라가 되었습니다. 원인이 무엇일까요? 여러 가지를 꼽을 수 있겠으나 그중에 가장 중요한 요소는 교육이라 할 것입니다. 2024년 현재 인구 1억 3천만 명의 일본과 5천만 명의 한국을 비교할 때, 미국에 유학생이 한국은 1,500여 명, 일본은 900여 명이라 합니다. 얼마나 한국의 교육열이 대단한지 알 수 있습니다. 그 결과 교육에 전력투구한 한국은 원조 수혜국에서 원조국으로 바뀌었습니다. 이는 세계 역사상 전례를 찾아볼 수 없는 기록입니다. 얼마나 자랑스러운 일입니까! 온 국민이 지식을 추구하는 일에 열심을 낸 결과라 하겠습니다.

본문은 놀라운 사실을 경고하고 있습니다. "내 백성이 지식이 없으므로 망하는 도다"(6a). 패망의 원인을 지적하고 있습니다. 한마디로 하나님께서 무식한 이스라엘 백성이라고 탄식하셨습니다. 우리가 미국에서 생활하면서 겪는 큰 어려움 중 하나가 영어에 대한 무지라 하겠습니다. 이 세상에서 살아가면서 영어를 제대로 습득하지 못하고 활용할 줄 몰라서 겪는 어려움이 얼마나 심각합니까! 이러한 무지는 신앙생활 에서도 큰 문제가 됩니다.

1. 호세아서 구조

호세아는 크게 두 부분으로 나누어집니다. 1부(1-3장)는 하나님께서 언약을 어긴 백성의 상황을 호세아의 가정사를 통하여 신랄하게 지적하시며 언약을 회복하시겠다는 예언을 담고 있습니다. 그리고 2부(4-13장)는 언약을 어긴 이스라엘의 구원을 위한 설교 9편으로 구성되어 있습니다. 그 9편의 설교는 다음과 같은 내용으로 요약할 수 있습니다.

설교 1. 하나님을 아는 지식의 무지함을 탄식하는 설교(4:1-5:4)
설교 2. 교만의 죄를 탄식하는 설교(5:5-6:3)
설교 3. 인내가 없음을 탄식하는 설교(6:4-7:7)
설교 4. 혼잡의 죄를 탄식하는 설교(7:8-8:14)
설교 5. 부패한 죄를 탄식하는 설교(9:1-17)
설교 6. 두 가지 큰 죄를 지적하며 탄식하는 설교(10:1-15)
설교 7. 인위적인 계책의 죄를 탄식하는 설교(11:1-12:14)
설교 8. 우상숭배의 죄를 탄식하는 설교(13:1-16)
설교 9. 결론으로 하나님의 사랑과 구속의 선포(14:1-9)

그동안 8회에 걸쳐 호세아 1-3장까지의 내용을 살펴보았습니다. 이는 호세아서 전반부를 다룬 것입니다. 이제 9편의 설교 중 첫 설교를 살펴봅니다. 첫 설교의 주제는 "하나님을 아는 지식에 무지한 이스라엘 백성을 향한 하나님의 탄식과 경고"입니다.

2. 망조 현상

사람이 살아가는 데 꼭 있어야 할 것과 없어야 될 것이 있습니다. 이러한 현상은 개인은 물론 가정이나 나라도 마찬가지입니다. 어떤 나라가 좋은 나라일까요? 있어야 할 것이 제대로 갖추어져 있고, 있어서는 안 될 것은 없어야 한다는 사실을 국민 모두가 숙지하여 잘 지킬 때 좋은 나라가 될 수 있습니다. 만약 있어야 할 것과 없어야 할 것이 뒤죽박죽되면 사회가 혼란에 빠지고 무질서한 나라가 될 것입니다. 어떻게 나라가 온전하게 서며 안전하고 강하게 될 수 있을까요? 호세아 선지자가 사역하던 북 이스라엘에게 주신 말씀이 이를 잘 보여줍니다.

1) 있어야 할 덕목이 없는 이스라엘

:: 이스라엘 자손들아 여호와의 말씀을 들으라. 여호와께서 이 땅 주민과 논쟁하시나니 이 땅에는 진실도 없고 인애도 없고 하나님을 아는 지식도 없고, 오직 저주와 속임과 살인과 도둑질과 간음뿐이요 포악하여 피가 피를 뒤이음이라. 그러므로 이 땅이 슬퍼하며 거기 사는 자와 들짐승과 공중에 나는 새가 다 쇠잔할 것이요 바다의 고기도 없어지리라. 그러나 어떤 사람이든지 다투지도 말며 책망하지도 말라 네 백성들이 제사장과 다투는 자처럼 되었음이니라(호 4:1-4).

안타깝게도, 당시 북 왕조 이스라엘 사회는 있어야 할 선한 덕목은 없고 없어야 할 것들로 가득 차 있었습니다. 그들에게는 반드시 있어야 할 덕목이 무엇일까요? 바로 "진실과 인애와 하나님을 아는 지식"입니다. 그들에겐 이 세 가지 덕목이 없었습니다.

여기서 진실은 "진리"(truth)를 말합니다. 또 인애란 "긍휼(mercy), 친절(kindness), 부드러움(tenderness), 상호 신뢰(mutual trust)"를 뜻합니다. 특별히 "하나님의 언약에 따른 사랑"(covenant love)을 뜻합니다. 그리고 무엇보다 중요한 "하나님을 아는 지식"(knowing God)은 선지자 호세아의 설교 중심 주제입니다. 여기서 "안다"(yadah, to know)라는 말은 "체험적으로 아는 지식"(experimental knowledge)을 뜻합니다. 마치 여인이 남자를 안다고 할 때의 지식과 같은 체험적 지식을 말합니다.

이 신지식(神知識)은 단순히 종교적으로 하나님을 아는 수준의 지식이 아니라, 하나님을 "경험적으로 알아 터득한 지식"(experimental knowledge of God)을 뜻합니다. 성도에게 이 신지식(神知識, Divine knowledge)은 절대적으로 중요합니다. 그래서 우리 주께서 구원이란 바로 "유일하신 하나님과 그의 보내신 이를 아는 것"이라고 정의를 내렸습니다(요 17:3). 이는 죽어서 천국에 가서 영원히 사는 것이 영생이라는 의미보다는 현재 예수님과 하나님을 체험하며 교제하는 그 자체가 영생이라는 의미입니다.

사탄 마귀도 예수님이 다윗의 자손이요 하나님의 아들이신 정도는 알고 있습니다(막 10:47; 눅 18:38). 사탄 마귀가 지식적으로 하나님과 예수님을 안다고 해서 정말로 그것들이 하나님과 예수님을 안다고 말할 수 있을까요? 없습니다! 그들이 그런 지식을 갖고 있다고 해서 구원받을 수 있겠습니까? 오직 구원은 체험적인 지식으로 고백할 때 주어지기 때문입니다.

그래서 야고보 사도도 이 점을 지적하며 강력하게 우리에게 도전합니다.

:: 네가 하나님은 한 분이신 줄을 믿느냐 잘하는 도다. 귀신들도 믿고 떠느니라(약 2:19).

한편 이러한 체험적 앎의 중요성은 시편 34편의 저자도 강조했습니다.

:: 너희는 여호와의 선하심을 맛보아 알지어다. 그에게 피하는 자는 복이 있도다(시 34:8).

이 구절에서 "맛보아 알라"(Taste and See)는 말이 마음에 와 닿습니다. 신앙생활에서도 마찬가지입니다. 하나님을 경험하는 지적 믿음! "예수님이라면 이 상황과 처지에서 어떻게 인지하고 행동하셨을까?" 의식하며 실천하는 믿음을 통하여 하나님을 아는 지식이 참 중요합니다.

초대교회 사도들은 교회 일꾼을 세울 때 이런 경험적 지식을 가진 믿음을 확인하고 세우라고 지시했습니다.

:: 이와 같이 집사들도 정중하고 일구이언을 하지 아니하고 술에 인박히지 아니하고 더러운 이를 탐하지 아니하고 깨끗한 양심에 믿음의 비밀을 가진 자라야 할지니 이에 이 사람들을 먼저 시험하여 보고 그 후에 책망할 것이 없으면 집사의 직분을 맡게 할 것이요(딤전 3:8-10).

참된 성도는 하나님을 머리로 지식적으로만 알 것이 아니라, 몸소 체득하여 믿는 믿음의 지식을 갖추어야 합니다. 사도 요한도 이 점을 특별히 강조했습니다.

:: 우리가 그의 계명을 지키면 이로써 우리가 그를 아는 줄로 알 것이요, 그를 아노라 하고 그의 계명을 지키지 아니하는 자는 거짓말하는 자요 진리가 그 속에 있지 아니하되 누구든지 그의 말씀을 지키는 자는

하나님의 사랑이 참으로 그 속에서 온전하게 되었나니 이로써 우리가 그의 안에 있는 줄을 아노라(요일 2:3-5).

당시 북 왕조 이스라엘에 이러한 덕목이 결여되어 있어서 하나님은 호세아를 통하여 망할 것이라고 경고하셨습니다. 참으로 무서운 경고가 아닐 수 없습니다. 실제로 하나님의 무서운 경고대로 북 왕조 이스라엘은 망해버리고 말았습니다.

오늘날 우리의 상황은 어떠합니까? 이 말씀에 주목합시다. 하나님에 대한 지식이 없는 백성은 반드시 하나님의 심판으로 내쳐지게 될 것입니다. 이는 지난 역사가 증명합니다. 하나님을 믿는 나라와 불신하는 나라의 현재 모습을 비교해 보면 잘 알 수 있습니다.

:: 내 백성이 지식이 없으므로 망하는 도다. 네가 지식을 버렸으니 나도 너를 버려 내 제사장이 되지 못하게 할 것이요, 네가 네 하나님의 율법을 잊었으니 나도 네 자녀들을 잊어버리리라(호 4:6).

2) 없어야 할 것으로 가득 찬 이스라엘(2절)

선지자 호세아가 활약했던 당시 북 왕조 이스라엘은 없어야 할 것들로 가득 찬 사회였습니다.

:: 오직 저주와 속임과 살인과 도둑질과 간음뿐이요 포악하여 피가 피를 뒤이음이라(호 4:2).

이 구절에서 저주는 "거짓 맹세"(false swearing)를 뜻합니다. 그리고 속임은 "거짓말"(lying)을 뜻합니다. 그리고 살인, 도둑질 간음, 이런 죄들은 반드시 그에 합당한 심판이 수반되기 마련입니다. 그 결과, 사회는 포악해지고 피가 피를 부르는 잔혹함으로 가득할 수밖에 없습니다. 여기서 주목해야 할 점은 저자가 부정법 절대 형을 사용하여 죄들을 묘사했다는 점입니다. 이는 여호와 하나님께서 당시 사회상을 단호하게 지적하고 정죄하셨음을 말합니다.

당시 이스라엘 사회는 온갖 악행이 제재를 받지 않고 죄를 억제할 수 있는 법의 집행이나 치안이 부재한 무정부 사회와 같았습니다. 사회에는 간교하고 잔인하고 무자비한 악행이 만연할 뿐이었습니다. 과연 이런 사회가 정상적으로 안전한 질서를 유지하며 안정을 누릴 수 있겠습니까?

요즈음 미국과 고국의 사회는 어떠한가요? 말씀에 비추어 볼 때, 어느 구석을 봐도 거짓과 위선이 판치고, 강력한 세속화의 물결 속에 교회조차 처참하게 무너지고 있지 않습니까? 과연 교회와 학교가 자정 기능을 제대로 발휘하고 있습니까? 참으로 안타깝고 절망적인 상황이 전개되고 있다고 하겠습니다.

3. 만연한 죄의 상황과 결과 그리고 원인과 경고

:: 그러므로 이 땅이 슬퍼하며 무릇 거기 거하는 자와 들짐승과 공중에 나는 새가 다 쇠잔할 것이요 바다의 고기도 없어지리라. 그러나 아무

사람이든지 다투지도 말며 책망하지도 말라. 네 백성들이 제사장과 다투는 자같이 되었음이니라. 너는 낮에 거치겠고 너와 함께 있는 선지자는 밤에 거치리라. 내가 네 어미를 멸하리라(호 4:3-5).

1) 상황

첫째, 자연계의 신음

성경은 죄의 증가가 자연계에 지대한 영향을 미친다고 지적하며 경고합니다. 근세에 들어와서 인간이 저지르고 있는 환경 파괴는 심각하여 생존 자체를 걱정할 정도입니다. 현재 지구는 0. 25도를 넘지 않기 위한 운동을 벌이고 있습니다. 환경주의자들은 인류가 머지않아 지구촌의 무더위와 그로 인하여 야기되는 자연계의 무서운 파멸로 급격하게 추락하게 될 것이라고 경고합니다. 이는 인간이 하나님의 창조 질서를 거스르고서 범하는 무절제한 죄로 생태계가 훼손되어 자연계가 신음하는 단계를 넘어 망하고 있음을 보여줍니다.

이미 바울은 이러한 상황을 지적하며 자연계의 구원 필요성을 강력하게 주장했습니다. 이는 구원은 오직 예수 그리스도께서 이루신 구속을 통하여 가능하다는 점을 보여줍니다.

:: 그 바라는 것은 피조물도 썩어짐의 종노릇 한 데서 해방되어 하나님의 자녀들의 영광의 자유에 이르는 것이니라. 피조물이 다 이제까지 함께 탄식하며 함께 고통을 겪고 있는 것을 우리가 아느니라. 그뿐 아니라 또한 우리 곧 성령의 처음 익은 열매를 받은 우리까지도 속으로 탄식하여 양자 될 것 곧 우리 몸의 속량을 기다리느니라(롬 8:21-23).

호세아는 “네 백성들이 제사장과 다투는 자같이 되었음이니라. 너는 낮에 거치겠고 너와 함께 있는 선지자는 밤에 거치리라. 내가 네 어미를 멸하리라”라고 강력하게 경고했습니다. 선지자는 하나님께서 보내신 사역자인데, 이들과 싸우는 것은 하나님과 싸우는 셈이 됩니다. 백성과 하나님이 다투는 영적 갈등은 결국 하나님께서 교회와 사회 그리고 나라를 멸하시는 결과로 이어질 수밖에 없을 것입니다. 하나님은 선지자를 통하여 이러한 심판을 경고하셨습니다.

둘째, 영적 타락

이러한 심판을 자초하는 곳이 당시 종교계였습니다. 그들의 타락상은 이루 말할 수 없습니다. 그들이 얼마나 무식하고 위선적인지 말로 다 표현할 수 없을 정도입니다. 당시 타락한 사회상이 그대로 교회 내에 유입되어 교회가 세상과 동화되고 세속화하여 더는 영적 권위를 주장할 수 없을 정도가 되었습니다. 종교가 갖는 구별성과 영적 권위를 다 상실하고 말았습니다. 오늘날은 어떠합니까? 안타깝게도 미국과 한국의 교회 역시 마찬가지라고 판단할 수밖에 없지 않습니까!

사실, 교회는 사회 자정 기능의 마지막 보루라 하겠습니다. 교회가 무너지면 파괴된 사회를 회생시킬 그 어떤 기관도 없습니다. 생각해 보십시오. 오늘날 정치계, 문화계, 교육계 그 어디에서 자정 기능을 기대할 수 있겠습니까? 단정하건대 그 어느 곳에도 기대할 곳이 없습니다. 오직 교회만이 가능성이 있습니다. 문제는 이 교회마저 세속화되고 있다는 점입니다. 교회 밖에는 구원이 없습니다. 그래서 예수만이 구원임을 가르치고 외쳐야 하고 이를 온전히 수행하는 성직자의 순결과 그로 인하여 주어지는 영적 권위가 중요합니다. 그리하여 교회가 사회를 정화시킬 수 있고 교정할 수 있는 것입니다. 이 교회가 무너지면 어떻게 가정과 사회가 회복이 될 수 있겠습니까!

셋째, 음란한 사회

:: 그들이 먹어도 배부르지 아니하며 음행하여도 수효가 늘지 못하니 이는 여호와를 버리고 따르지 아니하였음이니라. 음행과 묵은 포도주와 새 포도주가 마음을 빼앗느니라. 내 백성이 나무에게 묻고 그 막대기는 그들에게 고하나니 이는 그들이 음란한 마음에 미혹되어 하나님을 버리고 음행하였음이니라. 그들이 산꼭대기에서 제사를 드리며 작은 산 위에서 분향하되 참나무와 버드나무와 상수리나무 아래에서 하니 이는 그 나무 그늘이 좋음이라 이러므로 너희 딸들은 음행하며 너희 며느리들은 간음을 행하는 도다. 너희 딸들이 음행하며 너희 며느리들이 간음하여도 내가 벌하지 아니하리니 이는 남자들도 창기와 함께 나가며 음부와 함께 희생을 드림이니라. 깨닫지 못하는 백성은 망하리라(호 4:10-14).

무슨 말입니까? 이스라엘이 예루살렘의 율법 문화를 버리고 바알 신상을 섬기는 이방의 종교문화를 적극적으로 받아들인 결과로 온 나라에 퇴폐적인 종교의 음란한 풍습이 널리 퍼지게 되었음을 지적하는 말씀입니다. 그들은 농사의 신 바알에게 제사를 드린 후 여사제와 성적 관계를 맺어 풍요로운 자손과 수확을 얻을 수 있다고 믿고 제사 후 광란의 축제를 벌였습니다. 그들은 산꼭대기와 작은 산에서 제사를 드린 후, 참나무, 버드나무,

상수리나무 아래 시원한 그늘에서 온갖 음행을 저질렀습니다. 이러한 추잡하고 추악한 문화는 아들과 딸 그리고 며느리까지 미쳐 온 사회가 음풍에 사로잡혀 간음을 저지르는 타락한 사회가 되었습니다. 그 결과가 어떠할지 그들은 전혀 예측하지 못했고 예측하려고 하지도 않았습니다. 정욕과 광란의 음란 문화는 무지한 백성을 패망케 하는 결과를 낳을 수밖에 없었습니다. 하나님께서 호세아를 통하여 이 점을 지적하셨습니다.

현대 문명은 바알 숭배에 몰두하고 있습니다. 돈이 최고이며 쾌락을 추구하는 데 모든 정력을 소모하고 있습니다. 종국에 가서는 망할 수밖에 없는 세상이 된 것입니다. 우리 모두 공의로우신 하나님의 심판을 받을 일들만 벌이고 있는 셈입니다.

2) 원인과 경고

이스라엘이 이런 지경에 이르게 된 배경과 원인은 무엇일까요?

:: 내 백성이 지식이 없으므로 망하는 도다. 네가 지식을 버렸으니 나도 너를 버려 내 제사장이 되지 못하게 할 것이요 네가 네 하나님의 율법을 잊었으니 나도 네 자녀들을 잊어버리리라. 저희는 번성할수록 내게 범죄하니 내가 저희의 영화를 변하여 욕이 되게 하리라(호 4:6-9).

북 이스라엘의 멸망 원인은 하나님을 아는 지식의 부재 때문이라고 지적합니다. 하나님 지식을 버리고 부귀와 영화 그리고 쾌락만을 추구할 때, 공의로운 하나님을 외면하고 온갖 죄를 지으며 살 때, 어찌 망하지 않을 수가 있겠습니까? 이것이 이스라엘의 멸망 원인입니다. 본문은 하나님을 알고 그의 뜻을 아는 것이 구원의 결정적인 요소라고 강조합니다.

잠언 역시 이 점을 분명하게 가르치고 있습니다.

:: 여호와를 경외하는 것이 지식의 근본이거늘 미련한 자는 지혜와 훈계를 멸시하느니라(잠 1:7).

오늘날 교육 잘 받고 똑똑하고 유능한 사람이 얼마나 많이 있습니까? 모두 자기 잘난 맛에 살아가는 세상입니다. 세상은 "천상천하 유아독존"(天上天下唯我獨尊)을 외칩니다. 이것이 포스트모더니즘(postmodernism)입니다. 이 사상은 자기가 최고이며 자기 위에 그 어떤 권위도 인정하지 않고 나아가 자신이 신이라 주장하는 사상입니다.

당시 북 왕조 이스라엘은 물질적으로는 남조 유다보다 부유했었습니다. 지파 수도 많았기에 그들은 유다보다 인구도 많고 각종 산업이 발달했기 때문입니다. 그들은 부유한 경제력, 강한 국력이 과신하고 이제까지 믿었던 하나님을 떠났습니다. 그러나 그들과 언약을 맺으신 하나님은 그 언약에 따라 그들이 과신하고 의지하는 경제적 능력과 타락한 문화의 영광이 오히려 그들의 수치가 되게 하시겠다고 경고하셨습니다.

북 왕조 이스라엘은 하나님을 아는 지식을 버렸습니다. 그 결과, 하나님도 그들을 버리셨고 그들이 율법을 잊고 살자, 하나님도 그들을 잊어버리셨습니다. 결국 1세대는 물론 2세대까지 하나님으로부터 외면당하고 버림받은 자들이 되고 말았습니다. 하나님은 이런 자들에게 "그들은 번성할수록 내게 범죄하니 내가 그들의 영화를 변하여 욕이 되게 하리라"(4:7)라고 경고하셨습니다.

지금도 동일한 현상이 벌어지고 있습니다. 오늘날 교회와 성도는 하나님과 예수 그리스도를 알려고 하지 않습니다. 예수 없는 교회, 십자가의 복음이 빠진 교회 아닌 교회가 되었고, 하나님을 믿지 않는 성도 아닌 성도, 목사가 축복을 남발하는 무당 목사, 무당 종교가 되었습니다. 이러니 어떻게 구원을 얻을 수 있으며 영생을 구할 수가 있겠습니까?

호세아는 간곡하게 호소했습니다. 이 간절한 호소는 현재 우리에게도 절실한 호소입니다.

:: 그러므로 우리가 여호와를 알자 힘써 여호와를 알자. 그의 나타나심은 새벽 빛 같이 어김없나니 비와 같이, 땅을 적시는 늦은 비와 같이 우리에게 임하시리라(호 6:3).

결론

북 왕조 이스라엘의 멸망 원인은 하나님에 대한 무지와 죄 때문입니다. 그들은 여호와 하나님을 아는 지식을 떠나 하나님을 외면하고 이방 우상 바알을 숭배했습니다. 그들은 이교도의 타락한 물질문화를 추구했고 그 결과 하나님의 심판으로 멸망했습니다. 온 세상으로부터 거룩한 하나님의 백성으로서의 고귀한 신분을 저버리고 그들에게 온갖 수치를 당하여 그들의 하나님 여호와를 모독했습니다. 거룩하신 하나님은 이들을 벌하실 수밖에 없었습니다. 하나님의 자존심이 허락하지 않았기 때문입니다.

하나님을 알기 위해 노력하지 않으면 망할 수밖에 없습니다. 세속화의 물결이 얼마나 강력합니까! 교회가 성경의 진리를 떠나 상황 논리에 빠져 한 걸음씩 타협하고 허용하게 되면, 마치 코끼리가 슬그머니 한 발을 집안에 딛는 것을 허용하니까 그 큰 코끼리의 몸이 집안 가득 차 결국 주인이 집에서 쫓겨나고 마침내 그 집을 헐어버릴 수밖에 없듯이, 성경의 교리를 무시하고 동성애를 허용하자, 이젠 교회가 세상과 구별되지 않고, 교회의 소금과 빛으로서의 영적 기능을 상실하여 교회에 주어진 영적 권위는 추락했습니다. 이제 세상은 교회에 대한 기대를 더는 하지 않는 실정이 되었습니다. 얼마나 한심하고 안타까운 상황입니까!

신실한 성도와 교회는 하나님 지식의 중요성을 깨닫고 하나님을 알기를 힘쓰는 자가 되어야 합니다. 하나님의 계명을 알고 온전히 지키려고 힘써야 합니다. 하나님의 말씀에 대한 사모함으로 얻게 되는 영적 지식은 이 땅을 살아가는 확실한 지혜를 줄 뿐만 아니라 구원에 이르는 지혜를 얻기 때문입니다.

:: 성경은 능히 너로 하여금 그리스도 예수 안에 있는 믿음으로 말미암아 구원에 이르는 지혜가 있게 하느니라. 모든 성경은 하나님의 감동으로 된 것으로 교훈과 책망과 바르게 함과 의로 교육하기에 유익하니, 이는 하나님의 사람으로 온전하게 하며 모든 선한 일을 행할 능력을 갖추게 하려 함이라(딤후 3:15a-17).

성도는 돈을 숭배하거나 음행과 같은 온갖 죄를 버리고 거룩함과 자비와 진실을 지켜야 합니다. 구원은 경건과 지식의 회복, 의와 자비와 진실의 회복입니다. 바울의 권고를 받아들이길 바랍니다. 주 안에서 누리는 착함과 의, 그리고 진실함으로 구별된 하나님 나라 백성이 되길 소원합니다.

:: 너희가 전에는 어둠이더니 이제는 주 안에서 빛이라. 빛의 자녀들처럼 행하라. 빛의 열매는 모든 착함과 의로움과 진실함에 있느니라. 주를 기쁘시게 할 것이 무엇인가 시험하여 보라(엡 5:8-10).

기도

거룩하신 하나님 아버지, 하나님을 알기를 원합니다. 하나님을 맛보기를 원합니다. 말씀으로 이미 오신 예수 그리스도의 영을 통하여 진정으로 하나님을 알고 체험하게 하옵소서. 그리하여 영생을 이 땅에서 누리게 하옵소서. 이 모든 말씀 거룩하신 주 예수 이름으로 기도드리옵나이다. 아멘.

10.

길갈과 벧아웬으로 가지 말라

:: 이스라엘아 너는 음행하여도 유다는 죄를 범하지 못하게 할 것이라. 너희는 길갈로 가지 말며 벧아웬으로 올라가지 말며 여호와의 사심을 두고 맹세하지 말지어다. 이스라엘은 완강한 암소처럼 완강하니 이제 여호와께서 어린 양을 넓은 들에서 먹임 같이 그들을 먹이시겠느냐. 에브라임이 우상과 연합하였으니 버려두라. 그들이 마시기를 다 하고는 이어서 음행하였으며 그들은 부끄러운 일을 좋아하느니라. 바람이 그 날개로 그를 쌌나니 그들이 그 제물로 말미암아 부끄러운 일을 당하리라(호 4:15-19).

고국에서는 최근에 부쩍 국가적으로 과거 역사에 대하여 재조명하려는 것을 봅니다. 몇 해 전 서울 풍납동 근방에서 백제 유적이 발견되었는데, 발견된 유물들이 한반도를 넘어 산둥반도와 일본 규슈 지역에서 발굴된 유물들과 흡사하여 고대 한반도 역사를 연구하는 학자들은 고대 백제의 화려함과 막강함 그리고 광대함에 대하여 연구하고 발표를 한다는 기사를 보았습니다. 연구자들은 "아마도 백제는 두 개 혹은 세 개의 수도를 가진 고대 왕국일지 모른다." 라고 주장했습니다. 이 연구가 사실이라면 참으로 대단한 고대 제국 백제라 하겠습니다. 이런 노력은 한국이 역사적으로 부강한 나라였다는 것을 만방에 과시하고 그 후손으로서의 자긍심을 갖게 합니다. 과연 이런 방식으로 한민족의 진정한 긍지와 자존심이 세워질 수 있을까요?

북 왕조 이스라엘에게도 역사적인 장소들이 있었습니다. 그들은 분단된 이후 이 도시의 역사 속에서 이루신 하나님의 구원의 은혜를 어떻게 기념하며 생활 속에서 활용했을까요?

1. 북 왕조 이스라엘의 배교 현장

북 왕조 이스라엘은 남 왕조 유다와 분리되어 열 지파로 형성된 나라입니다. 하나님께서 아히야를 통하여 여로보암에게 솔로몬의 배교를 징치하시는 차원에서 예언하신 그대로입니다.

:: 그의 아들에게는 내가 한 지파를 주어서 내가 거기에 내 이름을 두고자 하여 택한 성읍 예루살렘에서 내 종 다윗이 항상 내 앞에 등불을 가지고 있게 하리라. 내가 너를 취하리니 너는 네 마음에 원하는 대로 다스려 이스라엘 위에 왕이 되되 네가 만일 내가 명령한 모든 일에 순종하고 내 길로 행하며 내 눈에 합당한 일을 하며 내 종 다윗이 행함같이 내 율례와 명령을 지키면 내가 너와 함께 있어 내가 다윗을 위하

여 세운 것 같이 너를 위하여 견고한 집을 세우고 이스라엘을 네게 주리라(왕상 11:36-38).

열 지파의 지지를 받아 권력을 잡은 여로보암은 하나님의 말씀을 잊고 자기 마음대로 날과 절기를 정하고, 일반인을 제사장으로 세우고, 역사적으로 유명한 길갈을 수도로 삼고, 벧엘과 단에 금송아지 우상을 만들었습니다. 그는 백성에게 이 금송아지 신이 과거 이스라엘을 애굽에서 인도하여 낸 바로 그 신이라 공포했습니다(왕상 12:25-33). 이런 행위는 하나님을 진노하시게 했습니다. 이유는 그에게 권력이 주어질 것을 예언하면서 주지시킨 하나님의 뜻을 완전히 어긴 행위였기 때문입니다.

그 결과, 백성은 이방 종교문화 속에서 음란과 방종에 빠진 추잡한 나라가 되었습니다. 여로보암이 여호와 하나님의 경고를 잊어버리고 배교한 결과입니다. 하나님은 계속하여 아모스 그리고 호세아와 같은 선지자를 보내셔서 북 왕조 이스라엘을 질책하시며 경고하셨습니다.

:: 내 백성이 나무에게 묻고 그 막대기는 그들에게 고하나니 이는 그들이 음란한 마음에 미혹되어 하나님을 버리고 음행하였음이니라. 그들이 산꼭대기에서 제사를 드리며 작은 산 위에서 분향하되 참나무와 버드나무와 상수리나무 아래에서 하니 이는 그 나무 그늘이 좋음이라 이러므로 너희 딸들은 음행하며 너희 며느리들은 간음을 행하는도다. 너희 딸들이 음행하며 너희 며느리들이 간음하여도 내가 벌하지 아니하리니 이는 남자들도 창기와 함께 나가며 음부와 함께 희생을 드림이니라. 깨닫지 못하는 백성은 망하리라(호 4:12-14).

2. 하나님의 경고

하나님은 방탕하고 음란한 이스라엘 백성에게 매우 구체적인 책망과 함께 경고하셨습니다.

:: 이스라엘아 너는 음행하여도 유다는 죄를 범하지 못하게 할 것이라. 너희는 길갈로 가지 말며 벧아웬으로 올라가지 말며 여호와의 사심을 두고 맹세하지 말지어다(호 4:15).

이 구절에서 보듯이 하나님은 세 가지 중요한 말씀을 하셨습니다. 첫째, 길갈과 벧아웬으로 가지 말라. 둘째, 여호와의 사심을 두고 맹세하지 말라. 셋째, 너는 음행을 해도 유다는 죄를 짓지 못할 것이다. 이 말은 이스라엘의 죄가 유다로 번지지 못할 것이라는 뜻입니다. 하나님께서 하신 이 명령과 지적에 대하여 살펴보려 합니다. 무슨 뜻이 담겨 있을까요?

1) 길갈과 벧아웬으로 가지 말라

길갈(Gilgal)은 어떤 곳입니까? 모세의 뒤를 이어 이스라엘의 지도자가 된 여호수아가 이스라엘 백성과 함께 요단강을 건넌 후 발을 디딘 장소가 길갈입니다. 길갈은 "구르다"(roll out), "벗기다"(take off)라는 의미를 갖고 있습니다. 이는 애굽에서 430여 년을 노예로 종살이한 수치를 벗고 진정으로 자유인이 된 것을 기념하여 붙인 이름입니다(수 4:20).

그런데, 이런 깊은 의미가 있는 길갈은 이후 이스라엘 역사에서 매우 중요한 장소로 변했습니다. ① 가나안에 처음 정착하면서 장막을 친 곳(수

10:15), ② 광야 40년 시기를 보낸 이후 첫 할례를 행한 곳(4:19), ③ 사울 왕의 즉위 장소(삼상 11:15), ④ 사무엘이 하나님께 제사를 드린 곳(삼상 10:8), ⑤ 사울의 폐위를 선고한 곳(삼상 13:15), ⑥ 북 왕조 이스라엘의 수도 등 매우 중요한 일들이 벌어진 장소입니다.

북조 이스라엘의 초대 여로보암은 길갈 지역인 세겜을 수도로 삼았습니다. 그곳에 왕궁을 세우고 이스라엘을 통치했습니다(왕상 12:25). 그리고 거대한 금송아지를 벧엘과 단에 세워 백성으로 하여금 배교하도록 했습니다. 그래서 하나님은 이곳 길갈로 가지 말 것을 명하신 것입니다. 하나님은 같은 명령을 아모스 선지자를 통해서도 강하게 하셨습니다. 아마도 브엘세바에도 같은 금송아지 우상을 세웠던 것 같습니다.

:: 벧엘을 찾지 말며 길갈로 들어가지 말며 브엘세바로도 나아가지 말라. 길갈은 반드시 사로잡히겠고 벧엘은 비참하게 될 것임이라(암 5:5).

벧아웬(Beth Aven)은 어디입니까? 벧엘 근방의 지명이긴 하지만(수 7:2; 삼상 13:5), 사실 이 명칭은 벧엘(Bethel)을 가리킵니다. 벧엘이 어디입니까? 야곱이 형을 두려워하여 아버지 집을 떠나 외삼촌에게 가던 중 하나님을 만난 곳이 벧엘입니다(창 28:16-19). 벧엘의 뜻은 "하나님의 집"(the house of God)입니다. 그런데 여로보암이 이 "하나님의 집"에 금송아지 우상을 세워 "우상의 집"으로 만들어 버렸던 것입니다.

이렇게 여로보암은 정략적으로 백성이 익숙하게 알고 역사적으로 중요한 곳인 길갈과 벧엘에 금송아지를 만들어 세웠습니다. 그것은 여로보암이 간교하게 구원의 하나님을 기념하고 그분께 경배했던 영광스러운 장소를 자신의 정치적인 야욕의 장소로 삼았다고 하겠습니다. 여호와 하나님은 이스라엘 백성에게 이곳으로 가지 말라고 경고하셨습니다. 이런 명령을 내리신 이유가 단순히 금송아지 우상을 섬기지 말라는 것일까요? 물론 당연히 그러셨을 것입니다. 한 가지 더 지적하고 싶은 것은 과거 영화를 이용하거나 그 영광에 기대하지 말라는 것입니다.

대부분 사람은 과거의 잘남과 성공 그리고 영광스러움에 큰 자부심을 느끼며 그때에 집착하는 경향을 보입니다. 그러나 하나님은 그것이 우상이 되고 경력과 자랑이 되어 하나님을 떠나는 것을 원하지 않으십니다. 그래서 그곳으로 가지 말라는 것입니다.

예수를 구주로 받아들이고 새사람이 된 자는 지난날의 화려함과 영광됨을 그리워하거나 집착하지 말아야 합니다. 이유는 그런 것이 계속 우상으로 남아 있기 때문입니다. 성도는 예수 안에서 새롭게 지음을 받은 새로운 피조물입니다.

:: 그런즉 누구든지 그리스도 안에 있으면 새로운 피조물이라 이전 것은 지나갔으니 보라 새것이 되었도다(고후 5:17).

예수 안에서 거듭난 성도는 과거에 집착하고 과거에 사로잡혀 사는 자가 아닙니다. 성도는 예수 안에서 항상 새롭고 미래지향적인 사람이 되어야 합니다. 이전 것은 지나갔음을 확인하고 그 과거와 단절하고 청산하여 예수 안에서 항상 새로운 신분에 걸맞게 미래지향적으로 하나님을 기쁘시게 할 것을 생각하고 적극적으로 살아가는 자가 성도입니다.

사도 바울은 고린도 교회에 "우리는 몸으로 있든지 떠나든지 주를 기쁘시게 하는 자가 되기를 힘쓰노라"(고후 5:9)고 고백했고, 에베소 교회에게는 "주를 기쁘시게 할 것이 무엇인가 시험하여 보라"(엡 5:10)고 권했고, 골로새 교회에게는 "주께 합당하게 행하여 범사에 기쁘시게 하라"(골 1:10)고 명했습니다. 우리 모두 이러한 의식과 행동으로 예수 안에서 새롭게 지음 받은 자로서의 정체성을 확실하게 가져야 할 것입니다. 이것이 예수를 제대로 믿는 성도의 모습이 며 그렇게 우리는 되어야 합니다.

2) 여호와의 사심을 두고 맹세하지 말라

북조 이스라엘은 살아계신 하나님을 버리고 죽은 신 바알을 섬겼습니다. 그들은 금송아지가 그들을 애굽에서 구원해 낸 하나님이라는 여로보암의 정략적 회유에 속았습니다. 그들은 금송아지 우상 앞에 제사를 드릴 때마다 "살아계신 하나님"의 이름으로 서원하고 맹세했을 것입니다. 이것은 배교행위입니다. 참으로 무지하고 비이성적인 샤머니즘적 종교행위입니다. 현재 한국교회가 이런 영적 타락의 길에 들어섰다고 한다면 잘못 판단한 것일까요? 전 아니라고 봅니다. 현재 한구교회는 바알종교로 타락한 지 오래된다고 여깁니다. 우리가 믿는 하나님은 이런 거짓된 행위를 용납하지 않으십니다. 이렇게 된 원인은 하나님 지식을 버리고 세속적인 기준으로 하나님을 판단하고, 교회를 진리에서 떠나 세속화의 흐름에 편승했기 때문입니다. 하나님은 호세아 선지자를 통하여 여호와를 바르게 아는 지식이 절대적으로 필요하다고 강하게 지적했습니다. 하나님은 호세아 선지자를 통하여 간곡하게 요구하셨습니다.

:: 그러므로 우리가 여호와를 알자 힘써 여호와를 알자. 그의 나타나심은 새벽 빛 같이 어김없나니 비와 같이, 땅을 적시는 늦은 비와 같이 우리에게 임하시리라 하니라(호 6:3).

어리석고 무지몽매한 이스라엘은 참으로 살아계시고 변함없으신 여호와 하나님을 바르게 알아야만 했습니다. 우리 역시 이스라엘과 같이 무지몽매(無知蒙昧)하기는 마찬가지가 아닙니까! 이 말씀에서 무슨 교훈을 얻을 수가 있습니까? 하나님은 지금도 살아계셔서 역사하시는 하나님이라는 사실입니다. 결코 종교적 형식으로 만날 수 있는 그런 하나님이 아닙니다. 주일에 나와 예배만 드리면 되는 그런 하나님이 아니십니다. 하나님은 사람에게 속는 그런 하나님이 아니십니다. 그래서 하나님은 제3계명에서 “여호와 하나님을 망령되게 부르지 말라”고 명하셨습니다.

:: 너는 네 하나님 여호와의 이름을 망령되게 부르지 말라 여호와는 그의 이름을 망령되게 부르는 자를 죄 없다 하지 아니하리라(출 20:7).

3) 너는 음행을 해도 유다는 죄를 짓지 못할 것이다

이 말은 이스라엘의 죄가 유다로 번지지 못할 것이라는 의미입니다. 아무리 북 왕조 이스라엘이 화려하고 매력적인 우상숭배 문화를 누리고 있다고 하더라도, 하나님께서 북 왕조 이스라엘과 달리 남 왕조 유다를 보호하시겠다고 말씀하셨습니다. 어떻게 그렇게 하실 수 있을까요? 바로 다윗과 맺으신 언약을 통하여 예루살렘에 당신의 이름을 두시기를 원하셨기 때문입니다.

하나님은 이 점을 강조하여 말씀하셨습니다.

:: 내가 그의 아들의 손에서 나라를 빼앗아 그 열 지파를 네게 줄 것이요, 그의 아들에게는 내가 한 지파를 주어서 내가 거기에 내 이름을 두고자 하여 택한 성읍 예루살렘에서 내 종 다윗이 항상 내 앞에 등불을 가지고 있게 하리라(왕상 11:35-36).

하나님은 한번 하신 약속을 잊지 않으시고 혹독한 시련 속에서도 끝까지 언약 백성을 보호하십니다. 이 진리를 믿은 시편 저자는 "나를 눈동자같이 지키시고 주의 날개 그늘 아래에 감추어 달라"(시 17:8)고 하나님께 기도드렸습니다. 예수를 믿는 성도 역시 하나님과 맺은 언약을 기억하고 하나님의 구원의 은총을 간구해야 합니다. 독생자까지 주신 하나님께서 무엇인 들 주시지 않으시겠습니까? 사도 바울은 이 점을 기억하며 믿음의 확신을 가질 것을 설득했습니다(롬 8:32).

실로 길갈이나 벧엘 그리고 브엘세바 모두 과거에 하나님의 보호와 구원 사건이 일어난 뜻깊은 곳입니다. 그런데 사람은 그 과거의 명성을 자기의 정치적 욕망을 위해 이용하지만, 이미 우상숭배의 요람이 된 곳이기에 하나님은 속지 않으셨습니다. 그래서 하나님은 백성들에게 그곳으로 가지 말라고 하셨습니다.

3. 여호와를 떠나 우상에 빠짐에 대한 경고

:: 이스라엘은 완강한 암소처럼 완강하니 이제 여호와께서 어린 양을 넓은 들에서 먹임 같이 그들을 먹이시겠느냐. 에브라임이 우상과 연합하였으니 버려두라. 그들이 마시기를 다 하고는 이어서 음행하였으며 그들은 부끄러운 일을 좋아하느니라. 바람이 그 날개로 그를 쌌나니 그들이 그 제물로 말미암아 부끄러운 일을 당하리라(호 4:16-19).

무슨 경고입니까? 하나님은 아무리 아모스 선지자를 보내고 호세아 선지자를 보내서 경고하여도 듣지 않는 북 왕조 이스라엘의 완강함을 지적하셨습니다. 완고함이란 주인이 어떻게 할 수 없을 정도로 완강하게 거부하는 암소와 같은 고집스러움을 의미합니다. 이는 하나님의 뜻을 철저하게 거부하는 이스라엘 백성을 상징하는 말입니다. 소는 넓은 초지에서 마음껏 풀을 뜯어 먹을 때 가장 행복할 것입니다. 그래야 젖도 많이 나와 어린 송아지도 먹이고 번성할 것입니다. 하나님은 완강한 암소와 같이, 하나님의 뜻을 저버리고 우상과 연합한 이스라엘에게 어떻게 그들에게 넓은 들판, 풍부한 먹거리 즉 번영을 허락하시겠는 지를 생각해 볼 것을 지적하셨습니다. 그들이 우상을 숭배하며 온갖 음란에 빠져 거룩한 하나님 나라 백성으로서의 자태와 아름다움을 상실한 자들이기에, 어떻게 하나님께서 그들에게 복을 주시겠는가 따져 보라고 지적하셨습니다.

생각해 보십시오. 그런 자들에게 복을 주면 타락하여 더욱 음란에 빠질 것은 불을 보듯 뻔하지 않습니까! 사실 북 왕조 이스라엘은 남 왕조 유다보다 더 부유했었습니다. 그러나 그들이 하나님을 버리고 이방 우상을 섬기자 하나님은 그들을 그냥 내버려 두셨습니다(참고 롬 2:24). 그러자 그들은 망해버리고 말았습니다.

방임과 무관심은 가장 큰 저주입니다. 전능하신 하나님께서 관심을 표하시며 간섭하심은 그만큼 사랑하신다는 뜻입니다. 만약 관심을 끄고, 간섭하지 않고, 그냥 내버려 둔다면 그것은 저주 그 자체입니다. 만약 하나님께서 이렇게 대하신다면, 우리는 어떻게 될까요? 만약 하나님께서 나에 대한 관심을 끄고 그냥 내버려 두신다면 어떻게 될까요? 두렵지 않습니까?

:: 여호와께서는 자기 백성을 버리지 아니하시며 자기의 소유를 외면하지 아니하시리로다(시 94:14).

만약 하나님께서 우리에 대한 관심을 포기하신다면, 그래서 우리가 가지고 누리는 모든 것이 하나님의 공의로우심으로 처리된다면 어떻게 될까요? 이 경고를 깊이 생각해 봐야 할 것입니다. 그 경고는 이렇습니다. 그들이 하나님 관심 밖에 놓이게 되고, 하나님의 무관심 속에서 그들이 저지른 행위대로 흘러가도록 방치된다면, 그들은 원수들의 조롱거리가 되고, 우상을 숭배하며 제단에 드렸던 제물로 인하여 강력한 진노의 소용돌이에 빠져 종국에 가서는 부끄러운 일을 당하게 될 것입니다. 우리가 알다시피, 이 경고대로 역사는 이루어졌습니다. 그러나 하나님의 진노의 역사는 처음이 아니었습니다. 이전에 이미 그들은 경험했었습니다. 출애굽 하여 40년의 광야 생활 속에서 이스라엘 백성은 발람의 교훈을 따라 음란에 빠져서 하루에 2만 3-4천 명이 죽는 참혹한 사건을 경험했었습니다(민 25:1-9; 호 9:10b).

그래서 사도 바울은 다음과 같이 강하게 경계했습니다.

:: 그들 중의 어떤 사람들이 음행하다가 하루에 이만 삼천 명이 죽었나니 우리는 그들과 같이 음행하지 말자. 그들 가운데 어떤 사람들이 주를 시험하다가 뱀에게 멸망하였나니 우리는 그들과 같이 시험하지 말자(고전 10:8-9).

북 왕조 이스라엘은 이러한 그들의 과거 역사 속에서 배우지 못했습니다. 오히려 그들은 하나님을 버리고 우상숭배에 몰두했습니다. 그들은 계속되는 하나님의 경고를 무시하고 배교하여 강한 바람 같은 앗수르의 공격을 받아 철저하게 짓밟혀 망했습니다(주전 722년). 그 결과 그들은 온 세상으로부터 수치와 조롱을 받는 자들로 전락하고 말았습니다. 실제로 이스라엘은 앗수르의 강한 바람에 산지사방으로 흩어져 민족적 흔적을 찾아볼 수 없을 정도로 심판받았습니다.

결론

하나님의 경고는 지금도 유효하다고 믿습니다. 하나님을 섬긴다고 하면서 여전히 하나님을 무시하고 배반하여 간교하게 세상을 섬기는 우리가 아닙니까? 하나님 보다 돈이 우상이고 쾌락이 우상인 지가 오랩니다. 그래서 무늬만 교인인 "반쪽 교인"(almost christian)이 되었습니다. 이들은 이중 종교인, 위선적 크리스천이라 불립니다. 하나님은 이들에게 강력하게 경고하십니다. "내가 너를 알지 못한다!"

:: 그 때에 내가 그들에게 밝히 말하되 내가 너희를 도무지 알지 못하니 불법을 행하는 자들아 내게서 떠나가라(마 7:23).

그런데 하나님은 택한 백성을 절대로 포기하지 않으십니다. 하나님은 택한 백성 유다 자손들은 죄를 짓지 않도록 보호하시겠다고 약속하셨습니다(15절). 그러나 끝까지 하나님을 떠나 자기 마음대로 세상 유혹에 넘어가면 하나님은 그냥 내버려 두십니다. 그 결과 심판을 받았을 때 그러한 결과를 하나님 탓으로 원망할 수는 있겠습니까?

모두 선지자 호세아의 경고를 마음 깊이 담기 바랍니다. 살아계신 하나님께서 이곳에 나와 말씀을 듣는 우리에게 깊은 관심을 갖고 지적하시고 책망하시며 구원의 도리를 알려주십니다. 하나님에 대한 깊은 지식과 인식을 통하여 빨리 하나님께 돌아오는 은혜의 역사가 있기를 소원합니다. 지금도 살아계신 하나님은 우리를 간곡하게 부르십니다.

:: 너희는 여호와를 만날 만한 때에 찾으라. 가까이 계실 때에 그를 부르라. 악인은 그의 길을, 불의한 자는 그의 생각을 버리고 여호와께로 돌아오라. 그리하면 그가 긍휼히 여기시리라 우리 하나님께로 돌아오라 그가 너그럽게 용서하시리라. 이는 내 생각이 너희의 생각과 다르며 내 길은 너희의 길과 다름이니라. 여호와의 말씀이니라(사 55:6-8).

지금도 예수께서는 우리를 초청하십니다. 우리를 부르시는 주 앞에 나오시기 바랍니다. 그리고 모든 짐을 주 앞에 내려놓고 주의 긍휼하심과 용서와 안식을 얻으시기 바랍니다.

:: 수고하고 무거운 짐 진 자들아 다 내게로 오라 내가 너희를 쉬게 하리라. 나는 마음이 온유하고 겸손하니 나의 멍에를 메고 내게 배우라 그리하면 너희 마음이 쉼을 얻으리니 이는 내 멍에는 쉽고 내 짐은 가벼움이라 하시니라(마 11:28-30).

기도

하나님 아버지, 우리가 생각하고 꿈꾸는 방식과 다른 방식으로 우리를 다루시며 인도하시는 하나님 감사드립니다. 이 시간 살아계신 하나님의 깊은 생각과 뜻을 확인했습니다. 지금도 우리의 연약함과 추함 그리고 가난함을 아시는 주님, 와서 주 안에서 쉼은 얻으라고 부르시니 감사합니다. 모든 인생의 무거운 짐을 주 앞에 내려놓고 참된 안식을 얻게 하옵소서. 주님의 짐은 가볍고 쉽기에 신속하게 주 앞에 나아가게 하옵소서. 거룩하신 주 예수 이름으로 기도드리옵나이다. 아멘.

11.

여호와 하나님을 알지 못하기에

:: 에브라임은 내가 알고 이스라엘은 내게 숨기지 못하나니 에브라임아 이제 네가 음행하였고 이스라엘이 더러워졌느니라. 그들의 행위가 그들로 자기 하나님에게 돌아가지 못하게 하나니 이는 음란한 마음이 그 속에 있어 여호와를 알지 못하는 까닭이라. 이스라엘의 교만이 그 얼굴에 드러났나니 그 죄악으로 말미암아 이스라엘과 에브라임이 넘어지고 유다도 그들과 함께 넘어지리라. 그들이 양 떼와 소 떼를 끌고 여호와를 찾으러 갈지라도 만나지 못할 것은 이미 그들에게서 떠나셨음이라. 그들이 여호와께 정조를 지키지 아니하고 사생아를 낳았으니 그러므로 새 달이 그들과 그 기업을 함께 삼키리로다(호 5:3-7).

호세아 당시 북 왕조 이스라엘은 하나님을 섬긴다고 하면서 왕 마음대로 이방 신상을 세워 자신들의 하나님이라 불렀습니다. 그리고 왕 임의로 제사장을 세우고 온갖 이교도의 종교문화를 받아들여 백성의 기호에 맞게 활용했습니다.

호세아 선지자는 이런 사회 분위기를 안타깝게 여기며 하나님께서 주신 예언을 그들과 타협하지 않고 전했습니다. 호세아서에는 하나님께서 명하신 9편의 설교가 담겨 있습니다. 각 설교의 중심 주제는 그들의 하나님 여호와에 관한 무지를 질책하고 경고하며 간곡하게 회개를 촉구합니다. 그리고 하나님의 언약 백성다운 참 이스라엘로의 회복과 구원의 메시지를 담고 있습니다. 두 번째 설교 주제는 하나님께 불순종하는 죄에 대한 강력한 경고입니다.

1. 경고의 개요

호세아 5:1-7에서 하나님께 불순종한 결과에 대한 경고를 봅니다. 설교는 "제사장들아, 이를 들으라. 이스라엘 족속들아, 깨달으라. 왕족들아, 귀를 기울이라. 너희에게 심판이 있나니, 너희가 미스바에 대하여 올무가 되며 다볼 위에 친 그물이 됨이라"(호 5:1)라는 말로 시작됩니다.

하나님은 백성에게 직접 말씀하시고 백성이 그 메시지를 듣기를 원하십니다. 말씀이 강조하는 바가 무엇입니까? 세 동사로 요약됩니다. "들으라"(hear), "깨달으라"(pay attention), "귀를 기울이라"(listen). 무슨 의미입니까? 주의 깊게 경청하고 깨달으라는 경고입니다. 성도는 하나님의 말씀을 들을 준비를 하고, 주의를 기울여 순종하려는 의지를 가져야 합니다. 오늘날 성도는 하나님의 말씀에 주의를 기울여 듣고 순종할 자세가 되어 있을까요?

많은 분이 핸드폰을 사용합니다. 모두가 핸드폰을 집, 카페, 어디서든지 봅니다. 핸드폰을 보며 길을 걷다가 돌부리에 걸리기도 하고 나무와 전봇대에 부딪치기도 합니다. 심지어 운전 중에도 핸드폰을 보고 문자를 보내기도 하다가 사고를 내는 경우도 많이 발생합니다.

성도는 핸드폰보다 더 하나님의 말씀에 집중해야 합니다. 성도는 하나님의 말씀을 주의 깊게 듣고, 크게 듣고, 항상 들어야 합니다. 그리고 그들이 들은 말씀을 믿고 순종해야 합니다. 이유가 무엇일까요? 말씀은 "마음으로 믿어 의에 이르고 입으로 시인하여 구원에 이르게 하기 때문입니다"(롬 10:10). 그래서 사도 바울은 믿음과 구원의 관계성에 대하여 "믿음은 들음에서 나며 들음은 그리스도의 말씀으로 말미암았느니라."(롬 10:17)고 말했고, 시편 저자는 "마치 사슴이 시냇물을 먹기 위하여 갈급해하듯이 자신은 하나님을 찾기에 갈급하다"(시 42:1)고 고백했습니다. 이유는 시편 저자 역시 하나님 말씀이 중요하여 영적으로나 육적으로 유용하기 때문임을 깨달았기 때문입니다. 시편 저자는 이렇게 고백합니다.

:: 여호와의 율법은 완전하여 영혼을 소성시키며 여호와의 증거는 확실하여 우둔한 자를 지혜롭게 하며, 여호와의 교훈은 정직하여 마음을 기쁘게 하고 여호와의 계명은 순결하여 눈을 밝게 하시도다. 여호와를 경외하는 도는 정결하여 영원까지 이르고 여호와의 법도 진실하여 다 의로우니 금 곧 많은 순금보다 더 사모할 것이며 꿀과 송이 꿀보다 더 달도다(시 19:7-10).

하나님은 지금도 우리가 하나님을 사모하여 말씀을 듣고 순종하기를 원하십니다. 천상에 계신 예수께서 사도 요한에게 종말을 사는 우리 모두를 위한 중요한 계시를 보여주었습니다. 성도는 살아계신 하나님의 말씀을 사모하고 그 말씀을 듣기를 힘써야 합니다.

:: 이 예언의 말씀을 읽는 자와 듣는 자와 그 가운데에 기록한 것을 지키는 자는 복이 있나니 때가 가까움이라(계 1:3).

2. 경고 이유

하나님께서 경고하신 이유가 무엇입니까?

:: 에브라임은 내가 알고 이스라엘은 내게 숨기지 못하나니 에브라임아 이제 네가 음행하였고 이스라엘이 더러워졌느니라. 그들의 행위가 그들로 자기 하나님에게 돌아가지 못하게 하나니 이는 음란한 마음이 그 속에 있어 여호와를 알지 못하는 까닭이라. 이스라엘의 교만이 그 얼굴에 드러났나니 그 죄악으로 말미암아 이스라엘과 에브라임이 넘어지고 유다도 그들과 함께 넘어지리라(호 5:3-6).

이렇게 이스라엘 백성에게 경고하는 이유는 하나님의 백성 이스라엘이 하나님을 외면하고, 하나님 대신 이방 민족의 우상과 문화를 적극 받아들여 배교하고 여호와 신앙을 버리고 타락했기 때문입니다. 하나님은 그들의 일거수일투족을 다 보시고 알고 계셨습니다. 호세아 선지자는 하나님께서 "에브라임은 내가 알고, 이스라엘은 내게 숨기지 못한다."라고 경고했습니다.

어느 누가 숨어서 하나님의 낯을 피할 수 있겠습니까?

시편 저자의 고백을 들어 봅시다.

:: 내가 주의 영을 떠나 어디로 가며 주의 앞에서 어디로 피하리이까. 내가 하늘에 올라갈지라도 거기 계시며 스올에 내 자리를 펼지라도 거기 계시니 이다. 내가 새벽 날개를 치며 바다 끝에 가서 거주할지라도, 거기서도 주의 손이 나를 인도하시며 주의 오른손이 나를 붙드시리이다(시 139:7-10).

그렇습니다. 아무리 숨어 어떤 행동을 하더라도, 우리는 결코 하나님의 눈을 피할 수 없습니다. 하나님께서 이스라엘을 아시듯이, 우리 하나님은 여기 있는 한 사람 한 사람을 항상 보고 계시고 다 아십니다. 마치 오늘날 어디에나 감시 카메라가 있어서 행동을 조심하게 되듯이, 성도는 항상 보고 계시는 하나님을 의식하며 살아 갈 수밖에 없습니다.

그래서 종교개혁을 주도적으로 실행했던 신실한 성도들은 그들의 삶의 목표를 "하나님 앞에서"(Coram Deo, Before God)라고 정했습니다. 그들은 항상 하나님 앞에서 의식적으로 하나님을 기쁘시게 하며 하나님께 영광 돌리는 삶을 추구했습니다. 이것이 개혁주의 성도의 신앙의 원리입니다.

호세아 선지자를 통하여 하나님은 북 왕조 이스라엘의 배교와 우상숭배, 그리고 주변 강대국과 정치적으로 결탁하여 그 나라의 도움을 구하는 어리석음을 지적하시며 심판을 경고하셨습니다. 그들의 어리석음은 음행, 추함, 음란, 악한 죄 등으로 나타났습니다. 이러한 음란 문화는 사회 전체가 음풍에 휩싸이게 만들어 윤리와 도덕이 사라지고 사회가 무질서하게 되었습니다. 그런 악한 영향력은 남 왕조 유다에까지 미치게 되었습니다. 이스라엘의 하나님은 이런 북 왕조 이스라엘의 배교와 타락과 악행을 지적하시며 심판을 경고하셨던 것입니다.

그들이 이렇게까지 타락하게 된 이유가 무엇일까요? 놀랍게도 하나님을 아는 지식의 결핍 때문입니다. 하나님 지식에 무지하니까, 그들은 출애굽 당시 아론이 세웠던 금송아지 형상을 다시 도입하여 벧엘과 단을 비롯한 여러 곳에 그것들을 세워 "이것이 우리를 애굽에서 인도하여 낸 하나님이다!"라며 무지한 백성을 호도하며 그것들을 하나님 대신 섬길 것을 강요했습니다. 또한 왕 임의로 거짓 제사장들을 세워 타락한 우상 종교 문화를 확산시키는데 주력했던 것입니다.

본문에서 말하는 "안다"(yada, to know)라는 동사는 지식적인 앎이 아니라, 경험적이고 체험적인 앎을 뜻합니다. 다시 말하면 하나님을 경배하는 자가 하나님을 경험하지 못한 채 거짓 지식으로 흉내만 내면서 자기 마음대로 하나님을 안다고 했던 것입니다. 하나님은 호세아 선지자를 통하여 이런 종교적 지식과 문화는 하나님을 떠난 잘못이라고 지적하셨습니다.

이렇게 하나님 지식의 결핍은 우상을 섬기게 하고 타락하여 죄에 빠지게 합니다. 스스로는 잘 믿고 섬긴다고 착각하면서 말입니다. 이런 신앙은 전혀 생활 속에서 하나님을 기쁘시게 할 수 없고 살아계신 하나님을 전혀 체험할 수 없습니다. 이는 신앙을 흉내만 낼 뿐, 사실 하나님을 경험하지 못한 채 헛된 종교적 지식만을 가질 뿐입니다.

북 왕조 이스라엘의 타락한 종교문화는 심각한 결과를 초래했습니다. 호세아는 이스라엘을 향해 "여호와께 정조를 지키지 못하고 사생아를 낳았다"라고 강하게 질책했습니다.

:: 그들이 여호와께 정조를 지키지 아니하고 사생아를 낳았으니 그러므로 새달이 그들과 그 기업을 함께 삼키리로다(호 5:7).

하나님은 "내가 에브라임에게는 좀 같으며 유다 백성에게는 썩음 같을 것"(호 5:12)이라고 경고하셨습니다. 이것은 죄의 파괴적인 힘을 예증하는 강력한 은유적 표현입니다. 우리는 나프탈렌을 옷 속에 넣어 좀이 의복을 갉아 먹어 아까운 옷을 못 쓰게 하는 것을 방지합니다. 좀과 같이, 죄는 우리를 갉아먹어 아무 것에도 할 수 없게 만듭니다. 죄는 우리의 삶 곳곳에 퍼져 모든 것을 파괴합니다. 죄는 우리 속에 천천히 잠식하여 우리를 파괴하고 부수어서, 겉으로 볼 때, 육신만 멀쩡할 뿐 속은 썩고 병들어 아무것도 하지 못하게 합니다.

결국에 죄는 우리를 사망에 이르게 합니다. 정말 무서운 것이 죄입니다. 그래서 사도 바울은 "죄의 삯은 사망이라"(롬 6:23)라고 규정했던 것입니다.

3. 경고의 내용

이제 하나님께서 경고를 살펴봅시다.

:: 그 죄악으로 말미암아 이스라엘과 에브라임이 넘어지고 유다도 그들

과 함께 넘어지리라. 그들이 양 떼와 소 떼를 끌고 여호와를 찾으러 갈지라도 만나지 못할 것은 이미 그들에게서 떠나셨음이라. 그들이 여호와께 정조를 지키지 아니하고 사생아를 낳았으니 그러므로 새달이 그들과 그 기업을 함께 삼키리로다(호 5:5-7).

무슨 말씀입니까? 하나님께서 이스라엘을 떠나시겠다는 것입니다. 더 이상 그들에게 관심을 두지 않고 간섭하지 않고 그들을 일깨우지 않겠다고 강조하십니다. 그러면 참으로 자유로워져 좋겠다고 여러분은 생각할 수도 있지만, 이러한 저주는 정말 무서운 일이 아닐 수 없습니다.

하나님의 이 조치가 무서운 이유가 무엇일까요? 우리는 우리 능력으로 사는 것 같지만, 실상은 전혀 그렇지 않습니다. 이 모든 것이 생명의 주인이신 하나님께서 허락하셨기에 가능한 것입니다. 근본적으로 인간이 살아가는 세상에서 어느 것 하나, 하나님께서 허락하시지 않은 것이 있습니까! 과연 나 스스로 가능한 것이 무엇이 있는지 곰곰이 생각해보시기 바랍니다.

북 왕조 이스라엘은 하나님과 맺은 언약을 파기하고 우상을 숭배하는 배교 행위를 저질렀습니다. 그들은 여호와 하나님을 아는 지식을 버리고 하나님을 섬기는 신앙에서 떠났습니다. 이런 이스라엘을 향하여 하나님은 더 이상 그들과 함께 있으시기를 원하지 않으시고 그들에게서 떠나겠다고 경고하셨습니다. 이처럼 심각한 경우가 어디 있겠습니까? 과연 하나님께서 떠나신 백성이 안전과 평안을 누릴 수 있겠습니까?

즐겨 부르는 찬송 446장 "주 음성 외에는"(I need thee every hour) 3절

가사를 봅시다.

주 떠나가시면 내 생명 헛되네
즐겁고 슬플 때 늘 계시옵소서
기쁘고 기쁘도다 항상 기쁘도다
나 주께 왔사오니 복 주옵소서

I need Thee every hour In joy or pain.
Come quick-ly and a-bide, Or life is vain.
With Thee what joy I cap-ture!. Ev-ery hour is rap-tue!
O bless me now, my Sav-iour, I come to Thee.

그렇습니다! 마치 신생아에게 엄마가 꼭 필요하듯이, 주님이 계시지 않으면 성도로서의 생명은 헛된 것이 되고 맙니다. 주 없는 세상은 의미가 없고, 주께서 함께하지 않는 성도의 삶은 의미가 있을 수 없습니다. 그의 삶 어떤 부분에서도 진정한 감사와 기쁨 그리고 안전과 평화가 보장될 수 없습니다. 하나님께서 굳건한 반석이 되시기 때문입니다. 그래서 이 사실을 깨달은 하박국 선지자는 이렇게 고백하며 찬양했던 것입니다.

:: 비록 무화과나무가 무성하지 못하며 포도나무에 열매가 없으며 감람나무에 소출이 없으며 밭에 먹을 것이 없으며 우리에 양이 없으며 외양간에 소가 없을지라도 나는 여호와로 말미암아 즐거워하며 나의 구원의 하나님으로 말미암아 기뻐하리로다(합 3:17-18).

하나님을 떠난 이스라엘을 향하여, 하나님은 심판을 경고하셨습니다. 그들이 하나님께 제사 드리기 위하여 아무리 많은 제물을 갖고 와서(참조. 사 1:11-15), 이방 신상을 섬기며 화려한 "신월제"(new moon festival)를 즐긴다고 하더라도, 하나님은 이런 제사와 축제가 오히려 그들을 삼키고 그들의 기업 즉 삶의 터전을 다 망하게 할 것이라고 경고하셨습니다.

이는 배교적 삶은 결국 그들을 망하게 하여, 생활 터전을 다 잃어버리게 하는 심판을 시행하겠다는 무서운 경고입니다. 아무리 우리가 노력하고 애쓴다고 하더라도 하나님께서 허락하셔야만 되는 것이 아니겠습니까? 하나님께서 복을 주실 때, 우리가 잘 살 수 있을 것은 당연한 이치입니다. 이 사실을 믿으시기 바랍니다.

이미 모세를 통하여 하나님은 이스라엘에게 선택할 것을 요구하셨습니다.

:: 내가 오늘 복과 저주를 너희 앞에 두나니, 너희가 만일 내가 오늘 너희에게 명하는 너희의 하나님 여호와의 명령을 들으면 복이 될 것이요, 너희가 만일 내가 오늘 너희에게 명령하는 도에서 돌이켜 떠나 너희의 하나님 여호와의 명령을 듣지 아니하고 본래 알지 못하던 다른 신들을 따르면 저주를 받으리라(신 11:26-28)

결론

그러나 여러분, 호세아의 설교는 이렇게 단호하고 무서운 경고와 심판만을 선포하는구나! 라고 생각되십니까? 그렇지 않습니다. 여호와 하나님은 이러한 심각한 경고 속에서도 희망의 메시지를 주셨습니다. 다음 구절을 보시기 바랍니다.

:: 오라 우리가 여호와께로 돌아가자. 여호와께서 우리를 찢으셨으나 도로 낫게 하실 것이요 우리를 치셨으나 싸매어 주실 것이요(호 6:1).

여호와 하나님은 살아계신 하나님이십니다. 우리가 그분께 돌이킬 때 하나님은 언제나 용서하실 준비가 되어 있으십니다. 우리가 탕자같이 굴더라도 회개하고 하나님께로 돌아가면 탕자를 기다리는 아버지와 같이(눅 15:20) 기다리시고, 맞아주시고 품어 주시는 하나님이십니다. 하나님께로 돌아오시길 바랍니다. 그러면, 우리 살아계신 하나님은 기꺼이 우리를 맞아주시고 치유하시고 회복시켜 주실 것입니다.

이 경고와 심판의 메시지를 들으십니까? 이것이 바른 구원의 복음입니다. 사도 바울은 우리에게 마음을 열고 복음을 받아 회개할 것을 촉구했습니다. 선지자 호세아가 전하는 이 강력한 메시지를 마음 깊이 간직하시길 바랍니다. 그리고 하나님의 은혜를 기억하고 우리를 부르시는 하나님의 경고와 초청을 외면하지 마십시오.

지금이 바로 그때입니다. 주 앞에 나와 참된 용서와 회복을 구하길 바랍니다.

:: 이르시되 내가 은혜 베풀 때에 너에게 듣고 구원의 날에 너를 도왔다 하셨으니 보라 지금은 은혜 받을 만한 때요 보라 지금은 구원의 날이로다(고후 6:2).

기도

거룩하신 하나님 아버지 감사드립니다. 변함없는 사랑과 관심으로 우리를 부르시는 주의 음성에 귀를 기울이게 하옵소서. 주의 진리의 말씀으로 일깨우셔서 하나님의 충만함으로 채워주옵소서. 어떤 상황 속에서도 낙심하지 않고 하나님 한 분으로 만족하게 하옵소서. 하나님이 악한 세상에서 저희들을 주의 자녀로 온전케 하사 주를 기쁘시게 하고 주의 영광을 위하여 살아드리게 하옵소서. 거룩하신 주 예수 이름으로 기도드리옵나이다. 아멘.

12.

하나님의 간곡한 요청

:: 에브라임이 자기의 병을 깨달으며 유다가 자기의 상처를 깨달았고 에브라임은 앗수르로 가서 야렙 왕에게 사람을 보내었으나 그가 능히 너희를 고치지 못하겠고 너희 상처를 낫게 하지 못하리라. 내가 에브라임에게는 사자 같고 유다 족속에게는 젊은 사자 같으니 바로 내가 움켜갈지라 내가 탈취하여 갈지라도 건져낼 자가 없으리라. 그들이 그 죄를 뉘우치고 내 얼굴을 구하기까지 내가 내 곳으로 돌아가리라. 그들이 고난 받을 때에 나를 간절히 구하리라(호 5:13-15).

호세아서를 통하여 얻게 되는 메시지는 무엇일까요? 하나님은 북 왕조 이스라엘의 배교와 타락을 책망하시며 구원의 메시지를 전하셨습니다. 하나님은 백성의 심각한 배교 상황을 호세아 가정에서부터 겪게 하시고 그의 사역 현장에서 이스라엘 백성의 죄를 적나라하게 밝히시고 그에 대하여 심판하시겠다고 경고하셨습니다. 하나님은 "그들이 여호와께 정조를 지키지 아니하고 사생아를 낳았으니 그러므로 새 달이 그들과 그 기업을 함께 삼키리로다."(호 5:7)라고 경고하셨습니다.

이는 하나님의 공의로운 모습을 적나라하게 보여주는 말씀입니다. 그러나 하나님은 공의롭기만 하신 분이 아니셨습니다. 그 하나님은 또한 사랑의 하나님이시기도 하십니다. 사랑과 공의의 두 성품은 하나님이 어떤 분이신지를 잘 나타내 줍니다. 하나님의 이 두 성품이 함께 나타난 것이 "질투"입니다. 하나님은 사랑하시기에 질투하시고 질투하시기에 사랑하시는 것입니다. 하나님의 질투하시는 두 성품, 곧 사랑과 공의가 호세아의 두 번째 메시지에서 잘 드러납니다.

1. 질투하시는 사랑의 하나님

질투란 지나친 관심으로 나타나는 애증 행위입니다. 아담의 타락 이후 하나님은 뱀과 하와 그리고 아담 각각을 정죄하시며 저주하셨습니다. 그 저주 가운데 하와에겐 해산의 고통을 심판과 함께 선언하셨습니다.

:: 또 여자에게 이르시되 내가 네게 임신하는 고통을 크게 더하리니 네가 수고하고 자식을 낳을 것이며 너는 남편을 원하고 남편은 너를 다스릴 것이니라(창 3:16).

죄를 지은 하와에게 내린 하나님의 심판은 임신과 해산의 고통입니다. 그리고 아내가 남편을 갈망하는 욕망을 저주에 포함시키셨습니다. 아내가 남편을 원하는 것은 당연한데 왜 이것이 심판일까요? "원함"은 소유욕 즉 장악하려는 욕망(desire)을 의미하기 때문입니다. 즉 그녀는 남편에 대한 지나친 소유 욕망(desire)을 갖게 되는 것이 하나님께서 하와에게 내린 또 하나의 심판입니다. 하나님은 여자에게 남편을 소유하려는 욕망을 갖게 하시고 이것이 그녀에게 저주로 임하게 하셨습니다. 왜 그럴까요? 아내가 남편을 자기 주관대로 좌지우지 강요할 때 어느 남자가 자기를 주관하려는 아내를 편하게 받아줄까요? 이런 상황이 지속될 때 둘 사이에는 갈등이 발생하게 되고 분쟁이 벌어지게 될 것은 불을 보듯 당연합니다. 여자의 남편을 차지하려는 심한 욕망이 그녀에겐 저주될 것입니다.

죄 가운데 살아가는 타락한 가정은 남편과 아내 간의 갈등이 잠재되어 있는 것으로 나타납니다. 그래서 사도 바울은 가정에서 남편과 아내의 관계가 사랑과 존경심을 가지고 서로에 대하여 깊은 배려와 순종심을 보여줄 때 평화롭고 행복한 가정을 이룰 수 있음을 교훈합니다.

∷ 아내들이여 자기 남편에게 복종하기를 주께 하듯 하라. 이는 남편이 아내의 머리됨이 그리스도께서 교회의 머리됨과 같음이니 그가 바로 몸의 구주시니라. 그러므로 교회가 그리스도에게 하듯 아내들도 범사에 자기 남편에게 복종할지니라. 남편들아 아내 사랑하기를 그리스도께서 교회를 사랑하시고 그 교회를 위하여 자신을 주심 같이 하라. 이는 곧 물로 씻어 말씀으로 깨끗하게 하사 거룩하게 하시고, 자기 앞에 영광스러운 교회로 세우사, 티나 주름 잡힌 것이나 이런 것들이 없이 거룩하고 흠이 없게 하려 하심이라. 이와 같이 남편들도 자기 아내 사랑하기를 자기 자신과 같이 할지니 자기 아내를 사랑하는 자는 자기를 사랑하는 것이라(엡 5:22-28).

우리 하나님은 애증이 많으십니다. 살아계신 하나님이시기 때문입니다. 사랑의 하나님께서 이스라엘 백성을 다루시는 역사를 보면 그 사실을 잘 알 수 있습니다. 죄에 대한 하나님의 진노는 하나님이 진정으로 인간을 사랑하심을 알게 합니다. 하나님은 사랑하시기에 지나친 관심을 나타내시고, 사랑하시기에 진노도 하십니다. 넓은 의미에서 볼 때, 진노 역시 사랑의 한 속성이입니다.

호세아서는 바로 이 하나님의 애증을 여실히 보여줍니다. 그것은 하나님께서 택하신 백성에 대한 "질투의 사랑"을 나타내시기 때문입니다. 호세아 선지자는 살아계신 여호와 하나님이 백성을 다루시는 일들을 이렇게 요약하고 있습니다.

:: 오라 우리가 여호와께로 돌아가자. 여호와께서 우리를 찢으셨으나 도로 낫게 하실 것이요, 우리를 치셨으나 싸매어 주실 것임이라. 여호와께서 이틀 후에 우리를 살리시며 셋째 날에 우리를 일으키시리니 우리가 그의 앞에서 살리라(호 6:1-2).

호세아는 성도에게 풍성한 감정을 가지시고 예민하고 인격적이고, 세밀하게 다루어 가시는 살아계신 하나님을 알도록 가르칩니다. 단순한 종교적인 형식과 행위를 통하여 하나님을 섬길 것이 아니라, 온 마음과 뜻을 다하여 진정성 있게 하나님을 섬겨야 한다고 가르칩니다. 그 하나님은 죄인에게 죄책을 물어 그를 찢으시고 상처를 낫게 하시고, 치신 후 상처를 싸매어 주시는 공의의 심판만을 하나님이 아니라, 긍휼이 풍성하신 인격적인 하나님이심을 알아야 한다고 가르칩니다.

공의로우신 하나님의 극적인 사랑의 질투는 독생자 예수를 십자가에 처형하신 십자가 사건에서 잘 나타납니다. 하나님은 죄를 미워하셔서 죄에 대하여 심판하십니다. 죄에 대한 극적인 심판이 십자가 처형이었습니다. 그러나 그 하나님은 인간을 사랑하셔서 죄로 죽을 인간을 죽음으로 심판하지 않으시고 오히려 독생자를 십자가 사형으로 시행하셨습니다.

이를 사도 요한은 이렇게 설명합니다.

:: 하나님이 그 아들을 세상에 보내신 것은 세상을 심판하려 하심이 아니요 그로 말미암아 세상이 구원을 받게 하려 하심이라. 그를 믿는 자는 심판을 받지 아니하는 것이요 믿지 아니하는 자는 하나님의 독생자의 이름을 믿지 아니하므로 벌써 심판을 받은 것이니라(요 3:17-18).

하나님께서 사랑하셔서 택한 백성이 주를 배반하고 오히려 우상을 섬기며 세상을 사랑할 때, 하나님은 당연히 진노하시고 자기를 떠난 백성을 질투하십니다. 질투하시는 하나님은 어떠한 형태로든 그들을 다루셔서 하나님께로 다시 돌아오도록 하십니다.

2. 이스라엘의 반역

솔로몬 왕 이후 이스라엘은 두 나라로 분리되었습니다. 북 이스라엘과 남 유다로 분단되어 서로 다툼이 그치지 않았습니다. 급기야 서로 전쟁까지 치렀습니다. 본문 호세아 5:8-15은 남 왕조 유다의 아사 왕과 북 왕조 이스라엘의 바아사 왕 사이에 있었던 전쟁을 배경으로 주어진 말씀입니다.

:: 아사와 이스라엘의 왕 바아사 사이에 일생 동안 전쟁이 있으니라. 이스라엘의 왕 바아사가 유다를 치러 올라와서 라마를 건축하여 사람을 유다 왕 아사와 왕래하지 못하게 하려 한지라(왕상 15:16-17).

이 말씀에서 보듯이 북 이스라엘 왕 바아사와 남 아사 왕은 평생 앙숙이 되어 서로 간에 끝없이 심하게 갈등했습니다. 긴 분쟁은 남조 유다의 승리로 끝이 났습니다. 북 이스라엘의 바아사는 유다 왕 아사에게 패하여 라마 성을 빼앗겼습니다. 이 결과에 대하여 호세아에게 주신 말씀을 들어 봅니다.

:: 너희가 기브아에서 뿔 나팔을 불며 라마에서 나팔을 불며 벧아웬에서 외치기를 베냐민아 네 뒤를 쫓는다 할지어다. 벌하는 날에 에브라임이 황폐할 것이라. 내가 이스라엘 지파 중에서 반드시 있을 일을 보였노라(호 5:8-9).

이 말씀을 통하여 당시 양 진영 간에 벌어진 상황을 짐작할 수 있습니다. 여기 등장하는 "기브아, 라마, 벧아웬(벧엘)"은 북 왕조 이스라엘의 영토 속한 도시로 유다와의 경계 도시입니다.

1) 북 왕조 이스라엘의 상황

남 왕조보다 경제적으로 여유가 있었음에도 불구하고, 북 왕조는 권력 유지와 남 왕조에 대한 정치적 우위를 확보하려고 유다에 대하여 계속 시비를 걸며 서로간의 갈등을 유발했고 급기야 동족상잔의 전쟁까지 치렀습니다. 북조 이스라엘의 도덕적 타락은 여호와 하나님을 떠난 음란의 죄로 온 사회가 패역의 길로 줄달음쳤습니다. 당시 북 왕조 이스라엘은 간교하고 집요하게 동족 유다를 괴롭혔습니다. 하나님은 이런 이스라엘에 대하여 침묵하지 않으셨습니다. "내가 이스라엘 지파 중에서 반드시 있을 일을 보였노라"(9절)고 말씀하셨습니다. 하나님은 그들의 행위를 보고 계셨고 심판하시겠다고 하신 것입니다.

하나님은 북 왕조 이스라엘의 의도를 묵살하시고 유다를 점령하지 못하게 하시어 "벌하는 날에 에브라임이 황폐할 것이라"(9a)라고 정죄하셨습니다. 이 말씀은 장차 앗수르에 의하여 북 왕조 이스라엘이 철저하게 망하여 그 땅이 황폐화할 것을 예언하신 것입니다.

2) 남 왕조 유다의 상황

한편, 하나님은 유다도 간섭하셨습니다. 이 역시 살아계신 하나님의 모습입니다. 하나님은 "유다 지도자들은 경계표를 옮기는 자 같다"(10절)라고 지적하시면서, 남 왕조 유다가 북 왕조 이스라엘을 침공하여 땅을 빼앗았다는 사실을 언급하셨습니다. 경계표란 국경을 의미하는데, 유다가 국경선을 북 왕조 이스라엘과 전쟁을 치를 때 임의로 변경하는 간교함을 보였다는 사실을 지적하신 것입니다. 이는 마치 북한이 호시탐탐 남한을 위협하고 시비를 거는 가운데 전투가 벌어져 남한이 휴전선을 넘어 북한의 개성, 평양, 신의주로 올라가는 상황과 같다 하겠습니다.

결국 이 전쟁은 북 왕조 이스라엘이 패하여 그 땅을 황폐하게 만드는 하나님의 형벌이며 또한 침략한 남 왕조 유다에 대한 진노라 하겠습니다. 이들은 같은 동족임에도 불구하고 북 이스라엘은 남 유다를 괴롭히고, 유다는 전투에서 승리하여 경계선을 옮기는 간교함으로 서로 간에 심각한 갈등을 야기 시켰음을 보여줍니다. 하나님은 유다에 대하여 "그들을 물 같이 부으리라"(9b)고 경고하셨습니다. 이는 엄청난 홍수와 같은 재난으로 유다를 심판하시겠다는 것입니다. 이 역시 장차 바벨론에 의하여 유다가 멸망할 것을 예언하신 것입니다.

현재 우리 한반도에서 벌어지고 있는 상황을 생각해 봅시다. 분단이후 80 여 년간을 끝없이 얼마나 많은 갈등을 겪고 있습니까! 모두 하나님께 돌아와 서로 뉘우치고 회개하며 하나님의 공의와 사랑을 구현하기 위하여 힘써야 할 때인 줄 믿습니다. 과연 성도와 교회가 얼마나 이 점을 깨닫고 하나님 앞에 나와 회개하며 간구할 수 있을까요?

3) 하나님의 질투하시는 간섭

당시 북 이스라엘의 대표 지파인 에브라임과 남 왕조의 대표인 유다는 서로 싸우기만 했습니다. 그들은 한 형제 후손임에도 불구하고 화해와 일치를 위한 근본적인 해결책을 제시하지 못했습니다. 두 나라 지도자들은 여호와 하나님께로 돌아가는 것이 근본적인 해결책이라는 사실을 인지하지 못했던 것입니다. 안타깝게도 두 지도자 모두 자기들의 나라가 병들고 상처 입었다는 것을 알면서도 하나님께 돌아가지 않았습니다. 그들은 오히려 주변 강대국의 힘을 의지하여 동족 간의 전쟁에서 이기려 했습니다. 양국은 흥미롭게도 당시 최강국이었던 북방 앗수르에 사신을 보내 조공을 바치며 자기네를 도와 달라고 간청했습니다.

그 결과는 어떠했을까요? 간교하고 잔악한 앗수르는 오히려 그 상황을 역이용하여 북 이스라엘을 쳐서 멸망시키고 계속하여 남 유다를 지속적으로 괴롭혔습니다. 이 역시 앞에서 말씀한 바와 같이 하나님께서 그들 모두를 심판하신 것입니다. 계산적이고 인간적이며 비신앙적 해결 방식에 대하여 질책하시며 하나님은 그들을 정죄하시고 심판하셨습니다. 결과는 이스라엘은 앗수르에게 주전 722년에 완전히 망했습니다. 뿐만 아니라, 남 왕조 유다 역시 앗수르에게 심한 고통을 겪으며 얼마간 유지되다가 하나님의 놀라운 섭리 가운데 앗수르가 망했고 그 후 주전 586년 유다 역시 바벨론의 세 차례 공격으로 수도 예루살렘이 파괴되며 패망하고 말았습니다. 당시 발생했던 일련의 상황을 겪은 호세아 선지자에게 하나님은 말씀하셨습니다.

:: 그러므로 내가 에브라임에게는 좀 같으며 유다 족속에게는 썩히는 것 같도다. 에브라임이 자기의 병을 깨달으며 유다가 자기의 상처를 깨달았고 에브라임은 앗수르로 가서 야렙 왕에게 사람을 보내었으나 그가 능히 너희를 고치지 못하겠고 너희 상처를 낫게 하지 못하리라. 내가 에브라임에게는 사자 같고 유다 족속에게는 젊은 사자 같으니 바로 내가 움켜갈지라. 내가 탈취하여 갈지라도 건져낼 자가 없으리라(호 5:12-14).

하나님은 이스라엘에게 좀과 같이, 유다에게는 썩히는 곰팡이와 같이 되어 두 나라 모두를 좀이 옷을 슬고 부패하여 썩게 만들듯이 두 나라 모두를 멸하시겠다고 강력하게 말씀하셨습니다. 이는 이스라엘과 유다 모두가 하나님을 의지하지 않고 인간적인 생각으로 이방의 군사력을 의지했기 때문에 받은 공의로운 하나님의 심판입니다. 여기까지 오는 동안 하나님은 이러한 결과가 도래할 것을 지속적으로 알리셨습니다. 사랑의 하나님은 이러한 결과로 자기 백성이 형벌을 받는 것을 기뻐하지 않으셨습니다. 그래서 숱한 선지자들을 보내셔서 경고하셨던 것입니다. 그러나 두 나라 백성들이 하나님께서 보내신 그 선지자들의 경고를 듣지 않고 무시하고 하나님의 말씀을 전했던 선지자들을 죽이기까지 했습니다. 하나님은 이런 이스라엘에게는 사자 같이, 유다에게는 젊은 사자같이 심판하여 철저하게 진멸하셨던 것입니다.

성도 여러분, 하나님은 지금도 살아계셔서 역사를 주관하십니다. 아무리 용감하고, 정책이 완벽하고, 군사력이 막강하다 해도, 하나님께서 함께 하시지 않으면 결코 전쟁에서 승리할 수 없습니다. 이 원리는 개인이나 가정 그리고 나라와 사회 모두에게 똑같이 적용되는 원리입니다. 이때 믿는 성도는 어찌해야 할까요? 본문 말씀을 통하여 지금 한민족이 취해야 할 방책은 무엇일까요? 말씀을 근거로 어떻게 할 수 있을까요?

한국전쟁 때 남한은 북한 공산주의자의 공격으로 낙동강 전선 이북의 모든 땅을 적에게 내주었습니다. 그때 피난민은 부산 초량교회에 모여 통회자복했습니다. 그들은 일제 치하에서 개명을 강요당했고 신사참배로 우상숭배 강요를 받으며 심한 고난과 핍박을 받았으나 하나님의 은혜로 1945년 해방되었음에도 온전히 하나님을 섬기지 못하고 동족상잔의 비극이라는 심판을 받았음을 인정하고 통곡하며 회개했습니다. 그리고 동족상잔의 비극적 고통에서 구원해 주실 것을 간청했습니다. 그 결과 하나님은 1945년 유엔이 창설된 이후 최초로 연합군을 파병하기로 결정하고 첫 결정이 유엔군의 한국전 참전입니다. 3년 반 동안의 치열하고 잔혹한 전쟁이 휴전되고 그나마 38선 이남 지역에서 자유민주주의를 표방하는 대한민국이 되어 이렇게 참 자유를 누리며 마음껏 하나님을 섬길 수 있는 나라가 되었습니다. 그 이후 자유 대한민국은 오늘날에 전 세계에서 10번째에 이르는 번영하는 나라가 되었습니다. 이 모든 역사에서 우리가 잊지 말아야 할 것은 당시 성도들이 죄를 자복하며 하나님께 돌아갔기에 이런 일이 가능했다는 점입니다.

3. 하나님의 간곡한 요청

예나 지금이나 전쟁은 하나님께서 사용하시는 심판의 도구입니다. 인간이 다 이해할 수는 없어도 하나님은 전쟁을 활용하시며 하나님의 공의와 사랑을 나타내십니다. 전쟁에 관한 글을 읽거나 잔인한 전쟁의 참상을 그린 영상을 대할 때마다 전쟁은 결코 다시는 있어서는 안 된다고 다짐하게 됩니다. 전쟁은 언제나 잔인하고 참혹하고 파괴적이고 무섭습니다. 현재 벌어지고 있는 우크라이나와 러시아간의 지루한 전쟁을 보십시오. 이 역시 파괴적이고 비열하고 잔혹하고 참혹합니다. 어떤 전쟁이든지 모두 인간의 욕망 때문에 발생한 죄의 현장이며 결과입니다.

하나님께서 사용하시는 형벌과 진노의 수단이 전쟁이라는 사실을 알 때, 전쟁은 절대로 일어나서는 안 된다는 것을 깨닫게 됩니다. 그러기 위하여 항상 유비무환(有備無患)의 정신으로 전쟁 억지 능력을 기르는 동시에 하나님 앞에 바르게 서기위하여 힘써야 합니다. 무엇보다도 개인과 사회 그리고 국가가 하나님의 사랑과 공의를 실천하지 못한 죄를 철저하게 회개하며 하나님 앞에 나가기를 힘써야 할 것입니다. 교회는 이러한 일을 위하여 존재한다는 것을 깊이 인식하고 목회자와 성도 모두 영적으로 깨어 각성해야 할 것입니다.

결론

지금도 살아계신 하나님은 우리에게 이렇게 요청하십니다.

:: 그들이 그 죄를 뉘우치고 내 얼굴을 구하기까지 내가 내 곳으로 돌아가리라. 그들이 고난 받을 때에 나를 간절히 구하리라(호 5:15).

성경 전체는 우리가 하나님의 말씀을 따르는지, 아니면 인간의 말을 따르는지에 대한 이야기로 가득 차 있습니다. 여러분은 하나님의 말씀을 따르고 있습니까, 아니면 인간의 말과 사상을 따르고 있습니까? 분명한 점은 인간을 믿고 따르면 실패와 패망, 그리고 억압에 빠지게 되지만, 하나님의 말씀을 따르면 승리요, 성공이요, 자유와 번영을 누리게 된다는 사실입니다.

하나님은 지금도 살아계셔서 역사를 주관하시고 섭리하십니다. 현재 심각한 고통과 어려움을 겪고 있습니까? 자신을 되돌아보길 바랍니다. 그리고 하나님 앞에 나아와 기도와 회개로 주님의 긍휼하심을 구해야 할 것입니다. 전적으로 하나님께 구원을 간청해야 합니다. 지금도 하나님은 우리에게 간곡히 요청하고 계십니다. 하나님 앞으로 나아와 지은 죄를 뉘우치라고! 바로 이때가 사도 바울이 말한 “하나님께서 도우실 수 있는 때이고 구원의 날"입니다.

:: 이르시되 내가 은혜 베풀 때에 너에게 듣고 구원의 날에 너를 도왔다 하셨으니 보라. 지금은 은혜 받을 만한 때요 보라 지금은 구원의 날이로다(고후 6:2).

오늘날 조국의 상황을 생각해 봅시다. 북한은 핵무기로 끊임없이 남한을 위협하고 있습니다. 남한 역시 첨단 무기를 만들어 만약에 벌어질지도 모를 전쟁을 대비하여 군사력 증강에 전력하고 있습니다. 국민들은 불안하기 짝이 없는 상황입니다. 남북이 서로 동맹국에 의지하여 도움을 요청하고 있습니다. 국가적으로 민족적으로 참으로 위기의 상황입니다. 성도들은 이러한 때 간절히 하나님께 회개하며 구원을 부르짖어야 할 것입니다.

성도 여러분, "지금 환란을 당하느냐, 고난을 당하느냐, 나를 찾아 나와서 간절하게 구하라"라는 주의 간청을 외면하지 마시길 바랍니다. 주님의 강력하신 음성을 거부하지 말고 듣고 순종하시길 바랍니다. 지금도 살아계신 하나님께서 애증 어린 사랑으로 "내게로 돌아오라!"(Come Back to Me)라고 간청하십니다.

기도

거룩하신 하나님 아버지, 우리를 주의 사랑 가운데 부르시고 인도해 주심에 감사드립니다. 현재를 살아가는 우리의 상황이 호세아 당시와 별반 다르지 않습니다. 물질적인 번영을 얻었을지 모르나 도덕적으로, 윤리적으로 그리고 신앙적으로 변질되었고 타락했습니다. 주여, 긍휼히 여기셔서 주의 얼굴을 구하게 하시고 주께로 돌아가게 하옵소서. 거룩하신 주 예수 이름으로 기도드리옵나이다. 아멘.

13.

힘써 여호와를 알자

∴ 오라. 우리가 여호와께로 돌아가자. 여호와께서 우리를 찢으셨으나 도로 낫게 하실 것이요, 우리를 치셨으나 싸매어 주실 것임이라. 여호와께서 이틀 후에 우리를 살리시며 셋째 날에 우리를 일으키시리니 우리가 그의 앞에서 살리라. 그러므로 우리가 여호와를 알자. 힘써 여호와를 알자. 그의 나타나심은 새벽 빛 같이 어김없나니 비와 같이, 땅을 적시는 늦은 비와 같이 우리에게 임하시리라 하니라(호 6:1-3).

요즘 날씨는 예전 같지 않은 것 같습니다. 당연히 추울 때 춥고, 더울 때 더워야 하는데, 예년 같지 않아 종잡을 수 없을 정도입니다. 사람이 살아가는 데 큰 변화 없이 사는 것이 얼마나 좋은지 모릅니다. 현대를 살아가는 우리는 누구나 큰 변화를 겪으며 살아갑니다. 사실 변화보다는 안정이 더 좋은 것이 아닙니까? 변덕이 심한 사람보다는 차분한 사람과 함께 사는 것이 더 좋습니다.

1. 북 이스라엘의 배교를 겪는 선지자

호세아 선지자의 경우는 어떠했을까요? 그는 개인적으로 불행한 삶을 살았다고 하겠습니다. 그의 결혼 생활이 순탄하고 안정적이어야 하는데, 그가 취한 아내 고멜은 타락한 여인이었습니다. 아내 고멜은 아이를 낳고서도 남편을 버리고 다른 남자에게로 갔습니다. 아내가 바람이 나서 가정을 떠났다고 생각하면 호세아가 얼마나 힘든 결혼 생활을 했을지 짐작하고도 남습니다. 그때 하나님께서 호세아에게 말씀하셨습니다.

"너는 타락한 네 아내 고멜을 다시 데려오라. 너는 또 가서 타인의 사랑을 받아 음녀가 된 그 여자를 사랑하라! 하시기로 내가 은 열다섯 개와 보리 한 호멜 반으로 나를 위하여 그를 사고 그에게 이르기를 너는 많은 날 동안 나와 함께 지내고 음행하지 말며 다른 남자를 따르지 말라 나도 네게 그리하리라."(호 3:1a-3)고 명하셨습니다.

당시 호세아 선지자의 가정은 당시 북 이스라엘의 상황을 상징합니다. 하나님은 호세아의 가정 상황이 당시 이스라엘의 상황임을 상징적으로 계시하셨습니다. 집을 나간 아내를 돈을 주어 다시 데려와야 하는 남편 호세아 개인은 비록 그가 하나님의 말씀을 전하는 선지자로서 난감한 상황을 맞았을 것입니다. 비록 인간 호세아 개인적으로는 황당하고 낙심할 수 있었겠지만, 영적으로는 이스라엘을 깊이 사랑하시는 하나님의 뜻을 물으며 이를 통하여 깨닫게 되는 놀라운 은혜를 몸소 느낄 수 있었을 것입니다.

외간 남자를 못 잊어 가출한 아내 고멜과 같은 이스라엘 백성, 하나님의 사랑을 버리고 이방 우상을 섬기는 위선적인 백성을 끝까지 사랑하시고 품으시어 구원하시려는 하나님의 애증 어린 사랑을 호세아는 자기 가정을 통하여 생생하게 체험하면서 느끼고 그 하나님을 깊이 체험하게 되었습니다. 호세아는 이처럼 영적으로 타락한 이스라엘 백성에게 이런 일을 겪으면서 깨닫고 받은 하나님의 말씀을 전하며 그들에게 호소했습니다.

2. 간곡한 호소: 힘써 여호와를 알자

:: 오라 우리가 여호와께로 돌아가자. 여호와께서 우리를 찢으셨으나 도로 낫게 하실 것이요, 우리를 치셨으나 싸매어 주실 것임이라. 여호와께서 이틀 후에 우리를 살리시며 셋째 날에 우리를 일으키시리니 우리가 그의 앞에서 살리라. 그러므로 우리가 여호와를 알자 힘써 여호와를 알자. 그의 나타나심은 새벽빛같이 어김없나니 비와 같이, 땅을 적시는 늦은 비와 같이 우리에게 임하시리라 하니라(호 6:1-3).

북 왕조 이스라엘이 남 왕조 유다와 분리된 후, 왕 여로보암은 백성들이 남 왕조 예루살렘으로 가지 못하도록 화려한 이방 종교문화를 채택하여 나라 곳곳에 금송아지 우상을 세웠습니다. 그리고 일반 백성 중에서 제사장을 세우고 연중 화려한 바알 신을 섬기는 축제를 즐기게 했습니다. 요즘으로 말하면 종교적 우민정책을 폈다고 하겠습니다. 그 결과, 나라는 교만과 방종, 타락과 부패, 무질서한 무정부 사회가 되고 말았습니다.

호세아는 이스라엘 백성의 이런 타락과 위선적 배교 생활의 근본적인 이유가 하나님을 알지 못한 데 있다고 판단했습니다. 그는 자신이 경험한 무조건적 하나님의 사랑과 은혜 그리고 계시하시는 풍성하고 놀라운 말씀의 뜻을 알지 못하여 하나님을 저버리고 배교한 백성들이 문제라고 판단했습니다. 그래서 선지자는 백성들을 향하여 "여호와를 힘써 알자"라고 외쳤습니다.

그렇다면 호세아가 백성에게 "하나님을 알자."라는 권고는 무슨 의미일까요? 당시 이스라엘 백성이 "여호와 하나님"이 누구신지 몰라서 이런 호소를 한 것일까요? 아닙니다. 호세아 선지자가 "알라"는 것은 지적인 앎, 강 건너 불구경하듯이 단순하게 지식적으로 아는 수준이 아닙니다.

당시 북 왕조 이스라엘 백성은 유다 예루살렘에 가면 그곳에 "여호와 하나님"을 섬기는 형제 지파 유다 백성이 있었기 때문에 그들은 유다 사람들이 섬기는 신이 여호와 신이라는 정도는 알고 있었습니다. 본문에서 "힘써 여호와를 알라"고 하는 것이, 백성이 모르니까 호세아가 가르쳐 주려고 하는 말이 아닙니다.

:: 에브라임은 내가 알고 이스라엘은 내게 숨기지 못하나니 에브라임아 이제 네가 음행하였고 이스라엘이 더러워졌느니라. 그들의 행위가 그들로 자기 하나님에게 돌아가지 못하게 하나니 이는 음란한 마음이 그 속에 있어 여호와를 알지 못하는 까닭이라(호 5:3-4).

선지자가 이렇게 지적하는 이유는 이스라엘 백성의 여호와 하나님에 대한 무지가 "음란이 마음에 가득 차" 있는 것이 원인이었기 때문이었습니다. 하나님은 그 사실을 지적하시며 그 원인이 음란 즉 육신의 쾌락을 추구함에 있음을 밝히신 것입니다. 그러기에 그는 여호와 하나님을 제대로 알아야 한다고 호소했습니다.

히브리어로 "안다"(yadah)라는 말은 지식적인 앎(reasonal knowledge)이 아니라, 체험하여 얻은 지식(experimental knowledge)을 의미합니다. 하나님을 아는 것은 냉철한 이지적 지식으로 비교 분석하여 어떤 법칙을 깨닫고 아는 것이 아닙니다. 하나님을 아는 것은 마치 사람을 아는 것과 같다 하겠습니다. 서로 만나 관계를 맺고 교제함으로써 알아가는 것입니다. 하나님을 아는 것은 오직 하나님과 교제할 때 얻어지는 경험적이고 체험적인 지식을 뜻합니다.

3. 여호와 하나님을 아는 방법

어떻게 하면 여호와 하나님을 알 수 있을까요?

1) 성경 말씀을 묵상함으로

성도는 하나님의 뜻을 밝히 담아 놓으신 성경을 읽고 묵상하여 그 의미를 분명하게 파악하는 과정을 통하여 그 말씀 속에 담긴 하나님의 생각과 의도 그리고 역사하심을 알 수 있습니다.

:: 여호와의 율법은 완전하여 영혼을 소성시키며 여호와의 증거는 확실하여 우둔한 자를 지혜롭게 하며, 여호와의 교훈은 정직하여 마음을 기쁘게 하고 여호와의 계명은 순결하여 눈을 밝게 하시 도다. 여호와

를 경외하는 도는 정결하여 영원까지 이르고 여호와의 법도 진실하여 다 의로우니, 금 곧 많은 순금보다 더 사모할 것이며 꿀과 송이 꿀보다 더 달도다(시 19:7-10).

이렇게 하나님의 말씀을 묵상하는 자가 참으로 복을 받은 사람이고 복된 사람입니다.

:: 복 있는 사람은 악인들의 꾀를 따르지 아니하며 죄인들의 길에 서지 아니하며 오만한 자들의 자리에 앉지 아니하고 오직 여호와의 율법을 즐거워하여 그의 율법을 주야로 묵상하는 도다(시 1:1-2).

말씀은 하나님의 감동으로 된 것이라고 바울은 설명합니다(딤후 3:16). 이때 문자적으로 "하나님의 감동"이란 "하나님의 호흡"을 의미합니다. 이는 마치 하나님께서 아담을 흙으로 빚으시고 그에게 생기를 불어 넣어 생령을 만드신 창조 사역과 같은 것입니다(창 2:7). 즉 하나님께서 숨을 내쉬고 하나님께서 생명을 부여하셔서 주신 것이 하나님의 말씀입니다. 요한복음의 저자 사도 요한은 "말씀이 육신이 되었다"라고 말합니다. 그 말씀은 하나님이시고 우리 가운데 오신 말씀입니다. 즉 우리가 말씀을 마음으로 받아들이면 우리 속에서 그 말씀은 우리가 충만한 은혜와 진리를 깨닫도록 역사합니다(요 1:1, 14). 이렇게 하나님을 알아가는 방법은 하나님을 경외하며 그가 주신 성경 말씀을 묵상하는 것입니다. 사람이 하나님을 경험하여 알 때 참된 지식을 얻게 되어 지혜롭고 유능한 하나님의 사람이 될 수 있습니다(딤후 3:17).

잠언 저자는 이렇게 말합니다.

:: 여호와를 경외하는 것이 지식의 근본이거늘 미련한 자는 지혜와 훈계를 멸시하느니라(잠 1:7).

2) 기도를 통하여

읽고 들은 하나님의 말씀을 통하여 하나님께서 가지신 깊은 뜻과 생각을 알게 되고, 하나님께 기도함으로 하나님을 깊이 경험하여 알 수 있습니다. 시편 19편의 저자는 이렇게 하나님께 기도하며 찬양했습니다.

:: 나의 반석이시요 나의 구속자이신 여호와여 내 입의 말과 마음의 묵상이 주님 앞에 열납되기를 원하나이다(시 19:14).

문제는 어떤 기도를 드리느냐 하는 것입니다. 하나님의 뜻을 묻고 기다리는 기도를 드리는가 아니면, 자기가 원하는 바를 아뢰고 들어달라고 떼를 쓰듯이 기도하는가에 달려있습니다. 분명히 하나님은 나를 위한 깊은 뜻을 갖고 계십니다. 우리가 기도할 때 하나님께서 주신 말씀을 묵상하고 그 말씀을 근거로 나를 향하신 하나님의 뜻을 체득할 수 있습니다. 어떤 때는 하나님은 즉각 들어 주시지만, 어떤 때는 거절하기도 하십니다. 예를 들면, 바울은 자신을 괴롭히는 질병을 치료해 달라고 세 번씩이나 기도했으나 하나님은 "네게 베푼 은혜가 족한 줄 알라"라고 응답하시며 그가 드린 간절한 기도를 응답해주지 않았습니다(고후 12:7-9).

3) 생활 속에서 순종하여 실천해 봄으로

깨달은 말씀을 삶 속에서 실천함으로써 하나님의 사랑과 은혜를 깨닫고 하나님을 경험할 수 있습니다. 시편 19편 저자의 고백을 들어봅시다.

:: 또 주의 종이 이것으로 경고를 받고 이것을 지킴으로 상이 크나이다 (시 19:11).

이렇게 하나님을 직접 체험하는 가장 빠른 방법은 말씀의 뜻을 확인한 후에 깨달은 그 말씀을 행동에 옮기는 것입니다. 시편 저자는 말씀으로 유익을 얻고 경고를 받고 보상을 받았기에 이런 고백을 했던 것입니다. 성도는 말씀에 순종하여 그 말씀이 하나님의 뜻이며 하나님께서 기쁘게 원하신다는 사실을 깨닫고 경험하므로 하나님을 실제로 알게 됩니다. 말씀은 듣기만 하는 것이 아니라 실천하여 그 말씀의 확실함을 체험함으로 비로소 하나님을 알게 됩니다. 이 점을 잊지 말아야 합니다.

4. 여호와를 맛보고 아는 경험을 하자

그래서 호세아는 이렇게 말했습니다.

:: 그러므로 우리가 여호와를 알자. 힘써 여호와를 알자. 그의 나타나심은 새벽 빛 같이 어김없나니 비와 같이, 땅을 적시는 늦은 비와 같이 우리에게 임하시리라(호 6:3).

앞에서 살폈듯이, 하나님을 경험하려면 성경 말씀을 묵상하여 깨달은 하나님의 생각과 의도, 그리고 그 뜻을 실천해야 합니다. 호세아 선지자는 이런 지식이 "여호와를 아는 것"이라고 두 번씩이나 강조했습니다. 탈북인 중에 어떤 사람은 내륙에 살아서 그동안 들었던 바닷물이 짠지를 남한에 내려와 해변에 가서 직접 손으로 바닷물을 떠서 맛보고서야 그 말이 정말인지 알았다고 하더군요. 그렇습니다. 아무리 바닷물이 짜다고 하더라도 직접 멋을 보지 않고서는 짠 바닷물을 알 수 없듯이, 그리고 그 경험을 할 때 확실한 짠 바닷물의 지식이 되는 것처럼, 성도가 하나님을 아는 것도 신학교에서 배워야 하는 신학 지식적인 것이 아니라, 하나님의 말씀을 실제 삶 속에서 실천하여 맛보아서 알게 되는 경험적 신지식(divine knowledge)을 갖추어야 합니다.

:: 너희는 여호와의 선하심을 맛보아 알지어다. 그에게 피하는 자는 복이 있도다(시 34:8).

이렇게 체득된 지식 즉 여호와 하나님의 지식으로 알 수 있는 하나님은 어떤 분입니까?

1) 새벽 빛 같이 일정하십니다

하나님은 변함이 없으신 하나님이십니다. 변덕이 없으시고 한결같으신 하나님이십니다. 그래서 안정되어 신뢰감이 있고 믿음직스러운 하나님이십니다. 모세는 광야 40년 동안 이스라엘 백성을 인도하면서 이러한 하나님을 깊이 경험했습니다. 그의 회고록에서 이렇게 고백했습니다.

:: 하나님은 사람이 아니시니 거짓말을 하지 않으시고 인생이 아니시니 후회가 없으시도다. 어찌 그 말씀하신 바를 행하지 않으시며 하신 말씀을 실행하지 않으시랴(민 23:19).

또한 하나님의 신실하심을 믿은 예레미야 선지자도 나라가 망해서 파멸하는 중에서도 신실하신 하나님을 고백했습니다. 선지자가 경험한 하나님은 말씀대로 이루시는 살아계신 여호와 하나님이었습니다. 선지자가 겪은 하나님은 변함이 없으시고 성실하시고 자비로우시고 풍성하신 분이었습니다.

:: 이것들이 아침마다 새로우니 주의 성실하심이 크시도소이다. 내 심령에 이르기를 여호와는 나의 기업이시니 그러므로 내가 그를 바라리라 하도다. 기다리는 자들에게나 구하는 영혼들에게 여호와는 선하시도다 사람이 여호와의 구원을 바라고 잠잠히 기다림이 좋도다(애 3:23-26).

만사에 하나님의 때가 있고 그때가 되어야 하나님께서는 신실하게 일하십니다. 예레미야는 그런 하나님을 사모했습니다. 여러분도 일상에서 이 신실한 하나님을 경험하고 고백하시는 은혜가 넘치기를 기원합니다.

2) 때를 따라 적절하게 은혜를 베푸십니다

제가 8여년을 살았던 남가주 로스앤젤레스는 겨울이 우기입니다. 비가 거의 없는 그곳에 겨울에 비가 와야 그래도 땅이 축축해져서 보기 좋습니다. 그 시기가 지나면 온 들이 뜨거운 햇빛에 말라 황량해집니다. 계절 따라 제때 비가 와주어야 농사를 지을 수가 있습니다. 그런데 올해 겨울은 비도

오지만 눈이 무척 많이 왔답니다. 날씨가 일정하지 않았습니다. 그리고 때를 따라 비와 눈이 오지 않았습니다.

이처럼 유다 땅도 지중해성 기후여서 겨울이 우기입니다. 이 우기에 제때 비가 내려와야만 이스라엘 사람들은 농사를 지어 한 해를 먹을 수 있습니다. 때를 따라 겨울비가 제때 내려야 가능한 것입니다. 자연을 주관하시고 때를 따라 인간이 살아갈 수 있도록 섭리하시는 그 하나님은 자비로우시고 신실하신 하나님이십니다. 하나님의 신실하신 은혜는 지금도 우리 모두에게 꼭 필요한 은혜입니다. 성도는 이 은혜를 확신하고 은혜를 사모하고 은혜를 고백하며 살아야 합니다.

3) 언제나 살아계셔서 섭리하십니다.

:: 여호와께서 우리를 찢으셨으나 도로 낫게 하실 것이요 우리를 치셨으나 싸매어 주실 것임이라. 여호와께서 이틀 후에 우리를 살리시며 셋째 날에 우리를 일으키시리니 우리가 그의 앞에서 살리라(호 1-3).

이 말씀에서 하나님의 행동을 살펴봅니다. 찢은 후에 낫게 하고, 치신 후에 싸매시고, 살리시고, 일으키신다. 무슨 말입니까? 하나님은 살아계신 분이라는 뜻입니다. 살아계셔서 역동적으로 일하고 계신 하나님을 그린 말씀입니다. 또한 "이틀 후에, 셋째 날에 살리시고 일으키신다"는 무슨 뜻일까요?

네 가지 해석이 있습니다.

첫째, "이틀"과 "셋째"라는 말을 계속하여 사용하므로 유창한 문장을 구사하는 서술 방식이지 특별한 의미가 없다는 주장이 있습니다(T. K. Cheyne). 또한 영어의 some과 같이 둘 셋 정도로 숫자가 많지 않음을 의미하기도 합니다. 즉 환란에 처한 이스라엘이 얼마 지나지 않아(2-3일) 회복될 것을 예언한다는 뜻이라고 이해합니다.

둘째, 예수 그리스도께서 3일 만에 부활하실 사건을 예언한 것이라는 주장이 있습니다(초대교회 교부 중 일부, Pusey).

셋째, 장차 메시아가 오셔서 이스라엘을 구원하시는 것을 의미한다고 이해합니다(유대주의 학자들). 여기서 첫째 날 구원은 출애굽, 둘째 날 구원은 바벨론 포로의 고토 귀환, 셋째 날 구원 흩어진 디아스포라 유대인(Diaspora Jewish)이 고국에 귀환하여 이루어질 구원을 의미합니다.

넷째, 존 칼빈(John Calvin)은 "여기서 이틀과 삼일은 다니엘이 말한바 '한 때와 두 때와 반 때'(단 8:25)와 같이 시간의 장단을 말하는 것이 아니라, 환란을 참고 견딜 수 있는 길지 않은 '인내의 때'를 말하는 것이 아닐까? 비록 첫날이 아니고, 둘째 날이 아닐지라도, 제 삼일에는 반드시 죽음에서 우리를 일으키실 것이라는 위로의 약속이 아닐까?"라고 해석했습니다.

칼빈의 해석은 그리스도 예수의 부활은 '우리 인생의 거울'(mirror of our life)이기에 이 둘째 날, 셋째 날은 예수 그리스도의 구속과 부활을 예언한 말씀이라고 볼 때, 우리는 이 설명을 받아들이는 것이 좋다고 하겠습니다.

결론

예수를 찾은 한 젊은이가 있었습니다. 그가 예수님께 "어떻게 하여야 영생을 얻을 수 있습니까?" 하고 물었습니다. 예수님께서 "네가 영생을 얻고자 하거든 계명을 지키라"라고 답하셨습니다. 그때 젊은이가 자신 있게 "계명들은 내가 어려서부터 다 지키었습니다."라고 자랑스럽게 답했습니다. 그러자 예수님께서 그에게 "네게 한 가지 부족한 것이 있으니 가서 네 있는 것을 다 팔아 가난한 자들을 주라. 그리하면 하늘에서 보화가 네게 있으리라 그리고 와서 나를 따르라"라고 청년에게 명하셨습니다. 저자 마가는 "그는 재물이 많은 고로 근심하며 갔다"(막 10:17-22)라고 기록하고 있습니다. 예수님은 청년의 마음을 꿰뚫어 보셨습니다. 그가 어려서부터 율법을 다 지켰다는 자신감은 어디에 근거한 것일까요? 청년이 부자일 수 있었던 이유는 오직 유산을 받았기 때문일 것입니다. 그러니 그가 율법을 다 준수했다는 것은 그가 부모로부터 물려받은 재산이 넉넉했기에 그런 종교적 행위를 할 수 있었던 것은 아닐까요? 즉 그의 신앙은 물질에 근거를 둔 신앙이라고 하겠습니다. 이는 돈이 있어야 신앙을 지킬 수 있다는 말이 됩니다. 주님은 그의 신앙의 허구를 보셨습니다. 단지 그에게 재물이 풍족했다는 한 가지 이유 때문이었을까요? 몇 대째 예수 믿는 집안이라는 이력, 어떤 직분을 오랫동안 유지해 왔다는 사실, 교회 내에서의 높은 직분과 지위, 이 모든 조건이 다 허구일 수 있습니다. 청년에게 2% 모자라는 것은 그가 가진 많은 돈을 가장 소중하게 여기고 의지하고 있다는 사실이었습니다. 주께서는 그 물질을 다 포기하고 오로지 주의 말씀을 따르게 하려는 것이었습니다.

영생에 이르는 일은 유전적인 종교 행위로도 머리로도 오랜 경륜으로도 그리고 지식으로도 되지 않습니다. 오직 말씀을 순종할 때 가능해집니다. 전적으로 하나님께 자신을 드려 순종할 때 그의 신(神)지식은 바른 믿음이 되어 하나님을 알게 되고, 그가 보내신 예수 그리스도를 알고 믿어 구원에 이르게 되는 것입니다.

사도 요한은 말합니다.

:: 사랑하는 자들아, 우리가 서로 사랑하자. 사랑은 하나님께 속한 것이니 사랑하는 자마다 하나님으로부터 나서 하나님을 알고 사랑하지 아니하는 자는 하나님을 알지 못하나니 이는 하나님은 사랑이심이라 (요일 4:7-8).

칼빈 선생이 말한 바와 같이 "하나님을 알고 나를 알 때" 진정한 구원의 지식은 갖추어지게 됩니다(기독교 강요 1,1,1). 오는 한 주간 말씀을 묵상하고 깨닫는 대로 무엇이라도 실천해 보시기 바랍니다. 그 과정을 통하여 내 심령에 어떤 변화가 일어나는지 경험해 보시기 바랍니다. 그래서 실제로 하나님을 알고 하나님을 경험하고 하나님께 돌아와 참된 하나님의 사람이 되시길 바랍니다.

기도

하나님 아버지 감사합니다. 이 시간 중요한 진리로 도전받게 해 주셔서 감사합니다. 지금까지 하나님을 믿고 안다고 하지만 우리의 모습은 타성과 습관적인 신앙에 불과할 때가 많이 있습니다. 이 말씀으로 하나님을 알고 경험하여 하나님을 확신할 뿐 아니라, 이를 통하여 연약한 자신을 확실하게 알게 하옵소서. 그리고 매일의 삶 속에서 겸손하게 계시의 말씀에 순종하여 하나님을 맛보게 하시옵소서. 거룩하신 주 예수 그리스도의 이름으로 기도드리옵나이다. 아멘.

14.

번제보다 원하시는 것

:: 에브라임아 내가 네게 어떻게 하랴 유다야 내가 네게 어떻게 하랴 너희의 인애가 아침 구름이나 쉬 없어지는 이슬 같도다. 그러므로 내가 선지자들로 그들을 치고 내 입의 말로 그들을 죽였노니 내 심판은 빛처럼 나오느니라. 나는 인애를 원하고 제사를 원하지 아니하며 번제보다 하나님을 아는 것을 원하노라. 그들은 아담처럼 언약을 어기고 거기에서 나를 반역하였느니라(호 6:4-7).

구약 선지서를 볼 때마다 마음이 편하지 않는 경우가 있습니다. 하나님께서 죄를 지적하시며 무서운 심판을 경고하시기 때문입니다. 이는 우리가 바라는 바가 아닙니다. 우리는 모두 건강하고 돈을 많이 벌어 하고 싶은 것을 마음껏 하고 편하게 사는 복을 누리고 싶기 때문입니다. 그래서 항상 우리는 하나님이 이런 소원을 들어주시기만을 기대하며 믿어 드리는 선에서 신앙생활을 하려 합니다.

그러나 하나님의 생각은 이런 생각과는 다르다고 성경은 지적합니다. 하나님은 죄로 말미암아 죽은 우리가 예수를 믿게 하시므로 잃어버렸던 하나님의 형상을 회복시켜 신의 성품을 가진 존재로서 하나님의 거룩하신 영광 가운데서 함께 있도록 하기를 원하셨습니다. 이것이 하나님께서 우리를 예수 안에서 부르신 목적입니다.

사도 베드로는 이 놀라운 구원의 도리를 이렇게 설명했습니다.

:: 그의 신기한 능력으로 생명과 경건에 속한 모든 것을 우리에게 주셨으니 이는 자기의 영광과 덕으로써 우리를 부르신 이를 앎으로 말미암음이라. 이로써 그 보배롭고 지극히 큰 약속을 우리에게 주사 이 약속으로 말미암아 너희가 정욕 때문에 세상에서 썩어질 것을 피하여 신성한 성품에 참여하는 자가 되게 하려 하셨느니라. 그러므로 너희가 더욱 힘써 너희 믿음에 덕을, 덕에 지식을, 지식에 절제를, 절제에 인내를, 인내에 경건을, 경건에 형제 우애를, 형제 우애에 사랑을 더하라(벧후 1:3-7).

사도 베드로의 이 말씀은 이러한 덕목들이 삶 속에 있을 때 참된 믿음의 실체가 확정적으로 인정받게 되어 구원에 이르게 된다는 일련의 구원트랙을 말하고 있습니다.

말씀드린 대로 호세아서에는 9편의 설교가 있습니다. 첫 번째 설교(4:1-5:4)에선 하나님을 모르는 이스라엘 백성의 무지에 대한 탄식과 경고를, 두 번째 설교(5:5-6:3)에선 교만에 대한 하나님의 탄식과 경고를 다루었습니다.

이제 세 번째 설교(6:4-7:7)에선 인애가 없는 이스라엘에 대한 탄식과 경고를 다루려 합니다.

1. 조급하고 잔인한 세상

최근 들어 미국의 상황이 어떠합니까? 무섭지 않습니까? 총기 사고가 너무 많이 발생합니다. 교통사고로 죽은 사람보다 총기에 죽는 사람이 더 많다는 소식도 들었습니다. 지난 주간 텍사스에 위치한 어떤 기독교 초등학교에서 그 학교 졸업생이 자동소총을 무차별 난사하고, 10살 남짓한 어린아이가 농구공을 찾으러 자기 집 마당에 들어왔다고 총을 쏘아 죽이고, 경찰의 경고를 듣지 않았다고 그에게 120발 이상을 쏴서 그 젊은이를 죽였습니다. 얼마나 무자비한 세상입니까? 조급증과 초조함과 불안증과 같은 유약한 심리 상태로 절제가 되지 않는 극도의 분노 조절 장애 증을 앓고 있어서 이전엔 상상조차 할 수 없었던 일들이 하루가 멀다 하고 발생하고 있습니다. 그래서 우리는 불안과 초조 그리고 조급한 모습으로 살아가는 것입니다. 한 마디로 사람들이 너무 여유가 없습니다. 간교하고 잔인하고 무자비한 세상이 되었습니다. 참으로 무서운 일이 아닐 수 없습니다.

왜 이런 일이 벌어질까요? 여러 가지 원인과 배경을 설명할 수 있겠으나, 기독교 국가라고 하는 미국이 언제부터 이처럼 초조하고 조급하며 무관용하고 무자비한 세상이 되었습니까? 생각해 보면, 1961년 미국 35대 대통령에 당선된 가톨릭교도 케네디가 미국 사회에 종교다원주의를 허용하면서부터라고 할 수 있습니다. 이후로 미국 사회는 전통적인 기독교 신앙의 가치관이 허물어지기 시작했습니다. 극도의 개인주의, 상대주의, 물질만능주의, 포스트모더니즘(post-modernism)의 영향으로 하나님 섬기는 문화가 변질되었습니다. 점차 반목과 갈등, 차별과 분리로 극도의 사회적 갈등이 심화되어 가고 있습니다. 하루가 멀다 하고 벌어지는 총기 사고, 마약, 동성애 등 온갖 사건들이 벌어지면서 정치, 교육, 문화, 경제 심지어 종교계에 이르기까지 사회 전반에 걸쳐 윤리적 이탈현상이 나타나 관리 조절이 제대로 되지 않고 있습니다. 한마디로 악이 판을 치는 사회가 되어가고 있습니다. 이런 사회 풍조는 교회까지 미쳐서 돈의 권력이 판을 치고, 동성애와 마약이 사회 곳곳에서 횡행하고 있습니다. 온통 무질서, 무정부 상태의 사회와 나라가 되어가고 있습니다.

이런 흐름은 한국에도 영향을 미치고 있습니다. 마약 청정국 소리를 듣던 한국이 이젠 길거리에서 초등학생과 청소년까지 쉽게 마약을 접할 수 있는 상황이 되었습니다. 얼마 전 강남 한 곳에 불법 음식점을 차리고 은밀하게 인터넷을 통하여 성매매를 홍보했는데 단 이틀 동안 3억 원 이상의 매출을 올렸다고 합니다. 경악할 일입니다. 지금 미국이나 한국이나 온 세상이 음풍에 싸여 있고 탈법과 무정부와 무자비가 판을 치는 세상이 되어가고 있습니다. 참으로 조급하고 잔인하고 무서운 세상이 되어가고 있습니다.

2. 범죄 집단으로 전락한 이스라엘

이런 사회상은 호세아 선지자가 활동하던 북 왕조 이스라엘에서도 다르지 않았습니다.

:: 에브라임아 내가 네게 어떻게 하랴. 유다야 내가 네게 어떻게 하랴. 너희의 인애가 아침 구름이나 쉬 없어지는 이슬 같도다(호 6:4).

에브라임은 북 왕조 이스라엘의 대표 부족입니다. 그들에게는 인애가 허울뿐인 말입니다. 여기서 "인애"(hessed)는 "선"(goodness), "사랑"(love), "하나님에 대한 충성"(loyalty to God)이라는 의미입니다. 구약학자 카일(Keil)은 "여기서 말하는 인애의 참뜻은 하나님을 사랑하는 그 사랑으로 이웃을 향하는 선한 마음(good-will)"이라고 정의했습니다. 그래서 어떤 성도는 인애는 "하나님을 향한 사랑(devotion)으로 주께 헌신하는 삶을 의미한다."고 말했습니다. 그러나 이스라엘이 하나님을 향해 보여준 충성과 이웃을 향해 보여준 인애는 조급함과 잔인함과 위선으로 가득 찬 허울뿐인 위선이었습니다.

이러한 당시 북 왕조 이스라엘의 사회상에 대하여 호세아는 상세하게 진술합니다.

:: 길르앗은 악을 행하는 자의 고을이라. 피 발자국으로 가득 찼도다. 강도떼가 사람을 기다림 같이 제사장의 무리가 세겜 길에서 살인하니 그들이 사악을 행하였느니라. 내가 이스라엘 집에서 가증한 일을 보았나니 거기서 에브라임은 음행하였고 이스라엘은 더럽혀졌느니라(호 6:8-10).

1) 쿠데타가 끊임없는 악의 소굴

길르앗은 르우벤과 갓 지파가 차지했던 곳인데, 실은 북 왕조 이스라엘 전체를 상징합니다. 이곳은 악행 자들의 아지트였습니다. 그 안에서는 온갖 악행들이 전혀 제재를 받지 않고 무차별적으로 벌어졌습니다. 마치 마피아 타운과도 같습니다.

"길에서"란 단순히 "길거리"(way, street)의 의미가 아니라, "관습적이고 습관적인"(behavior, custom, habit) 범죄를 저지르는 집단을 뜻하는 말입니다. 이곳은 잠복하다가 살인을 일삼는 강도떼들의 거리입니다. 이곳은 하루가 멀다고 싸움과 약탈, 음란과 살해로 피 발자국이 가득 찬 세상이었습니다. 특히 "피 발자국"이란 제물의 피를 뜻하지 않습니다. 이는 사람을 죽이는 자들이 많이 산다는 의미입니다. 사람을 수도 없이 죽여 그들의 피가 땅에 흥건할 정도로 살해를 일삼는 자들의 소굴이 길르앗이라는 말입니다. 실제로 호세아 선지자가 활동하던 당시 북 왕조 이스라엘의 정치 사회는 이러한 상황을 여실히 보여주었습니다. 열왕기하 15장의 기록을 보면, 길르앗은 당시 라못이라고 불리던 고을이었습니다. 이곳에서 여로보암 2세의 권력에 도전하여 피비린내 나는 정권 침탈 사건이 연속적으로 발생했습니다.

:: 유다 왕 웃시야 제 삼십 구년에 야베스의 아들 살룸이 사마리아에서 왕이 되어 한 달 동안 다스리니라. 가디의 아들 므나헴이 디르사에서부터 사마리아로 올라가서 야베스의 아들 살룸을 거기에서 쳐 죽이고 대신하여 왕이 되니라. 살룸의 남은 사적과 그가 반역한 일은 이스라엘 왕 역대지략에 기록 되니라. 그 때에 므나헴이 디르사에서 와서 딥사와 그 가운데에 있는 모든 사람과 그 사방을 쳤으니 이는 그들이 성문을 열지 아니하였음이라 그러므로 그들이 그 곳을 치고 그 가운데에 아이 밴 부녀를 갈랐더라(왕하 15:13-15).

여로보암의 아들 스가랴가 부친을 살해하고 왕이 되어 6개월 통치하고(왕하 15:8), 살룸이 스가랴를 죽이고 왕이 된 지 한 달 만에 그 역시 므나헴에게 죽고(왕하 15:14), 므나헴은 10년 통치 후에 죽고, 그 아들 브가히야가 왕이 되자 2년 만에 베가가 길르앗 자객 50명을 동원하며 임신한 부녀의 배를 가를 정도로 잔인하게 정권을 침탈했습니다(왕하 15:25). 정권의 부침이 매우 심하게 벌어졌던 정국에서 숱한 목숨이 죽임을 당했던 것입니다. 한마디로 길르앗은 피 발자국으로 가득 찬 고을이었습니다. 이는 길르앗이 악의 소굴이었음을 나타냅니다. 호세아는 이런 잔인하고 포악스러운 나라가 북 왕조 이스라엘이라고 지적하며 한탄했습니다.

2) 간교하고 타락한 종교인

한편 이런 사회 분위기 속에서 사회의 정화 기능을 수행해야 할 종교인의 모습은 어떠했을까요? 그들은 한술 더 떠서 종교인의 신분임에도 당시의 악한 세력과 결탁하는 어처구니없는 악의 집단이 되어 버렸습니다. 호세아는 이 당시 종교인에 대하여 이렇게 말합니다.

:: 강도떼가 사람을 기다림 같이 제사장의 무리가 세겜 길에서 살인하니 그들이 사악을 행하였느니라(호 6:9).

당시 제사장들은 세겜 길에서 사악한 일을 거리낌 없이 행했습니다. 세겜은 당시 종교의 중심인 곳입니다. 당시 종교인들은 바로 그들의 종교중심지에서 사악한 집단과 결탁하여 의도적인 범죄를 저질렀습니다. 본문에서 말하는 "기다림"이란 표현은 고의적으로 계획을 세워 살인을 했다는 말입니다. 최근 천주교의 사제들이 교인들과 젊은 청소년에게 음란한 일을 오랫동안 저질러 체포되는 일이 발생한 것과 같다 하겠습니다. 한국에선 “내가 신이다”라는 넷플릭스 영화까지 나와 사이비 종교의 타락상을 여지없이 보여주며 사회적으로 경멸과 비판의 대상이 되고 있습니다. 이 같은 상황이 당시 북 왕조 이스라엘에서 벌어졌던 것입니다. 의도적으로 제사장들이 비겁하게 숨어 있다가 지나가는 자들을 덮쳐 금품을 빼앗고 살해하는 등 도적 떼로 전락한 것입니다. 사회 지도자 계층이 타락하여 깡패 집단이 되고 조직적으로 부패했던 것입니다.

하나님은 이에 대하여 호세아를 통하여 강력하게 경고하셨습니다.

:: 내가 이스라엘 집에서 가증한 일을 보았나니 거기서 에브라임은 음행하였고 이스라엘은 더럽혀졌느니라(호 6:10).

뿐만 아니라, “세겜”은 어떤 곳입니까? 세겜은 이스라엘 역사에 있어서 매우 유명한 곳입니다. 이곳은 여호수아가 요단강 건넌 후에 처음 정착했던 장소이며(수 24:1-2), 도피성이 있던 고을이었고(수 20:7-8), 레위 제사장 촌이 있었던 곳입니다(수 21:21). 그런데 이처럼 역사적으로 중요하고 거룩한 곳이 안타깝게도 이제 강도떼의 소굴이 된 것입니다. 즉 도피성이 강도의 소굴(kedode)이 되고 말았습니다.

한마디로 이스라엘에 가증한 이들이 횡행하였고 음풍에 사로잡힌 추악한 나라가 되어 모든 국민이 더러운 백성이 되었다는 말입니다. 하나님께서는 이 모든 것을 보시고 알고 계셨습니다. 사회의 마지막 보루가 될 종교가 악가 결탁하여 전혀 소망이 없는 나라가 되었습니다. 한마디로 상식과 양심이 불량해지고, 도덕과 윤리에 둔감한 잔악하고, 결과 부패한 무정부 사회가 되고 만 것입니다. 온 국민이 권력과 돈의 힘을 의지하고 하고 싶은 대로 집단적 권력을 탐하고 쾌락을 일삼는 부패한 사회와 나라가 된 것입니다. 현재의 우리의 상황은 어떻습니까? 오늘날과 당시와 별로 다를 바가 없는 것 같지 않습니까? 하나님을 바로 알고 그를 경외하며 섬겨야 할 것입니다.

3. 하나님의 요구와 경고

이러한 상황 가운데 살아계신 하나님은 무슨 일을 하셨을까요?

:: 그러므로 내가 선지자들로 그들을 치고 내 입의 말로 그들을 죽였노니 내 심판은 빛처럼 나오느니라. 나는 인애를 원하고 제사를 원하지 아니하며 번제보다 하나님을 아는 것을 원하노라. 그들은 아담처럼 언약을 어기고 거기에서 나를 반역하였느니라(호 6:5-7).

1) 공의로운 심판을 경고하셨습니다

하나님은 선지자들을 통하여 죄를 공의롭게 지적하심으로써 그들을 치시고, 선지자들에게 주신 말씀으로 죽였다고 지적하셨습니다. 이는 하나님이 살아계셔서 공의롭게 심판하시는 분이심을 나타냅니다. "치고"란 "자르다"(hezeb, cut down)라는 의미로 도끼로 단단한 나무를 쳐서 잘게 잘라 넘어트렸다는 말입니다. 하나님께서 선지자로 전하는 말의 능력으로 그들을 잘게 쪼게어 파멸했다는 말입니다(cut you in pieces with my prophets). 뿐만 아니라, 이 하나님의 심판은 빛처럼 신속하게 이루어질 것이라고(my punishment flashed like light) 강조합니다. 선지자 이사야도 이러한 하나님의 선지자를 통한 심판을 이렇게 설명했습니다.

:: 그가 여호와를 경외함으로 즐거움을 삼을 것이며 그의 눈에 보이는 대로 심판하지 아니하며 그의 귀에 들리는 대로 판단하지 아니하며, 공의로 가난한 자를 심판하며 정직으로 세상의 겸손한 자를 판단할 것이며 그의 입의 막대기로 세상을 치며 그의 입술의 기운으로 악인을 죽일 것이며, 공의로 그의 허리띠를 삼으며 성실로 그의 몸의 띠를 삼으리라(사 11:3-5).

이 말씀은 이새의 줄기와 뿌리에서 나올 한 싹, 한 가지 즉 장차 임하실 예수 그리스도의 강력한 사역을 예언한 말씀입니다. 말씀으로 오신 예수께서 강력한 천국 복음을 전하셔서 그 말씀의 힘과 능력으로 악한 사탄의 궤계를 다 물리치시고 사망 권세를 타파하고 승리하실 것을 예언하신 것입니다. 이미 하나님은 예수의 입을 통하여 전파하는 말씀을 날카로운 칼과 같이 만드셔서 온 세상을 치며 악인을 죽이실 것을 예언하셨습니다(사 49:2). 그리고 예레미야 선지자는 자신이 받은 말씀은 파괴의 능력(렘 1:10)과 강력한 화력으로 모든 것을 불사르는 불이고 경고라고 선포했습니다(렘 5:12).

:: 그러므로 만군의 하나님 여호와께서 이와 같이 말씀하시니라. 너희가 이 말을 하였은즉 볼지어다. 내가 네 입에 있는 나의 말을 불이 되게 하고 이 백성을 나무가 되게 하여 불사르리라(렘 5:14).

그런데 하나님의 이 무서운 심판 경고는 자기 백성을 사랑하시는 과정의 일환입니다. 이 점을 강조하면서, 종교개혁자 루터(M. Luther)는 "굳은 나무를 잘라 조각을 내는 것 같이 하나님께서 선지자들을 통하여 이스라엘을 거룩한 백성으로 깎아 만드신다."고 설명했습니다.

여러분은 말씀의 강력한 힘(Power)을 믿습니까? 타락한 마음과 사회 그리고 세상을 치유하고 회복할 수 있는 유일한 길은 오직 하나님의 말씀뿐임을 믿습니까? 호세아는 이는 여호와 하나님을 바르게 알아야 가능하다고 강조했습니다(호 6:1-3). 말씀만이 치유하여 새롭게 하실 수 있습니다. 이유는 하나님의 말씀이 힘이요 능력이기 때문입니다(시 19:7-8).

히브리서 저자의 말씀을 들어 봅시다.

:: 하나님의 말씀은 살아 있고 활력이 있어 좌우에 날선 어떤 검보다도 예리하여 혼과 영과 및 관절과 골수를 찔러 쪼개기까지 하며 또 마음의 생각과 뜻을 판단하나니(히 4:12).

바울은 성경은 "그리스도 예수 안에 있는 믿음으로 말미암아 구원에 이르는 지혜가 있게 하고, 교훈과 책망과 바르게 함과 의로 교육하기에 유익하여, 온전한 하나님의 사람이 되게 하고 모든 선한 일을 행할 능력을 갖추게 하는 능력"(딤후 5:16-17)이라고 규정했습니다.

2) 아담 언약의 파기를 지적하셨습니다

이들의 행위는 마치 아담이 저지른 행위 즉 언약 파기 행위와 같다고 지적했습니다. 타락 전 아담의 상태(prelapsarian)는 어거스틴이 말한 대로 "죄를 지을 수도, 죄를 짓지 않을 수도 있는 상태"(posse peccare et posse non peccare, to sin or not sin)였습니다. 그런데 아담은 하나님과 맺은 언약을 어겼습니다(창 3:1-6).

우리의 조상 아담의 변명을 들어 봅시다.

:: 이르시되 누가 너의 벗었음을 네게 알렸느냐 내가 네게 먹지 말라 명한 그 나무 열매를 네가 먹었느냐, 아담이 이르되 하나님이 주셔서 나와 함께 있게 하신 여자 그가 그 나무 열매를 내게 주므로 내가 먹었나이다(창 3:11-12).

그는 하나님께 신의와 충성(sincerity and loyalty)도 없었고, 하와에 대한 배려와 사랑도 없었습니다. 그는 간교하고 비겁했습니다. 그는 자신을 추궁하시는 하나님 앞에서 자신의 모든 책임을 아내에게 돌렸고 변명과 회피로 일관했습니다. 그는 아내를 하나님이 주셨다고 까지 말하면서 그 책임이 자신이 아닌 하나님께 있음을 강조했습니다. 놀라운 변명이고 무책임한 아담입니다. 이는 전적으로 하나님께 대한 불신과 도전이라 하겠습니다.

북 왕조 이스라엘 역시 자신들의 모든 죄에 대한 책임을 회피와 변명으로 일관했습니다. 그들은 쾌락에 빠져 방종과 반역의 길로 갔습니다. 놀랍게도 이러한 풍조는 남 왕조 유다까지 미쳐, 하나님은 북 이스라엘은 물론 남 왕조 유다에 대한 심판도 강력하게 경고하셨습니다.

:: 또한 유다여 내가 내 백성의 사로잡힘을 돌이킬 때에 네게도 추수할 일을 정하였느니라(호 6:11).

3) 원하시는 것은 제사가 아니라 인애라고 강조하셨습니다

대부분의 성도는 형식적으로 종교 생활, 다시 말해 제사와 예배만 드리면 문제가 없다고 생각합니다. 그리고 자기 마음의 욕망대로 살아도 된다고 생각합니다. 하지만 하나님은 그것을 용납하지 않으십니다. 하나님이 원하시는 것은 그런 형식적인 제사(예배)보다 화해와 용서 그리고 인애를 실천하는 생활 예배(제사)입니다. 과연 우리에게 진정성이 있는 예배가 하나님께 드려지고 있는지 살펴보시기 바랍니다.

주께서 이 원리를 산상보훈에서 이미 가르쳐 주셨습니다.

:: 그러므로 예물을 제단에 드리려다가 거기서 네 형제에게 원망들을 만한 일이 있는 것이 생각나거든 예물을 제단 앞에 두고 먼저 가서 형제와 화목하고 그 후에 와서 예물을 드리라(마 5:23-24).

결론

하나님께서 요구하시는 것이 무엇일까요? 악한 세상, 온갖 죄악이 횡행하는 세상, 꼴 보기 싫고 만나기 싫은 사람들이 주변에 가득 차 있고, 사회적으로 국제 정치적으로 어수선하고 복잡하여 생각조차하기 싫은 이 세상에서 과연 하나님께서 우리에게 요구하시는 것이 무엇일까요?

주님은 원수까지 사랑하시라고 하시는데 과연 어떻게 살아야 할까요? 다름 아니라, 여호와 하나님을 힘써 알려고 노력하는 일을 우선적으로 해야 할 것입니다. 하나님은 당신의 말씀을 예수 그리스도를 통하여 우리에게 계시하셨습니다.

∷ 나는 너희에게 이르노니 악한 자를 대적하지 말라. 누구든지 네 오른 편 뺨을 치거든 왼편도 돌려 대며, 또 너를 고발하여 속옷을 가지고자 하는 자에게 겉옷까지도 가지게 하며 또 누구든지 너로 억지로 오 리를 가게 하거든 그 사람과 십 리를 동행하고 네게 구하는 자에게 주며 네게 꾸고자 하는 자에게 거절하지 말라. 또 네 이웃을 사랑하고 네 원수를 미워하라 하였다는 것을 너희가 들었으나 나는 너희에게 이르노니 너희 원수를 사랑하며 너희를 박해하는 자를 위하여 기도하라 (마 5:39-44).

예수께서 하신 이 말씀은 지키기가 참으로 어렵습니다. 불가능한 것을 요구하시는 것 같습니다. 어떻게 원수에게 배려와 사랑 그리고 헌신까지 할 수가 있단 말입니까? 도덕과 윤리를 어디까지 지킬 수 있겠습니까? 주님은 원수까지 사랑하라고 하셨는데 어떻게 이 말씀을 순종할 것입니까? 온 세상이 죄 가운데 돌아가고 있는데, 나만 말씀대로 살면 바보가 되고 어리석은 자로 취급받을 것 같아 순간순간 내 생각대로, 습관에 따라 이익을 추구할 수밖에 없지 않습니까? 과연 어떻게 하나님께서 요구하시는 인애를 실행에 옮길 수 있을 것입니까?

이런저런 생각 속에서 도저히 불가능하다고 여기는 이 사회 풍조 속에서 우리 예수님은 자기에게 와서 배우라고 초청하십니다.

∷ 수고하고 무거운 짐 진 자들아 다 내게로 오라 내가 너희를 쉬게 하리라. 나는 마음이 온유하고 겸손하니 나의 멍에를 메고 내게 배우라.

그리하면 너희 마음이 쉼을 얻으리니, 이는 내 멍에는 쉽고 내 짐은 가벼움이라 하시니라(마 11:28-30).

예수를 닮으려 항상 추구했던 사도 바울이 우리에게 자기가 예수를 본받은 것처럼 자기를 본받으라며 권고했습니다. 바로 내가 서 있는 그 자리에서 일상에 꼭 해야만 하는 것을 신실하게 수행하는 것이 원수를 사랑하는 것이며 고아와 과부를 돌보는 사랑을 실천하는 일입니다. 멀리서 거창하게 할 필요가 없습니다. 그저 순간순간 말씀이 생각나고 지시하는 바를 어떠한 상황 속에서도 순종하는 것이 주님을 따르는 길입니다. 이것이 성도가 자기 십자가를 지고 주를 따르는 십자가의 길을 가는 것입니다.

:: 내가 내게 있는 모든 것으로 구제하고 또 내 몸을 불사르게 내줄지라도 사랑이 없으면 내게 아무 유익이 없느니라. 사랑은 오래 참고 사랑은 온유하며 시기하지 아니하며 사랑은 자랑하지 아니하며 교만하지 아니하며, 무례히 행하지 아니하며 자기의 유익을 구하지 아니하며 성내지 아니하며 악한 것을 생각하지 아니하며, 불의를 기뻐하지 아니하며 진리와 함께 기뻐하고, 모든 것을 참으며 모든 것을 믿으며 모든 것을 바라며 모든 것을 견디느니라(고전 13:3-7).

사도 바울의 간곡한 권면을 받아 우리의 삶이 주님을 알고 경험하며 순종하는 모두가 되길 바랍니다.

기도

거룩하신 하나님, 온 세상이 죄악으로 가득 차 온 사회가 불안과 초조, 분쟁과 갈등이 심화되고 있습니다. 하나님의 말씀이 희귀하게 되고 믿음의 세계가 강력한 세속화의 물결에 무참하게 무너지고 있습니다. 말씀의 회복이 일어나게 해 주옵소서. 말씀으로 돌아가게 하옵소서. 진리를 알지니 진리가 너희를 자유케 하리라고 하신 주님의 음성을 듣고 진리 되신 주 예수께로 가게 하옵소서. 예수 안에서 신의 성품을 회복시키셔서 빛과 소금으로서의 역할을 수행하여 하나님을 기쁘시게 하며 주께 영광 돌리게 하옵소서. 거룩하신 주 예수 그리스도의 이름으로 기도드리옵나이다. 아멘.

• • •

15.

갈팡질팡 이스라엘

:: 에브라임이 여러 민족 가운데에 혼합되니 그는 곧 뒤집지 않은 전병이로다. 이방인들이 그의 힘을 삼켰으나 알지 못하고 백발이 무성할지라도 알지 못하는 도다. 이스라엘의 교만은 그 얼굴에 드러났나니 그들이 이 모든 일을 당하여도 그들의 하나님 여호와께로 돌아오지 아니하며 구하지 아니하도다. 에브라임은 어리석은 비둘기 같이 지혜가 없어서 애굽을 향하여 부르짖으며 앗수르로 가는 도다(호 7:8-11).

호세아가 선지자로 활약하던 당시, 북 왕조 이스라엘의 정치 상황이 매우 혼란스러웠습니다. 북 왕조 이스라엘에는 모두 19왕이 통치했는데, 그 가운데 8번이나 정변이 일어났습니다. 호세아 당시도 마찬가지였습니다. 그는 스가랴부터 마지막 왕 호세아 때까지(755-725 BC) 30여 년을 활약했는데, 그 기간에 4번 정변을 경험하였을 것입니다. 쿠데타(coup d'Etat) 즉 정변이란 말 그대로 국민의 의사와 관계없이 무력과 같은 비합법적인 수단으로 기존 정치 세력을 철저하게 응징하고 권력을 완전히 찬탈하는 행위입니다.

호세아 당시 사회가 그런 사태를 겪었습니다. 정치 사회적으로 극심한 격변의 시대를 살았던 호세아에게 하나님은 당시 혼란스러운 사회상을 고스란히 그의 가정 속에서 겪게 하시며 주신 말씀을 전하게 하셨습니다.

호세아 7장은 3번째 설교입니다. 하나님은 배교한 이스라엘 백성의 죄와 어리석음을 지적하면서 무섭게 심판을 경고하셨습니다. 이 시간 극심한 환란 때에 주시는 하나님의 경고와 구원의 도리를 생각해 보려 합니다.

1. 진단하시는 하나님

하나님은 호세아 선지자를 통하여 간곡하게 이스라엘에게 호소하셨습니다. "오라 우리가 여호와께로 돌아가자 여호와께서 우리를 찢으셨으나 도로 낫게 하실 것이요 우리를 치셨으나 싸매어 주실 것임이라 여호와께서 이틀 후에 우리를 살리시며 셋째 날에 우리를 일으키시리니 우리가 그의 앞에서 살리라"(호 6:1-2). "우리가 여호와를 알자 힘써 여호와를 알자"(3절). "나는 인애를 원하고 제사를 원하지 아니하며 번제보다 하나님을 아는 것을 원하노라"(6절). 6장은 구구절절이 하나님께로 돌아와 살아계신 하나님을 바르게 알기를 간청했습니다. 7장에서 하나님은 그러면 "너희를 치료하겠다."고 말씀하셨습니다.

의사가 환자를 치료하려면 먼저 전반적인 건강 상태(vital condition)를 살피며 필요한 각종 검사를 하게 됩니다. 그 후에 검사 결과를 종합하여 의사는 환자의 상태에 대한 적절한 처방을 하게 됩니다. 이같이 하나님도 이스라엘 백성을 진찰 후 처방을 내리셨습니다.

∷ 내가 이스라엘을 치료하려 할 때에 에브라임의 죄와 사마리아의 악이 드러나도다. 그들은 거짓을 행하며 안으로 들어가 도둑질하고 밖으로 떼 지어 노략질하며 내가 모든 악을 기억하였음을 그들이 마음에 생각하지 아니하거니와 이제 그들의 행위가 그들을 에워싸고 내 얼굴 앞에 있도다. 그들이 그 악으로 왕을, 그 거짓말로 지도자들을 기쁘게 하도다. 그들은 다 간음하는 자라. 과자 만드는 자에 의해 달궈진 화덕과 같도다(호 7:1-4a).

이 구절은 진단하신 후에 내리신 하나님의 처방입니다. 하나님은 세밀하게 에브라임과 사마리아의 문제가 무엇인지 살피셨고 그들의 죄와 악을 발견하셨습니다. 에브라임은 이스라엘 전체를 대표하고 수도 사마리아는 북 왕조 이스라엘을 대표한다고 하겠습니다. 그들의 죄가 무엇입니까? 거짓, 도둑질, 노략질, 간음과 같은 것들이었습니다. 한마디로 속고 속이는 죄로 서로를 이용하고 파괴하는 죄가 얼기설기 엉켜서 무질서한 사회 속에 온갖 불법이 일상이었습니다. 의사 하나님은 진찰 결과 온 나라가 내부적으로 심각한 거짓과 배임 그리고 부패가 만연하여 망할 수밖에 없는 구조적인 문제가 있다고 진단했습니다. 하나님은 북 왕조 이스라엘에 대하여 "에브라임의 불의가 드러났으며 사마리아의 악행이 드러났고 그들의 사기 행각과 횡행하는 도둑떼들과 강도들이 판을 치는 나라다"라고 진단하셨습니다.

당시 지도급은 기득권을 수호하기 위해 수단과 방법을 가리지 않고 불법을 저질렀습니다. 그들의 무책임한 불법 행위는 관료와 백성 모두 혼연일체가 되어 쾌락과 환락을 즐겼으며 그 사회의 무질서와 해이한 기강은 치유 불가능한 상태였습니다. 하나님은 그들의 삶 속에 사랑과 희생이 없음을 슬퍼하시고 그들의 죄악을 치료하기 위해 선지자들을 보내어 경고하셨지만, 백성은 오히려 더욱 악행을 일삼았습니다. 왕과 방백들은 음란과 악행, 그리고 재물 탈취에 몰두했으며, 백성들은 그들의 비리를 방임하며 낙수 효과에 기대어 적극 동참하였습니다. 이렇게 당시 북 왕조 이스라엘은 안팎으로 죄의 도성으로 변해 있었습니다.

가장 기본적인 죄는 서로 속고 속이는 사기 행위입니다. 결과 서로 간의 신뢰가 파괴되었습니다. 이것은 단지 거짓을 범하는 정도가 아니라, 행하는 모든 일이 거짓으로 가득 차 있음을 뜻합니다. 이들은 입만 열면 거짓말을 했습니다. 요즘 고국의 상황이 그렇지 않습니까? 최재천 교수와 장하준 교수의 대담 프로를 봤는데, 요즘 한국 사회에서 사라진 단어가 있는데 그것이 "정의, 정직, 진심"이라고 지적합니다. 참으로 안타까운 일입니다. 입만 열면 거짓말을 밥 먹듯이 하는 행태를 사회가 허용하고 심지어 지지 세력까지 준동하고 있다는 것입니다. 그러니 나라가 조용할 리 없고 잘 될 리 없습니다.

선지자 호세아 당시 이스라엘이 그랬습니다. 하나님은 이스라엘의 이런 증상을 진단하시고 그 질병 즉 거짓의 죄를 지적하셨습니다. 그 원인이 무엇일까요? 문제의 근원은 바로 그들이 하나님을 떠났고 여호와 하나님을 알지 못했기 때문입니다. 하나님은 이유를 네 가지 비유로 설명하셨습니다.

2. 네 가지 비유

본문에 네 가지 비유가 등장합니다. 비유(parables)란 빗대어서 설명하는 기법입니다. 모두 놀라운 비유들입니다. 하나님은 네 가지 비유로 이스라엘의 영적 상황을 진단하고 치료 방법을 처방하셨습니다.

1) 첫 번째 비유, 달구어진 화덕

첫 번째 비유는 이스라엘 백성을 빵 만드는 자의 달구어진 화덕에 비유했습니다.

:: 그들은 다 간음하는 자라. 과자 만드는 자에 의해 달궈진 화덕과 같도다. 그가 반죽을 뭉침으로 발효되기까지만 불 일으키기를 그칠 뿐이니라. 우리 왕의 날에 지도자들은 술의 뜨거움으로 병이 나며 왕은 오만한 자들과 더불어 악수하는 도다. 그들이 가까이 올 때에 그들의 마음은 간교하여 화덕 같으니 그들의 분노는 밤새도록 자고 아침에 피우는 불꽃같도다. 그들이 다 화덕 같이 뜨거워져서 그 재판장들을 삼키며 그들의 왕들을 다 엎드러지게 하며 그들 중에는 내게 부르짖는 자가 하나도 없도다(호 7:4-7).

화덕은 떡을 굽는 데 사용합니다. 당시 이스라엘 사회는 마을 단위로 공동 화덕을 사용했다고 합니다. 공동으로 화덕을 관리하는 이유는 불 관리하기가 쉽지 않기 때문입니다. 어렸을 때 연탄불 관리가 쉽지 않았다는 것이 기억납니다. 화덕의 불이 한번 꺼지면 음식을 하지 못하게 되어 큰 문제가 발생합니다. 그런데 화덕의 불을 다시 붙이기가 쉽지 않습니다. 그래서 공동으로 관리하는 것입니다. 그뿐 아니라 그 불을 조절하는 것 역시 어렵습니다. 아침에 반죽할 때는 불을 낮춰 놓았다가 빵을 구울 때 온도를 높여야 합니다.

이 화덕은 백성의 마음을 비유합니다. 반죽할 때는 낮은 온도를 유지하다가 빵을 본격적으로 구울 때는 온도를 올려 굽는 화덕과 같이 이스라엘 백성의 마음이 요조숙녀와 같이 조용하고 차분하게 유지하다가 활동할 때는 마치 빵을 구울 때처럼 죄악의 불길이 타오르기 시작하는 화덕과 같다고 비유한 것입니다.

"왕의 날"(5절)은 왕이 즉위하는 날 또는 생일을 가리킵니다. 쿠데타로 정권을 잡은 왕은 나라의 수반으로서 신중하고 백성의 마음을 사기 위하여 하나님께 긍휼을 구해야 함에도 불구하고 온갖 추태를 보였습니다. 이들은 자신의 권력을 유지하기 위해 돈으로 매수하고 뇌물로 간교한 자들과 결탁했던 것입니다. 공의로우신 하나님은 그러한 불의한 시대를 묵과하지 않으셨습니다.

앞에서 말씀드린 대로 선지자 호세아가 활동했던 30여 년 동안 네 번의 혁명이 있었고, 통치했던 여섯 왕 즉 스가랴-살룸-므나헴-브가히야-베가-호세아 중에 수명대로 죽은 왕은 한 사람 므나헴 정도였습니다. 이러한 북왕조 이스라엘의 역사는 시편 127편 저자의 고백이 사실임을 증명하고 있습니다.

:: 여호와께서 집을 세우지 아니하시면 세우는 자의 수고가 헛되며 여

호와께서 성을 지키지 아니하시면 파수꾼의 깨어 있음이 헛되도다(시 127:1).

당시 북 왕조 이스라엘 사회의 주된 문제는 사기와 배임 그리고 살인이었습니다. 이는 십계명 중 제 6-10계명을 어긴 죄들입니다. 율법에 의하면 희년 제도가 시행되면 종살이하는 가난한 백성은 6년 후에 돌아와 자기 땅을 회복할 수 있어야 합니다. 문제는 그때 증인들이 거짓말하여 그 가난한 사람이 자기 땅을 회복하여 도로 갖지 못하게 했다는 것입니다. 당시 지도층은 간교한 자와 거짓된 자와 결탁하여 탐욕으로 부동산 투기, 정직하지 못한 돈으로 퇴폐적인 사회를 조작했습니다. 이런 사회상은 한두 사람의 일탈로 만들어지는 것이 아니라, 조직적으로 진행될 수밖에 없습니다. 선지자 호세아는 당시 재판장들도 이러한 죄에 가담하여 뇌물을 받고 함께 죄를 지었다고 지적했습니다. 즉 모든 사회 지도층이 한통속이 되어 죄를 공개적으로 저질렀던 것입니다.

문제는 어느 누구도 하나님 앞에서 사회적으로 공의를 세울 생각을 하지 못했다는 점입니다. 이것이 당시 영적 기상도였습니다. 호세아는 이 점을 지적하며 과감하게 살아계신 하나님의 말씀을 전했습니다.

:: 이스라엘의 교만은 그 얼굴에 드러났나니 그들이 이 모든 일을 당하여도 그들의 하나님 여호와께로 돌아오지 아니하며 구하지 아니하도다(호 7:10).

2) 두 번째 비유, 뒤집지 않은 전병

두 번째 비유는 뒤집지 않은 빵입니다. 여기서 말하는 빵은 소제의 예물로 쓸 전병을 의미합니다(레 2:4-5). 이 빵은 첫 곡식을 빻아서 헌신의 고백으로 하나님께 제사드릴 때 사용하는 전병입니다. 하나님은 그 전병이 한쪽은 불에 타고 다른 쪽은 뒤집지 않아 설익을 빵이라고 진단했습니다. 이는 종교적인 위선과 세속화된 신앙을 빗댄 비유적인 말씀입니다. 즉 이스라엘 신앙의 표리부동함을 지적한 것이다. 그들의 신행과 언행의 안팎이 달랐던 것입니다.

이 뒤집지 않은 빵의 의미는 분명합니다. 에브라임은 반죽한 상태입니다. 그 빵 반죽은 아직 완전히 부패하지도 완전히 개혁되지도 않았습니다. 그런데 그들은 점점 나쁜 상태로 변화하고 있었습니다. 그들은 여호와 하나님을 알려고 노력하지 않았고 여호와 하나님께 되돌아가려고도 하지 않았습니다. 그러니 당연히 자신들의 행위에 대한 뉘우침과 회개가 있을 리가 없습니다. 성숙한 하나님 나라 백성이 되기를 포기한 것입니다. 하나님은 이런 이스라엘 백성을 향하여 강하게 경고하셨던 것입니다.

북 왕국 이스라엘은 주변 이방 민족의 풍습과 종교를 마구 받아들이며 여호와 하나님을 섬긴다고 호도했습니다. 이런 종교다원주의는 영적 혼잡이며 영적 간음이라고 하나님은 호되게 지적하셨습니다. 이스라엘이 하나님을 의지하지 않고 이방 민족을 의지한 것은 신앙과 불신앙이 혼합된 것과 같아 뒤집지 않은 빵과 같다는 비유입니다. 그들은 오직 하나님만을 섬기기보단 정치 술을 발휘하여 강대국과 조약을 맺고 그들에게 조공을 바치고 외세의 힘을 의지하여 국가의 안위를 지키려 했던 것입니다. 이런 북 왕조 이스라엘에 대하여 하나님은 그들의 잘못을 지적하시며 심판을 경고하셨습니다. 그 결과 북 왕조 이스라엘은 722년 앗수르에 의해 철저하게 망했습니다. 이는 사전에 경고하신 대로 시행된 하나님의 심판이었습니다. 문제는 무질서한 상황이 지속되니 이에 익숙해진 국민이 지혜로운 노인에 이르기까지 무관심하게 되어 모두 망하게 되었다는 것입니다

:: 이방인들이 그의 힘을 삼켰으나 알지 못하고 백발이 무성할지라도 알지 못하는 도다(호 7:9).

노인이나 젊은이나 다 같이 부패하고 타락된 사회를 용인하며 살아가고 있었던 결과 지혜롭게 대처하지 못하고 하나님의 징계를 깨닫지 못하여 앗수르에 망하게 된 것입니다.

오늘날 고국에서 들려오는 소식들은 참으로 암울하기만 합니다. 토지개발사건, 전세 왕 사건, 돈 봉투 사건 등등 과연 정직과 공정, 정의, 진실과 같은 말이 실종된 시대라 할 것이다. 미국 역시 도덕 가치(Moral Value)가 붕괴한 지 오랩니다. 하루가 멀다 하고 총기 사고가 빈번하게 발생합니다. 참으로 큰 문제가 아닐 수 없습니다.

3) 세 번째 비유, 새 그물

:: 에브라임은 어리석은 비둘기 같이 지혜가 없어서 애굽을 향하여 부르짖으며 앗수르로 가는 도다. 그들이 갈 때에 내가 나의 그물을 그 위에 쳐서 공중의 새처럼 떨어뜨리고 전에 그 회중에 들려준 대로 그들

을 징계하리라(호 7:11-12).

세 번째 새 그물 비유에서, 어리석은 비둘기는 매설해 놓은 망을 발견하지 못하고 먹이만 보고 뛰어듭니다. 이스라엘은 원수인 애굽에게 도움을 부탁하고 때론 앗수르에게 도움을 청하기도 하는 어리석음을 범했습니다. 이스라엘의 마지막 왕 호세아는 앗수르에게 조공을 바치기로 약조했다가 얼마 지나지 않아 애굽과 동맹을 맺고 앗수르를 배반했습니다. 그러나 앗수르가 침공하자, 애굽은 이스라엘을 도와 줄 수 없었습니다. 이로써 애굽을 의지했던 이스라엘은 멸망하고 말았습니다. 이런 양다리 걸치기 식, 갈팡질팡한 이스라엘은 그들의 하나님, 힘의 근원이신 여호와를 망각하고 이방 민족을 의지하다가 오히려 그들에게 망했던 것입니다.

우리의 영적 문제도 이와 같다 하겠습니다. 잔머리를 굴려 가며 이 사람 저 사람을 찾아다니고 수단과 방법을 다 동원하여 해결하려 하지만, 그 누구도 나의 속 깊은 문제를 해결해 줄 수는 없고 어떤 방법도 속 시원하게 해결되지 않습니다. 성도는 민군의 하나님 앞에 나와 엎드려야 합니다. 우리의 몸과 마음이 하나님을 온전히 향한다면 세속의 그물에 걸리지 않을 것입니다.

:: 나는 여호와를 향하여 말하기를 그는 나의 피난처요 나의 요새요 내가 의뢰하는 하나님이라 하리니, 이는 그가 너를 새 사냥꾼의 올무에서와 심한 전염병에서 건지실 것임이로다. 그가 너를 그의 깃으로 덮으시리니 네가 그의 날개 아래에 피하리로다(시 91:2-4a).

우리는 시편 기자의 간곡한 권고를 들어야 합니다.

:: 백성들아 시시로 저를 의지하고 그 앞에 마음을 토하라. 하나님은 우리의 피난처 시로다(시 62:8).

4) 네 번째 비유, 속이는 활

네 번째 비유는 "속이는 활"입니다. 이 활은 줄이 느슨해져서 화살을 장착하고도 제대로 쓸 수 없는 쓸모없는 활을 말합니다.

:: 그들은 돌아오나 높으신 자에게로 돌아오지 아니하니 속이는 활과 같으며 그들의 지도자들은 그 혀의 거친 말로 말미암아 칼에 엎드러지리니 이것이 애굽 땅에서 조롱거리가 되리라(호 7:16).

활줄이 느슨해지면 활을 제대로 쏠 수 없고 쏜다 하더라고 그 화살은 제대로 기능을 발휘할 수 없습니다. 그런 활로 전쟁을 치를 수는 없는 노릇입니다. 하나님께서 이스라엘을 강하게 하신 것은 하나님의 뜻을 이루기 위한 것인데, 해이해진 이스라엘은 엉뚱한 곳으로 화살이 쏘아 목적했던 바를 제대로 수행할 수 없는 상황이 된 것을 빗대어 말씀하신 것입니다.

"죄"(hamartia, sin)란 "표적을 정확하게 맞추지 못한"(to miss target) 상태를 의미합니다. 이러한 상태가 바로 죄입니다. 하나님을 향한 목표로 똑바로 가야 하는 인간의 중심이 하나님의 명령에 불순종하여 자신의 뜻대로 살아갈 때 죄를 짓는 것이 됩니다. 또 이스라엘이 "애굽 땅에서 조롱거리가 되리라"는 말씀(16절)은 그들이 앗수르에 멸망할 때, 동맹 관계에 있었던 애급이 이스라엘의 변덕을 조롱했음을 가리킨 말씀입니다. 이는 하나님보다 인간을 신뢰하는 자가 받을 당연한 보응입니다. 이사야 선지자는 이 당시의 상황을 이렇게 묘사했습니다.

∷ 그러므로 바로의 세력이 너희의 수치가 되며 애급의 그늘에 피함이 너희의 수욕이 될 것이라. 그 고관들이 소안에 있고 그 사신들이 하네스에 이르렀으나 그들이 다 자기를 유익하게 하지 못하는 민족으로 말미암아 수치를 당하리니 그 민족이 돕지도 못하며 유익하게도 못하고 수치가 되게 하며 수욕이 되게 할 뿐임이니라(사 30:3-5).

우리의 영적 상태가 해이해져 마치 느슨해진 활과 같을 때 어떻게 간악한 마귀의 획책을 대상으로 공격을 하고 영적 전쟁에서 승리할 수 있겠습니까? 영적 긴장을 놓치지 말아야 합니다. 육신이 약한 우리는 성령의 도우심을 구하며 항상 깨어 있어 기도에 힘써야 합니다(막 14:38; 롬 8:26-28).

3. 갈팡질팡 이스라엘

"힘 있게"(15절)란 여로보암 2세 때의 막강했던 이스라엘을 뜻합니다. 그들의 영토는 하맛 어귀에서부터 아라바 바다까지로(왕하 14:25), 이는 하나님께서 모세에게 약속하신 축복의 성취(신 32:36)이며, 최대의 부귀와 영화를 누리던 솔로몬 시대와 같았습니다. 그러나 그들은 번영과 영화만을 꿈꾸며 그 모든 것이 하나님의 은혜 가운데 주어진 것임을 망각했습니다.

환란의 때가 되면 누구나 당황하여 우왕좌왕, 갈팡질팡하기 마련입니다. 이스라엘이 그랬습니다. 그들은 위기 때마다 앗수르에게 그리고 애굽에게 붙었다 떨어졌다 하면서 일관성이 없었습니다. 하나님께 충성하지도 못하고 변덕스럽기만 했습니다. 이런 이스라엘이 앗수르에게 망한 것은 당연합니다. 이러한 배교의 역사는 지난 2 천년의 기독교 역사 속에서도 여러 번 나타나서 지금도 강력하게 교훈합니다.

성도는 예수 안에서 부르심을 받은 자입니다. 이젠 더 이상 세상 사람이 아니라 하나님 나라 백성입니다. 성도는 다시는 종의 신분으로 돌아갈 수 없는 하나님의 양자가 된 것입니다. 양자가 양아버지 집에서 살면서 좀 힘들다고 해서 다시 세상으로 나간다면 어떻게 될 것입니까? 사도 바울은 지금도 이러한 구원의 복음의 핵심을 교훈하고 있습니다.

:: 그리스도께서 우리를 자유롭게 하려고 자유를 주셨으니 그러므로 굳건하게 서서 다시는 종의 멍에를 메지 말라(갈 5:1).

결론

예수를 믿으면서도 갈팡질팡 신앙생활을 하는 자들이 적지 않습니다. 변덕이 죽 끓듯 하는 사람을 어떻게 신뢰할 수 있겠습니까?

:: 화 있을진저, 그들이 나를 떠나 그릇 갔음이니라 패망할진저, 그들이 내게 범죄하였음이니라. 내가 그들을 건져 주려 하나 그들이 나를 거

슬러 거짓을 말하고 성심으로 나를 부르지 아니하였으며 오직 침상에서 슬피 부르짖으며 곡식과 새 포도주로 말미암아 모이며 나를 거역하는 도다(호 7:13-14).

단돈 몇 푼에 자신의 자존심과 신앙을 팔아버리는 경우들을 종종 봅니다. 예수를 믿는 자들은 이 세상이 감당할 수 없는 하나님의 사람이 되어야 합니다. 자부심과 긍지를 가지고 살아가야 합니다. 살아계신 하나님의 자녀라는 신분에 대한 강한 확신과 담대함으로 비싸게 살아가야 합니다. 우리가 성도의 정체성을 확고하게 견지하고 주장할 때 죄를 멀리하게 되고 구별된 하나님의 사람으로 죄 된 세상을 굴복시킬 수 있습니다. 하나님의 아들의 희생으로 구원받은 하나님의 영광스러운 자녀가 아닙니까! 이런 자녀를 하나님께서 책임져 주시지 않겠습니까! 놀라운 하나님의 은혜를 받은 자처럼 오직 하나님만을 신뢰하며 살아가야 할 것입니다. 우리 주님께서는 하나님의 자녀로서 가져야 할 담대함과 확신을 이렇게 나타내셨습니다.

:: 너희가 악한 자라도 좋은 것으로 자식에게 줄 줄 알거든 하물며 하늘에 계신 너희 아버지께서 구하는 자에게 좋은 것(성령, 눅 11:13)으로 주시지 않겠느냐(마 7:11).

기도

거룩하신 하나님 아버지 감사드립니다. 혼란스럽고 불안하기 짝이 없는 세상을 살아갑니다. 돈이 최고의 가치라고 믿고 살아갑니다. 어디에서도 정직과 사랑 그리고 희생과 화합을 보기 힘든 시대입니다. 불쌍히 여기셔서 믿음을 주옵소서. 주의 말씀에 귀를 기울여 하나님을 온전히 알게 하옵시고 진리에 굳게 서서 정직과 공의를 하수 같이 흐르게 하는 자들이 되게 하옵소서. 거룩하신 주 예수 이름으로 기도드리옵나이다. 아멘.

16. 네 송아지는 버려졌느니라

:: 사마리아여 네 송아지는 버려졌느니라. 내 진노가 무리를 향하여 타오르나니 그들이 어느 때에야 무죄하겠느냐. 이것은 이스라엘에서 나고 장인이 만든 것이라 참 신이 아니니 사마리아의 송아지가 산산조각이 나리라. 그들이 바람을 심고 광풍을 거둘 것이라 심은 것이 줄기가 없으며 이삭은 열매를 맺지 못할 것이요 혹시 맺을지라도 이방 사람이 삼키리라. 이스라엘은 이미 삼켜졌은즉 이제 여러 나라 가운데에 있는 것이 즐겨 쓰지 아니하는 그릇 같도다. 그들이 홀로 떨어진 들나귀처럼 앗수르로 갔고 에브라임이 값 주고 사랑하는 자들을 얻었도다(호 8:5-9).

본문은 앞장에서 고발된 이스라엘의 죄에 대한 하나님의 심판을 강력하게 전하는 호세아 선지자의 네 번째 설교입니다. 하나님은 이스라엘의 배교에 대하여 계속하여 강력한 심판을 예고하셨습니다.

1. 나팔을 불지어다

호세아는 "나팔을 네 입에 댈지어다(1절)"라는 하나님의 명령으로 설교를 시작합니다. 당시 나팔은 보통 잔치 날을 축하하기 위하여, 위급 상황을 알릴 때, 혹은 전쟁을 시작할 때 사용했다고 합니다. 새 번역 성경에서는 "나팔을 불어서 비상 경고를 알려라!"로 번역했습니다.

:: 나팔을 네 입에 댈지어다 원수가 독수리처럼 여호와의 집에 덮치리니 이는 그들이 내 언약을 어기며 내 율법을 범함이로다. 그들이 장차 내게 부르짖기를 나의 하나님이여 우리 이스라엘이 주를 아나이다 하리라. 이스라엘이 이미 선을 버렸으니 원수가 그를 따를 것이라(호 8:1-3).

하나님께서 이스라엘 백성에게 나팔로 비상 경고를 알리라고 하신 이유는 "원수가 독수리처럼 여호와의 집에 덮치게" 될 것이기 때문이었습니다. 독수리는 날쌔고 용맹스럽습니다. 이는 북방의 앗수르 기마병 군대가 이스라엘을 독수리와 같이 신속하고 강력하게 침략할 것임을 표현한 것입니다. 하나님은 앗수르를 통하여 이스라엘을 심판할 것을 알리셨습니다. 그들은 하나님의 백성 이스라엘을 향하여 신속하고 강력한 독수리 같은 침공을 할 것입니다.

이는 이스라엘을 향한 심판이었습니다. 이스라엘이 마치 호세아의 아내 고멜처럼 하나님을 배신하고 음행을 저질렀지만 음탕한 고멜을 다시 아내로 받아들이라고 명하셨던 하나님께서 이스라엘을 "여호와의 집"이라고 부르신 것은 배교한 이스라엘을 완전히 내치지 않으시고 여전히 언약 백성으로 받아들이겠다는 의미가 담겨있다 하겠습니다. 즉 아직 기회가 있다는 의미입니다.

하나님께서는 언약 백성 이스라엘을 앗수르를 통해 심판하실 수밖에 없으신 이유가 무엇이었을까요? 세 가지 이유를 생각해 봅니다. 첫째, 하나님과의 언약 파기, 둘째 하나님께서 주신 율법 거역 그리고 마지막으로 하나님의 백성으로서의 선한 삶의 포기 때문입니다. 이들 세 가지 이유 모두 종교적으로 윤리적으로 타락한 북 왕조 이스라엘의 상황을 지적한 것입니다. 하나님은 이스라엘과 두 번 언약을 맺으셨습니다. 먼저는 출애굽 한 이스라엘과 시내 산에서 맺은 언약(출 20:1-17; 24:3-8)이고, 다음은 약속의 땅 가나안에 들어가기 전 모압 평지에서 맺은 시내산 언약으로 이는 모세 언약의 갱신입니다(신 5:1-21). 그런데 결혼 서약을 어기고 간음한 신부와 같이, 이스라엘은 하나님과 맺은 두 번의 언약을 모두 어겼습니다. 그러한 배약(背約)은 한두 번으로 그치지 않았습니다. 이스라엘의 이와 같은 반복되는 끝없는 배약에 하나님께서 결국 앗수르를 심판의 도구로 사용하신 것입니다.

하나님의 이 같은 심판의 의도는 이스라엘이 앗수르의 침공을 받을 때에야 비로소 “나의 하나님이여! 우리 이스라엘이 주를 아나이다.”(2절)라고 고백하게하기 위함입니다. 그러나 이 고백과 외침의 의미가 무엇일까요? 과연 반성과 회개의 외침일까 아니면 시련을 준 하나님을 원망하며 부르짖음의 외침일까요? 그 외침은 반성과 회개의 외침이 아니라, 원망과 아쉬움, 그리고 자괴적인 공허한 회한에 찬 절규의 외침입니다.

참된 회개란 어떤 것입니까? 단순한 반성과 후회, 뉘우침 정도를 회개라 할 수 없습니다. 진정한 회개는 철저하게 자신의 죄를 되돌아보는 과정과 함께 그 죄에 대한 처벌을 온몸으로 받아들이는 과정이 수반되는 가운데 자신의 과거를 뉘우치며 하나님께로 향하여 나아가는 것입니다. 이러한 과정이 진정한 회개라 할 것입니다. 이는 세례를 통하여 대속의 주님을 영접하고 고백하여 양심이 하나님을 찾아가는 간구의 행위로 나타나게 되는 것입니다.

:: 물은 예수 그리스도의 부활하심으로 말미암아 이제 너희를 구원하는 표니 곧 세례라 육체의 더러운 것을 제하여 버림이 아니요 오직 선한 양심이 하나님을 향하여 찾아가는 것이라(벧전 3:31).

다윗의 예를 보면 잘 알 수 있습니다. 다윗은 자신의 불륜이 나단 선지자로부터 지적받게 되자, 그는 하나님의 심판을 수용하고 자신의 죄를 철저하게 회개했습니다(삼상 12:7-15; 시 51). 그는 태어난 아기의 죽음을 기꺼이 받아들였고(삼하 12:15b-23), 자식 간의 불륜 사건(삼하 13:1-22), 압살롬의 반역(삼하 13:23-15)과 충신 요압 장군의 배신 등 죄로 인하여 감당해야 할 하나님의 징계를 묵묵히 다 수용했습니다. 이러한 일련의 과정들은 다윗이 철저한 회개를 통하여 하나님 앞에 나아가는 과정이라 하겠습니다. 이 당시 다윗의 고백과 회개를 보면 다음과 같습니다.

:: 무릇 나는 내 죄과를 아오니 내 죄가 항상 내 앞에 있나이다. 내가 주께만 범죄하여 주의 목전에 악을 행하였사오니 주께서 말씀하실 때에 의로우시다 하고 주께서 심판하실 때에 순전하시다 하리이다(시 51:3-4).

:: 우리는 탕자의 귀환과 같이 아버지께로 돌아가는 참된 회개를 해야 할 것입니다(눅 15:17-20a).

2. 네 송아지는 버려졌느니라

실제로 북 왕조 이스라엘이 하나님 앞에 지은 죄들은 여러 가지입니다.

:: 그들이 왕들을 세웠으나 내게서 난 것이 아니며 그들이 지도자들을 세웠으나 내가 모르는 바이며 그들이 또 그 은, 금으로 자기를 위하여 우상을 만들었나니 결국은 파괴되고 말리라. 사마리아여 네 송아지는 버려졌느니라. 내 진노가 무리를 향하여 타오르나니 그들이 어느 때에야 무죄하겠느냐. 이것은 이스라엘에서 나고 장인이 만든 것이라 참 신이 아니니 사마리아의 송아지가 산산조각이 나리라(호 8:4-6).

1) 하나님께서 원하시는 지도자를 세우지 않았습니다

북 왕조 이스라엘의 역사는 약 200년이 지속되는 가운데 19명의 왕이 통치했습니다. 잦은 정변 정국은 항상 혼란스러웠습니다. 정변으로 정권을 쟁취한 왕마다 놀랍게도 모두 시조 여로보암의 죄를 따라 하나님을 섬기지 않고 이방 우상을 섬겼습니다. 하나님은 이 점을 지적하며 그 왕들은 하나님께서 알지도 못하는 자이며 허락하지도 않았다고 규정하시며 그들 모두를 질타하셨습니다. 백성은 한 번도 하나님께 자신들의 왕을 달라고 청원하지도 않았습니다. 오직 왕권 침탈을 목적한 무자비한 정변이 일어났을 뿐입니다.

2) 곳곳에 금송아지 우상을 세웠습니다

여로보암은 이스라엘의 10지파를 북 왕조 이스라엘로 세워 사마리아 성을 수도로 정하고 벧엘과 단에 금송아지 우상을 세워 백성이 남 왕조 유다의 예루살렘에 가서 유월절과 같은 전통적인 절기를 지키지 못하게 막았습니다. 사마리아에는 바알 신당이 있었을 것이고, 그곳에 세워진 금송아지 우상은 그들이 섬기는 하나님이라고 호도했습니다.

제임스 L. 메이스(James L. Mays)라는 학자는 "금송아지 우상은 농사의 신 바알(Baal)과 태양의 신 엘(El)이 혼합된 형상이었을 것"이라고 설명했습니다. 하나님을 배반하고 이방 우상을 섬기는 이스라엘에 대하여 하나님은 진노하셨습니다.

:: 사마리아여 네 송아지는 버려졌느니라. 내 진노가 무리를 향하여 타오르나니 그들이 어느 때에야 무죄하겠느냐. 이것은 이스라엘에서 나고 장인이 만든 것이라 참 신이 아니니 사마리아의 송아지가 산산조각이 나리라(호 8:5-6).

이 구절에서 "버려졌다"라는 말은 철저하게 금송아지 우상을 산산조각 내버리시겠다는 말입니다. 이런 경고는 지금도 유효합니다. 만약 예수를 믿는 성도가 자기만의 우상을 만들어 지속적으로 섬기면, 살아계신 하나님은 지금도 그 죄를 지적하시고 심판하심을 알아야 합니다.

3) 왕의 임의로 제사장을 세웠습니다

여로보암은 남 왕조 유다가 모세의 율법에 따라 레위 지파에서 제사장을 세우는 전통을 버리고 자기 마음대로 원하는 자들을 제사장으로 세웠습니다. 그 결과 타락한 제사장이 속출하였고 종교적인 타락과 혼란이 가중되었습니다. 이 제사장들이 숱한 제사를 드리지만 그럴수록 하나님의 진노만 가중시킬 뿐입니다.

:: 에브라임은 죄를 위하여 제단을 많이 만들더니 그 제단이 그에게 범죄하게 하는 것이 되었도다(호 8:11).

그 결과는 위중하고 참담했습니다. 마치 사사 시대 말기와 같은 현상이 나타나게 된 것입니다. 제사장이라 해서 정권 정당성을 확보하는 데 도움이 되기는커녕 권력을 지향하여 부패를 조장하고 백성의 도덕적 해이와 타락 그리고 영적 혼란만을 가중시킬 뿐이었습니다. 오늘날도 마찬가지입니다. 신실한 성직자들이 나라와 사회를 안정되게 이끌고 도덕적으로 건전하도록 교회와 사회의 등불이 되어야 합니다. 목회자가 영적으로 굳건하게 살아 성도에게 구별된 삶을 권면하고 말씀대로 바른생활을 하도록 인도하는 것이 얼마나 중요한 사역입니까! 이러한 사역이야말로 신실한 말씀의 종이 수행해야 할 중요한 업무입니다.

4) 외교술로 나라의 안전을 유지하려 했습니다

초기 북 왕조 이스라엘은 국력이 남 왕조 유다보다 강했습니다. 솔로몬 초기 다윗이 물려준 통일국가가 누렸던 번영만큼 막강한 국력을 과시했습니다. 그러나 그들은 그 국력을 지키기 위해 다윗의 정책을 따르지 않고 솔로몬 말기 정책을 답습했습니다. 그들은 외교술로 인근 강대국 즉 앗수르와 애굽과 같은 큰 나라와 정략적 동맹을 맺고 조공을 바치며 나라의 안전을 도모하려 했습니다. 그들은 나라를 하나님께서 보호하시고 함께하신다는 사실을 망각했고 또한 믿으려 하지 않았던 것입니다. 여호와 하나님은 이런 이스라엘을 기뻐하지 않으셨습니다.

호세아는 이에 대하여 경고의 메시지를 전했던 것입니다.

:: 그들이 홀로 떨어진 들 나귀처럼 앗수르로 갔고 에브라임이 값 주고 사랑하는 자들을 얻었도다. 그들이 여러 나라에게 값을 주었을지라도 이제 내가 그들을 모으리니 그들은 지도자의 임금이 지워 준 짐으로 말미암아 쇠하기 시작하리라(호 8:9-10).

여기서 말하는 "사랑하는 자들"은 앗수르와 애굽을 지칭합니다. 이 말씀은 이스라엘의 지도자들은 강대국에 자발적으로 조공을 바치며 나라의 안전을 확보하려 했습니다만, 그것이 오히려 국민에게 부담이 되어 나라가 망하게 될 것이라는 경고의 말씀입니다. 실제로 므나헴 왕 때 앗수르에 바친 조공이 무려 은 천 달란트에 달했다고 사가는 기록하고 있습니다.

:: 앗수르 왕 불이 와서 그 땅을 치려하매 므나헴이 은 천 달란트를 불에게 주어서 그로 자기를 도와주게 함으로 나라를 자기 손에 굳게 세우고자 하여 그 은을 이스라엘 모든 큰 부자에게서 강탈하여 각 사람에게 은 오십 세겔씩 내게 하여 앗수르 왕에게 주었더니 이에 앗수르 왕이 되돌아가 그 땅에 머물지 아니하였더라(왕하 15:19-20).

5) 강력한 자주국방을 추구했습니다

이스라엘 백성은 자기를 지으신 하나님을 잊어버리고 왕궁과 성곽을

든든하고 화려하게 지었습니다. 이들은 자신의 지혜와 능력만을 과신한 가운데 열심히 우상을 숭배하는 헛된 수고를 했습니다. 그러한 정책으로 그들은 결국 파멸에 이르게 되었습니다. 이는 하나님께서 경고하신 대로, 이스라엘이 여호와 하나님을 버리고 금송아지 우상을 섬긴 결과, 반드시 산산조각 나서 폐기될 것이라는 말씀대로입니다.

:: 이스라엘은 자기를 지으신 이를 잊어버리고 왕궁들을 세웠으며 유다는 견고한 성읍을 많이 쌓았으나 내가 그 성읍들에 불을 보내어 그 성들을 삼키게 하리라(호 8:14).

이렇게 정치적인 계산과 정책으로 하나님을 버리면 그 어떤 개인이나 나라도 세워질 수 없습니다. 시편 저자는 이렇게 고백합니다.

:: 여호와께서 집을 세우지 아니하시면 세우는 자의 수고가 헛되며 여호와께서 성을 지키지 아니하시면 파수꾼의 깨어 있음이 헛되도다(시 127:1).

북 왕조 이스라엘의 이러한 정책들은 오히려 백성에게 부메랑이 되어 나라가 패망하게 되는 결정적인 요인이 되었습니다. 결국 앗수르에 의하여 주전 722년 북 왕조 이스라엘은 완전히 망했습니다. 그러기에 모든 성도는 다윗의 고백을 하며 가정과 사회 그리고 나라를 세워가도록 힘써야 할 것입니다.

:: 여호와는 나의 반석이시요 나의 요새시요 나를 건지시는 이시요 나의 하나님이시요 내가 그 안에 피할 나의 바위시요 나의 방패시요 나

의 구원의 뿔이시요 나의 산성이시로다(시 18:2).

강력한 미국은 초대 대통령인 조지 워싱턴이 "하나님을 섬기지 않고는 나라를 제대로 세울 수 없다"라고 항상 고백하며 통치한 역사 위에 세워진 나라입니다. 그런데 안타깝게도 오늘날의 미국의 상황은 이러한 신앙이 훼손되어 온갖 악이 관영한 모습을 보이고 있지만, 트럼프 대통령의 재선으로 이러한 워싱턴의 통치 원리로 되돌아가기 위한 몸부림을 하고 있다고 보입니다. 간절히 원하는 바는 고국이나 미국 모두 하나님의 공의가 강의 흐름같이 작동하는 역사가 일어나는 것입니다.

3. 쓸모없어 버린 그릇이 되리라

하나님은 이스라엘은 이미 패망한 것과 다름없다면서 결국에는 아무런 쓸모없이 버려진 그릇과도 같다고 심하게 조롱하셨습니다.

:: 이스라엘은 이미 삼켜졌은즉 이제 여러 나라 가운데에 있는 것이 즐겨 쓰지 아니하는 그릇 같도다(호 8:8).

북 왕조 이스라엘은 마치 정욕에 헐떡이며 마구 날뛰는 들 나귀처럼, 신랑 되신 하나님과 맺은 언약을 파기하고 배교하여 앗수르로 갔고, 그에게 바친 조공이 부담되자 기회를 엿보아 앗수르를 버리고 애굽과 조약을 맺은 것과 같다고 질타하는 조롱입니다.

:: 그들이 홀로 떨어진 들 나귀처럼 앗수르로 갔고 에브라임이 값 주고 사랑하는 자들을 얻었도다. 그들이 여러 나라에게 값을 주었을지라도 이제 내가 그들을 모으리니 그들은 지도자의 임금이 지워 준 짐으로 말미암아 쇠하기 시작하리라(호 8:9).

신뢰를 잃고 기회주의적인 이스라엘! 공의로우신 하나님의 심판 대상입니다. 성도는 십자가 보혈의 은혜로 택함 받은 주님의 나라 백성입니다. 과연 예수를 믿는 성도가 신랑 되신 하나님을 의뢰하지 않고 세상을 택하며 이중적인 삶을 살아가고 있다면, 이 역시 호세아가 질타하듯이 욕정에 찬 들 나귀 꼴이며, 이스라엘과 같이 갈팡질팡하며 타락의 길로 가는 배교 이스라엘 백성과 같습니다. 지금도 하나님을 믿고 예수를 고백한다고 하는 우리 역시 같은 모습과 현상을 겪으며 살아갑니다. 참으로 안타까운 일입니다. 교회의 성직자와 성도가 다시 깨어 일어나야 합니다.

4. 배은망덕한 이스라엘

북조 이스라엘은 나라 곳곳에 이방 신상을 섬기는 제단들을 많이 만들었습니다. 그들은 남 왕조 유다보다 더 많은 제단을 만들어 다양한 제사를 많이 드리면 하나님께 좋을 것이라고 생각했습니다. 그들은 하나님께서 주신 율법에는 관심이 없고 오직 화려한 제사와 많은 제물을 드리면 될 것이라고 생각했습니다. 그들은 마구잡이로 아무나 제사장을 세우고 그들에게 제사 고기를 많이 주고 탐욕에 빠지게 했습니다. 제사장들은 임의로 번제물을 화목제물로 변경해서 제물의 일부를 갈취했습니다. 이러한 상황에서 나라 전체가 종교적 타락으로 떨어져 온갖 죄를 하나님 앞에서 저질렀습니다. 이에 대하여 하나님은 당신의 종들을 수시로 보내시며 숱한 말씀으로 지적하시고 경고하셨지만 그들은 그 모든 말씀을 무시하고 배척했습니다.

:: 내가 그를 위하여 내 율법을 만 가지로 기록하였으나 그들은 이상한 것으로 여기도다(호 8:12).

하나님은 모세의 율법을 주실 뿐 아니라 계속하여 선지자들을 보내셔서 "만 가지", 즉 수도 없이 지적하고 경고하는 말씀을 주셨습니다. 그러나 이스라엘은 이런 선지자들을 철저하게 외면하여 무시했고 탄압했고 심지어 죽이기까지 했습니다. 그들은 하나님의 은혜를 잊고 하나님을 떠나 우상을 섬기며 배교했습니다. 이러한 이스라엘을 하나님은 결코 용납하실 수 없으셨고 결국 심판하셨던 것입니다.

결론

주님은 당시 종교 지도자들의 형식적인 율법, 탈 율법적 위선에 대하여 신랄하게 비난하셨고 정죄하셨습니다. 그러한 행위들은 하나님을 헛되게 섬기는 행위에 불과했던 것입니다.

:: 사람의 계명으로 교훈을 삼아 가르치니 나를 헛되이 경배하는 도다(막 7:7).

지금도 형식으로 왜곡된 신앙생활을 하는 자들이 적지 않습니다. 이들은 겨우 주일 예배를 드리는 것으로 만족하며 자신은 신앙생활을 잘하고 있다고 착각합니다. 이런 자들은 본문 말씀에서 경고하듯이 이스라엘을 향한 하나님의 거룩하신 분노를 잊지 말아야 합니다. 우리는 살아계신 하나님의 역사하심을 믿고 참 회개와 바른 믿음으로 주께로 돌아오는 신앙 회복에 힘써야 할 것입니다.

기도

하나님 아버지 감사드립니다. 귀한 말씀으로 큰 교훈을 얻습니다. 형식적인 신앙만을 유지하기에도 급급한 저희들이 새롭게 주 앞에서 회개하며 점검하여 주 앞에 바르게 서게 하옵소서. 죄가 가득한 이 사회와 나라 속에 참된 주님의 백성을 세우셔서 살아계신 하나님의 통치하심이 온전하게 이루어져 가도록 역사하여 주옵소서. 돼지같이 배를 채우기에만 급급한 우리의 행위를 회개하여 오직 하나님만을 바라보고 나아가는 정의와 사랑이 넘치는 주님의 나라 백성이 되게 하옵소서. 이 모든 말씀 거룩하신 주 예수 그리스도의 이름으로 기도드리옵나이다. 아멘.

• • •

17.
기브아 시대 같은 때

:: 보라. 그들이 멸망을 피하여 갈지라도 애굽은 그들을 모으고 놉은 그들을 장사하리니 그들의 은은 귀한 것이나 찔레가 덮을 것이요 그들의 장막 안에는 가시덩굴이 퍼지리라. 형벌의 날이 이르렀고 보응의 날이 온 것을 이스라엘이 알지라. 선지자가 어리석었고 신에 감동하는 자가 미쳤나니 이는 네 죄악이 많고 네 원한이 큼이니라. 에브라임은 나의 하나님과 함께한 파수꾼이며 선지자는 모든 길에 친 새 잡는 자의 그물과 같고 그의 하나님의 전에는 원한이 있도다. 그들은 기브아의 시대와 같이 심히 부패한지라 여호와께서 그 악을 기억하시고 그 죄를 벌하시리라(호 9:6-9).

이 시간 호세아서의 다섯 번째 설교를 다루어 봅니다. 호세아 선지자는 북 왕조 이스라엘 시조 여로보암의 배교적 신앙이 10지파 백성들에게 어떤 영향을 미쳤으며 그들이 하나님을 떠나 배교적인 삶을 살았는지를 지적하며 그에 대하여 하나님의 강력한 조치가 있을 것이라고 경고했습니다.

농부에게 가을걷이는 년 중 가장 행복한 때입니다. 땀 흘리며 애쓴 한 해 농사를 추수하기 때문이지요. 이스라엘도 추수 계절이 되자 타작마당에서 신나게 축제를 벌였습니다. 떡과 음식 그리고 술을 차려놓고 춤판을 벌였습니다. 그러나 안타깝게도 그 축제는 음란의 현장이었습니다. 그들은 자연을 주관하시는 여호와 하나님께가 아닌 이방 신 바알에게 한 해의 소출을 감사하며 바알에게 제사를 드렸습니다. 바알신이 풍요와 번영의 신이라고 믿었기 때문입니다.

북 왕조 이스라엘은 시작부터 다윗이 섬겼던 여호와 하나님 신앙을 버렸습니다. 그리고 그들의 하나님으로 이방 민족의 신인 남신 바알과 여신 아세라를 섬겼습니다. 풍요와 번영의 신 바알과 다산의 아세라 신상을 곳곳에 만들어 제사와 축제 행사를 벌였습니다. 백성은 제사를 드린 후 사제 즉 박수무당과 음란의 축제를 벌였습니다. 공인된 종교행사를 치르면서 백성은 전혀 죄의식을 갖지 않고 음란을 저지르며 다산과 풍요를 즐겼던 것입니다.

1. 추수 계절의 경고

호세아는 이 말씀으로 축제 즐기는 백성에게 하나님의 말씀을 전했습니다.

:: 이스라엘아 너는 이방 사람처럼 기뻐 뛰놀지 말라. 네가 음행하여 네 하나님을 떠나고 각 타작마당에서 음행의 값을 좋아하였느니라. 타작마당이나 술틀이 그들을 기르지 못할 것이며 새 포도주도 떨어질 것

이요, 그들은 여호와의 땅에 거주하지 못하며 에브라임은 애굽으로 다시 가고 앗수르에서 더러운 것을 먹을 것이니라(호 9:1-3).

다윗 신앙을 버리고 배교하여 하나님을 떠난 이스라엘의 신앙에 대하여, 여호와 하나님은 많은 선지자를 보내셔서 그들에게 강하게 죄를 지적하고 심판을 경고하셨습니다. 하나님께서 파송한 이사야, 아모스, 호세아, 하박국과 같은 선지자들이 바로 그들입니다. 하나님은 백성의 죄를 지적하시고 그 죄에 대한 심판을 경고하셨습니다.

본문 2절에 타작마당과 술틀이 언급되어 있는 것으로 보아 추수로 인해 흥겨워하는 백성을 향한 강력한 경고임을 알 수 있습니다. 호세아는 이스라엘에게 "이방 사람처럼 기뻐 뛰놀지 말라!"고 지적했습니다. 이유는 "음행하여 네 하나님을 떠나고 각 타작마당에서 음행의 값을 좋아했기" 때문에 하나님께서 그들의 축제가 단순히 풍년을 기뻐하는 축제가 아니고 풍요의 신 바알에게 바치는 제사이며 그 후 여사제와 문란한 관계를 맺는 광란의 축제이기에 하나님께서 반드시 심판하실 것이기 때문입니다. 백성은 타작마당에서 수확한 것으로 각종 대금을 지불하고, 사제들은 그것들을 받으며 즐거워했습니다. 그것은 화대였습니다. 모두 기름진 음식과 술로 거나하게 먹고 취하며 쾌락을 즐기며 흥분하여 광란의 도가니에 빠지는 축제의 현장이었습니다.

공의로우신 하나님께서 이를 묵과하실 리가 없습니다. 하나님은 반드시 그들이 저지른 행위에 대하여 대가가 따를 것을 경고하셨습니다. 하나님은 "타작마당이나 술틀이 그들을 기르지 못할 것이며 새 포도주도 떨어질 것이요, 그들은 여호와의 땅에 거주하지 못하며 에브라임은 애굽으로 다시 가고 앗수르에서 더러운 것을 먹을 것이니라."(2-3절)고 저주하셨습니다. 하나님은 그들이 거둔 곡식과 그것으로 빚은 술이 백성을 먹여 살리지 못할 것이고, 화대로 받은 것들로 백성을 먹여 살리지 못할 것이라고 질타하셨습니다. 타락하여 무질서하고 방탕한 문화는 하나님께서 주시겠다고 약속하신 가나안 땅에서 더는 살 수 없게 될 것이고 타국으로 끌려가 비참하게 살아가는 상황에 이를 것이라고 경고하셨습니다. 그리고 하나님은 이스라엘이 바알과 아세라를 숭배하는 일이 얼마나 허망한 일인지 깨닫게 하겠다고 강하게 지적하셨습니다. 실제로 백성은 앗수르에게 조공을 바치고 살다가 너무 힘이 들자, 그들을 배반하고 애굽에게 도움을 요청했습니다. 이러한 이스라엘의 양다리 외교 정책은 실패하고 말았습니다.

호세아의 설교대로 북 왕조 이스라엘은 철저하게 망했습니다. 역사적으로 에브라임은 애굽으로 도피했고 주전 722년에 앗수르의 침략에 굴복하여 나라가 완전히 망해버렸습니다. 그들이 도움을 청하며 굴욕적인 외교로 의지했던 애굽은 이스라엘을 돕기는커녕 그들을 조롱했고 심지어 그들을 죽이기까지 했습니다. 앗수르로 끌려간 백성 역시 먹을 수 없는 음식을 먹어야 하는 비참한 지경에 놓이게 되었습니다. 이미 선지자를 통하여 경고한 대로입니다. 당시 아모스 선지자도 호세아와 같은 메시지를 전했습니다. 그러나 이스라엘 백성은 귀를 막고 들으려 하지 않아 망했던 것입니다.

:: 여호와께서 이스라엘 족속에게 이와 같이 말씀하시기를 너희는 나를 찾으라. 그리하면 살리라(암 5:4).

지금도 하나님은 말씀하십니다. 그 말씀은 단순하게 겁을 주려는 것이 아니라, 우리가 죽고 사는 운명을 결정하는 말씀입니다. 그래서 우리는 하나님의 말씀에 귀를 기울여 들어야만 합니다. 예수께서 공생애를 시작하시면서 선포하신 첫 일성이 바로 그것을 말해 줍니다.

:: 때가 찼고 하나님의 나라가 가까이 왔으니 회개하고 복음을 믿으라 (막 1:15).

2. 비참함에 대한 경고

호세아는 계속하여 하나님을 떠난 이스라엘의 비참함에 대하여 구체적으로 지적하며 하나님의 말씀을 전했습니다.

:: 그들은 여호와께 포도주를 부어 드리지 못하며 여호와께서 기뻐하시는 바도 되지 못할 것이라 그들의 제물은 애곡하는 자의 떡과 같아서 그것을 먹는 자는 더러워지나니 그들의 떡은 자기의 먹기에만 소용될 뿐이라. 여호와의 집에 드릴 것이 아님이니라. 너희는 명절날과 여호와의 절기의 날에 무엇을 하겠느냐. 보라. 그들이 멸망을 피하여 갈지라도 애굽은 그들을 모으고 놉은 그들을 장사하리니 그들의 은은 귀한 것이나 찔레가 덮을 것이요, 그들의 장막 안에는 가시덩굴이 퍼지리라 (호 9:4-6).

선지자는 이스라엘 백성이 앗수르에 포로로 잡혀가고, 애굽으로 도망

가서 하나님께서 주신 가나안 땅에서 더는 거주할 수 없게 되어 하나님께 예배를 드리고 싶어도 드릴 수 없는 상황을 맞게 될 것이라고 경고했습니다. 그때가 되면 그들의 음식은 "애곡하는 자의 떡과 같고 그것을 먹는 자는 더러워지기 때문"입니다. 이 말씀은 무슨 의미일까요? 포로로 잡혀가고 이방 땅에서 멸시와 천대를 받아 눈물의 떡을 먹을 수밖에 없는 비참한 삶을 살게 된다는 것입니다. 그러니 그들이 명절이 되어도 무엇을 할 수 있겠으며 여호와의 절기가 되어도 할 수 있는 것이 무엇이 있겠습니까! 하나님은 이렇게 그들이 죄를 지어 얻게 된 결과를 예상하며 그들을 조롱하셨습니다. 그리고 이스라엘 백성이 얼마나 비참하게 될 것을 설명하셨습니다.

본문 6절 말씀을 보시기 바랍니다. "보라! 그들이 앗수르의 침략을 피하여 애굽으로 피난을 갈지라도 애굽은 환영하지 않고 게토 그룹으로 모아 관리할 것이고, 놉(Memphis)은 피난 온 이스라엘 백성들을 모두 죽여 장사를 치를 것이다." 그 결과 이스라엘은 피난하면서 숨겨온 은과 같은 귀중품을 집안에 숨겨두었는데 그곳이 폐허가 되어 찔레와 같은 엉겅퀴들로 덮이고 잠자리로 사용한 숙영지에는 가시넝쿨이 덮여 사람이 살 수 없는 곳이 될 것이라고 저주하셨습니다.

우리말 새 번역 성경은 4-5절을 "그들이 먹는 것은 초상집에서 먹는 음식과 같아서, 그것을 먹는 사람들마다 부정을 타게 될 것이다"라고 번역했습니다. 이는 부정한 음식이기 때문에 하나님께 드릴 수 없다는 뜻입니다. 그래서 그들은 더는 하나님께 나아가지 못하여 하나님과 단절될 것을 뜻합니다. 모든 인생은 창조주 하나님과의 교제 속에서 참된 의미를 찾아 살아갈 수 있습니다. 하나님은 북 왕조 이스라엘의 영적 타락과 배교를 신랄하게 지적하며 강하게 그들이 하나님과 어떠한 관계도 맺을 수 없게 되어 비참한 삶을 살게 될 것을 경고하셨습니다. 이보다 더 무섭고 절망적인 일이 있을까요?

초대교회 교부 어거스틴(St. Augustine)은 유명한 『고백록』에서 "하나님이여, 제가 하나님을 발견하여 만나기 전에는 그 어떤 기쁨과 의미를 내 인생에서 발견하지 못했습니다. 그러나 주께서 저를 발견하신 후에 저는 주안에서 참된 나란 존재의 의미를 찾았습니다."고 고백했습니다. 누구나 숨쉬고 산다고 하지만, 하나님과의 관계가 단절된 사람은 실상은 죽은 것과 다름이 없습니다. 하나님과 바른 관계를 유지하지 못하며 사는 것보다 더 큰 비극은 없습니다. 호세아는 이스라엘 백성에게 이 사실을 알려주고 싶었습니다.

지금도 마찬가지입니다. 성도에게 있어서 하나님과의 관계 단절은 치명적입니다. 예배를 드리고 싶지 않고, 말씀을 읽을 생각이 없고, 기도드릴 마음이 없는 그에게 하나님께서 그 어떤 위로와 기쁨 그리고 소망을 허락하시겠는지 모두가 심각하게 생각해야 합니다. 그렇지 않습니까? 우리 모두 나의 영이 황폐해졌음을 깨닫고 하나님께 나아가야 하지 않겠습니까! 그처럼 황폐화한 인생들에게 무슨 위로가 주어지겠으며 치유와 회복이 있을 수 있겠습니까? 우리 모두 하나님께 드리는 예배의 감격과 기쁨이 없고, 말씀이 은혜가 되지 않는다면 가장 불행한 인생임을 알아야 할 것입니다.

교회의 머리 되시는 주께서 사데 교회에 경고하셨습니다. 그 심각한 경고는 이렇습니다.

:: 사데 교회의 사자에게 편지하라 하나님의 일곱 영과 일곱별을 가지신 이가 이르시되 내가 네 행위를 아노니 네가 살았다 하는 이름은 가졌으나 죽은 자로다. 너는 일깨어 그 남은 바 죽게 된 것을 굳건하게 하라. 내 하나님 앞에 네 행위의 온전한 것을 찾지 못하였노니, 그러므로 네가 어떻게 받았으며 어떻게 들었는지 생각하고 지켜 회개하라 만일 일깨지 아니하면 내가 도둑 같이 이르리니 어느 때에 네게 이를는지 네가 알지 못하리라(계 3:1-3).

이제 이 말씀을 경청하여 조금이라도 남아 있는 영성을 일깨워서 믿음으로 일어섭시다. 그리고 살아계신 하나님을 찾아 주 앞에 나아갑시다. 지난날 예수를 만나고 고백했던 것을 복기하여 일깨워서 온전히 헌신하겠다고 다짐했던 그 초심으로 돌아갑시다. 말씀으로 힘을 얻어 일어나 주께로 나아갑시다. 그래야 살 수 있고 주 앞에 설 수 있습니다.

3. 파수꾼으로서의 사명 망각(7-9절)

선지자 호세아는 당시 북 왕조 이스라엘의 영적 사회상을 이렇게 설명했습니다.

:: 형벌의 날이 이르렀고 보응의 날이 온 것을 이스라엘이 알지라. 선지자가 어리석었고 신에 감동하는 자가 미쳤나니, 이는 네 죄악이 많고 네 원한이 큼이니라. 에브라임은 나의 하나님과 함께 한 파수꾼이며 선지자는 모든 길에 친 새 잡는 자의 그물과 같고 그의 하나님의 전에

는 원한이 있도다. 그들은 기브아의 시대와 같이 심히 부패한지라. 여호와께서 그 악을 기억하시고 그 죄를 벌하시리라(호 9:7-9).

호세아는 이제 북 왕조 이스라엘의 시대는 형벌이 다가오는 때이고, 보응의 날이 도래하는 때라고 경고했습니다. 이는 그동안 지은 죄에 대한 심판이며 그 처벌을 피할 수 없는 때가 되었다는 것입니다. 선지자와 제사장과 같은 하나님의 종들의 타락과 영적 무감각 그리고 무책임 때문입니다. 하나님께서 백성의 파수꾼으로 세운 선지자들이 무식하고 어리석어서 제대로 하나님의 성전을 지키지 못했으며, 하나님의 영을 받아 백성과 하나님 사이에 가교 역할을 할 제사장이 타락하여 세속의 영에 미쳐 제대로 하나님의 말씀과 영을 분별하지 못하는 자들이 되었습니다.

그 결과, 백성은 말씀을 무시하고 영안이 어두워져 옳고 그름을 판단할 수 있는 분별력을 잃어버렸습니다. 그들에게 하나님은 여러 번 선지자를 파수꾼으로 보내셨습니다. 하나님은 그들을 파수 대에 세우셔서 시시각각 다가오는 위험을 성 내부에 전하며 대비할 수 있게 하셨습니다. 그러나 백성은 선지자가 전하는 하나님의 경고를 듣기 싫어하고 배척했습니다. 그것도 모자라 참 선지자들을 미친 사람 취급했습니다. 그들의 생계를 책임지지 않아 가난해진 레위인과 선지자들 역시 살기 위하여 소명을 저버리고 타락했습니다.

결국 백성은 하나님의 말씀을 들을 기회를 상실했고 영적으로 음풍이 횡행하는 어둠의 세상이 되고 말았습니다. 이러한 때에 호세아는 당시 사회상을 탄식하며, 마치 이 시대는 “기브아 시대”와 같다고 탄식했습니다.

기브아 시대는 어떤 때였기에 호세아는 당시의 시대상을 기브아 시대에 비교했을까요? 이는 사사기 시대에 벌어진 한 사건을 가리킵니다. 소위 "12 토막 살인사건이 발생한 때"를 지칭한 표현입니다. 이 사건은 사사기 19장에서 21장까지 세 장에 걸쳐 자세하게 기록되어 있습니다.

그 대략은 이렇습니다. "에브라임 산지 구석에 한 레위 사람이 살고 있었는데, 그에게는 첩이 있었다. 어느 날 그 첩이 집을 나가 친정으로 갔는데 남편 레위 사람이 여인을 데리러 처가에 갔다. 첩을 데리고 돌아오는 길에 베냐민 지파의 기브아라는 곳에서 하루를 묵게 되었다. 그곳에 기브아의 불량배들이 몰려와 집주인에게 레위 사람을 내놓으라고 강요했다. 실랑이 끝에 레위 사람은 자기 첩을 대신 내어주었다. 베냐민 지파 불량배들은 밤새 첩을 윤간했고 새벽녘에 남편이 있는 집 문턱에서 죽었다. 아침에 레위 사람은 그녀의 시체를 메고 집에 돌아와 열두 토막 내어 이스라엘 12지파에 보냈다. 이 사건은 온 이스라엘을 뒤집어 놓아 결국 전 이스라엘은 베냐민 지파를 상대로 전쟁을 벌여 5만 명이나 되는 남자를 죽였다."

결과 베냐민 지파가 전멸할 지경까지 이르게 되었던 엄청난 사건이 발생한 때가 기브아 시대입니다. 사사기 저자는 당시 영적으로 암울한 상태를 한마디로 표현했습니다. 당시는 이스라엘의 왕이신 하나님이 엄연히 살아계심에도 불구하고, 백성은 마치 그들에게 왕이 없는 양 각자 소견대로 행했던 시대가 기브아 시대였던 것입니다.

:: 그 때에 이스라엘에 왕이 없으므로 사람이 각기 자기의 소견에 옳은 대로 행하였더라(삿 21:25).

호세아 선지자는 당시 시대가 그러했다고 지적했습니다. 이스라엘의 왕이신 여호와 하나님이 살아 계셔서 선지자들을 보내셨으나 백성은 그들을 받아들이지 않았고 그들이 전달하는 하나님의 말씀을 받아들이지 않았습니다. 이는 하나님을 배척한 것입니다. 그리고 백성 모두가 자기 소견에 옳은 대로 쾌락을 추구하고 극도의 음란한 삶을 양심의 가책도 없이 살아갔던 것입니다. 결과는 기브아 12 토막살인 사건과 같은 비참한 일어 처참하게 벌어지는 혼란한 사회가 되고 말았습니다. 불법과 탈법 그리고 무질서와 무정부의 사회, 탈종교 시대가 되고 말았습니다. 이것이 호세아 시대의 북 왕조 이스라엘이었습니다.

결론

이 시대를 보시기 바랍니다. 우리의 사회 어느 곳에서나 음란과 광란의 바람이 광풍이 되어 온 세상을 뒤엎고 있습니다. 무고한 시민이 공권력에 의하며 처참하게 죽어가고, 극에 달한 증오심에 차 불특정 대상을 향해 무작위로 총 쏘는 일이 하루가 멀다고 하고 벌어지고 있습니다. 양심의 보루이며 치유를 감당할 교회와 성도가 그 어떤 영향력도 미치지 못하여 그저 총에 맞아 죽으면 그를 애도한답시고 "어메이징 그레이스"(Amazing grace)만을 부를 뿐입니다.

기억하시길 바랍니다. 하나님은 지금도 우리를 예수 그리스도 안에서 부르셔서 선지자와 왕과 같은 제사장으로 불러 세우셨습니다. 사도 베드로는 성도의 영적 신분이 얼마나 귀하고 신령한지를 잘 설명해 주었습니다.

:: 너희도 산 돌 같이 신령한 집으로 세워지고 예수 그리스도로 말미암아 하나님이 기쁘게 받으실 신령한 제사를 드릴 거룩한 제사장이 될지니라. … 너희는 택하신 족속이요 왕 같은 제사장들이요 거룩한 나라요 그의 소유가 된 백성이니 이는 너희를 어두운 데서 불러내어 그의 기이한 빛에 들어가게 하신 이의 아름다운 덕을 선포하게 하려 하심이라(벧전 2:5, 9).

얼마나 개인주의와 쾌락주의 그리고 물질만능주의가 팽배합니까! 우상이 돈이고 돈이 신입니다. 흑암이 깊을수록 촛불은 더 밝기 마련입니다. 이 같은 시대 속에서 하나님은 저와 여러분을 빛으로 소금으로 불러주셨습니다. 하나님의 말씀에 귀를 기울입시다. 힘써 하나님을 알려고 노력합시다. 하나님은 우리를 이 시대의 선지자와 파수꾼으로 그리고 제사장으로 부르십니다. 이것이 왕께서 우리에게 주신 소명이며 내리신 명령입니다. 이 왕의 부르심과 명령에 순종해야지 내 소견대로 행해서야 되겠습니까? 그러한 행위로 행복하겠습니까? 부디 모두 하나님께로 돌아가 하나님의 말씀에 주의하여 마음에 담고 삶 속에서 말씀대로 살아가는 자가 됩시다. 늘 영적으로 깨어 있어 주의 말씀에 민감하게 반응하며 살아야 할 때가 바로 지금입니다. 지금이 바로 하나님을 찾을 때이고 구원의 은혜를 구할 때입니다.

:: 보라 지금은 은혜 받을 만한 때요, 보라 지금은 구원의 날이로다(고전 6:3b).

기도

살아계신 하나님 아버지 감사드립니다. 강력하신 주의 경고를 귀담아듣게 하옵소서. 진리의 말씀이 생명이요 구원임을 알게 하옵소서. 패역한 시대에 의인 10명이 없어서 망해버린 소돔과 고모라와 같은 이 세상에 우리를 부르셔서 의인 삼아주신 그 크신 은혜를 생각하고 더욱 하나님을 알려고 노력하고 주신 주의 말씀을 사모하며 순종하게 하옵소서. 거룩하신 주 예수 그리스도의 이름으로 기도드리옵나이다. 아멘.

18.

네 영광이 새같이 날아가리라

:: 옛적에 내가 이스라엘을 만나기를 광야에서 포도를 만남 같이 하였으며 너희 조상들을 보기를 무화과나무에서 처음 맺힌 첫 열매를 봄 같이 하였거늘 그들이 바알브올에 가서 부끄러운 우상에게 몸을 드림으로 저희가 사랑하는 우상 같이 가증하여졌도다. 에브라임의 영광이 새 같이 날아가리니 해산하는 것이나 아이 배는 것이나 임신하는 것이 없으리라. … 그들이 듣지 아니하므로 내 하나님이 그들을 버리시리니 그들이 여러 나라 가운데에 떠도는 자가 되리라(호 9:10-11, 17).

아내를 처음 만났을 때를 기억하십니까? 그 풋풋함, 청순함, 묘한 신비스러움, 이런 매력에 빠져 만나면 좋고 헤어지기 싫어서 결혼까지 한 것이 아닙니까! 지금은 어떠하십니까? 아직도 그때의 느낌과 감정으로 아내가 여전히 아름답고 사랑스러우며 믿음직합니까? 결혼 후 지금까지 여전히 그런 감정을 유지하며 살고 있다면 참으로 행복한 부부일 것입니다.

1. 첫 만남의 추억과 기대 그리고 실망

:: 옛적에 내가 이스라엘을 만나기를 광야에서 포도를 만남 같이 하였으며 너희 조상들을 보기를 무화과나무에서 처음 맺힌 첫 열매를 봄 같이 하였거늘 그들이 바알브올에 가서 부끄러운 우상에게 몸을 드림으로 저희가 사랑하는 우상 같이 가증하여졌도다(호 9:10-11).

하나님은 이스라엘을 처음 만났을 때를 추억하셨습니다. 하나님에게 그들은 마치 광야에서 볼 수도 없고 만날 수 없는 맛있고 아름다운 포도 열매와 같았습니다. 하나님은 이런 이스라엘을 무척 좋아하셨고 기뻐하셨습니다. 하나님은 그들의 조상 아브라함과 이삭 그리고 야곱을 만나셨을 때처럼 그들을 첫 무화과 열매와 같이 여기셨습니다. 하나님은 이스라엘의 풋풋한 청순함과 아름다움을 좋아하셨고 그들을 깊이 사랑하셨습니다. 하나님은 이스라엘과 사랑을 나누셨습니다. 하나님은 그들과 언약을 맺으시고 그들을 마음으로 귀하게 여기시고 깊이 사랑하시며 기뻐하셨습니다.

이렇게 하나님의 사랑을 듬뿍 받으며 자란 이스라엘은 그런데 그 하나님을 저버렸습니다. 마치 겉으로는 전혀 그럴 것처럼 보이지 않는 처녀가 뒤로는 외도를 밥 먹듯이 하듯 이스라엘은 광야에서부터 화려한 이방 우상 문화를 동경했고, 그 문화를 접하게 되자 쉽게 하나님을 버리고 이방인의 종교와 그 종교의 신상을 섬기는 일에 빠졌습니다. 그들은 열두 정탐꾼 사건으로 그들을 애굽에서 건져내어 인도해 오신 하나님을 가볍게 여기어 버리고 하나님께 원망하며 불신했습니다. 하나님은 분노하셨고 그들을 저주하셨습니다. 그들에게 40일간의 가나안 정탐 기간의 하루를 일 년으로 계산하여 40년을 광야에서 방황하게 하셨습니다(민 14:33-34).

한편, 바알브올 사건(민 25장)은 광야 방황 기에 발생한 최악의 비극적 사건 중에 대표적입니다. 당시 이스라엘은 광야 40년을 우여곡절 끝에 마침내 가나안 동쪽 모압 광야에 숙영하고 있을 때였습니다. 이스라엘 백성은 미디안 족속이 섬기는 바알브올 축제에 참여하여 모압 여인과 음행에 빠졌습니다. 그들은 미디안 백성이 바알브올 우상의 제단을 섬기던 미디안 박수무당과 음행했습니다. 하나님은 가차 없이 이스라엘을 심판하셨습니다. 이스라엘 백성은 염병으로 2만 4천 명이 죽었습니다. 음란의 현장을 목격한 제사장 엘르아살의 아들 비느하스는 분을 못 이겨 율법이 금하는 진중 살해를 저질렀습니다. 그는 장막 안에서 벌어진 음행 현장을 급습하여 남녀를 장막에서 창으로 살해했던 것입니다. 그러자 하나님께서 심판하시던 염병이 그쳤습니다. 후에 진중 살해 행위가 문제가 되자 하나님은 당신의 거룩함을 드러낸 비느하스의 편을 들어 그에게 평화의 언약을 주시며 그와 그의 후손이 계속하여 제사장의 직무를 수행할 것을 보장하셨습니다(민 25:1-18).

하나님은 현재 북 왕조 이스라엘의 배교와 타락은 과거 그들의 조상이 바알브올 우상을 숭배한 관습을 답습했기 때문이라고 진단하셨습니다. 이에 진노한 하나님은 비느하스의 행위와 같은 철저한 회개와 단죄의 필요성을 절감하셨습니다. 그래서 호세아를 통하여 하나님께서 깊이 사랑하신 이스라엘이 타락하고 배교하자 깊은 실망으로 단호하게 처리하시겠다고 통보하셨습니다.

2. 저주와 심판

이스라엘의 음란죄는 그들에게 주어졌던 "영광이 새 같이 떠나가 버리고 불임과 낙태"와 같은 비참한 결과를 초래했습니다.

:: 에브라임의 영광이 새 같이 날아가리니 해산하는 것이나 아이 배는 것이나 임신하는 것이 없으리라(호 9:11).

여기서 말하는 "에브라임의 영광"은 무엇일까요? 그것은 하나님께서 북왕조 이스라엘에게 주셨던 부귀와 영화를 의미합니다. 남 왕조 유다보다도 강하고 화려했던 북 왕조 이스라엘의 영광은 우상숭배로 하나님을 떠나 배교하자 그들에게 부어졌던 하나님의 축복은 취소되었습니다. 이는 "이가봇의 상황"이 되었던 것입니다. 이는 과거 이스라엘이 블레셋과 전쟁을 벌이던 중 패하여 법궤를 빼앗기게 되자, 엘리 제사장의 아들 비느하스의 아내가 아들을 낳고 죽으면서 아들의 이름을 이가봇이라 한 사건을 말합니다.

:: 그의 며느리인 비느하스의 아내가 임신하여 해산때가 가까웠더니 하나님의 궤를 빼앗긴 것과 그의 시아버지와 남편이 죽은 소식을 듣고 갑자기 아파서 몸을 구푸려 해산하고 죽어갈 때에 곁에 서 있던 여인들이 그에게 이르되 두려워하지 말라 네가 아들을 낳았다 하되 그가 대답하지도 아니하며 관념하지도 아니하고 이르기를 영광이 이스라엘에서 떠났다 하고 아이 이름을 이가봇이라 하였으니 하나님의 궤가 빼앗겼고 그의 시아버지와 남편이 죽었기 때문이며 또 이르기를 하나님의 궤를 빼앗겼으므로 영광이 이스라엘에서 떠났다 하였더라(삼상

4:19-21).

에브라임이 누구입니까? 그는 야곱의 손자 요셉의 둘째 아들입니다. 야곱은 애급에서 147세 때 유언하면서 요셉을 축복했습니다. 그때 야곱은 "그가 네게 복을 주실 것이라. 위로 하늘의 복과 아래로 깊은 샘의 복과 젖 먹이는 복과 태의 복이리로다."(창 49:25)고 축복했었습니다. 그 결과 에브라임은 이스라엘 12지파 중에서 가장 인구가 많은 부족이 되었고 북 왕조 이스라엘을 대표하는 지파가 되었습니다.

이제 호세아 선지자는 타락한 이스라엘에게 하나님의 말씀을 전했습니다. 그들의 조상 야곱이 하나님의 이름으로 내린 복은 취소되어 에브라임의 후손의 태가 마르고 젖이 말라 더 이상 후손을 볼 수 없게 될 것이라고 저주했습니다. 하나님께서 그들의 우상숭배에 대하여 이제까지 부어주셨던 야곱의 축복을 취소하시고 이방 땅에서 유리방황하게 심판하시겠다고 저주하신 것입니다. 이는 그들이 하나님을 떠나 음란한 우상을 섬긴 까닭입니다. 그들은 복된 하나님의 말씀을 듣고 그 말씀을 신뢰하여 돌이키지도 않았습니다. 안타깝게도 그들은 이제까지 그들이 누렸던 부귀와 영화와 풍요로움이 하나님께서 주신 것이라는 사실을 잊고 매력적인 이교 문화에 빠져 하나님을 저버린 것입니다. 호세아 선지자는 이 점을 지적하며 하나님 말씀을 강하게 전했습니다.

:: 혹 그들이 자식을 기를지라도 내가 그 자식을 없이하여 한 사람도 남기지 아니할 것이라. 내가 그들을 떠나는 때에는 그들에게 화가 미치리로다(호 9:12).

이스라엘은 하나님께서 주시는 복을 버리고 바알과 아세라에게서 번영과 다산을 기대했습니다. 그들은 자신들에게 이제까지 인도하시고 보호하시며 공급하신 하나님을 잊어버리고 엉뚱한 곳에서 그 모든 것을 얻고자 했던 것입니다. 하나님께서 그들을 떠나시면 어떤 것도 얻지 못하고 심판을 받을 수밖에 없음에도 말입니다.

사무엘의 모친 한나는 여호와 하나님을 철저하게 믿는 여인이었습니다. 그런데 결혼 후 자식이 없었습니다. 남편 엘가나는 극진히 그녀를 사랑했습니다. 그러나 자식을 낳지 못한 그녀는 항상 우울했습니다. 하나님께서 태를 열어주시지 않았기 때문입니다. 첩 브닌나는 아들을 낳고 본부인 한나 앞에서 위세를 떨며 그녀를 무시하며 조롱했고 심지어 핍박까지 했습니다. 그러자 한나는 실로 성전에 나가 하나님께 간절히 서원 기도를 했습니다. "아들을 주시면 평생 하나님께 바치겠습니다." 그녀는 간절히 기도했습니다. 이 모습을 주의 깊게 본 엘리 제사장은 여인의 사정을 제대로 알지 못함에도 그녀를 폄하하고 무시했습니다. 그는 영안이 어두운 제사장이었던 것입니다. 그러나 한나가 믿고 의지한 여호와 하나님은 긍휼과 사랑이 많으신 하나님, 전능하셔서 모든 것을 주관하시는 살아계신 하나님이셨습니다. 한나는 철저하게 살아계신 여호와 하나님을 신뢰했습니다. 기도 후 한나는 하나님께서 기도에 응답하실 것을 확신했습니다. 하나님은 한나의 기도를 들으셨고 또한 응답하셨습니다. 하나님은 그녀에게 잉태케 하셔서 사무엘을 허락하셨습니다. 사무엘을 얻은 한나는 서원대로 사무엘을 하나님께 바쳤습니다.

사무엘을 하나님께 바치며 드린 한나의 기도를 들어봅니다.

:: 여호와는 죽이기도 하시고 살리기도 하시며 스올에 내리게도 하시고 거기에서 올리기도 하시는 도다. 여호와는 가난하게도 하시고 부하게도 하시며 낮추기도 하시고 높이기도 하시는도다. 가난한 자를 진토에서 일으키시며 빈궁한 자를 거름더미에서 올리사 귀족들과 함께 앉게 하시며 영광의 자리를 차지하게 하시는 도다 땅의 기둥들은 여호와의 것이라 여호와께서 세계를 그것들 위에 세우셨도다(삼상 2:6-8).

이 기도는 사무엘을 얻은 후 하나님께 드리는 한나의 기도입니다. 그녀는 아들을 얻은 기쁨과 감사를 이처럼 기도로 표현하면서 하나님께서 이루신 일을 찬양했습니다. 그것은 하나님의 주권적 통치와 권세를 찬양한 것입니다. 놀라운 기도가 아닐 수 없습니다. 그런데 이와 같은 기도가 또 하나 있습니다. 그것은 예수님을 낳고 하나님을 찬양한 예수님의 모친 마리아의 기도입니다.

:: 마리아가 이르되 내 영혼이 주를 찬양하며, 내 마음이 하나님 내 구주를 기뻐하였음은 그의 여종의 비천함을 돌보셨음이라. 보라. 이제 후로는 만세에 나를 복이 있다 일컬으리로다. 능하신 이가 큰일을 내게 행하셨으니 그 이름이 거룩하시며 긍휼하심이 두려워하는 자에게 대대로 이르는 도다. 그의 팔로 힘을 보이사 마음의 생각이 교만한 자들을 흩으셨고 권세 있는 자를 그 위에서 내리치셨으며 비천한 자를 높이셨고 주리는 자를 좋은 것으로 배불리셨으며 부자는 빈손으로 보내셨도다. 그 종 이스라엘을 도우사 긍휼히 여기시고 기억하시되 우리 조상에게 말씀하신 것과 같이 아브라함과 그 자손에게 영원히 하시 리로다 하니라.(눅 1:46-55)

두 여인 모두 하나님께서 자신에게 행하신 놀라운 일들은 불가능을 가능케 하신 전능하신 하나님의 능력이며 섭리이며 역사임을 찬양하며 구원을 노래하고 있습니다. 놀라운 믿음의 여인들이 아닐 수 없습니다. 사실, 우리는 말로는 하나님을 믿는다고 하면서 기회가 있을 때마다 세상 물질의 유혹에서 벗어나지 못하고 순간순간 세상의 욕망에 빠진 적이 얼마나 많이 있습니까! 온전히 하나님만을 믿겠다고 한 신앙을 세상의 유혹에 빠져 한순간에 내팽개쳐 버리고 물거품처럼 만들어 버린 경우들이 얼마나 많았습니까. 하찮은 것에 유혹받아 그동안 간절하게 기도하며 다짐한 결심과 헌신을 버리고 욕망과 욕심에 굴복하고 타협한 적이 한두 번이 아닙니다.

북 왕조 이스라엘의 지은 죄 역시 세상적인 쾌락과 물질적인 번영과 부요함을 추구하여 적당한 선에서 타협하고 형식적인 종교 생활을 하며 적당하게 살아가는 것으로 만족했을 뿐입니다. 이것이 무엇이 문제가 되냐고 하겠지만, 하나님과 언약 관계를 맺고 있는 이스라엘에게 이 점은 결정적인 문제가 됩니다. 맺은 언약의 조건 때문입니다.

호세아는 백성에게 하나님께서 주신 메시지를 전달했습니다.

:: 에브라임은 매를 맞아 그 뿌리가 말라 열매를 맺지 못하나니 비록 아이를 낳을지라도 내가 그 사랑하는 태의 열매를 죽이리라. 그들이 듣지 아니하므로 내 하나님이 그들을 버리시리니 그들이 여러 나라 가운데에 떠도는 자가 되리라(호 9:16-17).

그러나 백성은 이 여호와의 말씀을 경청하지 않고 그 말씀의 엄청난 저주의 내용에 주의하지 않고 하나님의 말씀을 철저하게 무시했습니다. 그 결과 이스라엘은 철저하게 망했습니다. 그들은 앗수르에 패망하여 온 세상에 흩어져 방랑하는 가련한 민족이 되어버렸습니다. 이 모든 것은 호세아가 지적하고 전한 하나님의 말씀의 경고대로 된 것입니다.

3. 길갈과 실로가 문제

:: 그들의 모든 악이 길갈에 있으므로 내가 거기에서 그들을 미워하였노라 그들의 행위가 악하므로 내 집에서 그들을 쫓아내고 다시는 사랑하지 아니하리라 그들의 지도자들은 다 반역한 자니라(호 9:15).

하나님은 망하게 된 이스라엘의 결정적인 악의 원인이 길갈이라고 지적하셨습니다. 길갈이 어떤 곳이기에 이 길갈을 악의 근원이라고 지적하신 것일까요? 길갈은 이스라엘의 역사에 있어서 매우 중요한 곳입니다. 이스라엘 백성이 요단강을 건널 때 지파 수대로 큰 돌을 하나씩 갖고 와서 기념탑을 쌓은 곳이 길갈입니다(수 4장). 길갈은 "애굽의 수치를 굴려 버렸다"(rolling over her shame in Egypt)라는 뜻입니다. 애굽에서 430년 종살이한 수치, 광야 40년 동안 방황한 수치를 굴려 버리고 완전히 새롭게 되어 정상으로 되돌아간 상황임을 선언한 곳이 길갈입니다. 한편 길갈은 여호수아가 민족의 정체성이라 할 수 있는 할례를 시행한 곳이고(수 5:2-7), 그가 임시 수도로 정하고 통치한 곳이며 가나안 다섯 부족을 무찌르고 승리를 선언한 곳입니다(수 10:7, 15, 43). 길갈은 이렇게 이스라엘의 정체성을 선언하고 가나안 땅에 정착한 영광과 승리의 장소로 하나님께서 함께하신 곳이었습니다.

또한 실로는 가나안 정복이 끝난 후에(주전 1400년경), 여호수아가 길갈에 있던 하나님의 장막 성전을 실로로 옮겨 이스라엘의 수도가 된 곳입니다. 호세아는 이런 기념비적인 하나님의 장막 성전이 있던 실로 역시 우상숭배의 중심이 되었다고 지적하면서 하나님의 저주를 선언했습니다. 이렇게 길갈, 실로 그리고 벧엘(벧아웬)은 하나님께서 거하시는 거룩한 장소입니다. 이곳들은 거룩한 하나님께서 역사하신 유적지들입니다. 이스라엘 백성이 광야를 거쳐 요단강을 건너서 애급과 죄의 수치가 벗어졌다고 선언한 곳이며 구원을 기념하여 비를 세웠던 곳이며 하나님의 언약 백성임을 확인하며 할례를 시행했던 장소였습니다.

그런데 이 거룩한 곳들에 이스라엘은 이방 신상들을 세우고 섬기며 온갖 추악한 욕망을 발산하며 음란한 행위를 저질렀습니다. 하나님은 그런 이스라엘과 함께하실 수 없었습니다. 그렇게 예뻐하시며 극진히 사랑하신 이스라엘! 이 세상 어느 민족에게도 주시지 않았던 복을 주시며 하나님의 영광을 드러내시기를 원하셨던 이스라엘과 더는 함께하지 않고 떠나시겠다고 하나님께서 선언하셨습니다. 얼마나 그들에 대하여 철저한 배신감을 느끼고 실망하셨기에 이렇게까지 분노하시고 결별을 선언하셨을까 짐작할 수 있는 대목입니다.

결론

당시 이스라엘이 완전히 하나님을 버렸을까요? 실상은 그렇지 않다고 여겨집니다. 그들은 적당한 선에서 세상과 하나님을 겸하여 섬겼다고 판단됩니다. 여전히 그들은 형식적인 제사 행위와 종교적 절차는 실시했기 때문입니다. 이러한 양다리 걸치기 식의 신앙 행태는 지금도 우리에게서도 나타나고 있지는 않은지요? 주님의 경고를 유념하여 들으시기 바랍니다.

∷ 한 사람이 두 주인을 섬기지 못할 것이니 혹 이를 미워하고 저를 사랑하거나 혹 이를 중히 여기고 저를 경히 여김이라 너희가 하나님과 재물을 겸하여 섬기지 못하느니라(마 6:24).

우리는 주님의 이 말씀을 마음 깊이 새겨야 합니다. 적당하게 세상과 하나님을 동시에 섬기는 신앙생활은 합당하지 않습니다. 자기 이익만을 추구하며 양다리 걸치기 신앙을 하나님께서 봐주실 것이라고 생각하십니까? 살아계신 하나님은 지금도 우리의 일거수일투족을 다 보고 계시며 알고 계십니다. 하나님은 지금도 눈동자같이 두루 살피시며 섭리하시고 통치하십니다. 그런데 하나님께서 판단하지 않으시고 오래 참으심은 우리 스스로 말씀을 통하여 깨닫고 자발적으로 되돌아오기를 기다리고 계시는 것입니다. 이 점을 깊이 알아야 합니다.

시편 저자는 노래합니다.

∷ 그러나 여호와께서 기다리시나니 이는 너희에게 은혜를 베풀려 하심이요 일어나시리니 이는 너희를 긍휼히 여기려 하심이라 대저 여호와는 정의의 하나님이심이라. 그를 기다리는 자마다 복이 있도다(사 30:18).

하나님의 오래 참으심이 얼마나 갈지는 아무도 모릅니다. 적당한 때에 하나님께서는 반드시 개입하시고 판단하실 것입니다. 그러기에 우리 모두는 이 사실을 인지하고 한 순간이라도 하루라도 빨리 주께 나오길 바랍니다.

이스라엘이 지은 죄가 무엇입니까? 그들 가운데 계신 하나님과 맺은 언약을 무시하고 언약의 상대인 하나님을 외면하고 자신들이 원하는 것들을 얻고 즐기려는 것이었습니다. 그것은 이제까지 함께하신 하나님 외면하고 부인하는 행위입니다. 일부러 하나님을 믿고 싶지 않으려는 것입니다. 이는 습관적으로 신앙을 유지하는 정도에 만족하는 반쪽짜리 신앙이라 하겠습니다. 이러한 행위를 지속하고 있다면 하나님께서 베푸신 십자가의 사랑과 대속의 진리로 맺은 언약을 기억해야 할 것입니다.

바울은 "우리가 아직 죄인 되었을 때에 그리스도께서 우리를 위하여 죽으심으로 하나님께서 우리에 대한 자기의 사랑을 확증하셨느니라."(롬 5:8)며, 어떻게 우리가 하나님의 사랑을 받았는지 기억할 것을 강조했습니다. 모든 성도는 이 하나님의 사랑 사건 즉 십자가 사건을 잊지 말아야 합니다. 속히 예수 그리스도를 만났던 초심으로 돌아가 마음을 하나님께로 되돌리는 일에 힘써야 할 것입니다. 이것만이 우리가 다시 살길입니다.

호세아 선지자는 하나님이 바로 이런 분이시라는 것을 재차 강조하며 여호와 하나님을 알기를 힘써 주와 화합할 것을 강하게 권면했습니다.

:: 오라. 우리가 여호와께로 돌아가자. 여호와께서 우리를 찢으셨으나 도로 낫게 하실 것이요 우리를 치셨으나 싸매어 주실 것임이라. 여호와

께서 이틀 후에 우리를 살리시며 셋째 날에 우리를 일으키시리니 우리가 그의 앞에서 살리라. 그러므로 우리가 여호와를 알자 힘써 여호와를 알자 그의 나타나심은 새벽 빛 같이 어김없나니 비와 같이, 땅을 적시는 늦은 비와 같이 우리에게 임하시리라 하니라(호 6:1-3).

바른 성도는 이 진리를 마음에 담고 지금도 살아계신 하나님의 말씀을 사모하고 그 말씀에 순종하기를 힘쓰는 자입니다. 그러한 때 비로소 하나님께서 허락하실 분복을 마음껏 누릴 수 있을 것이기 때문입니다.

기도

거룩하신 하나님 아버지, 오늘 말씀을 깊이 마음에 담기를 원합니다. 살아계신 하나님을 깊이 알고 살펴 의식적으로 주의 말씀을 명심하고 순종하기에 힘쓰게 하옵소서. 유혹과 시험이 많은 삶 속에서 더욱 자신을 살펴 주님만을 바라보고 의지하여 구원을 누리게 하옵시고 온전케 하옵소서. 거룩하신 주 예수의 이름으로 기도드리옵나이다. 아멘.

19.

이스라엘의 오판

:: 그들이 두 마음을 품었으니 이제 벌을 받을 것이라 하나님이 그 제단을 쳐서 깨뜨리시며 그 주상을 허시리라. 그들이 이제 이르기를 우리가 여호와를 두려워하지 아니하므로 우리에게 왕이 없거니와 왕이 우리를 위하여 무엇을 하리요 하리로다(호 10:1-3).

순간의 선택이 평생을 좌우한다는 말이 있습니다. 여러분은 선택의 중요성을 알아서 잘 선택하며 살아가고 있습니까? 우리나라가 1945년 해방 후 북한은 소련을 택했고 남한은 미국을 택했습니다. 남한은 자유민주주의를 택했고 북한은 공산민주주의를 택했습니다. 분단 80년이 지나가는 현재 한민족의 선택의 결과는 어떠합니까? 남한과 북한의 현재의 모습이 당시 선택의 정당성을 증명해 주고 있습니다. 어떤 선택을 하느냐는 판단의 원칙에 달려있습니다.

인생 역시 마찬가지입니다. 누구를 선택하고 어디를 선택하고 무엇을 선택하느냐에 따라 미래가 결정되는 것입니다. 이렇게 생각해 보면, 우리네 인생은 선택의 기로에 서 있어서 잘 판단해야 한다는 교훈을 얻습니다. 이때 판단의 기준이 무엇이며 어떤 원칙과 원리로 판단해야 할까요? 어떻게 판단해야 옳고 어떤 판단이 유익할까요? 쉽지 않습니다. 너무 가정에서 보호 가운데 자란 아이들이 정작 판단해야 할 상황에서 결정하지 못하는 결정 장애 증을 나타내는 이들이 많다고 합니다. 여러분의 판단 능력은 어떠합니까?

본문은 호세아 선지자가 전하는 여섯 번째 설교입니다. 하나님은 호세아에게 북 왕조 이스라엘의 판단에 대하여 평하시며 경고하셨습니다.

1. 오판의 원인

:: 이스라엘은 열매 맺는 무성한 포도나무라 그 열매가 많을수록 제단을 많게 하며 그 땅이 번영할수록 주상을 아름답게 하도다. 그들이 두 마음을 품었으니 이제 벌을 받을 것이라 하나님이 그 제단을 쳐서 깨뜨리시며 그 주상을 허시리라. 그들이 이제 이르기를 우리가 여호와를 두려워하지 아니하므로 우리에게 왕이 없거니와 왕이 우리를 위하여 무엇을 하리요(호 10:1-3).

하나님은 이스라엘을 포도나무에 비유하셨습니다. 이런 비유는 하나님께서 이스라엘을 비유하는 전형이라 하겠습니다. 한편 성경은 이스라엘을 포도나무 이외에도 무화과나무 혹은 감람나무로 비유하기도 합니다. 농부는 당연히 많은 포도를 거둘 것을 기대하고 심을 것입니다. 좋은 포도주를 얻기 위함입니다. 그런데 문제가 발생했습니다. 농부이신 하나님께서 최고급 포도나무를 심었는데 포도나무가 엉뚱한 들 포도를 맺었다는 것입니다. 하나님은 이스라엘에 대하여 이 점을 지적하셨습니다.

: : 땅을 파서 돌을 제하고 극상품 포도나무를 심었도다. 그 중에 망대를 세웠고 또 그 안에 술틀을 팠도다. 좋은 포도 맺기를 바랐더니 들 포도를 맺었도다(사 5:2).

여기서 말하는 "들 포도"는 "머루"와 같은 것이라고 합니다. 하나님께서 극상품 포도를 기대하고 심은 이스라엘이란 포도나무가 머루와 같은 들 포도를 맺히자, "내가 내 포도원을 위하여 행한 것 외에 무엇을 더할 것이 있으랴 내가 좋은 포도 맺기를 기다렸거늘 들 포도를 맺음은 어찌 됨인고"(사 5:4)라고 탄식하셨습니다.

호세아 당시 이스라엘은 많은 열매를 맺었는데 그 열매는 하나님의 기대와 달리 엉뚱한 열매 즉 이방 종교의 제단을 쌓고 우상을 만들어 그 앞에 절하는 배교의 열매를 맺었던 것입니다. 이에 대하여 하나님은 그들이 오판했다고 힐난하셨습니다. 이스라엘의 오판 원인이 무엇일까요? 하나님은 이스라엘이 두 마음을 품은 것이라고 지적하셨습니다. "두 마음"(halaq)이란 "갈라진 마음"(divided heart)이란 뜻입니다. 이스라엘이 "하나님을 섬길 것인가, 바알을 섬길 것인가", 둘 사이에서 우왕좌왕하는 상황을 지적하신 것입니다.

이에 대한 하나님의 단호한 경고는 이미 신명기에서도 주어졌습니다.

:: 네 하나님 여호와를 경외하며 그를 섬기며 그의 이름으로 맹세할 것이니라. 너희는 다른 신들 곧 네 사면에 있는 백성의 신들을 따르지 말라. 너희 중에 계신 너희의 하나님 여호와는 질투하시는 하나님이신즉 너희의 하나님 여호와께서 네게 진노하사 너를 지면에서 멸절시키실까 두려워하노라(신 6:13-15).

여호와 하나님은 일찍이 이스라엘에게 경고하셨습니다. 질투하시는 하나님은 다른 우상을 섬기면 반드시 개입하시고 다루실 것은 당연합니다. 이스라엘은 두 마음을 가지고 하나님을 속이는 마음(deceitful heart)으로 살았습니다. 이러한 모습은 그들의 사악한 마음의 문제였습니다. 닭이 독사의 알을 품는다고 해서 병아리가 나올 수 있겠습니까? 결코 그런 일은 일어나지 않습니다. 성도가 말로는 믿는다면서 마음으로는 세상을 추구하며 산다면 어떤 결과가 나올지는 뻔한 것입니다.

이스라엘의 두 마음은 어떻게 나타났습니까?

:: 그들이 이제 이르기를 우리가 여호와를 두려워하지 아니하므로 우리에게 왕이 없거니와 왕이 우리를 위하여 무엇을 하리요 하리로다(호 10:3).

사실, 이스라엘은 하나님을 온전히 섬기지 못하고 걱정과 염려만 했습니다. 그들은 예루살렘에 가지 않고 세겜과 벧엘 그리고 단에 세운 신전에서 제사를 행해도 아무런 문제가 발생하지 않자 이런 말을 했던 것입니다. 그들은 여호와 하나님을 두려워하지 않았고(여호와 하나님 경외심 상실) 그들이 세운 여로보암 왕도 뭐 별로 해주는 것도 없으니 굳이 여호와 하나님만을 섬길 필요를 느끼지 못했던 것입니다(왕에 대한 기대 상실). 그들은 여호와를 섬기지 못한 것에 대한 죄의식은 있으나 하나님께 돌아가려는 참된 회개는 없었다(회개 상실)고 판단됩니다.

당시 이스라엘은 여호와 하나님을 완전히 버리고 바알과 아세라 신상을 섬긴 것이 아닙니다. 그들은 금송아지를 세워 여호와를 상징하는 우상으로 그것이 그들의 하나님이라고 믿었습니다. 그래서 그들은 하나님과 함께 바알도 섬겼던 것입니다. 그러나 그들은 하나님을 의식하지 않았습니다. 왕은 백성이 유대 예루살렘으로 백성들이 내려가 여호와 하나님을 섬길 것을 우려해서 금송아지 우상을 곳곳에 세워 백성들이 바알과 아세라 우상 문화에 취하도록 종교 정책을 펼쳤습니다. 이 이교 문화는 쾌락과 음란한 문화였습니다. 이 정책은 백성의 생활 습관을 바꿔버렸습니다. 이 정책은 여호와 하나님 중심에서 음란과 쾌락을 추구하는 세속문화의 전환으로 백성의 이성을 마비시키는 정책이었던 것입니다.

아합 시대에 엘리야 선지자가 갈멜산 내기에서 백성에게 한 말을 기억해 봅시다. 당시 엘리야 선지자는 양다리 걸치기 식의 종교의식을 신랄하게 지적하며 그들을 도전했습니다.

:: 엘리야가 모든 백성에게 가까이 나아가 이르되 너희가 어느 때까지 둘 사이에서 머뭇머뭇 하려느냐 여호와가 만일 하나님이면 그를 따르

고 바알이 만일 하나님이면 그를 따를지니라(왕상 18:21).

예수께서도 하나님 나라 백성은 하나님과 물질을 겸하여 섬길 수 없다고 말씀하셨고(마 6:24), 사도는 하나님의 자녀는 세상과 벗이 될 수 없고 세상을 사랑해서는 안 된다고 가르치며(약 4:4; 요일 2:15), 이렇게 두 마음을 품은 자들은 바다에 떠 있는 배와 같이 정함이 없어서 그 마음을 정결하게 하라고 권고합니다(약 1:8; 4:8).

하나님과 맺은 언약을 저버린 이스라엘에 대하여 하나님께서 그 헛된 신들을 파괴하시는 것은 당연합니다. 그들은 하나님을 의식적으로 외면하였고 오히려 자기들이 세운 왕이 자신들을 구하지 못할 것임을 알고 있으면서도 원망과 탄식 그리고 한탄만 할 뿐 하나님 앞에서 진정한 회개를 하지 못했습니다. 그들은 살아계신 하나님을 죽은 하나님으로 오판했습니다. 이는 그들의 마음이 갈라져 스스로를 속이고 있었기 때문입니다. 그들은 하나님께서 왕을 주시고 지도자들을 보내 주셨으나 그 하나님의 뜻을 저버린 타락한 정책은 백성을 올바른 길로 인도하지 못하고 오히려 해이하게 만들어 퇴폐적인 삶을 살도록 할 뿐이었습니다.

하나님은 이들의 이율배반적인 행태를 신랄하게 지적하시며 심하게 책망하셨습니다.

:: 이스라엘아 네가 패망하였나니 이는 너를 도와주는 나를 대적함이니라. 전에 네가 이르기를 내게 왕과 지도자들을 주소서 하였느니라. 네 모든 성읍에서 너를 구원할 자 곧 네 왕이 이제 어디 있으며 네 재판

장들이 어디 있느냐, 내가 분노하므로 네게 왕을 주고 진노하므로 폐하였노라(호 13:9-11).

2. 오판의 내용

또한 이스라엘의 왕과 지도자들은 백성의 입맛에 맞는 공약과 정책을 남발했습니다. 호세아는 그런 나라의 상황을 이렇게 지적하며 저주했습니다.

:: 그들이 헛된 말을 내며 거짓 맹세로 언약을 세우니 그 재판이 밭이랑에 돋는 독초 같으리로다(호 10:4).

하나님은 이스라엘이 두 마음을 품고 실행하는 거짓 정책, 허망한 약속 그리고 무책임한 외교 조약들을 지적하셨습니다. 여기서 말하는 "헛된 말"(many promises)은 지킬 수 없는 무책임한 아부성 공약들을 의미하며, "헛된 맹세"(false oaths)는 지킬 수 없는 공약들이며, "언약 체결"(make agreements)은 상황에 따라 앗수르와 애굽과 맺은 외교 체결을 의미합니다. 그런데 이 모든 거짓 정책과 헛된 약속은 다 하나님을 신뢰하지 않은 것이며 하나님의 공의를 저버린 정책들로 당연히 심판 대상인 것입니다. 당시 정치 지도자들의 잘못된 정책들은 오히려 백성에게 쓰디쓴 쑥과 같은 독초가 되어 하나님의 심판을 증가시켜 백성들이 고통스러운 삶을 살도록 했던 것입니다.

이러한 현상은 지금도 마찬가지입니다. 2022년 말 현재, 미국과 한국의 나라 경제를 생각해 봅시다. 미국의 정부 빚은 약 2조 달러(2,700조 3천

억 원)로 이는 국민 총생산액(GDP) 대비 125%에 해당하며 3초에 10만 달러씩 증가한다고 합니다. 이는 세금 납부자 한 사람당 20만 달러씩 빚을 지고 있는 셈입니다. 한국은 어떠할까요? 현재 한국이 지고 있는 빚은 국민 총생산(GDP) 대비 49.6%로 2,197조 원이 넘어서 한 사람당 1,900만 원의 빚이 있는 것으로 계산되고 있습니다. 실로 두 나라 모두 선심 정책으로 국가 재정이 빚에 허덕이는 상황이 된 것입니다.

당시 이스라엘 역시 다르지 않았습니다. 이스라엘은 여호와의 말씀대로 순종하여 공의와 정의가 하수같이 흘러내리게 하여 건전하고 규모 있는 나라를 운영하지 못하고 지도자나 백성이나 이교 문화에 빠져 배교의 길을 갔습니다. 그 결과 나라 경제는 피폐해졌고 외침은 가속되어 나라의 운명은 풍전등화에 처했습니다. 그러자 왕은 침공하는 앗수르에 굴복하여 은 1만 달란트라는 거금을 조공으로 바치며 간신히 멸망은 면했으나(왕하 16:8), 조공이 감당하기 힘들어지자, 이젠 애굽에 가서 조공을 바치며 도와달라고 요청했습니다(왕하 17:1-6). 이들은 살아계신 하나님을 찾지 않고 인간적인 정책을 활용하여 위기를 넘기려고 모색한 것입니다. 그러한 일련의 정책들이 국민에게는 독초가 되었고 고통을 가중시켰습니다. 그들이 여호와 하나님을 버리고 금송아지를 섬기며 외교술을 통하여 나라의 안정을 꾀하려 했던 정책들은 실패하여 결국 주전 722년 앗수르 살만에셀 왕에게 완전히 멸망하게 되었습니다(호 5:13; 7:11; 10:6).

:: 호세아 제 구년에 앗수르 왕이 사마리아를 점령하고 이스라엘 사람을 사로잡아 앗수르로 끌어다가 고산 강가에 있는 할라와 하볼과 메대 사람의 여러 고을에 두었더라(왕하 17:6).

3. 오판의 결과

이런 상황 속에서 하나님은 호세아 선지자를 통하여 강력하게 경고하셨습니다.

:: 사마리아 주민이 벧아웬의 송아지로 말미암아 두려워할 것이라. 그 백성이 슬퍼하며 그것을 기뻐하던 제사장들도 슬퍼하리니 이는 그의 영광이 떠나감이며(이가봇) 그 송아지는 앗수르로 옮겨다가 예물로 야렙 왕에게 드리리니 에브라임은 수치를 받을 것이요 이스라엘은 자기들의 계책을 부끄러워할 것이며 사마리아 왕은 물 위에 있는 거품 같이 멸망할 것이며 이스라엘의 죄 곧 아웬의 산당은 파괴되어 가시와 찔레가 그 제단 위에 날 것이니 그 때에 그들이 산더러 우리를 가리라 할 것이요 작은 산더러 우리 위에 무너지라 하리라(호 10:5-8).

당시 왕들과 제사장과 같은 지도자들이 실행한 우상숭배 정책은 그들의 눈앞에서 나라가 침몰해 가는 상황을 겪게 될 것입니다. 이는 마치 물 위에 떠가는 거품과 같이 허무하게 나라가 몰락하는 종말적 상황으로, "물 위에 있는 거품"은 "물 위에 흘러가는 나뭇조각"을 뜻하는데, 이는 마치 나뭇조각들이 물 위에 떠서 이리저리 흩어지듯이, 이스라엘이 여기저기 흩어져 장차 온 나라에 허망한 상황을 겪게 될 것을 지적하는 경고성 묘사입니다.

그 원인은 "아웬"에 있습니다. 아웬은 벧아웬의 줄임말로 벧엘을 가리킵니다. 벧엘은 야곱이 하나님을 만난 "하나님의 전"(the house of God)입니다(창 28:17). 그 하나님의 전이 우상의 전으로 변질되었던 것입니다. 하나님은 타락하여 하나님의 집을 이방 산당으로 만든 이스라엘은 마치 버려진

숲처럼 가시와 찔레로 덮여 완전히 파괴될 것을 경고하셨습니다. 이 표현은 죄를 범한 아담에게 "땅이 네게 가시덤불과 엉겅퀴를 낼 것"이라고 저주하신(창 3:18) 이후 처음으로 구약에 나타나는 표현입니다.

그때가 되면 백성은 "산들아 우리를 가리라(cover us), 작은 언덕아 우리 위에 무너지라(fall on us)"라고 외칠 것입니다(호 10:8). 이는 허망한 멸망의 때에 벌어질 감당할 수 없는 혼란을 표현한 것입니다. 백성들은 포기하여 "될 대로 되라"(que sera sera; whatever will be)! 체념하며 방종하게 될 것이라는 말입니다.

이 지경이 된 배경이 무엇일까요? 한마디로, 당시 상황이 마치 이스라엘이 기브아의 때와 같았기 때문입니다. "기브아의 때"란 9장에서 살펴보았듯이, 사사시대에 발생한 끔찍한 "12토막살인 사건"을 가리킵니다. 첩을 둔 한 레위인 이 베냐민 지파의 한 집에서 숙박하다가 당한 음행 사건으로 죽은 첩의 시신을 12토막으로 내어 온 이스라엘 지파에 보낸 후에 발생한 내란 사건을 회고하게 합니다(호 9:9; 참조. 삿 19:1-20:48). 결과는 알다시피 이스라엘의 한 지파 즉 베냐민 지파가 거의 소멸할 정도로 피해가 심했습니다. 베냐민 지파의 남자가 25,000명이 죽고 겨우 600명 정도밖에 남지 않았습니다. 이는 북 왕조 이스라엘이 마치 기브아 때와 같이 온 나라가 죄에 빠져 반드시 하나님의 징계를 받아 망하게 될 것이라는 경고입니다. 정말로 오판의 결과가 얼마나 비참하게 되는지를 깨닫게 됩니다.

결론

하나님은 이스라엘에게 두 가지 죄를 지적하셨습니다. 그것은 그들이 하나님을 버린 것과 다윗의 집을 버린 것입니다. 이는 사실 하나의 죄라 하겠습니다. 왕이신 하나님을 버린 죄입니다. 그들은 하나님의 집인 벧엘을 송아지 산당으로 삼아 배교하였고(5절), 하나님이 왕이심을 고백한 다윗의 집을 버리고 바알을 섬긴 이스라엘이 다른 곳에서 왕을 구했습니다. 이런 죄들을 그들은 저질렀던 것입니다(7절).

본문은 이렇게 신앙의 변절과 왜곡된 믿음의 행위에 분노하시는 하나님의 심판을 깨닫게 합니다. 하나님을 믿지 않는 행위는 하나님의 권위에 도전하고 그의 통치권을 버리는 것입니다. 주 예수께서 "너희는 먼저 그 나라와 그 의를 구하라. 그리하면 이 모든 것을 더하여 주시리라"(마 6:33)라고 가르치셨습니다. 그리고 좀 더 구체적으로 이 나라를 위하여 어떻게 기도해야 하는지를 가르쳐주셨습니다.

:: 그러므로 너희는 이렇게 기도하라 하늘에 계신 우리 아버지여 이름이 거룩히 여김을 받으시오며 나라가 임하시오며 뜻이 하늘에서 이루어진 것 같이 땅에서도 이루어지이다(마 6:9-10).

전능하신 하나님께서 예수 안에서 한 사람 한 사람을 부르실 때는 그에 대한 기대가 있고 그에게 거는 소망이 있습니다. 사도 바울은 바로 이 점을 기억하고 성도는 마땅히 바르게 기도할 것을 가르쳤습니다. 우리의 기도가 여전히 세상적인 염려와 바람을 위하며 하나님을 이용하고 심지어 하나님을 좌지우지하려는 생각은 버려야 합니다. 성도로서 해서는 안 될 일입니다. 하나님은 속지 않으십니다. 하나님은 우리의 간교한 오판을 심하게 다루실 것입니다. 하나님은 우리가 하루 속히 항복하고 주께 돌아올 때까지 우리를 심하게 단련하실 것입니다.

현재 우리의 관심이 무엇입니까? 당장 나에게 필요하다고 생각되는 "무엇을 먹을까, 무엇을 마실까"에 둘 것이 아니라, 성경의 가르침을 깊이 되새기며 하나님께 나아가야 할 것입니다.

:: 우리 주 예수 그리스도의 하나님, 영광의 아버지께서 지혜와 계시의 영을 너희에게 주사 하나님을 알게 하시고 너희 마음의 눈을 밝히사 그의 부르심의 소망이 무엇이며 성도 안에서 그 기업의 영광의 풍성함이 무엇이며 그의 힘의 위력으로 역사하심을 따라 믿는 우리에게 베푸신 능력의 지극히 크심이 어떠한 것을 너희로 알게 하시기를 구하노라(엡 1:17-19).

기도

하나님 아버지, 우리의 연약함, 위선과 거짓됨을 고백합니다. 본문의 말씀을 통하여 살아계신 하나님의 집요한 사랑과 경고를 깊이 인식하게 하옵소서. 삶 속에서 하나님께 대한 믿음과 신뢰로 세상을 의지하여 타협하지 말고 어떤 상황 속에서도 주님만을 의지하게 하옵소서. 먼저 하나님의 나라와 의를 구하기를 힘쓰며 주님만을 사랑하게 하옵소서. 거룩하신 주 예수 이름으로 기도드리옵나이다. 아멘.

20.
지금이 곧 여호와를 찾을 때

:: 에브라임은 마치 길들인 암소 같아서 곡식 밟기를 좋아하나 내가 그의 아름다운 목에 멍에를 메우고 에브라임 위에 사람을 태우리니 유다가 밭을 갈고 야곱이 흙덩이를 깨뜨리리라. 너희가 자기를 위하여 공의를 심고 인애를 거두라 너희 묵은 땅을 기경하라. 지금이 곧 여호와를 찾을 때니 마침내 여호와께서 오사 공의를 비처럼 너희에게 내리시리라. 너희는 악을 밭 갈아 죄를 거두고 거짓 열매를 먹었나니 이는 네가 네 길과 네 용사의 많음을 의뢰하였음이라(호 10:11-13).

우리는 일상에서 "때가 좋다, 때가 나쁘다, 때를 잘 타고 났다" 등 "때"란 말을 자주 사용합니다. 그래서 때를 잘 구분할 수 있어야 한다고 말합니다. 때와 기회가 항상 적절하게 주어지는 것은 아니기 때문입니다. 그렇습니다. 때를 알고 그때에 맞추어 일을 처리한다면 참으로 좋을 것입니다. "옷을 잘 입는다"는 말은 고가의 옷을 입는 다는 것보다 때와 장소에 따라 적절하게 옷을 입는 것을 뜻합니다. 이처럼 때를 잘 맞추는 것이 중요합니다.

전도서 저자 솔로몬은 "범사에 기한이 있고 천하만사가 다 때가 있나니, 날 때가 있고 죽을 때가 있으며 심을 때가 있고 심은 것을 뽑을 때가 있으며, 죽일 때가 있고 치료할 때가 있으며 헐 때가 있고 세울 때가 있으며, 울 때가 있고 웃을 때가 있으며 슬퍼할 때가 있고 춤출 때가 있으며, 돌을 던져 버릴 때가 있고 돌을 거둘 때가 있으며 안을 때가 있고 안는 일을 멀리 할 때가 있으며, 찾을 때가 있고 잃을 때가 있으며 지킬 때가 있고 버릴 때가 있으며, 찢을 때가 있고 꿰맬 때가 있으며 잠잠할 때가 있고 말할 때가 있으며, 사랑할 때가 있고 미워할 때가 있으며 전쟁할 때가 있고 평화할 때가 있느니라"(전 3:1-8)고 말하며 때의 중요성을 강조했습니다.

본문은 호세아 선지자를 통하여 전하는 여섯 번째 설교의 두 번째 메시지입니다. 메시지의 주제는 "지금이 곧 여호와 하나님을 찾을 때"입니다. 이는 하나님의 최후통첩과 같은 성격의 메시지입니다. 이스라엘은 이 말씀에 즉각 반응해야 했습니다. 더는 하나님께서 기다리실 수 없기 때문입니다.

1. 마지막 기회, 마지막 통첩

하나님은 북 왕조 이스라엘에게 마지막 경고(final warning)를 하셨습니다. 호세아 선지자는 지금 당장 여호와 하나님을 찾으라고 촉구했습니다(12절). 이 경고장을 받아 든 이스라엘은 어떤 행동을 취했을까요? 당시 이스라엘의 상태가 어떻기에 하나님은 최후통첩을 하신 것일까요? 세 가지로 파악됩니다.

:: 너희가 자기를 위하여 공의를 심고 인애를 거두라. 너희 묵은 땅을 기경하라. 지금이 곧 여호와를 찾을 때니 마침내 여호와께서 오사 공의를 비처럼 너희에게 내리시리라(호 10:12).

1) 심히 부패한 시대이기 때문입니다

기브아 시대란 기브아 사건으로 야기된 혼란스러운 사회상을 뜻하고 호세아 당시도 기브아 사건으로 야기된 혼란한 사회와 다름없이 타락한 사회였다는 것입니다.

:: 그들은 기브아의 시대와 같이 심히 부패한지라 여호와께서 그 악을 기억하시고 그 죄를 벌하시리라(호 9:9).

기브아 사건이란 무엇입니까? 그 사건으로 어떤 일이 벌어졌습니까? 기브아 사건은 사사기 19-21장에 기록된 사건입니다. 첩을 둔 한 레위 인이 첩이 경제 사정으로 가출하여 친정에 가자 그 첩을 데리러 처가에 갔다가 귀가하는 길에 베냐민 지파의 한 집에 들어가 참상을 겪은 후 첩의 시신을 12토막을 내서 12지파에 보내자 11지파가 베냐민 한 지파와 전쟁을 벌여 내전 상태에 돌입하게 된 사건을 말합니다. 그 결과 동족상잔의 비극적 내전으로 베냐민 지파가 지속될 수 없다는 것을 뒤늦게 알게 된 지파들이 해결하는 방안으로 실로 축제 때 실로 처녀들이 춤을 출 때 보쌈 하여 베냐민 지파를 유지하게 되는 혼란한 사회 상황을 말합니다. 사사기 저자는 "그 때에 이스라엘에 왕이 없으므로 사람이 각기 자기의 소견에 옳은 대로 행하였더라"(삿 21:25)고 당시 상황을 기술했습니다.

이후 여로보암 2세 때까지도 북 왕조 이스라엘은 전혀 변하지 않았습니다. 기브아 때와 같이 법도 질서도 없는 무정부 사회였던 것입니다. 백성은 양심과 윤리를 외면하고 법과 질서를 무시한 채, 자기가 하고 싶은 대로 행했습니다. 정욕대로 음란과 폭력을 일삼으며 광란의 사회를 형성하며 무질서하게 살았습니다. 선지자 호세아는 이 점을 지적하며 하나님의 심판을 경고했던 것입니다.

2) 두 가지 죄 때문입니다

하나님은 당시 죄악 상황을 두 가지로 지적했습니다.

:: 내가 원하는 때에 그들을 징계하리니 그들이 두 가지 죄에 걸릴 때에 만민이 모여서 그들을 치리라(호 10:10).

하나님은 무질서한 광란의 사회를 외면하지 않으셨습니다. "내가 정한 때, 내가 원하는 때에 징계하겠다!" 무서운 말씀입니다. 심판은 하나님께서 정하신 때에 시행됩니다. 인간이 정한 것 같아도 전쟁, 자연재해 모두 하나님께서 정하신 때에 일어난다고 밝힌 것입니다.

그런데 대부분은 죄가 관영하고 무질서한 세상이 되면 좋지 않다고 말들 하면서도 자기만 괜찮으면 다행이며 큰 문제가 없다고 여깁니다. 세상이 어떻게 돌아가든지 나와 상관이 없다면 문제가 되지 않는다고 생각하거나 아예 그 상황 속에서 굿이나 보고 떡이나 먹자고 생각하는 듯합니다.

얼마 전 미국 메인(Main)주 통합 교육국에 소속된 한 초등학교에서 여자아이가 남자아이처럼 활동적으로 행동하는 것을 본 교사가 그 여아의 성을 모든 서류에 남성으로 바꾸어 기록하고 학교가 이를 인정하여 부모에게 통보한 일이 발생했습니다. 놀란 부모가 학교에서 성정체성 교육 정지를 탄원했다는 소식이 있었습니다. 또 덴버의 어느 한 칙필레(Chick filet) 식당 앞에서 성소수자 몇 명이 LGBTQ를 부인하며 입장을 거부하는 음식점은 문을 닫게 해야 한다며 피켓 시위를 행사하기도 했으며, 콜로라도(Colorado)주에선 세수 확보를 위하여 마리화나 재배와 판매를 허용했고, 성소수자의 인권 보장을 해야 한다며 음란과 무질서를 허용하고 오히려 조장하는 일들이 다반사로 일어나고, 하루가 멀다 하고 발생하는 총기사건, 인구 중 10%가 마약을 할 정도로 피폐한 사회가 현재의 미국이라 하겠습니다.

우리 하나님은 인내하시며 되돌아오기를 기다리시지만, 때가 되면 창조질서를 파괴하는 자들의 만행을 반드시 물으실 것입니다. 모두 회개하고 주께로 돌아가야 합니다. 만약 그렇지 못하고 계속 악화한다면 어떤 결과를 맞게 될 것은 분명하다 하겠습니다.

하나님은 호세아 선지자 당시 이스라엘이 두 가지 죄(their two sins, double sin)에 빠져 있다고 진단했습니다. 카일과 델리치(Keil & Delitzsch) 주석에서, 이 두 가지 죄는 하나님을 버린 죄와 다윗의 집을 배반한 것이라고 설명했습니다. 이 점은 호세아서 핵심 메시지입니다. 이스라엘 왕은 하나님을 버리고 벧아웬(벧엘) 금송아지를 세우고(호 10:5), 다윗의 예루살렘을 버리고 사마리아에서 왕권을 행사했습니다(호 10:7). 그러자 하나님은 “사마리아의 왕은 물 위에 떠 있는 거품, 나뭇조각과 같은 부유물에 불과한 존재일 뿐"이라고 조롱하셨습니다. 사실 이스라엘의 왕은 다윗과 같이 하나님의 마음에 들어 하나님이 기뻐하여 세우신 왕이 아닙니다(삼상 13:14: 참조. 행 13:22). 그 왕은 하나님이 인정하지 않은 왕이었습니다(호 8:4).

그런데 그렇게 세워진 왕이 우상숭배를 하자 하나님은 진노하시며 그 왕을 폐하셨습니다.

:: 전에 네가 이르기를 내게 왕과 지도자들을 주소서 하였느니라. 네 모든 성읍에서 너를 구원할 자 곧 네 왕이 이제 어디 있으며 네 재판장들이 어디 있느냐, 내가 분노하므로 네게 왕을 주고 진노하므로 폐하였노라(호 13:10-11).

배교와 죄악이 관영한 이스라엘입니다. 백성은 그런 왕을 가진 것을 후회하고 왕을 조롱하고(호 10:3), 헛된 짓만 하는 왕은 물거품과 같이 흔적도 없이 사라지게 될 것입니다.

:: 너희의 큰 악으로 말미암아 벧엘이 이같이 너희에게 행하리니 이스라엘 왕이 새벽에 정녕 망하리로다(호 10:15).

이러한 이스라엘이 살길은 참된 왕이신 하나님께로 회개하고 돌아오는 길뿐입니다. 다윗과 같이 하나님을 신뢰하는 왕을 구하는 길뿐입니다. 그래야 하나님의 은총을 받으며 평안을 누리게 될 것이기 때문입니다.

:: 그 후에 이스라엘 자손이 돌아와서 그들의 하나님 여호와와 그들의

왕 다윗을 찾고 마지막 날에는 여호와를 경외하므로 여호와와 그의 은총으로 나아가리라(호 3:5).

3) 번영에 취해 있기 때문입니다

북 왕조 이스라엘의 상황은 전혀 그럴 기미가 보이지 않았습니다.

:: 에브라임은 마치 길들인 암소 같아서 곡식 밟기를 좋아하나 내가 그의 아름다운 목에 멍에를 메우고 에브라임 위에 사람을 태우리니 유다가 밭을 갈고 야곱이 흙덩이를 깨뜨리리라(호 10:11).

북 왕조 이스라엘은 남 왕조 유다보다 더 부요했습니다. 많은 인구, 넓은 영토, 풍족한 경제 모두 유다보다 풍성하고 여유가 있었습니다. 하나님은 이런 이스라엘은 "길들인 암소와 같다"라고 묘사했습니다. 여기서 "길들인"이란 표현은 좋은 스승으로부터 고급 교육을 받았다는 뜻입니다. 실제로 유대인은 율법, 제사, 제사장과 선지자와 같은 교육자들이 있는 복을 받은 백성이었습니다. 바울은 유대인의 특혜에 대하여, "그들에겐 율법이 있고, 할례가 있고, 하나님의 양자 됨, 영광, 언약들 예배와 약속들이 있고, 훌륭한 조상들이었다."(롬 3:1-2; 9:4-5a)고 설명했습니다.

그런데 많은 복을 받은 이스라엘은 분단되었고 북 왕조 이스라엘은 타락하여 배교하고 우상숭배로 스스로 하나님을 저버려 하나님의 심판을 받게 된 것입니다. 이를 빗대어 하나님은 "이스라엘은 살찐 암소와 같다"라고 조롱하셨습니다. 그들은 풍요와 번영을 구가했습니다. 하나님은 이런 이스라엘을 "뒤룩뒤룩 살찐 암소"라고 조롱하며 그 암소의 목에 멍에를 씌우고 짐뿐 아니라 사람까지 타게 하여 곤고한 날을 심하게 겪게 하시겠다고 저주하셨습니다. 그리고 나아가 이 암소를 유다가 밭을 갈고 야곱이 흙덩이를 깨트리게 하시겠다고 경고하셨습니다. 이 말씀은 곤고한 날이 북 왕조뿐 아니라 남 왕조에까지 미쳐서 두 나라가 망할 것을 예언하신 것입니다. 실제로 이스라엘은 앗수르(722 BC), 유다는 바벨론에 망했던 것입니다(586 BC).

이렇게 개인이든 국가든 번영에 취해 하나님의 창조 질서를 파괴하고 우상숭배와 도덕적 타락의 길로 가면 반드시 망하게 됩니다. 역사를 이를 증명했으며 우리는 로마와 독일, 그리고 소련의 멸망의 역사 속에서 확인할 수 있습니다.

2. 하나님의 대책과 교훈 그리고 예언

북 왕조 이스라엘에 대한 하나님의 대책과 경고와 예언은 어떤 내용을 담고 있나요?

:: 너희가 자기를 위하여 공의를 심고 인애를 거두라 너희 묵은 땅을 기경하라 지금이 곧 여호와를 찾을 때니 마침내 여호와께서 오사 공의를 비처럼 너희에게 내리시리라(호 10:12).

임박한 심판을 경고하며 제시한 세 가지 대책은 의를 심고, 인애를 거두고, 묵을 땅을 기경하는 것입니다. 여기서 유의할 점은 이 대책들이 하나님을 위한 것이 아니라, "이스라엘 자신들을 위한 것"이라고 말씀하신 점입니다. 하나님의 이 대책이 하나님을 위한 것이 아니라, 이스라엘을 위한 것입니다. 이유가 무엇일까요? 공의로운 의를 행하는 것이 하나님을 위한 것일까요, 사람을 위한 것일까요? 우리가 의를 행한다고 해서 하나님께 도움이 될까요? 전혀 아닙니다.

이는 엘리바스가 욥에게 말한 바와 같습니다. "사람이 어찌 하나님께 유익하게 하겠느냐 지혜로운 자도 자기에게 유익할 따름이니라. 네가 의로운들 전능자에게 무슨 기쁨이 있겠으며 네 행위가 온전한들 그에게 무슨 이익이 되겠느냐. 하나님이 너를 책망하시며 너를 심문하심이 너의 경건함 때문이냐. 네 악이 크지 아니하냐. 네 죄악이 끝이 없느니라"(욥 22:2-5)고 욥에게 말한 바와 같습니다.

세 가지 대책이 왜 비책일까요? 바로 이런 삶이 여호와를 찾는 구체적인 행위이기 때문입니다. 흔히 하나님을 찾는다 하면 교회에 나가고, 예배를 잘 드리고, 많은 헌금을 하는 등 어떤 종교적 행위를 생각할 것입니다. 그러나 하나님은 그렇게 말씀하지 않으십니다. 하나님은 공의를 심고 인애를 거두며 회개할 것을 원하십니다. 하나님은 "나는 인애를 원하고 제사를 원하지 아니하며 번제보다 하나님을 아는 것을 원하노라"(호 6:6; 참조. 사 1:11-17; 미 6;8)라고 말씀하셨습니다. 성도가 이런 삶을 살아야 하나님의 예쁘심과 긍휼하심을 받을 수 있고 그러한 삶을 살아가는 복된 인생을 누릴 수가 있습니다.

그러면, 하나님께서 제시하신 우리의 유익을 위한 대책 세 가지를 살펴봅시다.

첫째, 의를 심으라

하나님은 "의를 심으라(Sow righteousness).라고 말씀하셨습니다. 의를 심어야 하는 가장 큰 이유는 하나님을 위해서가 아니라, 나 자신을 위해서입니다. 공의로우신 하나님으로부터 긍휼을 얻을 수 있기 때문입니다. 공의로우신 하나님께서 심은 의를 보시고 예뻐하시며 인애를 허락하십니다. 이것이 인간 편에서 하나님의 인애를 획득할 수 있는 길입니다.

둘째, 인애를 거두라

하나님은 "인애를 거두라"라고 말씀하셨습니다. 인애는 "확실한 사랑"(unfailing love)을 의미합니다. 70인 역(LXX)에서 "인애"를 "생명이 넘치는 열매"(karpon joes, the fruitful of life)로 번역했습니다. 우리가 의로운 삶을 살 때, 하나님은 확실한 사랑을 베풀어 주셔서 넘치는 열매를 맛보며 살게 하십니다.

예수께서는 어린 소자 하나에게 냉수 한 그릇을 주면 하나님 아버지는 절대로 잊지 않으실 것이라고(마 10:41-42) 하시며 이웃에게 후하게 주라고 가르치셨습니다.

:: 주라. 그리하면 너희에게 줄 것이니 곧 후히 되어 누르고 흔들어 넘치도록 하여 너희에게 안겨 주리라. 너희가 헤아리는 그 헤아림으로 너희도 헤아림을 도로 받을 것이니라(눅 6:38).

예수께서는 황금률로 교훈하셨습니다. 이 말씀은 금과 같이 귀한 가르침을 주신 것입니다.

:: 그러므로 무엇이든지 남에게 대접을 받고자 하는 대로 너희도 남을 대접하라 이것이 율법이요 선지자니라(마 7:12).

모든 사람으로부터 인정받고 존경받기를 원하는 자는 먼저 남을 배려하고 섬길 때 합당한 존경과 인정을 받을 수 있게 된다는 가르침입니다. 우리 주변에 절약하며 알뜰하게 살아가는 분들이 적지 않습니다. 귀한 일입니다. 이들의 삶의 자세는 존경받아 마땅할 것입니다. 그런데 그들 가운데는 인색한 자들이 적지 않습니다. 그저 절약하기 위하여 모든 것을 아끼는 데 집중합니다. 힘들게 사신 분들이 그런 경향이 있습니다. 물론 이해할 만합니다만 성도는 주님의 가르침에 따라 주변을 살펴 배려와 봉사 그리고 베풀며 살아야 합니다. 이렇게 사는 것이 복 받으며 행복하게 사는 길입니다. 기증도 많이 하고, 헌금도 많이 하고, 손 대접도 잘하시길 바랍니다. 인색하게 살아가면 하나님께서도 인색하게 대하실 것입니다.

:: 성도들의 쓸 것을 공급하며 손 대접하기를 힘쓰라(롬 12:13).

말씀은 우리에게 이렇게 살라고 가르칩니다. 예수를 믿는 자가 이 원리를 모르면 평생 예수를 믿어도 예수 안에서 누리는 풍성함을 맛보지 못하고 항상 돈! 돈! 돈! 하며 살아가게 마련입니다. 그들은 항상 쪼들리며 살아갈 수밖에 없을 것입니다. 인애와 정직으로 살아가면서 배우는 하나님! 이것이 여호와를 찾는 길이며 하나님을 깊이 아는 길입니다. 마지막 때가 되면 예수께서 양과 염소로 나누시듯이 심판하실 것입니다. 그때 오른편에 있는 자들에게 말씀하시는 심판의 기준이 무엇입니까?

:: 임금이 대답하여 이르시되 내가 진실로 너희에게 이르노니 너희가 여기 내 형제 중에 지극히 작은 자 하나에게 한 것이 곧 내게 한 것이니라(마 25:40).

셋째, 묵은 땅을 기경하라

하나님은 묵을 땅을 기경하라고 하셨습니다. 화전민들은 잡풀을 태우고 돌을 골라내며 땅을 개간한 후에 씨를 뿌립니다. 곡식을 얻기 위해서는 먼저 땅을 고르게 개간해야 합니다. 이같이 우리의 마음을 말씀으로 정리정돈한 다음에 하나님께서 받으실 만한 열매 맺는 삶을 드릴 수 있게 될 것이기 때문입니다. 예레미야 선지자도 호세아 선지자와 같이 "여호와께서 유다와 예루살렘 사람에게 이와 같이 이르노라. 너희 묵은 땅을 갈고 가시덤불에 파종하지 말라"(렘 4:3)라고 설교했습니다.

지금까지 우리는 모두 기가 막히게 세상에 잘 적응해 왔습니다. 세상의 순리에 순응하며 살아온 것이지요. 그러나 말씀을 듣기는 하지만 말씀을 생활 속에서 적용하고 실천하는데 제대로 하지 못한 것이 사실입니다. 주님은 씨 뿌리는 비유(마 13장)에서 네 종류의 마음을 보여주시며 귀 있는 자는 들으라고 하셨습니다. 이 말씀의 의미를 깨닫습니까?

뿌린 씨에 합당한 열매를 맺으려면 가장 먼저 해야 할 일이 밭을 갈아엎는 일입니다. 이 작업은 우리의 마음이 하나님께로 돌아오는 작업입니다. 이것이 가장 시급한 문제입니다. 항상 구원의 복음은 현재입니다. 나중에가 아니라 지금입니다. 지금 당장 마음을 바꾸어 하나님에게로 향하여 가는 것이 구원입니다. 말씀은 우리에게 지금 결단을 내릴 것을 촉구하고 있습니다.

∷ 보라 지금은 은혜 받을 만한 때요 보라 지금은 구원의 날이로다(고후 6:2b).

흥미로운 점은 "묵은 땅을 기경하는 것"의 의미입니다. 회개하라는 것일까요? 이에 대하여 70인 역(LXX)에서 "너 자신을 위하여 지식의 빛을 켜라"(Light you for yourself the light of knowledge)라고 번역했습니다. 매우 의미 있는 번역이라 하겠습니다. 무슨 뜻일까요? 무식한 자리에서 벗어나 밝은 빛이신 예수 그리스도를 만나라는 것입니다. 그것은 오직 말씀으로만 가능합니다(딤후 3:16).

본문에서 "지금이 곧 여호와를 찾을 때니 마침내 여호와께서 오사 공의를 비처럼 너희에게 내리시리라"(12b)라고 그 이유를 밝힙니다. 그리하면 장차 결정적인 전환점(turning point)을 만나게 될 것이라 하십니다. 그것은 "마침내 여호와께서 오는 것"(12c)으로 원문은 "마침내 그가 올 것이다"(at last he will come)입니다.

요약하면, 묵을 땅을 기경하면 장차 즉시 오실 여호와 즉 예수 그리스도를 맞이하여 지식의 빛 즉 천국 복음의 빛을 받게 될 것이라는 의미입니다. 이는 장차 예수 그리스도의 강림을 예언하고 있습니다. 예수께서 오셔서 하신 사역이 무엇입니까? "너희에게 구원을 비같이 내리실 것"라는 문구를 고대 몇몇 성경 역본은 "너희에게 의를 가르치시리라"(he will teach you the righteousness)라고 번역했습니다(Jerusalem Bible, Syriac Bible,

Targum, Vulgate). 이 구절은 장차 예수께서 참 구원의 도를 가르치실 것을 예언한 말씀입니다.

3. 완고한 이스라엘 백성

이렇게까지 지적하시고 정죄하시며 심판을 경고해도 안타깝게도 이스라엘 백성은 호세아 선지자의 간곡한 설교를 듣지 않았고 도리어 설교와 반대로 행했습니다. 하나님은 이러한 이들의 간교한 행위를 지적하셨습니다.

:: 너희는 악을 밭 갈아 죄를 거두고 거짓 열매를 먹었나니 이는 네가 네 길과 네 용사의 많음을 의뢰하였음이라(호 10:13).

놀라운 점은 호세아가 전하는 하나님의 간곡한 최후의 대책을 받고서도 이스라엘은 정반대의 길로 갔다는 사실입니다. 그 결과 그들은 거짓 열매를 먹을 수밖에 없었습니다. 이는 이스라엘의 패망을 의미합니다. 패망의 원인은 그들이 악을 뿌리고 죄를 거두고 거짓 열매를 얻었기 때문입니다. 이들이 거둔 열매는 거짓 열매(the fruit of deception), 실망의 열매(the fruit of disappointment), 그리고 배신의 열매(the fruit of treachery)입니다.

선지자는 하나님께로 돌아와 여호와 하나님을 힘써 알라고 외쳤건만, 그들은 간곡한 하나님의 호소를 외면하고 정반대로 하나님 아닌 이방 나라의 도움을 구하는 외교 정책을 시행했으며 고집스럽게 자기 길을 계속 갔고 자기 군사력을 과신했습니다. 그런 시책의 결과는 그들을 삼키고야 말았던 것입니다.

:: 공의대로 소송하는 자도 없고 진실하게 판결하는 자도 없으며 허망한 것을 의뢰하며 거짓을 말하며 악행을 잉태하여 죄악을 낳으며 독사의 알을 품으며 거미줄을 짜나니 그 알을 먹는 자는 죽을 것이요 그 알이 밟힌즉 터져서 독사가 나올 것이니라(사 59:4-5).

총체적인 부패와 타락으로 죄의 사생아를 낳게 되었던 것입니다. 마치 호세아의 자녀 이름과 같이, 그들은 하나님의 흩으심을 받아(이스르엘), 긍휼히 여김을 받지 못했고(로루하마) 하나님의 백성이 되지 못했습니다(로암미). 거짓의 문화, 윤리와 도덕의 붕괴, 하나님과의 언약 파기, 공갈과 같은 거친 말, 거짓 재판 등 정의와 공정이 무너진 사회가 되어 멸망했던 것입니다.

결론

모든 일에는 때가 있습니다. 때에 따라 선을 심으면 그에 따라 큰 결실을 얻게 될 것입니다. 그때는 미래가 아니라 바로 지금입니다. 말씀이 무엇을 교훈하든지 즉시 마음을 기경하여 순종해야 합니다. 자기 몸과 가족만 생각하고 자기 돈 아까운 줄 알면 남의 처지와 남의 돈도 아깝고 귀한 줄 알아야 합니다. 내게 귀하고 소중하면 남의 것도 귀하고 소중한 것은 당연한 이치가 아닙니까? 그 역시 소중한 것을 말씀에 순종하여 최선을 다하여 헌신하고 섬기는 것이라 하겠습니다. 이것이 신앙 공동체인 교회를 통하여 얻는 은혜이며 축복이 아니고 무엇입니까!

귀한 일에 참여하여 선을 행한다면 하나님께서 그 중심을 잊지 않고 보상하실 것입니다. 이것이 하나님을 찾고 하나님께로 돌아가는 길입니다. 하나님은 그런 자들을 기쁘게 받으십니다. 단지 형식적으로 예배만 드리는 것을 원하지 않으십니다. 이미 호세아 선지자는 이러한 하나님의 뜻을 밝히 전했습니다.

:: 나는 인애를 원하고 제사를 원하지 아니하며 번제보다 하나님을 아는 것을 원하노라(호 6:6).

우리 모두 사도 바울의 권면을 깊이 생각하고 실천에 옮기도록 힘쓰고 노력합시다. 하나님께서 이런 자들을 귀하게 보실 것입니다.

:: 가르침을 받는 자는 말씀을 가르치는 자와 모든 좋은 것을 함께 하라. 스스로 속이지 말라. 하나님은 업신여김을 받지 아니하시나니 사람이 무엇으로 심든지 그대로 거두리라. 자기의 육체를 위하여 심는 자는 육체로부터 썩어질 것을 거두고 성령을 위하여 심는 자는 성령으로부터 영생을 거두리라. 우리가 선을 행하되 낙심하지 말지니 포기하지 아니하면 때가 이르매 거두리라(갈 6:6-9).

기도

거룩하신 하나님 아버지, 저희가 하나님을 즉각 찾게 하옵소서. 우리의 삶을 되돌아보고 주께서 원하시는 의를 심고 인애를 거둘 수 있게 하옵소서. 말씀을 듣고 마음의 변화를 통하여 하나님께서 기뻐하시고 원하시는 삶을 살아감으로써 주께 드려지는 예배와 같은 인생이 되게 하옵소서. 거룩하신 주 예수 이름으로 기도드리옵나이다. 아멘.

21.

사랑의 목줄

:: 이스라엘이 어렸을 때에 내가 사랑하여 내 아들을 애굽에서 불러냈거늘 선지자들이 그들을 부를수록 그들은 점점 멀리하고 바알들에게 제사하며 아로새긴 우상 앞에서 분향하였느니라. 그러나 내가 에브라임에게 걸음을 가르치고 내 팔로 안았음에도 내가 그들을 고치는 줄을 그들은 알지 못하였도다. 내가 사람의 줄 곧 사랑의 줄로 그들을 이끌었고 그들에게 대하여 그 목에서 멍에를 벗기는 자 같이 되었으며 그들 앞에 먹을 것을 두었노라. 그들은 애굽 땅으로 되돌아가지 못하겠거늘 내게 돌아오기를 싫어하니 앗수르 사람이 그 임금이 될 것이라(호 11:1-5).

오래전 LA에서 유치원 보모가 아이들 목에 목줄을 매고 끌고 가는 것을 본 적이 있습니다. 아이의 목에 줄을 매어 개를 끌듯 끌고 가다니! 고국에서는 본 적이 없기에 충격이었습니다. 그런데 얼마 후에 똑같은 일을 디즈니랜드에서도 목격했습니다. 아무래도 보기가 편하지 않았습니다. 이는 분명 아이들의 질서와 안전을 조치였을 것입니다. 그러나 안전을 꾀한다고 하지만 어린아이들의 목을 끈으로 묶어 끌고 가는 것을 보는 것은 불편했었습니다.

11장과 12장은 선지자 호세아가 전하는 일곱 번째 설교입니다. 북 왕조 이스라엘의 배교와 패역함에 대한 하나님의 실망과 안타까움 그리고 심판을 경고하는 말씀이 절절히 담겨있습니다. 이스라엘에 대한 애증으로 가득 찬 하나님은 그러나 아주 포기하지 못하고 그렇다고 무조건 용서하여 품지도 않으셨습니다. 자식 버리는 부모 없듯 하나님은 언약을 맺은 이스라엘을 절대 포기하지 않으셨습니다. 하나님은 호세아를 통하여 끝까지 백성들을 안고 가시려 한다는 것을 전하셨습니다. 이러한 하나님의 치열하고 끈질긴 사랑을 살펴봅니다.

1. 사랑의 동기

구체적으로 이스라엘의 구원 역사는 출애굽 사건으로 시작됩니다. 이는 아브라함과 언약을 맺으신 바를 이행하는 차원에서 이루신 구속 역사의 영장 선상에서 이루어지는 구원입니다. 본문에서 하나님은 이러한 구원 역사의 동기를 설명합니다.

:: 이스라엘이 어렸을 때에 내가 사랑하여 내 아들을 애굽에서 불러냈거늘(호 11:1).

"이스라엘이 어렸을 때"란 민족으로 형성되지 못했을 때를 뜻합니다. 족장 즉 아브라함, 이삭, 야곱의 시대를 말합니다. 하나님은 야곱의 후손을 사랑하여 애굽에 내려 보내신 후 가족과 가문이 민족으로 형성되기까지 기다리셨다가 애굽에서 그들을 불러내셨습니다. 이것이 출애굽입니다. 하나님은 모세를 부르실 때 즉 야곱의 열두 아들이 애굽에 내려간 지 430여 년이 지났을 때, 이스라엘을 "내 아들"이라 부르시며 깊은 사랑으로 그들을 출애굽 시키셨습니다(출 4:22-23). 하나님은 출애굽 사건을 통하여 이스라엘이란 아들을 참으로 사랑하셨음을 나타내 보이셨습니다. 이는 출애굽 사건이 그들을 사랑한다는 하나님 사랑의 증표인 셈입니다.

흥미로운 점은 아들을 애굽에서 불러낸 사건에 대한 신약의 설명입니다. 마태복음의 저자는 이 사건을 헤롯의 살해 위협을 피해 애굽으로 피난갔다가 헤롯이 죽은 후에 어린 예수를 출애굽 시키셔서 나사렛에서 살도록 하셨다고 해석했습니다. 마태는 이 사건을 호세아 예언의 성취라는 시각으로 설명하고 있습니다.

:: 요셉이 일어나서 밤에 아기와 그의 어머니를 데리고 애굽으로 떠나가 헤롯이 죽기까지 거기 있었으니 이는 주께서 선지자를 통하여 말씀하신바 애굽에서 내 아들을 불렀다 함을 이루려 하심이라(마 2:14-15).

이스라엘을 출애굽 시키신 하나님은 각종 이적과 기사로 황량한 광야에서 아사하지 않고 추위에 동사하지 않도록 각별하게 보호하시며 인도하셨습니다. 열 가지 재앙, 구름 기둥, 불기둥, 만나와 메추라기 등 놀라운 이적과 기사로 신생아 이스라엘을 보호하시고 양육하시며 인도하셨습니다.

타민족과 달리 유독 이스라엘에 대하여 하나님께서 이렇게 하신 이유가 무엇일까요? 다름이 아니라 "그들을 행한 하나님의 사랑" 때문입니다. 여호와 하나님은 유월절 사건을 통하여 그들의 수치와 죄를 사해 주셨고 이를 경험하여 고백하도록 홍해 바다를 육지같이 건너게 하셨습니다.

사도 바울은 출애굽 사건을 유월절 어린양 예수의 십자가 희생 제물이 되심(엡 5:2)으로, 홍해 사건은 세례(고전 10:2; 벧전 3:21)로 풀어 설명했습니다. 이스라엘을 애굽에서 불러내신 출애굽 사건은 그리스도의 대속 사건을 예표 하는 놀라운 하나님의 섭리이며 이들을 향한 사랑이 동기가 되어 아브라함과 맺은 언약을 시행하신 구속 사건이었습니다.

사도 요한은 이러한 하나님의 사랑을 감격적으로 표현했습니다.

:: 하나님의 사랑이 우리에게 이렇게 나타난바 되었으니 하나님이 자기의 독생자를 세상에 보내심은 그로 말미암아 우리를 살리려 하심이라. 사랑은 여기 있으니 우리가 하나님을 사랑한 것이 아니요 하나님이 우리를 사랑하사 우리 죄를 속하기 위하여 화목 제물로 그 아들을 보내셨음이라(요일 4:9-10).

하나님은 지금도 우리를 향한 깊은 사랑으로 놀라운 이적과 기사를 행사하십니다. 지난날을 되돌아보시기 바랍니다. 지나온 인생 여정에 이적과 기사가 아닌 적이 있었습니까? 반추하면 모든 것이 이적이요 기사의 연속이라고 해도 과언이 아닙니다. 온갖 난관 속에 처해 있을 때도 우리를 사랑하신 하나님은 여전히 보고 계셨고, 듣고 계셨습니다. 그리고 그 하나님은 우리와 동행하셨고 보호하시며 인도해 주셨습니다.

왜일까요? 우리가 잘나고 잘한 것이 있어서일까요? 아닙니다. 우리네 인생 여정 배경에 하나님의 독점적인 사랑이 작동하고 있었던 것입니다. 하나님은 본문 2절 말씀과 같이 우리를 사랑하셔서 우리네 인생 여정 속에서 양육하셨던 것입니다. 호세아 선지자는 한없는 사랑을 베풀어주신 하나님을 전하면서 이 점을 신실하게 전했습니다.

:: 그러나 내가 에브라임에게 걸음을 가르치고 내 팔로 안았음에도 내가 그들을 고치는 줄을 그들은 알지 못하였도다. 내가 사람의 줄 곧 사랑의 줄로 그들을 이끌었고 그들에게 대하여 그 목에서 멍에를 벗기는 자 같이 되었으며 그들 앞에 먹을 것을 두었노라(호 11:3-4).

출애굽의 하나님은 광야의 열악한 환경 속에서 유아기 이스라엘을 다양한 훈련과 연단시키시며 성장시키셨습니다. 이 과정에서 설교를 시작하면서 예시한 것처럼 어린아이를 동물과 같이 목에 줄을 묶어 끌고 가신 것이 아니라 하나님은 사랑의 줄로 목을 매어 이끌어 인도하셨습니다. 그들을 품에 안고 보호하시며 걸음마를 가르치시고 인도하셨습니다. 이스라엘에게 매인 그 목줄은 결코 멍에의 줄이 아니고 타락한 아담에게 부여된 인생 멍에를 피하게 하고 벗겨 주시기 위한 사랑의 목줄입니다. 그 덕분에 이스라엘 백성은 굶지 않았고 목마르지 않았고 더위와 추위에도 살아남았습니다. 하나님의 놀라운 사랑과 긍휼하심 덕분이었습니다.

모세는 출애굽의 역사를 하나님께서 어떻게 생각하시고 대하셨는지를 설명했습니다.

:: 여호와의 분깃은 자기 백성이라. 야곱은 그가 택하신 기업이로다. 여호와께서 그를 황무지에서, 짐승이 부르짖는 광야에서 만나시고 호위하시며 보호하시며 자기의 눈동자 같이 지키셨도다. 마치 독수리가 자기의 보금자리를 어지럽게 하며 자기의 새끼 위에 너풀거리며 그의 날개를 펴서 새끼를 받으며 그의 날개 위에 그것을 업는 것 같이 여호와께서 홀로 그를 인도하셨고 그와 함께 한 다른 신이 없었도다(신 32:11-13).

하나님께서 특별하게 모세를 통하여 홍해를 건너게 하시고 여호수아를 통하여 요단강을 육지와 같이 건너게 하셔서 약속하신 대로 가나안 땅에 정착하게 하시고 나아가 왕정 국가를 이루게 하셨던 것입니다.

이와 같은 교훈은 우리에게도 적용됩니다. 지금까지 하나님은 험한 세월 속에서 다양한 방법으로 여러분과 저를 보호하시고 인도하시며 단련시켜 여기까지 이끌고 오셨습니다. 이제 훈련받은 자로서 어떤 수준과 능력을 나타내야 할 것입니까? 깊이 살펴보아야 할 것입니다.

2. 사랑의 배신

이스라엘은 어떠했을까요? 선지자 호세아는 하나님의 사랑을 받고 양육된 이스라엘이 어떤 반응을 보였는지를 날카롭게 지적합니다.

:: 선지자들이 그들을 부를수록 그들은 점점 멀리하고 바알들에게 제사하며 아로새긴 우상 앞에서 분향하였느니라(호 11:2).

출애굽, 광야 40년, 가나안 정착, 왕정 시대를 거치며, 이스라엘은 어느 정도의 수준과 능력을 갖춘 성장이 있었을까요? 유감스럽게도 그들은 하나님의 사랑을 받았음에도 오히려 그 사랑을 망각하고 하나님에게서 점점 멀리 떠났습니다. 그들은 하나님을 버리고 배교했습니다. 그들은 여호와 하나님 대신에 부요와 번영의 신 바알, 다산의 신 아세라와 같은 이방 신을 섬기고 의지했습니다. 그들은 그 이방 신들에게 제사하고 분향했습니다.

그런 행위는 하나님과 맺은 언약을 파기한 것입니다. 그들은 한마디로 배교와 방종의 삶을 살았습니다. 그들은 구원자 하나님이 그들의 왕이심을 망각하고 선지자가 전해 주는 하나님의 말씀을 거부하고 그들을 배척했습니다. 하나님은 이스라엘을 장자라 아들이라 부르셨으나 이스라엘은 하나님이 주신 가나안 땅에서 이교 문화를 흠모하고 동화되어 갔던 것입니다. 나아가 그들은 정치 사회 문화 모든 영역에서 하나님 말씀 정책에서 다양한 외교 정책으로 하나님을 떠나는 계책을 시행했습니다.

:: 그들은 애굽 땅으로 되돌아가지 못하겠거늘 내게 돌아오기를 싫어하니 앗수르 사람이 그 임금이 될 것이라. 칼이 그들의 성읍들을 치며 빗장을 깨뜨려 없이하리니 이는 그들의 계책으로 말미암음이니라. 내 백성이 끝끝내 내게서 물러가나니 비록 그들을 불러 위에 계신 이에게로 돌아오라 할지라도 일어나는 자가 하나도 없도다(호 11:5-7).

이스라엘의 계책이란 어떤 것일까요? 이제까지 영위해 왔던 하나님 중심적인 삶에서 떠나 세속적인 번영과 안전을 얻으려는 시작이었습니다. 호세아는 이것을 그들이 탐심을 가졌다고 표현합니다(호 5:4). 그들은 화려한 우상을 섬기며 즐기는 쾌락 추구의 이교 문화를 흠모했습니다. 그들의 자유분방한 방종 문화를 사모하고 탐욕적으로 그것을 추구했습니다. 그들은 이방 신을 섬기면서 한편으로는 나라의 안녕과 질서를 위하여 양다리 외교 정책을 취했습니다. 그들은 앗수르와 애굽 사이에서 조공을 바치고(왕하 15:19), 줄다리기식의 현란한 외교술을 발휘하며 국가의 안위와 평안을 유지하려 했지만, 종국에는 어느 나라로부터도 보호받지 못하고 BC 722년에 앗수르에게 점령당하여 비참한 종말을 맞았습니다.

:: 너희의 큰 악으로 말미암아 벧엘이 이같이 너희에게 행하리니 이스라엘 왕이 새벽에 정녕 망하리로다(호 10:15).

사도 바울은 탐심을 우상숭배라고 규정하며 강하게 경계했고, 루이스(C. S. Lewis)도 "탐심은 재물에 대한 욕심이다"고 규정했습니다. 그래서 성도는 사도 바울의 명령을 따라야 합니다.

:: 그러므로 땅에 있는 지체를 죽이라. 곧 음란과 부정과 사욕과 악한 정욕과 탐심이니 탐심은 우상숭배니라(골 3:5).

지난날 하나님의 사랑 가운데 보호와 인도하심으로 어느 정도 안정된 생활을 하게 되자, 하나님을 등한히 하고 형식적인 신앙생활을 하며 세상을 추구하면 하나님께서 어떻게 우리를 다루실지를 이런 교훈을 통하여 짐작할 수 있습니다. 어떤 것이든지 탐심을 버리고 하나님께 나아가 말씀을 사모하며 그 말씀에 순종하여 진실과 정직으로 세상을 살아가야 할 것입니다.

3. 사랑의 호소

이스라엘을 극진히 사랑하시는 하나님을 떠나 타락한 이스라엘을 향해 하나님께서는 그들이 돌아올 것을 기다리시며 안타깝게 호소하셨습니다. 자식을 포기할 수 없는 아버지 하나님이십니다.

∶ 에브라임이여 내가 어찌 너를 놓겠느냐 이스라엘이여 내가 어찌 너를 버리겠느냐 내가 어찌 너를 아드마 같이 놓겠느냐 어찌 너를 스보임 같이 두겠느냐 내 마음이 내 속에서 돌이키어 나의 긍휼이 온전히 불붙듯 하도다. 내가 나의 맹렬한 진노를 나타내지 아니하며 내가 다시는 에브라임을 멸하지 아니하리니 이는 내가 하나님이요 사람이 아님이라 네 가운데 있는 거룩한 이니 진노함으로 네게 임하지 아니하리라(호 11:8-9).

하나님은 네 번씩이나 "어찌"를 강조하시면서 "어떻게 아버지가 자식을 잊거나 버리거나 완전하게 진멸하겠느냐"라고 설득합니다. 그리고 이 설득은 하나님이 사람이 아니라 하나님이심을 기억하라는 강력한 설명이었습니다. 이는 이스라엘의 회개와 복귀를 간절히 바라는 하나님 사랑의 애달픈 호소입니다. 그들을 향한 긍휼이 불타는 하나님이십니다. 하나님은 이스라엘을 향한 강렬한 긍휼로 이제까지 그들을 다루어 오신 것이 그들을 향한 극진한 사랑이었다고 강조하시면서, 그렇게 사랑하신 이스라엘을 어떤 경우에도 포기하지도, 버리지도 않고, 더는 진노를 퍼붓지 않겠다고 약속하셨습니다.

본문에서 지명하는 아드마와 스보임은 소돔과 고모라와 함께 무서운 유황불 심판을 받아 멸망한 장소들입니다.

:: 그 온 땅이 유황이 되며 소금이 되며 또 불에 타서 심지도 못하며 결실함도 없으며 거기에는 아무 풀도 나지 아니함이 옛적에 여호와께서 진노와 격분으로 멸하신 소돔과 고모라와 아드마와 스보임의 무너짐과 같음을 보고 물을 것이요(신 29:23).

하나님은 비록 이스라엘과 유다를 심판하시기는 하지만, 이들을 아드마와 스보임과 같이 완전하게 파멸하지는 않으시겠다고 약속하셨습니다. 자식을 사랑하는 부모가 자식을 죽도록 때리겠습니까? 택한 백성을 아들이라고 부르며 구원하신 하나님은 이스라엘을 결코 포기하거나 버리거나 저주하여 멸하지는 않으십니다. 이스라엘은 이 사실을 알아야만 했습니다. 그래야 철든 자식이 아니겠습니까! 그러나 이스라엘은 이런 속 깊은 하나님을 알지 못한 철없는 자식이었습니다.

이를 안타깝게 여긴 호세아 선지자는 "여호와를 힘써 알자!"라고 호소했습니다.

:: 그러므로 우리가 여호와를 알자 힘써 여호와를 알자. 그의 나타나심은 새벽빛같이 어김없나니 비와 같이, 땅을 적시는 늦은 비와 같이 우리에게 임하시리라 하니라(호 6:3).

자식이 부모의 말을 듣지 않자 "너 그러려면 집을 나가!"라고 화를 내어 말했습니다. 그러자 철없는 자식은 부모가 자기를 미워하는구나 생각하고 집을 나가 버렸습니다. 부모 마음이 어떠하겠습니까? 그 자식이 언제 철들어 부모의 속 깊은 마음을 알겠습니까? 하나님은 이런 부모의 심정과 같다 하겠습니다. 믿음직하고 성숙한 자식으로 키우기 위하여 단련시키는데, 자식은 부모의 그런 간절한 바람을 모르고 가출하여 자기 마음대로 살아가는 것과 같은 이스라엘이었던 것입니다. 그들은 여호와 하나님을 저버리고 탐욕을 꿈꾸며 살았습니다.

이에 심은 대로 거두시는 하나님의 자연 섭리에 따라 심한 고난이 예상되자 그들을 향한 긍휼과 사랑으로 하나님께서 다시는 혼을 내지 않을 테니 똑 돌아오라고 간곡하게 호소하셨던 것입니다. 이러한 애끓는 하나님의 사랑과 긍휼하심을 아십니까?

자료를 찾아보다가 재미있는 점을 발견했습니다. "진노함으로 네가 임하지 아니하리라"(9b)라는 구절은 "나는 그 성에 들어가지 않으리라"(I will not enter the city)라고 번역하는 것이 가능하다는 점입니다. 무슨 말인가 하면, 하나님께서 직접 이스라엘 진영에 쳐들어가셔서 아드마, 스보임 그리고 소돔과 고모라와 같이 유황불로 진멸하신 것과 같이 하지는 않겠다는 것입니다.

비록 하나님의 무서운 심판이 울부짖는 사자의 포효와 같지만, 이를 들은 자들은 새와 비둘기 같아서 하나님의 심판으로 흩어져 살던 곳에서 하나님께 돌아오는 자들이 있게 될 것이라는 예언입니다. 그러면 하나님께서 그들의 집에 들어오셔서 그들과 함께 거하시겠다고 약속하셨습니다. 무서운 심판 속에서도 긍휼로 대하시겠다는 하나님의 속내를 펼쳐 내보이신 것입니다.

:: 그들은 사자처럼 소리를 내시는 여호와를 따를 것이라 여호와께서 소리를 내시면 자손들이 서쪽에서부터 떨며 오되 그들은 애급에서부터 새 같이, 앗수르에서부터 비둘기 같이 떨며 오리니 내가 그들을 그들의 집에 머물게 하리라 나 여호와의 말이니라(호 11:10-11).

여기서 말하는 "서쪽"은 원문에서 "바다로부터"(from the sea)입니다. "서쪽에서 올 자"는 지중해 연안 섬들에 흩어져 살던 지중해 디아스포라를 말하며, "애급에서부터 새 같이 오는 자"는 애급 디아스포라를, 그리고 "앗수르의 비둘기"는 앗수르에 포로로 끌려가 살면서 여호와 신앙을 지키려 했던 앗수르 디아스포라를 뜻합니다. 이 예언은 장차 앗수르에 의하여 패망한 이스라엘 백성들이 산지사방에 흩어진 디아스포라들이 되었다가 이제 고토에로의 귀환이 이루어진다는 예언입니다. 장차 이들이 지난날의 배교와 우상 숭배 행위를 회개하고 하나님께 다시 돌아올 것을 예언하셨습니다. 놀랍게도 이와 같은 메시지는 이사야 선지자의 예언에서도 발견됩니다.

:: 그때에 네가 보고 기쁜 빛을 내며 네 마음이 놀라고 또 화창하리니 이는 바다의 부가 네게로 돌아오며 이방 나라들의 재물이 네게로 옴이

라. 허다한 낙타, 미디안과 에바의 어린 낙타가 네 가운데에 가득할 것이며 스바 사람들은 다 금과 유향을 가지고 와서 여호와의 찬송을 전파할 것이며, 게달의 양 무리는 다 네게로 모일 것이요 느바욧의 숫양은 네게 공급되고 내 제단에 올라 기꺼이 받음이 되리니 내가 내 영광의 집을 영화롭게 하리라. 저 구름 같이, 비둘기들이 그 보금자리로 날아가는 것 같이 날아오는 자들이 누구냐(사 60:5-8).

이런 상황 속에서 하박국 선지자는 도무지 이해가 되지 않았던 하나님의 심판 즉 택한 백성을 불신 이방인 앗수르를 들어 치시는 하나님의 속뜻을 깨닫고 하나님께 간청했습니다.

:: 여호와여 내가 주께 대한 소문을 듣고 놀랐나이다. 여호와여 주는 주의 일을 이 수년 내에 부흥하게 하옵소서. 이 수년 내에 나타내시옵소서. 진노 중에라도 긍휼을 잊지 마옵소서(합 3:2).

선지자 호세아의 예언은 장차 예수 그리스도께서 이루실 영광스러운 하나님의 나라를 바라본 말씀입니다. 온 세상에 흩어졌던 디아스포라들이 구원의 소식을 듣고 돌아올 때가 올 것이라는 사실입니다. 하박국 선지자는 여호와 하나님의 이 신비하고 놀라운 구원 섭리의 내막을 알고는 오히려 진노와 심판을 속히 해 달라고 간청했던 것입니다. 이렇게 장래에 전개될 하나님의 구원 섭리에 대하여 호세아 선지자와 같이 이사야도 같은 예언을 전했습니다.

:: 곧 섬들이 나를 앙망하고 다시스의 배들이 먼저 이르되 먼 곳에서 네

자손과 그들의 은금을 아울러 싣고 와서 네 하나님 여호와의 이름에 드리려 하며 이스라엘의 거룩한 이에게 드리려 하는 자들이라 이는 내가 너를 영화롭게 하였음이라. 내가 노하여 너를 쳤으나 이제는 나의 은혜로 너를 불쌍히 여겼은즉 이방인들이 네 성벽을 쌓을 것이요 그들의 왕들이 너를 섬길 것이며 네 성문이 항상 열려 주야로 닫히지 아니하리니 이는 사람들이 네게로 이방 나라들의 재물을 가져오며 그들의 왕들을 포로로 이끌어 옴이라(사 60:9-11).

이 말씀은 장차 세계인들이 차별 없이 하나님께 나와 경배할 것을 예언한 말씀입니다. 그렇습니다. 바로 지금이 그때입니다. 지금 온 세상에 복음이 전파되고 있으며 이를 완성하실 때가 가까이 오고 있습니다.

결론

사실 우리는 본문이 말하는 것과 같이, "에브라임은 거짓으로, 이스라엘 족속은 속임수로 나를 에워쌌고 유다는 하나님 곧 신실하시고 거룩하신 자에 대하여 정함이 없이"(호 11:12) 살아갑니다. 그저 자신의 이익과 생존으로 위하여 온갖 거짓과 속임수로 세상을 부화뇌동하며 살아갑니다. 호수의 물이 바람에 이리저리 흩어지듯이 모두 정함이 없이 시류 따라 이리저리 흔들리며 살아가기에 바쁩니다. 호세아는 이런 모습을 물 위의 거품 같다고 했습니다(호 10:7). 에브라임이 그랬고 이스라엘이 그랬고 유다 역시 정함이 없이 흔들렸습니다.

현재 우리 역시 그런 상황 가운에 놓여있지 않습니까? 이러한 혼란과 방황의 시대에 우리 주님의 초청을 받아 주께로 나아오십시오. 그러면, 참된 평안과 안식을 얻게 될 것입니다.

:: 수고하고 무거운 짐 진 자들아 다 내게로 오라. 내가 너희를 쉬게 하리라. 나는 마음이 온유하고 겸손하니 나의 멍에를 메고 내게 배우라. 그리하면 너희 마음이 쉼을 얻으리니, 이는 내 멍에는 쉽고 내 짐은 가벼움이라 하시니라(마 11:28-30).

기도

거룩하신 하나님 아버지, 그렇게 사랑을 받았음에도 저희는 여전히 갈팡질팡하여 정함이 없는 삶을 살아갑니다. 이 귀한 말씀을 깊이 묵상하게 하셔서 하나님께서 우리를 향한 속 깊은 생각과 뜻을 파악하게 하옵소서. 우리를 향한 하나님의 뜻을 신중하게 살피게 하시고 그 뜻을 깨달아 하나님 앞에 나아가게 하옵소서. 예수 안에서 참된 평안과 위로 그리고 안식을 누리며 이 험난한 세상을 믿음으로 담대하게 헤쳐 나가게 하옵소서. 거룩하신 주 예수 이름으로 기도드리옵나이다. 아멘.

22.
항상 하나님을 바라라

∷ 야곱은 모태에서 그의 형의 발뒤꿈치를 잡았고 또 힘으로는 하나님과 겨루되 천사와 겨루어 이기고 울며 그에게 간구하였으며 하나님은 벧엘에서 그를 만나셨고 거기에서 우리에게 말씀하셨나니 여호와는 만군의 하나님이시라 여호와는 그를 기억하게 하는 이름이니라. 그런즉 너의 하나님께로 돌아와서 인애와 정의를 지키며 항상 너의 하나님을 바랄지니라(호 12:3-6).

한 사람의 인생에 결정적인 영향을 미치는 강렬한 경우가 있습니다. 특별한 사람을 만난다든지, 영적으로 엄청난 경험을 하는 경우가 그것입니다. 여러분들은 이런 경험이 있었습니까? 믿음의 조상 야곱에게도 그런 체험이 있었습니다. "벧엘 사건"이 바로 그것입니다. 하나님께서 그를 만나주신 사건입니다. 성경은 여러 곳에서 그 사건을 언급하며 그 벧엘 사건이 얼마나 야곱의 인생에 결정적인 영향을 줬는지 보여줍니다. 본문에서도 그런 경우를 발견됩니다.

1. 강렬한 첫 만남

좋은 부모에게서 좋은 자식이 나오고 훌륭한 스승 밑에서 탁월한 제자가 나온다고 말합니다. 이스라엘은 하나님의 선택을 받은 선민입니다. 그들은 12지파로 형성된 민족으로 그들의 조상은 야곱입니다. 그 야곱을 하나님께서 만나주셨습니다. 야곱이 하나님을 만나는 사건은 창세기 28장에 담겨 있습니다. 형을 속여 축복을 가로챈 그가 형의 살해 위협 속에서 집을 떠나 먼 길을 떠나게 되었습니다.

:: 야곱이 브엘세바에서 떠나 하란으로 향하여 가더니, 한 곳에 이르러는 해가 진지라. 거기서 유숙하려고 그 곳의 한 돌을 가져다가 베개로 삼고 거기 누워 자더니, 꿈에 본즉 사닥다리가 땅 위에 서 있는데 그 꼭대기가 하늘에 닿았고 또 본즉 하나님의 사자들이 그 위에서 오르락내리락 하고, 또 본즉 여호와께서 그 위에 서서 이르시되 나는 여호와니 너의 조부 아브라함의 하나님이요 이삭의 하나님이라 네가 누워 있는 땅을 내가 너와 네 자손에게 주리니 네 자손이 땅의 티끌 같이 되어 네가 서쪽과 동쪽과 북쪽과 남쪽으로 퍼져 나갈지며 땅의 모든 족속이 너와 네 자손으로 말미암아 복을 받으리라. 내가 너와 함께 있어 네가 어디로 가든지 너를 지키며 너를 이끌어 이 땅으로 돌아오게 할지라. 내가 네게 허락한 것을 다 이루기까지 너를 떠나지 아니하리라 하신지라(창 28:10-15).

야곱은 형을 피해 떠난 여행 중에 놀라운 영적 경험을 했습니다. 당시는 지금처럼 여행이 자유롭고 편한 시절이 아니었습니다. 어떤 일이 벌어질지 모르는 여행 중에 노숙하다가 하나님을 만나게 되었습니다. 이 놀라운 체험은 그의 인생에 지대한 영향을 미치고 후손에게까지 강한 영향을 미쳤습니다. 이 사건은 호세아 선지자의 설교에도 등장하고 예수께서 나다나엘을 만나시는 과정에도 등장합니다(요 2:47-51). 야곱의 벧엘 사건이 개인 야곱에게는 물론이요, 그의 후손과 모든 성도에게 결정적인 영향을 미치는 계시임을 알게 합니다.

호세아는 야곱 사건을 통하여 하나님께서 이스라엘 민족에게 주시는 강력한 메시지를 선포합니다. 이스라엘 민족 그리고 우리에게까지 미치는 벧엘 사건의 교훈은 무엇일까요?

2. 하나님이 보시는 야곱

하나님은 야곱의 일생을 통하여 이스라엘 민족 역사 속에서 어떻게 섭리하셨는지를 말씀하십니다. 호세아는 야곱이 천성적으로 간교하여 온갖 편법을 동원했고 불법을 자행하는 인생을 살았다고 지적합니다. 하나님은 이스라엘 민족이 그런 배경 아래에서 죄를 지으며 살아온 자임을 드러내셨습니다.

:: 야곱은 모태에서 그의 형의 발뒤꿈치를 잡았고 또 힘으로는 하나님과 겨루되 천사와 겨루어 이기고 울며 그에게 간구하였으며 하나님은 벧엘에서 그를 만나셨고 거기에서 우리에게 말씀하셨나니 여호와는 만군의 하나님이시라 여호와는 그를 기억하게 하는 이름이니라(호 12:3-5).

1) 출생의 비밀

이 말씀은 야곱이 60세 때 기다리던 자식을 얻게 된 이야기를 말합니다. 그가 쌍둥이를 얻게 된 이야기입니다. 아내 리브가가 뱃속에서 두 아들이 싸워 고통 가운데 하나님께서 놀라운 말씀을 전하셨습니다. 태중에서 두 민족이 서로 싸우게 된다는 예언입니다. 야곱에 대하여 박윤선 목사는 "태에서부터"란 야곱이 선천적으로 교활한 자임을 암시한다고 주석했습니다. 이렇게 야곱은 교활한 본성을 타고났다 하겠습니다. 살아계신 하나님은 야곱에게 장차 큰 자가 작은 자를 섬길 것이라고 계시하셨습니다.

:: 이삭이 그의 아내가 임신하지 못하므로 그를 위하여 여호와께 간구하매 여호와께서 그의 간구를 들으셨으므로 그의 아내 리브가가 임신하였더니, 그 아들들이 그의 태속에서 서로 싸우는지라 그가 이르되 이럴 경우에는 내가 어찌할꼬 하고 가서 여호와께 묻자온대 여호와께서 그에게 이르시되 두 국민이 네 태중에 있구나. 두 민족이 네 복중에서부터 나누이리라. 이 족속이 저 족속보다 강하겠고 큰 자가 어린 자를 섬기리라 하셨더라. 그 해산 기한이 찬즉 태에 쌍둥이가 있었는데, 먼저 나온 자는 붉고 전신이 털옷 같아서 이름을 에서라 하였고 후에 나온 아우는 손으로 에서의 발꿈치를 잡았으므로 그 이름을 야곱이라 하였으며 리브가가 그들을 낳을 때에 이삭이 육십 세였더라 (창 25:21-26).

이후 이스라엘 역사는 이 계시대로 진행되었습니다. 야곱이 형 에서에게 돌아갈 복을 가로채어 갖는 승리를 거두었고, 그의 후손 이스라엘 12지파 역시 에서의 후손인 에돔 족속을 이기는 역사가 전개되었습니다. 이러한 역사는 지금까지도 지속되고 있습니다. 최근의 중동사태가 바로 그것을 보여줍니다.

2) 벧엘 언약

하나님은 벧엘에서 야곱을 만나시고 그와 언약을 맺으셨습니다. 이것이 하나님께서 야곱과 맺으신 첫 언약이었습니다.

:: 또 본즉 여호와께서 그 위에 서서 이르시되 나는 여호와니 너의 조부 아브라함의 하나님이요 이삭의 하나님이라 네가 누워 있는 땅을 내가 너와 네 자손에게 주리니, 네 자손이 땅의 티끌 같이 되어 네가 서쪽과 동쪽과 북쪽과 남쪽으로 퍼져 나갈지며 땅의 모든 족속이 너와 네 자손으로 말미암아 복을 받으리라. 내가 너와 함께 있어 네가 어디로 가든지 너를 지키며 너를 이끌어 이 땅으로 돌아오게 할지라. 내가 네게 허락한 것을 다 이루기까지 너를 떠나지 아니하리라 하신지라(창 28:13-15).

할아버지 아브라함과 아버지 이삭과 언약을 맺으신 하나님께서 이제 야곱과 언약을 맺으신 것입니다. 이는 야곱이 그 무엇을 하기 전에 조상과 맺으신 언약에 따라 영호와 하나님은 그를 기억하시고 그와도 언약을 맺으셨습니다. 비록 야곱이 그것을 모르고 조건적인 헌신을 하지만 말입니다. 그는 한밤중에 놀라운 계시를 체험한 후 아침에 일어나 하나님께 맹세하며 헌신했습니다.

:: 야곱이 잠이 깨어 이르되 여호와께서 과연 여기 계시거늘 내가 알지

못하였도다. 이에 두려워하여 이르되 두렵도다. 이곳이여 이것은 다름 아닌 하나님의 집이요, 이는 하늘의 문이로다 하고 야곱이 아침에 일찍이 일어나 베개로 삼았던 돌을 가져다가 기둥으로 세우고 그 위에 기름을 붓고 그곳 이름을 벧엘이라 하였더라. 이 성의 옛 이름은 루스더라. 야곱이 서원하여 이르되 하나님이 나와 함께 계셔서 내가 가는 이 길에서 나를 지키시고 먹을 떡과 입을 옷을 주시어 내가 평안히 아버지 집으로 돌아가게 하시오면 여호와께서 나의 하나님이 되실 것이요, 내가 기둥으로 세운 이 돌이 하나님의 집이 될 것이요 하나님께서 내게 주신 모든 것에서 십분의 일을 내가 반드시 하나님께 드리겠나이다 하였더라(창 28:16-22).

하나님은 야곱의 꿈속에서 드러내신 계시를 통하여 그의 평생을 함께 하시며, 야곱이 어떤 상황에 놓이더라도 신실하게 언약을 지키셨습니다.

3) 언약을 지키시는 하나님

벧엘에서 계시를 경험하고 헌신까지 한 그 야곱이지만, 이후의 삶은 철저하게 생존에 급급하여 하나님 앞에서 언약한 바를 지키지 못했습니다. 야곱은 남에게 지고는 못 사는 성격의 소유자입니다. 그는 외삼촌 라반의 집에서 네 명의 아내를 취하고 그들로부터 모두 12자녀까지 얻었고 그 시간 동안 엄청난 재산을 모았습니다. 이를 시기한 라반의 자녀들과 외삼촌 라반까지도 그를 경계하는 상황에 내몰리게 되었습니다. 그의 일생에 또 맞닥뜨린 위기의 순간이었습니다. 그때 벧엘에서 언약을 맺으신 하나님께서 그에게 말씀하셨습니다. 야곱은 그 사실을 네 아내에게 설명하며 장인을 떠나겠다고 알립니다.

:: 나는 벧엘의 하나님이라. 네가 거기서 기둥에 기름을 붓고 거기서 내게 서원하였으니 지금 일어나 이곳을 떠나서 네 출생지로 돌아가라 하셨느니라(창 31:13).

그는 아내들의 동의를 얻어 온 가족과 함께 야반도주를 시도했습니다. 이를 사흘 뒤에 알게 된 외삼촌 라반은 분노하며 추적하여 야곱을 만나려 할 때 하나님은 그에게 야곱과 시시비비를 따지지 말 것을 계시하시며 야곱을 보호해 주셨습니다(창 31:24). 하나님께서 그와 언약하신 바를 지키신 것입니다.

4) 얍복강 사건

무사히 장인에게서 놓인 야곱은 형의 소식을 듣게 됩니다. 형 에서가 400명의 군사를 거느리고 그를 맞이하러 온다는 소식입니다. 야곱은 자기가 오래전 한 짓을 생각하며 형을 만나기를 두려워합니다. 그래서 짜낸 작전은 자기 가족을 두 무리로 나누어 먼저 강을 건너보내고 자신은 강을 건너지 못한 채 홀로 고민을 하며 안절부절 결정을 하지 못하고 번민합니다. 그때, 하나님은 천사로 그와 대면하셨습니다. "얍복"(yabbok)은 씨름을 뜻하여 붙여진 명칭입니다. 위기 상황에서 야곱은 벧엘의 하나님을 기억해냈습니다. 인생의 최대 고비에서 그가 하나님을 찾은 것입니다. 그는 하나님의 천사와 씨름(sudden death wrestling)했습니다. 이 씨름에서 야곱은 환도뼈가 탈골하는 중상을 입어 사실 패배했습니다. 환도뼈가 부러진 야곱은 철저하게 자신의 무능력을 깨닫고 하나님께 간청하는 처지가 되었습니다. 성격대로 그는 끈질기게 천사를 붙잡고 늘어졌습니다. 호세아는 이때 야곱이 울면서 회개하고 축복을 간청했다고 기록합니다. 이는 창세기에는 없는 기록입니다.

야곱과 씨름한 천사는 누구일까요? 혹자는 에서가 보낸 정탐꾼일 것이라고 추측하지만, 성경의 전체적인 계시는 예수 그리스도를 상징합니다. 이렇게 인식하게 되는 배경이 있습니다. 사사 시대 삼손의 아버지 마노아에게 하나님은 자신을 "기묘자"라고 밝히셨습니다(삿 13:17-18). 이사야 선지자는 주실 한 아기의 이름이 바로 기묘자라고 밝혔습니다(사 9:6). 즉 이 기묘자는 다름 아닌 예수 그리스도의 별칭입니다. 그러기에 야곱과 싸운 천사는 성육신하시기 이전의 성자 하나님이시라고 해석하는 것이 옳다고 봅니다.

야곱은 위기의 순간에 하나님과 맺은 언약을 기억해 냈습니다. 그는 그 순간 하나님께 그 약속을 지킬 것을 요청합니다. 이것이 야곱입니다. 자신은 전혀 하나님을 의식하지 않고 살기 위해 온갖 짓을 하다가 위기를 겪게 되자 하나님께 언약을 지킬 것을 요구한 것입니다.

:: 야곱이 또 이르되 내 조부 아브라함의 하나님, 내 아버지 이삭의 하나님 여호와여 주께서 전에 내게 명하시기를 네 고향, 네 족속에게로 돌아가라 내가 네게 은혜를 베풀리라 하셨나이다. 나는 주께서 주의 종에게 베푸신 모든 은총과 모든 진실하심을 조금도 감당할 수 없사오나 내가 내 지팡이만 가지고 이 요단을 건넜더니 지금은 두 떼나 이루었나이다. 내가 주께 간구하오니 내 형의 손에서, 에서의 손에서 나를 건져내시옵소서. 내가 그를 두려워함은 그가 와서 나와 내 처자들을 칠까 겁이 나기 때문이니이다. 주께서 말씀하시기를 내가 반드시 네게 은혜를 베풀어 네 씨로 바다의 셀 수 없는 모래와 같이 많게 하리라

하셨나이다(창 32:9-12).

이런 점에서 이 야곱은 우리 모두를 대표하는 인물이라 하겠습니다. 야곱은 간절하고 처절하게 천사에게 매달려 벧엘에서 맺은 언약을 지킬 것을 요구했습니다. 그런데 놀랍게도 하나님은 위기의 순간에 하나님을 원망하지 않고 끝까지 붙잡고 매달리는 야곱을 사랑하셨고 그에게 구원을 베푸셨습니다. 우리가 믿는 하나님은 이런 하나님이십니다.

3. 지금도 말씀하시는 하나님

호세아는 "하나님은 벧엘에서 야곱을 만나셨고 거기서 우리에게 말씀하셨다"(4절)라고 말합니다. 하나님은 야곱이 밧단아람으로 갈 때 그를 처음 만나셨습니다(창 28:10). 그리고 라반을 떠나 귀향할 때 두 번째 그와 만나셨습니다(창 35:9 이하). 두 경우 다 하나님은 그에게 말씀하셨고 그와 맺은 언약을 갱신하셨습니다. 놀랍고 신실하신 하나님이십니다.

호세아는 "하나님이 거기서 야곱의 자손인 우리에게 말씀하셨다"라고 말하고 있습니다. 하나님이 벧엘에서 야곱과 언약을 맺으실 때, 이미 그의 후손이 그의 허리에 담겨있었기 때문입니다. "네 자손이 땅의 티끌같이 될 것이며(창 28:14), 내가 네 후손에게도 이 땅을 주리라"(창 35:12). 하나님은 그에게 말씀하셨습니다. 이는 하나님께서 야곱은 물론이요 그의 후손과 언약을 맺으셨다는 의미입니다.

하나님은 벧엘에서 야곱을 만나셨고 그와 언약을 맺으셨습니다. 호세아는 이처럼 야곱의 역사 속에서 약속하신 하나님이 지금 우리에게도 말씀하신다고 강조합니다. 참으로 흥미롭고 은혜로운 말씀이 아닐 수 없습니다.

:: 천사와 겨루어 이기고 울며 그에게 간구하였으며 하나님은 벧엘에서 그를 만나셨고 거기에서 우리에게 말씀하셨나니(호 12:4).

여기서 "우리에게"를 "그에게"(야곱에게)로 번역한 영어 성경들이 있습니다. 이는 하나님께서 "개인 야곱에게 말씀하셨다"라고 본 것입니다(RSV, NIV, NEB, JB, LB). 그러나 헬라어 70인 역(LXX)이나 라틴어 불가타(Vulgate) 성경에서는 마소라 사본(MT) 그대로 번역했습니다. 우리 한글 개역개정 성경도 이를 따랐습니다. 그래서 본 구절은 하나님께서 당시 야곱에게 말한 것과 같이 그의 후손인 이스라엘에게 여전히 말씀하시고 계신다고 번역했던 것입니다(Calvin, Keil).

:: 우리 하나님 여호와께서 호렙산에서 우리와 언약을 세우셨나니 이 언약은 여호와께서 우리 조상들과 세우신 것이 아니요 오늘 여기 살아 있는 우리 곧 우리와 세우신 것이라(신 5:2-3).

성경 계시는 이렇게 연속성과 현재성을 갖습니다. 지금도 살아계신 하나님은 우리에게 말씀하고 계십니다. 성경은 소위 "기독교의 경전"으로만 존재하는 책이 아닙니다. 지금도 우리에게 말씀하시는 살아계신 하나님의 계시인 성경입니다. 그래서 우리는 오늘도 성경 말씀으로 뜻을 드러내시는 하나님의 음성을 들으려 힘써야 합니다.

4. 기념 칭호를 잊지 말라

여호와 하나님은 기억하고 기념할 만한 이름을 가진 구원의 하나님이십니다. 호세아는 언약의 하나님을 떠나 우상을 섬기며 배교한 이스라엘에게 간곡하게 요청합니다. 선지자는 "여호와"란 기념 칭호를 잊지 말고 주께로 돌아오라고 간청했습니다.

:: 여호와는 만군의 하나님이시라 여호와는 그를 기억하게 하는 이름이니라. 그런즉 너의 하나님께로 돌아와서 인애와 정의를 지키며 항상 너의 하나님을 바랄지니라(호 12:5-6).

호세아를 통하여 야곱의 후손 즉 이스라엘을 책망하신 하나님은 정당합니다. 그들이 조상 야곱이 하나님과의 교제를 기념해서 붙인 이름 "벧엘"(Bethel), "하나님의 집"(the house of the Lord)을 "벧아웬"(the house of On), "우상의 집"으로 바꿔 그곳에 송아지를 세우고 섬겼기 때문입니다. 그들은 벧엘을 벧아웬 즉 "악의 집"으로 바꿔 버려 우상을 숭배하는 처소로 삼은 죄를 지었던 것입니다.

하나님은 벧엘에서 야곱에게 복을 약속하셨지만, 야곱의 후손은 그 약속을 무시하여 언약을 어겼습니다. 결과 그들은 언약으로 주어진 모든 혜택을 상실했습니다. 그들은 헛된 것을 추구했고 거짓과 포학을 일삼으며 하나님을 떠나 주변 이방인의 문화와 관습을 따르는 배교를 저질렀습니다. 그러자 그들과 언약을 맺으신 하나님은 그에 대하여 논쟁하시고 언약을 어긴 대가를 책임질 것을 요구하시며 그에 따른 심판을 하겠다고 경고하셨습니다.

:: 에브라임은 바람을 먹으며 동풍을 따라가서 종일토록 거짓과 포학을 더하여 앗수르와 계약을 맺고 기름을 애굽에 보내도다. 여호와께서 유다와 논쟁하시고 야곱을 그 행실대로 벌하시며 그의 행위대로 그에게 보응하시리라(호 12:1-2).

여기서 "바람을 먹는다."라는 말은 "속이 비어 있고 공허한 것, 헛된 것"을 상징합니다. 이는 에브라임이 헛된 것을 좇고 있음을 비유한 것입니다(8:7). 그들이 하나님을 버리고 헛된 이방인들을 신뢰하고 그들에게 도움을 구하려 했음을 함축적으로 표현하고 있습니다.

또한 "동풍을 따라가서"란 동쪽 아라비아 광야에서 불어오는 뜨거운 열기 바람을 의미합니다. 이 동풍이 심할 때는 황사를 동반하여 곡식과 가축에 막대한 피해를 주고 심지어 인명을 해치기까지 합니다. 또한 이 동풍은 지중해를 운행하는 많은 배들에 치명적인 영향을 미쳤습니다(욥 27:21; 시 48:7; 렘 18:17; 욘 4:8). 이스라엘이 동풍과 같이 앗수르와 애굽 등과 동맹을 맺어 구원을 의뢰하는 위험한 행동으로 멸망의 길을 자초하는 것을 지적한 말씀입니다. 실제로 북 왕조 이스라엘은 앗수르와 조공으로 일만 달란트를 바치겠다는 계약을 맺고, 올리브유를 애굽에 보내며 위기 때 도움을 요청했지만, 그 외교 정책은 실패했습니다(호 7:11).

:: 여호와는 만군의 하나님이시라. 여호와는 그를 기억하게 하는 이름이니라. 그런즉 너의 하나님께로 돌아와서 인애와 정의를 지키며 항상 너의 하나님을 바랄지니라(호 12:5-6).

“여호와”는 “스스로 계시는 분”(I am that I am)이십니다(출 3:14). 여호와 하나님은 영원 전부터 자존(自存)하시며 이스라엘의 조상 아브라함, 이삭, 야곱과 언약을 맺으신 하나님으로 이스라엘에게도 같은 하나님이 되신다는 사실을 호세아에게 주지시켰습니다. 그래서 하나님은 반드시 기억하고 기념해야 할 살아계신 하나님 여호와이신 것입니다. 호세아는 그 하나님을 “여호와 그의 기념 칭호”라고 강조합니다. 하나님의 특별한 사랑과 긍휼을 받아 조상 야곱 때부터 특별한 언약 관계 속에 하나님을 섬겨왔던 이스라엘은 바로 그 신이 자신의 하나님 여호와이심을 반드시 명심하라고 요구했습니다.

호세아는 비록 교활하고 간교한 야곱의 DNA를 가진 이스라엘이지만, 야곱에게 신실하게 언약을 준수해 오신 하나님을 기억하고 기념하여 하나님을 찾아 그 여호와만을 섬길 것을 호소했습니다. 그들은 하나님의 성품을 기억하고 “인애와 공의를 지키며 이웃 간의 사랑을 행하고 법도를 지켜 공의를 실행”했어야만 살 수가 있는 것입니다(신 7:9; 호 6:4; 미 6:7-8). 이러한 강력한 선지자의 권면은 지금 우리에게도 유효한 구원의 메시지입니다.

결론

기독교의 구원의 도리는 단순히 종교적인 신앙만을 요구하지 않습니다. 지난 날 역사하시고 인도해 오신 언약의 하나님을 기억하고 그 하나님을 바라보라고 교훈합니다. 단순히 믿는다는 말만 하는 신앙이 아니라, 삶 속에서 구체적인 행동을 요구하며 그 행위로 믿음을 증명하라고 요구하십니다.

매튜 헨리는 언약의 여호와 하나님을 바라보라며 “너는 인애와 공의를 지켜라. 가난한 자를 구제하고 곤고한 자를 원조함으로 인애를 지키며 그들에게 마땅히 주어야 할 것을 지불함으로써 공평을 지켜라. 모든 자에게 친절하라. 누구에게도 부당한 일을 행하지 말라. 경건과 공평을 지키라. 이 세상에서 의롭고 경건하게 살아라. 독실하고 정직하라. 이런 일들을 때때로 행할 뿐만 아니라, 행할 때 주의하여 긍휼을 베풀며 양심적이 되라”라고 설교했습니다.

하나님을 바라보는 삶은 하나님과 동행하는 삶이며 그를 의지하는 생활을 하는 것입니다. 우리가 하나님을 신뢰할 때 참된 위로를 받을 수 있습니다. 언제나 여호와 하나님을 바라보고 사모하여 언약의 하나님을 신뢰하는 성도들이 되시기 바랍니다.

:: 하늘에 계시는 주여 내가 눈을 들어 주께 향하나이다. 상전의 손을 바라보는 종들의 눈 같이, 여주인의 손을 바라보는 여종의 눈 같이 우리의 눈이 여호와 우리 하나님을 바라보며 우리에게 은혜 베풀어 주시기를 기다리나이다(시 123:1-2).

기도

하나님 아버지 지난날 택하시고 거듭나게 하셔서 구원해 주신 은혜에 감사드립니다. 놀라운 사랑과 긍휼을 베풀어 주셨음에도 여전히 나 중심적인 생각과 습관적인 행동으로 하나님을 온전히 바라보지 못했습니다. 죄가 가득 찬 이 땅에서 숱한 유혹에 휩싸여 있는 우리에게 예시의 영으로 역사하여 주옵소서. 신실하신 하나님만을 바라보게 하옵소서. 정함이 없는 삶 속에 오직 하나님께 초점을 맞추고 살아가게 하옵소서. 거룩하신 주 예수 이름으로 기도드리옵나이다. 아멘.

• • •

23.

이율배반

:: 그는 상인이라. 손에 거짓 저울을 가지고 속이기를 좋아하는 도다. 에브라임이 말하기를 나는 실로 부자라 내가 재물을 얻었는데 내가 수고한 모든 것 중에서 죄라 할 만한 불의를 내게서 찾아낼 자 없으리라 하거니와 네가 애굽 땅에 있을 때부터 나는 네 하나님 여호와니라 내가 너로 다시 장막에 거주하게 하기를 명절날에 하던 것 같게 하리라. 내가 여러 선지자에게 말하였고 이상을 많이 보였으며 선지자들을 통하여 비유를 베풀었노라(호 12:7-10).

경제 용어 가운데 "악화가 양화를 구축한다."(Bad money drives out good money)는 유명한 말이 있습니다. "나쁜 돈이 좋은 돈을 몰아낸다."는 뜻입니다. 이 명언은 16세기 영국의 재무관 그레샴(Thomas Gresham)이 한 말로 그레샴 법칙(Gresham's law)이라 부릅니다. 이는 소재의 가치가 다른 화폐가 동일한 명목 가치를 자신 화폐로 통용되면 소재 가치가 높은 화폐(good money)는 유통 시장에서 사라지고 소재 가치가 낮은 화폐

(bad money)만 유통되는 현상을 말합니다. 이 주장이 나오게 된 배경은 그레샴이 살던 16세기 영국에서 당시 정부가 재정 부담을 줄이기 위해 이따금 순도가 떨어지는 은화나 동화를 발행했습니다. 그러자 사람들은 순도가 높은 은화는 저장하고 순도가 낮은 은화만 사용하였던 것입니다. 한편 이런 현상은 오래전부터 있어 왔습니다. 1세기 네로 황제는 국가 재정을 확보하기 위하여 은화의 순도를 감축한 동전을 발행했습니다. 100% 은화에서 95% 은화를 만들었습니다. 3세기에 이르면 5% 은화가 통용되었습니다. 그러면 100% 은화는 어떻게 될까요? 시장에서 순전한 은화는 숨고 질 낮은 은화만 통용되었던 것입니다. 흥미로운 사실은 17세기 영국 정부에서 100% 금화를 만들었는데 약삭빠른 자들이 금화를 깎았습니다. 그러자 세상은 금화는 숨기고 깎은 크기가 제각각인 금으로 금화를 만들어 유통했습니다. 그러나 1696년 왕립 화폐국 부국장 뉴턴(Isaac Newton)은 금화를 깎지 못하게 톱니 모양으로 주조했다고 합니다. 이렇게 인간의 약삭빠른 행위는 경제 전반에 걸쳐 벌어졌던 것입니다.

오늘날 격언과 같은 그레샴 법칙은 확대되어 경제계는 물론 사회 전반에 걸쳐 사용되고 있습니다. 선택 오류나 정보 부족 등의 이유로 나쁜 것들이 좋은 것들을 압도하는 사회 병리 현상을 설명할 때 주로 쓰입니다. 예를 들면 짝퉁 상품, 중고차 시장(Lemon Market), 과대 포장, 가짜 뉴스(Fake News) 등에서 쓰입니다. 이로써 양질의 상품은 퇴출되고 나쁜 상품만이 유통되는 상황이 전개되는 현상이 발생하고 이를 표현할 때 그레샴 법칙이라고 말합니다.

이들 모두는 공통점이 있습니다. 거짓을 진짜처럼 속인다는 것입니다.

이들 속에는 남을 속여서라도 욕망을 채우겠다는 불순한 의도가 잠재해 있습니다. 이는 말과 행동이 다른 세상 속에서 인간은 서로 속고 속이는 상황 속에서 치열하게 살아가는 것이 세상임을 보여줍니다. 상황 논리에 따라 변하는 표리부동하고 이율배반적 존재가 인간임을 여실히 보여줍니다.

1. 거짓으로 장사하는 이스라엘

선지자 호세아는 당시 이스라엘이 그랬다고 지적하며 이에 대한 하나님의 심판을 경고했습니다. 말로는 진짜라고 하면서 실제는 가짜가 판치는 사회가 되었던 것입니다.

:: 에브라임은 바람을 먹으며 동풍을 따라가서 종일토록 거짓과 포학을 더하여 앗수르와 계약을 맺고 기름을 애굽에 보내도다. … 그는 상인이라. 손에 거짓 저울을 가지고 속이기를 좋아하는 도다(호 12:1, 7).

"바람"을 먹는다는 것은 이스라엘이 쓸데없는 헛된 것을 추구하고 있다는 말입니다. 이는 유치하고 천박한 문화를 추구하고 있다는 뜻입니다. 소비가 미덕이라며 흥청망청 허비하고 즐기는 문화, 속이고 속는 문화를 말합니다. 거짓과 포학을 일삼고 현란한 정치술로 이웃을 이용하여 돈을 벌고 번영을 꾀하는 사회가 되었습니다. 그 중심에 장사꾼이 있습니다. 예로부터 우리나라도 상인을 천대했었습니다. 이유는 남을 속여야 물건을 팔 수 있었기 때문입니다.

흥미로운 점은 본문의 "상인"이란 말이 "가나안 사람"(Canaan) 이라는 말과 같다는 것입니다(7절). 성경에서 가나인은 상인과 동의어로 사용됩니다(겔 17:4). 당시 가나안의 두로와 시돈 사람이 해상 무역과 가나안 지역 통행로에서 많은 장사를 한 것이 가나안이란 말의 배경일 것입니다(겔 27:27-36).

그런데 이스라엘도 이방 가나안인과 함께 불의로 장사했기에 그들도 가나안인, 즉 상인이라 불렸습니다. 상인 이스라엘은 조금이라도 이익을 얻기 위하여 거짓 저울을 사용하며 속이고 속았습니다. 이러한 이스라엘 상인들을 하나님은 책망하셨습니다. 율법은 상거래 시 공평한 저울추를 사용할 것을 가르쳤기 때문입니다.

:: 너는 네 주머니에 두 종류의 저울추 곧 큰 것과 작은 것을 넣지 말 것이며, 네 집에 두 종류의 되 곧 큰 것과 작은 것을 두지 말 것이요, 오직 온전하고 공정한 저울추를 두며 온전하고 공정한 되를 둘 것이라 그리하면 네 하나님 여호와께서 네게 주시는 땅에서 네 날이 길리라. 이런 일들을 행하는 모든 자, 악을 행하는 모든 자는 네 하나님 여호와께 가증하니라(신 25:13-16).

장사하지 말라는 것이 아니라, 공평하고 정직하게 장사를 하라는 것입니다. 호세아는 이 율법을 준수하지 않고 사기 집단이 된 이스라엘과 논쟁하시는 하나님께서 그들에게 반드시 벌을 내리실 것이라고 경고했습니다.

:: 여호와께서 유다와 논쟁하시고 야곱을 그 행실대로 벌하시며 그의 행위대로 그에게 보응하시리라(호 12:2).

2. 교만한 이스라엘

문제는 하나님의 경고를 이스라엘은 귀담아듣지 않고 오히려 교만했다는 데 있습니다.

:: 에브라임이 말하기를 나는 실로 부자라 내가 재물을 얻었는데 내가 수고한 모든 것 중에서 죄라 할 만한 불의를 내게서 찾아낼 자 없으리라(호 12:8).

그들은 양심의 가책도 없이 불법으로 모은 재력에 긍지를 갖고 심히 교만하게 행동했습니다. 그들은 속이는 저울과 불법으로 축적한 재력을 의지하여 하나님의 경고를 무시하고 재력을 과신했습니다. 그들은 심판하겠다는 말로만 하시고 시행하지 않으신다고 생각하면서 하나님의 경고를 무시했습니다. 하나님의 긍휼과 사랑 그리고 인내와 관용을 악용하여 하나님을 불신하고 불의한 행위를 합리화했던 것입니다.

"실로"(ach, very)는 "확실히, 매우"란 의미로 주로 강조할 때 사용되는 말입니다. 이스라엘 백성들은 방법이야 어떻든 많은 돈을 벌었으니 문제 될 것이 없다고 생각했습니다. 그들은 수단과 방법을 가리지 않고 돈만 벌면 된다고 생각하고 그 돈을 얻기 위하여 고생하며 번 돈이기에 정당하고 문제없다고 공언했습니다. 그들은 하나님께서 말씀하시는 율법의 의미와 준수를 요구하시는 하나님의 의도를 깨닫지 못했습니다. 그들은 생활이 안정되자 교만해졌습니다.

우리 주변에 돈 좀 벌었다고 거들먹거리며 거만하고 교만하게 행동하는 자들을 가끔 봅니다. 얼마나 유치하고 천박한지 모릅니다. 그들이 불법으로 많은 돈을 갖게 된 것에 대하여 부끄러움과 수치스러움을 깨닫지 못하고 그저 돈의 힘을 믿고 건방지고 교만하게 행동하는 모습은 천박하기까지 합니다.

교회의 머리 되신 부활하신 예수께서 사도 요한에게 소아시아 7교회 중 라오디게아 교회에 경고하신 말씀을 생각해 봅니다.

:: 네가 말하기를 나는 부자라 부요하여 부족한 것이 없다 하나 네 곤고한 것과 가련한 것과 가난한 것과 눈먼 것과 벌거벗은 것을 알지 못하는 도다(계 3:17).

그렇습니다. 재력과 능력을 과신한 채 부족한 것이 없다며 교만하게 행동하는 자들이 주변에 얼마나 있습니까! 그들의 행태는 차마 눈 뜨고 봐주기 어려울 정도입니다. 만나고 싶지도 않은 자들이 있습니다. 이들이 누구입니까? 바로 야곱과 같은 자들입니다. 야곱은 이름대로 속이는 자요 협잡꾼입니다. 그는 아버지를 속이고 형을 속이고 외삼촌 라반을 속였습니다. 재산을 불리는데 몰두했습니다. 비록 재산은 많이 모았지만 그 역시 자신에게 속았습니다. 속이고 속은 야곱입니다. 그 역시 요셉 사건에선 자식들에게 속아서 자식에게서 족장으로서의 위엄과 권위를 잃어버리기까지 했습니다(창 37:1-36). 야곱은 실로 파란만장한 인생을 살았습니다. 그는 참으로 험한 세월을 보냈습니다. 이것이 바로 애굽 왕 바로 앞에서 자신의 인생 여정을 실토한 데서 확인되는 사기꾼 야곱의 일생입니다.

:: 바로가 야곱에게 묻되 네 나이가 얼마냐, 야곱이 바로에게 아뢰되 내 나그네 길의 세월이 백삼십 년이니 이다 내 나이가 얼마 못 되니 우리 조상의 나그네 길의 연조에 미치지 못하나 험악한 세월을 보내었나이다(창 47:8-9).

돈만 알고 돈만 추구하고 돈 자랑을 하면 어떤 일이 벌어지겠습니까? 최근에 타이태닉(Titanic)호의 잔해를 보겠다고 잠수정을 타고 바다 속에 들어갔다가 죽은 다섯 명의 사람과 같지 않습니까! 그들은 1인당 25만 달러(3억 4천만 원) 씩이나 지불하고 스스로 바다 속에 들어가 죽었던 것입니다. 만약 그들이 돈이 없었다면 그렇게 됐겠습니까?

3. 말씀을 등한시한 이스라엘

하나님께서는 이스라엘에게 수시로 선지자를 보내셨습니다. 문제는 그들이 선지자의 말을 들으려 하지 않았다는 데 있습니다.

:: 네가 애굽 땅에 있을 때부터 나는 네 하나님 여호와니라. 내가 너로 다시 장막에 거주하게 하기를 명절날에 하던 것 같게 하리라. 내가 여러 선지자에게 말하였고 이상을 많이 보였으며 선지자들을 통하여 비유를 베풀었노라(호 12:9).

하나님은 "내가 여호와니라"라고 강조하셨습니다. 이 표현은 언약의 하나님이라는 말입니다. 강한 자존심으로 교만하여 언약을 따르지 않은 이스라엘을 깨우치시려는 하나님의 간청입니다. 그러나 백성은 하나님의 간청을 외면했습니다. 하나님은 이스라엘이 애급에서 종살이할 때부터 그들과 언약을 맺으신 하나님이셨음을 강조하시며 언약의 상대인 이스라엘에게 맺은 언약을 준수할 것을 요구하셨습니다. 하나님은 그들이 누리고 있는 바가 그들 스스로의 힘으로 이룬 것이 아니라, 하나님의 긍휼하심에 따른 은혜의 혜택임을 강조하셨습니다.

하나님은 "내가 너로 명절날에 하던 것 같게 하리라"라고 말씀하셨습니다. 이 "명절"이란 초막절을 가리킵니다. 초막절은 이스라엘이 출애굽한 후 광야에서 장막 속에 거하며 지냈던 것을 기념하는 절기입니다(레 23:39-44). 하나님은 이 절기를 거론하시며 출애굽 시대의 감격과 기쁨 그리고 감사와 찬양의 축제의 분위기를 계속 가질 것을 요구하셨습니다. 하나님은 호세아와 같은 선지자들을 보내셔서 재력을 의지하여 하나님을 저버리고 교만에 빠진 이스라엘에게 경고하셨습니다. 개구리가 올챙이 시절을 모르듯이 이스라엘 민족은 출애굽 사건과 광야에서 장막 속에서 하나님의 돌보심 가운데 말씀을 배우며 살았던 시절을 다 잊고 불법으로 모은 재력으로 흥청망청 살면서 온갖 불법을 일삼았습니다.

이에 대하여 몇몇 주석가들은 "이스라엘 백성은 출애굽의 하나님께서 지금도 여전히 돌보실 것이라는 말씀을 더는 신뢰하지 않았다. 이것은 하나님께서 경제적으로 부강하고 안정적이라고 자고하는 북 왕국을 다시 광야 생활 즉 고난과 시련의 생활로 몰아내실 것이라는 경고다"라고 해석했습니다(J. Calvin, F. Keil).

하나님께서는 여러 선지자를 보내 택한 이스라엘에게 수도 없이 말씀하셨습니다.

:: 내가 여러 선지자에게 말하였고 이상을 많이 보였으며 선지자들을 통하여 비유를 베풀었노라(호 12:10).

이스라엘은 하나님의 사랑과 긍휼하심을 외면하고 하나님의 안타까움에 반응하지 않았습니다. 그들이 가진 것에 대한 자부심과 확신이 강했기 때문입니다. 그들은 하나님을 믿는 믿음보다 눈에 보이는 돈과 자산이 더 중하고 자랑스러웠던 것입니다. 이것이 그들의 문제입니다.

오늘날 성도를 보십시오. 교회를 보십시오. 돈이 우상이고 돈이 그들의 하나님입니다. 말로는 하나님을 믿는다고 하면서 돈의 힘과 논리에 굴복하여 그 돈을 숭배합니다. 돈이 그들의 경배의 대상입니다. 심지어 하나님까지 이용하여 돈벌이에 나서 온갖 위선과 거짓으로 돈을 벌려고 혈안이 되어 있습니다. 부끄럽게도 강단에서조차 오랫동안 교회에 다닌 자가 부자가 되지 못하면 믿음이 좋지 못하기 때문이라고 조롱하기까지 합니다. 하나님을 사랑하기보다 돈을 더 사랑하는 곳이 오늘날 교회라는 조롱과 비난을 받고 있는 것이 사실 입니다.

그러나 성경 말씀은 돈을 사랑하는 것이 일만 악의 뿌리라고 경고합니다.

:: 돈을 사랑함이 일만 악의 뿌리가 되나니 이것을 탐내는 자들은 미혹을 받아 믿음에서 떠나 많은 근심으로써 자기를 찔렀도다(딤전 6:10).

2024년 6월 오늘은 한국전쟁 발발 73주년이 되는 날입니다. 한민족은 동족상잔으로 전 국토가 초토화되었었습니다. 73년이 지난 현재 대한민국은 세계에서 10위를 차지할 정도의 강한 경제력을 갖추었습니다. 전쟁 당시 낙동강 이남만 남긴 상황에서 부산 초량교회에 모인 피난민 성도가 회개하여 하나님께 매달려 부르짖었습니다. 이 간절한 기도를 하나님께서 들으시고 긍휼을 베풀어 주셔서 미국을 비롯한 자유 국가에서 도와주어 남한만이라도 자유를 얻게 되었습니다. 참으로 하나님께서 긍휼을 베풀어 주신 은혜가 아닐 수 없습니다. 경제력과 문화 역량이 강해져 원조를 받던 수혜국에서 이젠 다른 나라를 돕게 원조국이 되었습니다. 전 세계적으로 유례가 없는 새로운 역사를 지금 우리 한국이 만들어가고 있습니다. 참으로 자랑스럽습니다.

그런데, 문제는 오늘 한국교회가 점점 쇠퇴해 가고 있다는 점입니다. 기독교인 수가 1,200만 명에서 600만 명 정도로 감소하고, 유년 주일학교, 중고등부가 없는 교회들이 점차 늘고, 신학교 지원자가 줄어들고, 교회당이 문을 닫는 경우가 속출하고 있습니다. 왜 이런 상황이 도래한 것일까요? 물론 출생률이 떨어져 인구수가 줄어들고, 코로나19 여파로 모이기를 주저한 것도 하나의 이유이겠으나, 교회가 복음을 성경대로 가르치지 않았기 때문입니다. 신학교와 교회가 기복신앙과 번영 신학만을 가르쳤기 때문입니다. 예수를 믿으면 무조건 복을 받아 잘 먹고 잘살고 성공한다고 가르쳤기 때문입니다. 이제 복과 성공이 주어져 잘 먹고 잘살게 되자 더 이상 진리의 말씀을 믿을 필요가 없게 되었다고 생각하기 때문입니다. 그래서 바른 구원의 진리를 듣기 힘든 때가 되었습니다. 직업의식으로 희생이 결여된 성직자, 세속화된 교회, 형식과 전통에 얽매인 생동감을 잃은 종교화된 교회를 외면하는 많은 사람들 특히 젊은이가 교회를 떠나고 있습니다. 참으로 위기의 기독교 시대가 도래했다고 하겠습니다. 이는 하나님 말씀을 액면 그대로 준수하지 못한 결과이며 이런 상황 자체가 하나님의 심판이 시행되고 있다고 하겠습니다.

주께서 주신 농부 비유를 생각해 보며 현실적인 영적 상황을 진단해 봅시다. 그 비유에서 주님은 미련한 졸부가 된 농부를 냉소적으로 조롱하셨습니다. 우리가 이 농부와 같지 않나요?

:: 또 이르되 내가 이렇게 하리라. 내 곳간을 헐고 더 크게 짓고 내 모든 곡식과 물건을 거기 쌓아 두리라. 또 내가 내 영혼에게 이르되 영혼아 여러 해 쓸 물건을 많이 쌓아 두었으니 평안히 쉬고 먹고 마시고 즐거워하자 하리라 하되, 하나님은 이르시되 어리석은 자여 오늘 밤에 네 영혼을 도로 찾으리니 그러면 네 준비한 것이 누구의 것이 되겠느냐 하셨으니, 자기를 위하여 재물을 쌓아 두고 하나님께 대하여 부요하지 못한 자가 이와 같으니라(눅 12:18-21).

4. 도전과 경고

하나님은 택한 백성 이스라엘의 행위를 안타까워하시며 행위를 따지시며 도전하셨습니다.

:: 길르앗은 불의한 것이냐. 과연 그러하다. 그들은 거짓되도다. 길갈에서

는 무리가 수송아지로 제사를 드리며 그 제단은 밭이랑에 쌓인 돌무더기 같도다(호 12:11).

길르앗은 "악을 행하는 자들의 고을로 불법이 판을 피고 잔악한 행위가 버젓이 자행되는 살벌한 곳"입니다(호 6:8). 길갈은 여호수아의 인도로 홍해와 같이 요단강을 도강한 후에 돌로 기념비를 쌓아 애굽의 수치를 굴려 버린 곳입니다.

그런데 북 왕조 이스라엘은 길갈과 사마리아, 벧엘과 단 등지에 이방 우상을 만들어 세우고 숭배했습니다(호 4:15; 9:15). 하나님은 하나님과의 언약을 잊고 우상을 숭배하는 백성들에게 그들이 세운 우상의 제단이 밭이랑 여기저기 쌓인 돌무더기처럼 폐허가 될 것이라고 경고하셨습니다. 그리고 북 왕국이 예루살렘 성전을 중심으로 한 신앙을 떠나 이교 종교문화에 심취한 것이 원인임을 지적하셨습니다.

율법은 다음과 같이 분명하게 가르칩니다.

:: 오직 너희의 하나님 여호와께서 자기의 이름을 두시려고 너희 모든 지파 중에서 택하신 곳인 그 계실 곳으로 찾아 나아가서, 너희의 번제와 너희의 제물과 너희의 십일조와 너희 손의 거제와 너희의 서원제와 낙헌예물과 너희 소와 양의 처음 난 것들을 너희는 그리로 가져다가 드리고, 거기 곧 너희의 하나님 여호와 앞에서 먹고 너희의 하나님 여호와께서 너희의 손으로 수고한 일에 복 주심으로 말미암아 너희와 너희의 가족이 즐거워할지니라(신 12:5-7).

하나님은 정한 날, 지정한 장소에서 예배드릴 것을 원하십니다. 일부 성도는 여러 가지 이유와 핑계를 대며 주일에 교회에 나와 예배드리는 것을 거부하고 혼자서 가정에서 예배드리는 것으로 자신의 믿음이 정당하다고 주장합니다. 이들은 이 말씀의 의미를 깊이 살펴야 합니다. 모든 성도는 반드시 주일에 교회에 나와 하나님께 예배드려야만 합니다. 이 예배에 관하여 웨스트민스터 소요리 문답은 다음과 같이 가르치고 있기 때문입니다.

Q 59. 어떤 방식으로 주일을 거룩하게 지키는가?

A. 주일을 거룩하게 지키는 방식은 하나님께 경배하고 그의 말씀을 듣고 그것을 응당히 이해하며 그것을 믿고 그것에 따라 행동하는 것이다. 또한 그 날에는 성경적인 행사와 기도와 찬양과 감사와 교회의 예배와 가르침과 학습과 서로 돕는 일을 하며, 필요한 경우에는 가난한 자를 돕고 병든 자를 돌보며, 자신의 일과 남의 일을 쉬어서 하나님께 경배하는 것이다.

질병, 자연재해, 전쟁과 같은 특별한 경우가 아니면, 성도는 주일에 교회에 나와 하나님께 경배를 드리고 말씀을 들어야 하고 또 생활 속에서 그 말씀에 순종하려고 힘써야 합니다.

그런데 오늘날 성도는 야곱과 같이 행동합니다. 야곱은 자신의 성공과 행복을 위하여 속이고 속고 살았습니다. 험한 세월을 보내며 살았습니다. 그는 수단과 방법을 가리지 않고 세상살이에 급급했습니다. 하나님은 조상 아브라함과 이삭과 맺으신 언약에 따라 그를 벧엘에서 만나시고 한평생 그 언약을 준수하셨습니다. 하나님은 야곱이 속고 속여 악착같이 모은 모든 재산과 심지어 자식들까지 다 포기하게 만드셨습니다. 그리고 하나님은 쓸데없는 쓰레기 같은 야곱에게 조상부터 맺은 언약에 따라 무한 은혜로 그를 구원하셨습니다.

호세아는 이 야곱에 대하여 세세하게 진술합니다.

:: 야곱이 아람의 들로 도망하였으며 이스라엘이 아내를 얻기 위하여 사람을 섬기며 아내를 얻기 위하여 양을 쳤고, 여호와께서는 한 선지자로 이스라엘을 애굽에서 인도하여 내셨고 이스라엘이 한 선지자로 보호받았거늘(호 12:12-13).

이스라엘의 역사가 이를 증명합니다. 문제는 이스라엘 백성이 이런 하나님을 저버리고 우상을 숭배하며 모세의 가르침을 파기했다는 점입니다(신 18:15, 18). 이에 하나님께서 그들을 용서하지 않으시고 심판하겠다고 경고하셨습니다. 그들이 평생 모은 생명과 재산 그리고 명예를 수치스럽게 할 것을 경고하셨습니다.

:: 에브라임이 격노하게 함이 극심하였으니 그의 주께서 그의 피로 그의 위에 머물러 있게 하시며 그의 수치를 그에게 돌리시리라(호 12:14).

결론

사랑하는 성도 여러분, 주님은 사람이 하나님과 재물을 겸하여 섬길 수 없다고 말씀하셨고(마 6:24), 사도는 돈을 사랑함이 일만 악의 근원이라고 경고했습니다(딤전 6:10). 이 세상의 처세술은 이율배반적일 수밖에 없습니다. 이율배반적인 처세술은 세상에서는 당연하게 받아들이고, 그렇게 사는 것이 잘하는 일이라고 가르치지만, 사실, 이는 악화가 양화를 구축하는 세상에서나 통용되는 처세술이라 하겠습니다. 정말로 온갖 거짓과 위선, 내로남불, 가짜가 진짜인 양 판을 치는 세상이 되었습니다. 교회를 다닌다고 하는 자들 역시 이에 동화되어 살아갑니다.

살아계신 공의로우신 하나님은 이런 죄에 대하여 반드시 심판하십니다. 하나님은 수치스러운 죄에는 반드시 형벌이 뒤따를 것이라고 경고하십니다. 실제로 역사상 하나님을 경멸한 에브라임을 낮추시고 멸시를 당하게 하셨습니다. 이는 이스라엘의 역사가 말하고 있고 세계 역사라 증명하는 역사입니다.

죄의 삯은 사망입니다(롬 6:23). 모든 사람이 죄를 지어 하나님의 영광에 이르지 못했습니다. 그 가운데서 우리를 극진히 사랑하신 하나님은 주 안에서 택하셔서 어두운 세상 속에서 빛과 소금으로 살아가게 하셨습니다. 공의로우신 하나님은 그 죄에 대한 벌을 나에게 퍼붓지 않으시고 당신의 외아들 예수께 부으셔서 십자가 희생제물이 되게 하셨습니다.

이 놀라운 은혜를 받은 우리는 사도 바울이 명하신 바를 마음 깊이 간직하여야 하겠습니다.

∷ 너희가 전에는 어둠이더니 이제는 주 안에서 빛이라 빛의 자녀들처럼

행하라. 빛의 열매는 모든 착함과 의로움과 진실함에 있느니라. 주를 기쁘시게 할 것이 무엇인가 시험하여 보라(엡 5:8-10).

기도

하나님 아버지 감사드립니다. 북 왕조 이스라엘의 배교와 타락을 경고하시는 말씀을 통하여 저희의 삶을 돌아보게 하시니 감사드립니다. 하나님을 돈보다 더 사랑하지 않게 하옵소서. 진리의 말씀을 따라 순종하여 하나님의 백성답게 세상의 빛과 소금의 역할을 충실하게 수행하게 하옵소서. 거룩하신 주 예수 이름으로 기도드리옵나이다. 아멘.

24.

사자, 표범, 곰

:: 그러나 애굽 땅에 있을 때부터 나는 네 하나님 여호와라 나밖에 네가 다른 신을 알지 말 것이라 나 외에는 구원자가 없느니라. 내가 광야 마른 땅에서 너를 알았거늘 그들이 먹여준 대로 배가 불렀고 배가 부르니 그들의 마음이 교만하여 이로 말미암아 나를 잊었느니라. 그러므로 내가 그들에게 사자 같고 길가에서 기다리는 표범 같으니라. 내가 새끼 잃은 곰 같이 그들을 만나 그의 염통 꺼풀을 찢고 거기서 암사자 같이 그들을 삼키리라 들짐승이 그들을 찢으리라. 이스라엘아 네가 패망하였나니 이는 너를 도와주는 나를 대적함이니라(호 13:4-9).

"주제를 파악하라"는 말을 듣곤 합니다. 자기 주제를 알고 행동하지 못하면 주책없다고 핀잔듣기 일쑤지요. 소크라테스는 "너 자신을 알라"고 일찍이 일갈했습니다. 누구나 착각하며 살아갑니다. 가장 큰 착각은 자기의 능력과 한계를 잘 모르면서 자기의 정당성을 주장할 때입니다. 철학자 니체는 인간의 초월적인 능력을 과신하고 주장하다가 정신착란으로 자살했습니다. 칼빈 선생은 『기독교강요』를 시작하면서 하나님을 알고 자신을 아는 것이 신지식을 얻는 최상의 길이라고 말했습니다. 참으로 주제 파악이 쉽지 않습니다.

이 시간 다루고자 하는 말씀은 호세아 선지자가 전한 8번째 설교입니다. 이 말씀엔 이스라엘이 죄에 빠진 원인과 그들이 받을 심판 그리고 하나님의 구원계획이 담겨있습니다.

1. 하나님의 진단

본문 1절과 2절에서 하나님은 에브라임이 부강하고 강성하자 하나님을 떠난 사실과 함께 그것이 죄라고 지적하셨습니다. 호세아 선지자는 이스라엘 백성이 회개하지 않자 그것이 하나님의 심판을 자초한 결정적 원인이라고 지적하셨습니다.

:: 에브라임이 말을 하면 사람들이 떨었도다. 그가 이스라엘 중에서 자기를 높이더니 바알로 말미암아 범죄하므로 망하였거늘 이제도 그들은 더욱 범죄하여 그 은으로 자기를 위하여 우상을 부어 만들되 자기의 정교함을 따라 우상을 만들었으며 그것은 다 은장색이 만든 것이거늘 그들은 그것에 대하여 말하기를 제사를 드리는 자는 송아지와 입을 맞출 것이라 하도다(호 13:1-2).

1) 교만한 에브라임

에브라임은 야곱의 열한 번째 아들인 요셉의 차남입니다. 처음엔 이스라엘의 열두 지파에 낄 수 없는 지극히 보잘것없는 지파였습니다. 그런데 12 지파의 이스라엘이 편성되는 과정에서 제사장 지파로 레위가 빠지고 그 자리에 요셉의 두 아들 므낫세와 에브라임이 12지파에 들어가게 되었습니다.(창 28:14) 이러한 결과는 야곱의 축복을 허락하신 하나님의 섭리의 성취라 할 것입니다.

하나님은 에브라임을 가나안 정착 후에 더욱 번성케 하셔서 열두 이스라엘 지파 가운데 가장 강력한 지파가 되게 하셨습니다. 이후 왕정 시대를 거치며 에브라임은 북 왕조 이스라엘을 대표하는 지파가 되었습니다. 그 지파에서 여호수아, 여로보암 2세와 같은 특출한 인물이 배출되었습니다. 에브라임이 말을 하면 타 지파들은 벌벌 떨 정도입니다(1절). 에브라임은 이스라엘의 지도자 위치에 이르렀고 북 왕조 이스라엘의 대표이며 지배적인 지파가 되었습니다.

개구리가 올챙이 적을 기억하지 못하듯이 인간은 과거 비참했던 지난날을 망각하곤 합니다. 아니 그때를 잊어버리고 싶은 것일지도 모릅니다. 그래서 일부러 잊어버리려 합니다. 그러나 과거의 역사를 잊지 않고 기억할 때 더욱 성장하여 사람다운 인생을 살아갈 수 있을 것입니다. 참으로 현재의 나란 존재가 어떻게 형성되었는지 아는 것은 매우 중요합니다. 그동안 여기까지 인도해 주신 하나님의 은혜로운 섭리를 인정하고 기억하며 사는 것이 얼마나 중요한 것일까요! 그러나 이러한 능력을 구비하는 것은 간단하지 않고 쉽지 않습니다. 어느 정도 수준과 형편에 이르면 자기 능력을 과신

하며 교만해질 수 있기 때문입니다. 우리는 이러한 연약함을 인정하고 항상 경계해야 할 것입니다.

2) 타락한 에브라임

에브라임의 번영과 막강함은 다른 부족에 비해 많은 숫자에 따른 넓은 땅에 있었을 것입니다. 그들은 경제적으로 타 부족들에 비하여 부요했습니다. 그러자 그들은 결국 여호와 하나님을 버리고 풍요의 신 바알을 신으로 삼고 섬겼습니다. 그들은 지금까지 보호해 주시고 인도해 주신 하나님을 무시하고 외면했습니다. 이는 에브라임은 삶이 부요해져 등 따습고 배 부르자 하나님을 외면하고 떠났던 것입니다. 그들은 온갖 지혜와 재주를 동원하여 화려하고 정교한 은 신상, 송아지 우상을 만들어 국토 곳곳에 세웠습니다. 그리고 백성에게 그 신상이 애급에서 인도한 신이라고 호도하며 그 앞에 제물을 바치고 송아지 신상에 입을 맞추라고 강요했습니다. 바알 신상을 향해 존경과 경외를 표하고 사랑과 충성을 맹세하라고 강요했습니다. 하나님은 이러한 에브라임을 그냥 내버려 두실 수 없었습니다. 언약 백성이기 때문입니다. 그들은 여호와의 심판을 피할 수 없었습니다.

3) 헛된 에브라임

본문 3절에서 호세아 선지자는 이런 에브라임에 대한 하나님의 평가와 진단을 전달합니다.

:: 이러므로 그들은 아침 구름 같으며 쉬 사라지는 이슬 같으며 타작마당에서 광풍에 날리는 쭉정이 같으며 굴뚝에서 나가는 연기 같으리라 (호 13:3).

"아침 구름, 이슬, 타작마당의 쭉정이, 굴뚝의 연기" 이 모든 비유는 헛된 것을 상징합니다. 에브라임은 구원하신 여호와 하나님을 사랑한다고 말만 하고 실제는 그렇지 못했습니다. 그들의 마음과 말이 달랐던 것입니다. 그 결과, 구름과 이슬 같이 사라질 운명에 처하게 되었고 하나님은 그들을 타작마당에 날리는 쭉정이, 굴뚝에서 나는 연기와 같이 헛되다고 조롱하셨습니다.

하나님께서 그들을 택하심은 결코 헛되지 않습니다. 하나님께서 아브라함을 부르실 때 그를 통하여 온 세상에 가장 고귀한 신분, 가장 영향력 있는 신분으로 만드시려 했습니다. "내가 너로 인하여 온 민족이 구원을 얻게 하시겠다"는 것(창 12:1-3)이 하나님께서 아브라함을 선택하실 때의 목적이었습니다. 그런데 아브라함의 후손은 구원자 여호와 하나님을 떠나 배교하였습니다.

하나님은 이 점을 지적하시며 그들은 아침 구름, 새벽이슬, 쭉정이 그리고 연기와 같은 운명에 처할 것을 경고하셨습니다. 실제로 북 왕조 이스라엘의 부귀와 영화 그리고 화려한 이교도 바알 우상 문화는 구름, 이슬, 쭉정이, 연기 같이 사라졌습니다(722 BC). 이는 하나님의 은혜를 받고도 스스로 교만하여 하나님을 떠난 자는 종국에 가선 심판받을 수밖에 없음을 교훈합니다.

이 같은 교훈은 신약 성도에게도 동일하게 적용된다고 하겠습니다.

:: 한 번 빛을 받고 하늘의 은사를 맛보고 성령에 참여한바 되고 하나님

의 선한 말씀과 내세의 능력을 맛보고도 타락한 자들은 다시 새롭게 하여 회개하게 할 수 없나니 이는 그들이 하나님의 아들을 다시 십자가에 못 박아 드러내 놓고 욕되게 함이라(히 6:4-6).

주변에 현재 누리고 있는 세상적인 것에 집착하여 옛적 신앙을 버리고 교만하게 행동하는 자가 얼마나 많이 있습니까! 우리 역시 그렇게 살고 있지는 않습니까? 지난날 하나님께 매달리며 살려달라고 애원하여 은혜로 살아난 후, 이제 어느 정도 살만하니까 교만하여 형식적인 신앙만 겨우 붙잡고 있는 상황은 아닌지 모르겠습니다. 가당치도 않게 하나님을 의지하기보다는 자신의 지혜와 능력을 과신한 나머지 성경과 교회를 비판하고 자신의 자존심을 한껏 내세워 교만하게 행동하지는 않습니까?

전능하신 하나님의 예리한 지적을 잘 살피기 바랍니다. 현재 누리는 모든 부귀와 영화 그리고 자랑과 자존심은 구름, 이슬, 쭉정이, 연기와 같이 헛된 것일 뿐입니다. 어느 날 모두 사라지고 말 것들입니다. 그것들은 전혀 믿을 것이 못 됩니다. 이 점을 우리는 명심해야 할 것입니다.

2. 하나님의 설득

배교하는 에브라임을 향하여 선지자 호세아는 이러한 정황을 지적하고 설득하며 권면으로 설교했습니다.

1) 구원자이심을 환기시키심

:: 그러나 애굽 땅에 있을 때부터 나는 네 하나님 여호와라 나 밖에 네가 다른 신을 알지 말 것이라 나 외에는 구원자가 없느니라(호 13:4).

여호와는 이스라엘이 애굽 땅에 살 때로부터 이스라엘의 하나님이십니다. 그들은 430년 동안 애굽에서 노예 생활을 했습니다. 그들은 혹독한 고통을 견디다 못해 그들의 조상의 하나님께 구원을 부르짖었습니다. 여호와 하나님은 이들의 기도에 응답하셨고 구원하셨습니다. 하나님은 모세를 준비시키시고 단련시키셔서 80세에 그를 부르셨습니다.

:: 이제 가라. 이스라엘 자손의 부르짖음이 내게 달하고 애굽 사람이 그들을 괴롭히는 학대도 내가 보았으니, 이제 내가 너를 바로에게 보내어 너에게 내 백성 이스라엘 자손을 애굽에서 인도하여 내게 하리라(출 3:9-10).

하나님은 이스라엘의 고통스러운 상황을 보셨고 탄원을 들으셨고 그들을 구원하셨습니다. 조상과 맺은 언약을 신실하게 준수하시는 변함없으신 하나님이심을 보여줍니다. 아브라함, 이삭, 야곱을 부르신 하나님은 모세를 부르시고 백성을 구원하신 신실하신 하나님이십니다. 우리가 믿고 고백하는 하나님 역시 예수 안에서 변함이 없이 구원의 역사를 이루어 가시는 여호와 하나님이십니다.

그러기에 호세아는 북 왕조 이스라엘의 멸망에 대한 책임이 하나님께 있는 것이 아니라 전적으로 반역의 죄를 지은 이스라엘에게 있음을 지적했습니다. 북조 이스라엘의 패망은 그들이 책임져야 할 문제지 하나님께 그 책임을 물을 수는 없는 것입니다. 만약 그들이 출애굽 당시의 조상과 같이 여호와를 찾았다면 신실하신 하나님께서 반드시 멸망하지 않도록 조처하셨을 것입니다. 그러나 북 왕조 이스라엘은 여호와를 버리고 바알을 그들의 신으로 섬겼습니다. 선지자 이사야는 이에 관하여 하나님의 말씀을 강력하게 선포했습니다.

:: 나는 여호와이니 이는 내 이름이라. 나는 내 영광을 다른 자에게, 내 찬송을 우상에게 주지 아니하리라(사 42:8).

우리 모두 착각하지 말아야 합니다. 하나님은 결코 세상의 그 무엇을 섬기든 그 우상에게 당신의 영광을 빼앗기지 않으십니다. 그것들을 찬양하고 경배하는 것을 절대 용납하시지 않으십니다. 거듭난 성도는 오직 하나님만이 찬송과 찬양의 대상임을 고백해야 하고 오직 그 하나님께만 영광과 경배를 드려야 합니다. 이유는 이사야 선지자가 선포한 말씀과 같이 여호와 하나님만이 유일한 구원자요 찬양과 경배를 받으실 유일한 신이시기 때문입니다.

:: 너희는 알리며 진술하고 또 함께 의논하여 보라. 이 일을 예부터 듣게 한 자가 누구냐 이전부터 그것을 알게 한 자가 누구냐 나 여호와가 아니냐. 나 외에 다른 신이 없나니 나는 공의를 행하며 구원을 베푸는 하나님이라 나 외에 다른 이가 없느니라. 땅의 모든 끝이여 내게로 돌이켜 구원을 받으라. 나는 하나님이라 다른 이가 없느니라(사 45:21-22).

2) 배은망덕을 지적하심

:: 내가 광야 마른 땅에서 너를 알았거늘 그들이 먹여 준 대로 배가 불렀고 배가 부르니 그들의 마음이 교만하여 이로 말미암아 나를 잊었느니라(호 13:5-6).

하나님은 이스라엘을 척박한 마른 땅 즉 삶의 혹독함 속에 있음을 이미 아셨고 그들을 구원하셨습니다. 그리고 그 속에서 단련시켜 하나님나라 백성이 되게 하셨습니다. 문제는 자신들을 다루어 가시는 여호와를 그들은 제대로 알지 못했다는 점입니다. 그들은 자기 기준으로 여호와 하나님을 재단하였고 그들의 하나님이신 여호와를 제대로 알려고 하지 않았습니다. 이미 하나님은 숱한 선지자들을 통하여 자신을 계시하셨지만 그들은 그 계시대로 하나님을 살피지 않았습니다. 그리고 그나마 알았던 그 여호와 하나님을 쉽게 잊어버렸습니다. 이 점이 이스라엘의 결정적인 문제였습니다. 그래서 호세아는 여호와 하나님을 힘써 알라고 촉구했던 것입니다(호 6:3).

5절의 "알았다"라는 말은 "돌보았다"(care for you)라는 뜻입니다. 이는 여호와가 이스라엘의 목자임을 강조하는 것입니다. 70인 역(LXX)에서는 이를 "내가 너를 목양했다"(I shepherded thee)라고 바르게 의역했습니다. 하나님께서 이스라엘을 목동이 양을 돌보듯 하셨다는 뜻입니다. 생각해 봅시다. 출애굽 이후 가나안 정착에 이르기까지 하나님은 그들의 목자가 되어 완벽하게 인도해 주셨습니다.

다윗은 여호와는 나의 목자시니 부족함이 없다고 노래하며 고백했고

(시 23편), 우리의 목자이신 예수님께서는 하나님의 목장에서 우리를 말씀으로 인도하시며 살아가도록 돌보아 주십니다(요 10장). 그러기에 성도들은 죄 가운데 죽었던 우리에게 예수와 함께 죽고 함께 살 수 있는 은혜를 베풀어 주셨음을 한시도 잊어서는 아니 될 것입니다.

사도 바울은 강력한 논리로 우리를 설득하며 예수 안에서 누리를 구원의 은혜를 강조합니다.

:: 그때에 너희는 그 가운데서 행하여 이 세상 풍조를 따르고 공중의 권세 잡은 자를 따랐으니 곧 지금 불순종의 아들들 가운데서 역사하는 영이라. 전에는 우리도 다 그 가운데서 우리 육체의 욕심을 따라 지내며 육체와 마음의 원하는 것을 하여 다른 이들과 같이 본질상 진노의 자녀이었더니, 긍휼이 풍성하신 하나님이 우리를 사랑하신 그 큰 사랑을 인하여 허물로 죽은 우리를 그리스도와 함께 살리셨고 (너희는 은혜로 구원을 받은 것이라) 또 함께 일으키사 그리스도 예수 안에서 함께 하늘에 앉히시니 이는 그리스도 예수 안에서 우리에게 자비하심으로써 그 은혜의 지극히 풍성함을 오는 여러 세대에 나타내려 하심이라(엡 2:2-7).

북 왕조 이스라엘의 문제는 이러한 구원의 하나님을 알지 못했고 기억하지 않았고 잊어버렸다는데 있습니다. 이유는 "그들이 먹여 준 대로 배가 불렀고 배가 부르니 그들의 마음이 교만하여 이로 말미암아 나를 잊었느니라."(6절)는 말씀과 같이, 그들이 구가한 부요한 삶과 번영을 의지하여 하나님 앞에 교만했고 방종했으며 하나님을 버리고 우상을 섬기며 배교했기 때문입니다.

사실, 사정이 고통스러울 때 하나님께 부르짖었던 백성이 이제 하나님의 은혜로 구원을 받고 복을 듬뿍 받아 삶의 여유가 생겼고 부유해지자 하나님을 버리고 바알을 섬겼습니다. 그들 스스로 자신이 부유함을 믿고 배가 불러 교만해져서 그동안 사랑과 긍휼로 인도해 주신 여호와 하나님을 어리석게도 잊어버렸던 것입니다.

우리는 어떠한가요? 정말 지난날 받은 은혜를 지금도 기억하고 있습니까? 하나님께서 나에게 베풀어 주신 그 놀라운 사랑과 은혜를 잊지 않고 있습니까? 하나님의 사랑과 은혜를 기억하고 감사와 사랑으로 주께서 나를 향하신 뜻을 찾아 더욱 주를 사랑해야 하지 않겠습니까! 연약하고 약삭빠른 인간은 오늘날에도 똑같습니다. 대부분 배가 부르면 교만해져 하나님의 은혜를 잊고 떠납니다. 지난날 우리 민족 역시 어려울 때 하나님께 매달렸으나 살만해지니까 언제부터인가 간절함은 사라지고 교만하게 되어 형식적으로는 하나님을 믿는다고 하지만 실상은 하나님을 떠나 신앙을 대수롭지 않게 여기는 실정이 되었습니다.

사랑하는 성도 여러분 믿음이 생명이요 구원입니다. 지금도 우리 하나님은 변함이 없으십니다. 하나님께서 지난날 우리의 간청을 들으시고 은혜를 베푸셔서 우리의 배를 부르게 하셨듯이 얼마든지 우리를 다시 배고프게 하실 수도 있다는 사실을 기억해야 할 것입니다.

3. 하나님의 진노

배은망덕한 이스라엘에 대하여 살아계신 여호와 하나님은 진노하셨습니다.

:: 그러므로 내가 그들에게 사자 같고 길 가에서 기다리는 표범 같으니라. 내가 새끼 잃은 곰 같이 그들을 만나 그의 염통 꺼풀을 찢고 거기서 암사자 같이 그들을 삼키리라 들짐승이 그들을 찢으리라(호 13:7-8).

하나님은 교만하여 배교한 이스라엘에게 마치 무서운 사자처럼, 길목에 숨어 기다리다가 갑작스럽게 달려드는 표범처럼, 새끼 빼앗긴 암 곰처럼 달려들어 갈기갈기 찢을 것을 경고하셨습니다. 사자나 표범이나 곰이나 먹이를 공격하여 사냥하면 사정없이 찢어 버립니다. 여호와 하나님도 표범, 곰, 새끼 잃은 암사자 같은 앗수르 군대를 보내서 그들을 찢으실 것을 경고하셨습니다. 실제로 하나님은 인정사정 봐주지 않고 심판하셨습니다. 배교한 이스라엘은 그 경고대로 주전 722년 앗수르에게 철저하게 패망했습니다. 살아계신 하나님께서 예고하신 대로 그들의 배은망덕을 응징하시고 심판하셨던 것입니다.

어떤 사람은 이렇게 생각할 수도 있을 것입니다. 죄를 지었는데도 아무런 일이 벌어지지 않아 "과연 하나님이 계시기나 한가?"라고 가볍게 생각할 수도 있을 것입니다. 그는 하나님의 공의와 진리를 거역하며 살아가도 문제가 없다고 판단하고 더욱 자기가 하고 싶은 대로 행하는 사람입니다. 생각해 봅시다. 전능하신 하나님이 정말 이 모든 것을 모르시겠습니까? 아닙니다. 다 아십니다. 하나님이 그렇게 모른 체 하는 것처럼 보이는 것은 한시라도 하나님께로 돌아올 기회를 주시는 것입니다. 하나님은 내가 하나님께 되돌아갈 때까지 기다리며 참고 계시는 하나님이십니다. 우리는 이 점을 깊이 기억해야 합니다.

사도 바울은 이 진리를 다음과 같이 설명했습니다.

:: 이 예수를 하나님이 그의 피로써 믿음으로 말미암는 화목제물로 세우셨으니 이는 하나님께서 길이 참으시는 중에 전에 지은 죄를 간과하심으로 자기의 의로우심을 나타내려 하심이니, 곧 이때에 자기의 의로우심을 나타내사 자기도 의로우시며 또한 예수 믿는 자를 의롭다 하려 하심이라(롬 3:25-26).

지금도 살아계신 하나님은 우리의 일거수일투족을 다 알고 계십니다. 그러기에 이 전능하신 하나님을 무시하거나 멸시해서는 결코 안 될 일입니다. 바울은 이런 논리로 우리에게 도전합니다.

:: 혹 네가 하나님의 인자하심이 너를 인도하여 회개하게 하심을 알지 못하여 그의 인자하심과 용납하심과 길이 참으심이 풍성함을 멸시하느냐(롬 2:4).

호세아는 하나님을 잊고 배교한 이스라엘의 패망 이유를 지적하여 설교를 매듭짓습니다.

:: 이스라엘아 네가 패망하였나니 이는 너를 도와주는 나를 대적함이니라(호 13:9).

이스라엘은 여호와 하나님을 대적하고 자신을 돕는 여호와를 버렸습니다. 인내하시던 하나님은 결국 그들을 심판하셨습니다. 그 결과 그들은 철저하게 멸망했습니다.

결론

예수를 믿고 하나님을 섬기는 것이 단순히 나의 필요를 충족시키고 구원받아 천국에 들어가는 것이라고 생각하십니까? 이렇게 나의 만족을 채우기 위한 신앙이어서는 곤란합니다. 이것이 예수를 믿는 목적이겠습니까? 아들까지 희생시켜 가시며 우리를 구원하신 하나님의 목표가 그 정도이겠습니까? 그것 이상입니다! 말씀은 우리에게 가르칩니다.

:: 그 안에서 너희도 진리의 말씀 곧 너희의 구원의 복음을 듣고 그 안에서 또한 믿어 약속의 성령으로 인 치심을 받았으니, 이는 우리 기업의 보증이 되사 그 얻으신 것을 속량하시고 그의 영광을 찬송하게 하려 하심이라(엡 1:13-14).

예수를 믿는 가장 큰 이유는 바로 구원해 주신 하나님을 찬양하며 하나님의 영광을 널리 드러내며 하나님께 영광을 돌려드리는 것입니다. 우리가 섬기는 하나님은 단지 사랑과 긍휼을 한없이 베풀어 주시고 무조건 나의 요구를 들어주시기만 하지 않으십니다. 우리가 믿는 하나님은 지금도 살아 역사하시며 우리의 일거수일투족을 다 아시는 전능하신 하나님이십니다. 비록 현재는 내게 아무런 일이 벌어지지 않아 문제가 없이 보이지만, 우리가 위선과 교만으로 내 마음대로 살 때 회개하지 않고 풍요와 번역과 안정의 맛에 빠져 살아갈 때, 어느 순간 하나님은 우리를 다루실 것입니다. 사자 같이, 표범 같이 그리고 곰 같이!

기도

살아계신 하나님 아버지, 하나님의 은혜를 가볍게 여기고 잊고 형식적인 신앙만을 붙잡고 살아가는 저희입니다. 이 말씀으로 우리의 본분을 확인하게 하시고 자격과 능력을 확실하게 인식하게 하옵소서. 진리의 말씀으로 살아계신 하나님의 사랑과 긍휼 그리고 지금까지 베풀어 주신 은혜를 잊지 말게 하시옵소서. 전심을 다하여 주님과 교제하며 하나님의 영광을 위하여 살아드리는 복된 주의 백성이 되게 하옵소서. 거룩하신 주 예수 이름으로 기도드리옵나이다. 아멘.

25.
사망아 네 재앙이 어디 있느냐

:: 내가 분노하므로 네게 왕을 주고 진노하므로 폐하였노라. 에브라임의 불의가 봉함되었고 그 죄가 저장되었나니, 해산하는 여인의 어려움이 그에게 임하리라 그는 지혜 없는 자식이로다. 해산할 때가 되어도 그가 나오지 못하느니라. 내가 그들을 스올의 권세에서 속량하며 사망에서 구속하리니 사망아 네 재앙이 어디 있느냐. 스올아 네 멸망이 어디 있느냐. 뉘우침이 내 눈 앞에서 숨으리라(호 13:10-14).

"여자는 약하나 어머니는 강하다"라는 명언이 있습니다. 영국의 문호 셰익스피어(William Shakespeare)가 어머니의 강인함을 단적으로 표현한 것입니다. 출산은 산모의 자기 생명을 담보하고 신생아를 얻는 일입니다. 임신 과정은 물론이요 해산의 고통은 상상할 수도 없는 고통을 수반합니다. 죄를 지은 인간을 향한 하나님의 저주로 주어진 형벌입니다. 그런데 해산의 고통은 새 생명을 얻기 위한 이례적인 과정으로 출산을 한 이후엔 그 형벌로부터 해방된 감격과 기쁨 속에서 고통을 모두 다 잊게 됩니다. 이는 산모가 자기 생명과 맞바꿔 얻는 소중한 자식을 얻기 때문입니다. 이때 산모의 감정은 그 어떤 남자도 느끼지 못하는 감정이라 하겠습니다.

본문의 호세아 설교는 8번째 설교로 북 왕조 이스라엘을 향해 심판을 선언하시는 내용을 담고 있습니다. 놀랍게도 이 메시지 속에는 단호한 심판만 있지 않고 희망에 찬 구원의 전망을 내포하고 있습니다. 지난 시간에 살펴본 설교 내용에서 심판을 다루었다면 이 시간엔 피할 수 없는 심판과 구원의 전망을 동시에 선언하시는 하나님을 만날 수 있습니다.

1. 너희 구원자가 어디에 있느냐

하나님은 패망에 이른 이스라엘을 질책하셨습니다. 그들이 구원자 하나님을 버리고 우상을 섬겼기 때문입니다(9절). 본문에서 하나님은 그들을 조롱하셨습니다.

:: 전에 네가 이르기를 내게 왕과 지도자들을 주소서 하였느니라. 네 모든 성읍에서 너를 구원할 자 곧 네 왕이 이제 어디 있으며 네 재판장들이 어디 있느냐. 내가 분노하므로 네게 왕을 주고 진노하므로 폐하였노라(호 13:10-11).

여호와 하나님은 이런 상황이 벌어질 것을 오래전에 이미 예견하셨습니다. 모세에게 이 상황이 벌어질 것을 예상하시고 어떻게 처리할 것을 밝히셨습니다. 백성이 그들에게도 주위 이방 민족들과 같이 왕이 필요하다고 왕을 요구하면 하나님께서 택하신 자를 세우라고 명하셨던 것입니다. 하나님께서 내세운 왕의 자격은 첫째, 병마를 많이 두지 말 것. 둘째, 애굽으로 되돌아가지 말 것. 셋째, 많은 아내를 두지 말 것, 넷째 은금을 많이 쌓지 말 것 등입니다(신 17:14-17).

이 예언의 말씀대로 사무엘 시대가 되면, 정말로 백성들은 "모든 나라와 같이 우리에게 왕을 세워 우리를 다스리게 하소서"라며 왕을 요구했습니다(삼상 8:5b). 그때 사사 사무엘은 그러한 요구가 선지자, 제사장으로서의 자신의 권위에 도전하는 것으로 생각하며 못마땅해 했습니다. 그러나 하나님께서 그에게 그들이 너를 싫어하는 것이 아니라 하나님을 싫어하는 것이라고 하시며 그들의 요구를 들어주라고 말씀하셨습니다.

:: 우리에게 왕을 주어 우리를 다스리게 하라 했을 때에 사무엘이 그것을 기뻐하지 아니하여 여호와께 기도하매, 여호와께서 사무엘에게 이르시되 백성이 네게 한 말을 다 들으라. 이는 그들이 너를 버림이 아니요 나를 버려 자기들의 왕이 되지 못하게 함이니라. 내가 그들을 애굽에서 인도하여 낸 날부터 오늘까지 그들이 모든 행사로 나를 버리고 다른 신들을 섬김 같이 네게도 그리하는 도다.(삼상 8:6-8)

이 모든 과정은 백성이 구원자 여호와 하나님을 온전히 섬기는 지를 실제 역사 속에서 증명해 내시는 과정이라 하겠습니다. 백성이 그들의 왕을 요구하는 것은 하나님 자신을 버린 것으로 간주하고 분노하시며, 하나님은 그들의 요구에 응하셔서 왕을 세우는 일을 묵과하셨던 것입니다. 이러한 하나님의 성품은 분명 우리와 다릅니다. 사람은 자신을 미워하고 떠나면 그 자리에서 화를 내는 것이 보통인데, 하나님은 이미 다 아시면서 백성의 요구를 들어주라고 하신 것입니다. 이러한 상황은 모세를 통하여 예언하신 바가 성취되는 사건으로 역사를 이끌어 가시는 하나님의 모습을 엿보게 합니다.

또한 이는 북 왕조 이스라엘 백성이 요구한 왕들이 어떤 역사를 만들어 냈는지 살피면 알 수 있습니다. 역사적으로 볼 때 북 왕조 이스라엘은 시조 여로보암 1세로부터 마지막 왕 호세아까지 아홉 가문에서 19명의 왕이 나와 모두 209년간(BC 931-BC 722) 나라가 유지됐습니다. 그동안 8차례의 정변이 발생하며 극한 내홍을 겪었습니다. 다섯 번째 왕 시므리는 7일 천하, 열다섯 번째 왕 살룸은 한 달 만에 죽임을 당했습니다. 이 모두가 정권욕에 눈이 먼 자들이 잔인한 정변을 일으킨 결과이며 이는 우상숭배자들에 대한 하나님의 심판이었던 것입니다.

이러한 정치적 흐름은 구약의 핵심 주제 중 하나이며, 우리가 살피는 호세아서의 중심 주제 중 하나이기도 합니다. 선지자 호세아는 설교의 중심 주제로 하나님의 통치권을 거부하고 사신 우상을 숭배하는 결과가 얼마나 혹독한 지를 그들의 패역의 역사를 통하여 전하고 있습니다(호 2:5-8; 4:17; 13:3). 특히 4장에서 호세아는 우상숭배 문화를 적나라하게 묘사하며 그들의 패역함을 지적했습니다.

:: 에브라임이 우상과 연합하였으니 버려두라. 그들이 마시기를 다 하고는 이어서 음행하였으며 그들은 부끄러운 일을 좋아하느니라(호 4:17-18).

하나님과 언약을 맺은 이스라엘은 하나님의 통치를 거부하고 왕을 요구했습니다. 그런데 세워진 왕과 백성의 지도자들은 백성의 복지와 안전을 책임져야 하는 막중한 임무를 망각하고 자신들의 배만 채우기에 바빴습니다. 그러자 하나님은 선지자를 통하여 왕들과 지도자 즉 재판장들이 어디에 있는가 하고 냉소하시며 그들을 조롱하셨습니다. 지금까지 여호와 하나님께서 이스라엘 백성들을 보호하시고 인도하시며 평안을 누리게 하셨습니다. 이스라엘을 실질적으로 다스리신 통치자 하나님 여호와이십니다. 그러나 이스라엘은 그들의 통치자이신 여호와를 섬기기를 포기하고 세속적인 번영과 화려한 문화를 적극 수용하여 왕과 지도자들을 세웠습니다. 그들은 이제껏 은혜를 베푸시며 인도하신 그들의 왕 거룩하신 여호와 하나님을 버리고 사악한 세상을 택한 것입니다. 이를 참다못한 하나님은 "내가 분노하므로 네게 왕을 주고 진노하므로 폐하였노라"(호 13:11)라고 많은 정변이 하나님께서 북 왕조 이스라엘을 간섭하시며 징계임을 지적하셨습니다.

이러한 역사는 오늘날도 지구촌 한편에서 벌어지고 있습니다. 다른 곳이 아닙니다. 우리 한 민족의 북쪽에 위치한 북한입니다. 동방의 예루살렘이라 불렸던 성시 평양에 김일성이 북한을 공산주의 유물사상으로 붉게 물들여 세워 온갖 감언이설로 백성들을 회유했다는 것을 우리는 지난 70여 년의 역사를 통하여 잘 알고 있습니다. 그들은 지주와 자본가의 재산을 빼앗아 백성에게 나누어 주고 완벽한 복지 제도로 누구나 걱정 없이 잘 살 수 있게 해주겠다고 백성들을 회유했었습니다. 그러나 지금에 와서 보면 이러한 말들과 정책이 모두 철저한 거짓말임이 증명되고 있습니다. 그 결과 현재의 북한 주민들은 철저하게 억압당하며 자유를 박탈당한 고통스러운 삶을 살아가는지 이루 말할 수가 없습니다.

이로써 우리는 하나님의 말씀대로 하나님을 떠난 그 어떤 정치 제도도 안전과 평안과 번영을 담보하지 못한다는 것을 알게 됩니다. 이는 개인이든 가정이든 그리고 사회와 국가든 동일하게 적용되는 여호와 하나님의 섭리라 하겠습니다. 형식적인 종교 형태만을 유지하면 될 거라고 생각하나 마음으로부터 하나님을 떠나면 반드시 실패하고 패망할 수밖에 없을 것입니다. 하나님은 지금도 살아 역사하시기 때문입니다.

2. 심판을 피할 수 있겠나

왕도 재판장도 제 구실을 못하고 여호와 하나님을 떠나 우상을 숭배하는 북 왕조 이스라엘에 대하여 하나님은 도전적 질문을 하셨습니다.

:: 에브라임의 불의가 봉함되었고 그 죄가 저장되었나니, 해산하는 여인의 어려움이 그에게 임하리라. 그는 지혜 없는 자식이로다. 해산할 때가 되어도 그가 나오지 못하느니라(호 13:12-13).

1) 쌓여가는 죄

"불의"란 계명을 어기는 불법을 행하는 것, 도덕적으로나 윤리적으로 정당하지 못한 부정한 행위(iniquity)를 뜻합니다. 그리고 "봉함"되었다는 말은 엄청나게 많이 쌓였다는 의미입니다. 이는 이스라엘 백성이 하나님 말씀을 왜곡하는 생활을 계속하여 하나님의 진노를 쌓아가고 있음을 말합니다. 그들이 저지른 죄의 기록들이 쌓여가고 있다는 것입니다. 그들이 저지른 죄들이 하나님의 진노의 창고에 차곡차곡 쌓여 때가 되면 반드시 그 창고가 열리게 되어 합당한 심판을 받게 될 것입니다.

그러나 이스라엘 백성은 이렇게 죄를 처리하시는 하나님을 알지 못했습니다. 그런데 놀랍게도 욥은 알았습니다. 다음 두 구절이 이를 증명해 줍니다.

:: 주는 내 허물을 주머니에 봉하시고 내 죄악을 싸매시나이다(욥 14:17).

:: 하나님은 그의 죄악을 그의 자손들을 위하여 쌓아 두시며 그에게 갚으실 것을 알게 하시기를 원하노라. 자기의 멸망을 자기의 눈으로 보게 하며 전능자의 진노를 마시게 할 것이니라(욥 21:19-20).

살아계신 하나님은 우리가 지은 죄를 즉시 처벌하지 않고 기록하여 쌓아 두십니다. 그리고 때가 되면 반드시 그에 맞게 적절히 처리하실 것입니다. 우리는 이러한 하나님이심을 알고 참고 계시는 그 유예 기간 가운데 회개해야 한다는 것을 깊이 깨달아야 합니다. 바울도 이를 강조하며 죄를 지으면 즉시 회개하고 하나님께 돌아올 것을 촉구했습니다.

:: 혹 네가 하나님의 인자하심이 너를 인도하여 회개하게 하심을 알지 못하여 그의 인자하심과 용납하심과 길이 참으심이 풍성함을 멸시하느냐(롬 2:4).

지금도 우리의 일거수일투족을 하나님께서 다 알고 계시고 있음을 깊이 인식해야합니다. 신명기의 말씀은 우리가 이 점을 자각하도록 주어졌습니다.

:: 이것이 내게 쌓여 있고 내 곳간에 봉하여 있지 아니한가, 그들이 실족할 그 때에 내가 보복하리라. 그들의 환난 날이 가까우니 그들에게 닥칠 그 일이 속히 오리로다(신 32:34-35).

또한 놀랍게도 하나님께서 죄를 처리하는 방식은 최후 심판에도 동일하게 적용될 것입니다. 우리는 이 사실을 요한계시록 말씀을 통하여 확인하게 됩니다.

:: 또 내가 보니 죽은 자들이 큰 자나 작은 자나 그 보좌 앞에 서 있는데 책들이 펴 있고 또 다른 책이 펴졌으니 곧 생명책이라. 죽은 자들이 자기 행위를 따라 책들에 기록된 대로 심판을 받으니 바다가 그 가운데에서 죽은 자들을 내주고 또 사망과 음부도 그 가운데에서 죽은 자들을 내주매 각 사람이 자기의 행위대로 심판을 받고 사망과 음부도 불 못에 던져지니 이것은 둘째 사망 곧 불 못이라(계 20:12-14).

어느 누가 이 심판대 앞에서 당당히 자신 있게 설 수 있을 것입니까? 하나님께서 진노의 책에 기록하신 죄가 쌓여 있는데 과연 어느 누가 그 생명책을 감당할 수 있겠습니까? 어떤 인간도 불가할 것입니다. 그런데 단 한 가지 방법이 있습니다. 그것은 그 자리에서 대언자 예수께서 계셔서 우리를 변호해 주시는 것입니다(요일 2:1-2). "내가 곧 길이요 진리요 생명이니 나로 말미암지 않고는 아버지께로 올 자가 없다"(요 14:6)라고 말씀하신 주께서 그 심판 자리에서 우리를 위하여 대언해 주십니다.

예수께서 우리를 위하여 하나님의 심판대 앞에서 변호하시는 이유는 우리가 대속주 예수께서 이루신 십자가와 부활의 도리를 믿었기 때문입니다. 주님의 이 변호로 우리가 지은 모든 죄를 대속의 진리 가운데서 해결되어 하나님의 심판에서 벗어나 영원한 영생에 들어가게 되는 것입니다. 이것이 우리가 예수를 믿는 이유이며 목적입니다.

2) 무능력한 죄인

호세아는 북 왕조 이스라엘을 해산할 여인과 태어날 자식에 비유했습니다.

∷ 해산하는 여인의 어려움이 그에게 임하리라. 그는 지혜 없는 자식이로다. 해산할 때가 되어도 그가 나오지 못하느니라(호 13:13).

산모는 진통이 시작되고 시간이 흐르면서 엄청난 산고(travail)를 겪게 됩니다. 산모는 계속되는 고통을 심하게 겪다가 출산하게 됩니다. 삶과 죽음의 갈림길에서 극심한 고통을 겪으며 생명을 얻습니다. 이 순간은 가녀리고 약 하디 약한 여자에서 강하고 위대한 어머니로 태어나는 순간입니다. 그런데 문제가 발생했습니다. 심한 산고를 계속 겪으면서도 뱃속 아기는 나올 기미도 보이지 않는 상황이 발생한 것입니다. 하나님은 이런 자식을 "지혜 없고 어리석은 자식"이라고 부르셨습니다. 반드시 아기는 때가 되면 나와 엄마의 산고를 덜어 주어야 하는데 아기가 도와주지 않고 있는 안타까운 상황이 발생한 상황입니다.

여기서 핵심은 산모나 아기나 모두 나와야 할 제때 출산이 되어야 한다는 점입니다. 그 순간을 제때 이루어지지 못하면 큰 문제가 발생하여 산모나 아기의 생명이 위태해지게 됩니다. 산고는 산고대로 하고 기대한 아기는 얻지 못하게 되는 엄청나게 불행한 일이 발생할 수 있습니다.

이 경우가 교훈하는 것은 죄를 지은 자들이 하나님의 진노가 즉각 시행되지 않는다고 하여 만용을 부리고 계속 죄를 지으면 영적 감각이 떨어지고 양심이 무뎌져서 말씀의 경고를 무시하게 되어 정작 새 생명을 얻어야 할 때 그 생명을 얻지 못할 수 있다는 것입니다. 그러한 상황 속에선 그 어떤 새 생명의 역사 즉 중생의 역사는 발생하지 못하고 결국 영적으로 죽은 자가 되는 비참한 상황이 발생하게 되는 것입니다. 참으로 안타까운 상황이 벌어진 것입니다.

지금도 하나님은 생명 싸개 속에 우리를 감싸 보호하시며 죄를 멀리하도록 성령으로 인도하십니다. 신실한 성도는 바로 성령 하나님의 역사하심을 굳게 믿고 살아가야 합니다. 이것이 다윗을 만난 아비가일이 가졌던 믿음의 신앙이라 하겠습니다.

:: 내 주의 생명은 내 주의 하나님 여호와와 함께 생명 싸개 속에 싸였을 것이요(삼상 25:29b).

예수 그리스도 안에 있는 성도는 바로 하나님의 보호하심과 인도하심 가운데 살아가는 자입니다. 이 점을 확신하고 타락하여 온갖 죄로 혼란스러운 이 세상을 성령의 도우심을 구하며 믿음으로 살아가야 합니다. 성도는 이미 예수 안에서 결코 정죄함을 받지 않는 존재가 되었기 때문입니다(롬 8:1-2). 우리는 이 점을 믿고 확신해야 합니다. 사도 바울은 성도에게 주어진 이 놀라운 복을 진술하며 성도로서의 자유를 누릴 것을 강조했습니다.

:: 그러므로 이제 그리스도 예수 안에 있는 자에게는 결코 정죄함이 없나니 이는 그리스도 예수 안에 있는 생명과 성령의 법이 죄와 사망의 법에서 너를 해방하였음이라(롬 8:1-2).

3. 구원의 전망과 성취

감사하게도 하나님은 진노와 심판을 예언하시며 경계하시면서도 한편으로 놀라운 구원을 전망하시는 구원의 복음을 전하셨습니다.

:: 내가 그들을 스올의 권세에서 속량하며 사망에서 구속하리니, 사망아 네 재앙이 어디 있느냐. 스올아 네 멸망이 어디 있느냐. 뉘우침이 내 눈 앞에서 숨으리라(호 13:14).

1) 사망과 음부

"음부의 권세"는 히브리어 원문에선 "음부의 손에서"(from the hand of Sheol)라고 되어 있습니다. 여기서 말하는 "음부"(Sheol)란 사망과 동의어로 사용되어 사후세계를 뜻합니다. 성경에서 주로 "음부의 입" 즉 죄인들이 심판받아 가는 곳으로 입을 벌려 받아들인다고 표현되나, 호세아가 "음부의 손"으로 표현하는 것은 지배력을 의미합니다. 즉 음부는 "지하세계"(시 22:29)를 지배하는 세력입니다. 시편 저자는 "흑암"(시 143:3), "고요"(시 115:17), "망각"(시 88:12), "하나님과의 단절"(시 6:5), "내려가는 곳"(창 37:35; 시 115:17) 등으로 묘사했습니다. 이곳은 무덤과 동의어로 쓰였습니다. 무덤이 육신을 묻는 곳이라면 음부는 영혼을 받아들이는 입과 같은 곳이라 하겠습니다.

그리고 "속량하다"(redeem)라는 말은 값을 주고 산다는 의미이며, "구속하다"(ransom)라는 말은 중보자 혹은 연고자에 의하여 해방과 자유를 준다는 뜻입니다. 즉 하나님께서 죄의 수렁에 빠져 죄의 노예로 살던 자들을 예수 그리스도의 대속으로 죄의 값을 치르시고 구속하여 자유를 주시겠다는 예언입니다. 이렇게 선지자는 놀라운 구원의 복음을 전하시는 자비로우신 하나님을 전하며 구원의 전망을 가지게 하셨습니다.

한편 "사망아 네 재앙이 어디 있느냐? 스올아 네 멸망이 어디 있느냐! 뉘우침이 내 눈앞에서 숨으리라!"라는 문구의 원문은 "사망아 나는 네 세균이 될 것이다. 음부야 나는 네 멸망이 될 것이다"라고 되어 있습니다. 그런데 이 구절에 대하여 칼빈을 비롯한 많은 이들은 한글 성경과 같이 번역했습니다. 어디서 많이 들어본 말씀이 아닙니까? 사도 바울이 부활의 진리를 선포한 고린도전서 15장 마지막 부분에 나타나는 말씀입니다. 사도 바울은 호세아가 전한 이 말씀을 인용했던 것입니다.

:: 이 썩을 것이 썩지 아니함을 입고 이 죽을 것이 죽지 아니함을 입을 때에는 사망을 삼키고 이기리라고 기록된 말씀이 이루어지리라. 사망아 너의 승리가 어디 있느냐 사망아 네가 쏘는 것이 어디 있느냐. 사망이 쏘는 것은 죄요 죄의 권능은 율법이라(고전 15:44-46).

이는 예수 그리스도께서 이루신 부활의 복음을 믿는 자에겐 사망의 지배력이 결코 성공할 수 없고, 사망이 목적한 바가 결코 성사될 수 없음을 선언하며, 사망 즉 죄의 결과가 무위로 돌아갈 것을 선포한 말씀입니다. 그렇습니다! 율법은 죄를 알게 하고 죄를 지을 수밖에 없는 한계를 명백하게 드러냅니다. 그래서 율법으로는 절대 구원을 얻지 못합니다. 오직 구원은 율법의 요구를 충족시키고 하나님의 공의를 충족시키셔서 십자가에서 죄의 형벌을 다 받으신 후 성령의 놀라운 역사로 죽은 자 가운데서 부활하시어 죄가 지배하는 사망의 권세를 물리치신 예수 그리스도께서 완성하신 구속의 진리를 믿을 때 주어지게 되는 것입니다. 할렐루야 아멘!

본문 말씀은 예수 그리스도의 구속의 진리인 복음을 믿으면 영생이라는 새 언약으로 이루시는 구원의 소망을 선언한 말씀입니다. 마치 에스겔 선지자가 본 마른 뼈 환상(겔 37장)과 같이, 하나님의 생기 즉 성령의 역사로 이루어질 중생의 역사이며 거듭난 자만이 들어가는 하나님 나라의 진리를 선언한 말씀입니다. 이때 흥미로운 점은 "재앙"(plaques)이라는 단어가 "말"(dabar)과 어근이 같다는 것입니다. 이는 말 즉 말씀은 생명을 일으키기도 하지만 재앙을 만들어 내기도 한다는 것을 알게 합니다(참조. 약 3:5-8).

2) 하나님의 취소됨이 없는 부르심

본문의 "네 뉘우침이 네 목전에 숨으리라"(14절)는 어떤 뜻일까요? 원문은 "나는 긍휼을 베풀지 않겠다(I will have no compassion)."입니다. 무슨 의미입니까? 하나님께서 사탄의 강력한 무기인 사망의 승리를 절대 허용하지 않으시겠다는 강력한 의지를 표명한 말씀입니다. 그것은 십자가 사건으로 이루실 하나님의 구원 방식으로, 하나님이 취하신 이 방식은 결코 취소될 수 없는 구원의 도리입니다. 그래서 이 도리는 믿는 자를 부르시고 그에게 믿음의 은사를 주신 것을 하나님은 결코 후회하시거나 취소하지 않으십니다.

:: 하나님의 은사와 부르심에는 후회하심이 없느니라(롬 11:29).

예수 십자가와 부활로 이루시는 구속의 진리는 사탄의 계략과 세력에 자비를 베풀지 않으시고 단호하게 처리하시는 하나님의 구원원리로 완성됩니다. 공의로우신 하나님은 죄를 지은 자를 심판하시어 사망으로 멸망케 하시는 것은 당연하지만, 한편으로 사랑과 긍휼의 하나님은 독생자를 보내시고 그가 십자가에서 죽으심으로 죄인을 구원하십니다. 이것이 구원의 복음입니다. 이렇게 복음에는 양면성이 있습니다. 이는 하나님의 공의와 사랑이 동시에 실현된 십자가 사건인 것입니다. 성도는 예수께서 지신 십자가로 완성된 복음을 믿음으로 구원에 이르게 됩니다. 우리는 사도 바울이 설명하는 복음의 성격을 깊이 숙지해야 합니다.

:: 복음에는 하나님의 의가 나타나서 믿음으로 믿음에 이르게 하나니 기록된바 오직 의인은 믿음으로 말미암아 살리라 함과 같으니라(롬 1:17).

언약 백성 이스라엘은 하나님을 버리고 배교하여 주전 722년에 멸망했지만, 역사를 주관하시는 하나님은 예수 그리스도께서 이루신 십자가와 부활의 복음으로 구원의 도리를 완성하시고 이를 모든 사람이 믿어 구원에 이르도록 은혜를 베풀어 주셨습니다.

결론

살아계신 하나님은 지금도 역사를 주관하시고 섭리하고 계십니다. 이는 이스라엘의 역사를 통하여 여실히 증명되고 있습니다. 성도는 바로 말씀을 통하여 확인하고 예수 십자가와 부활의 복음의 의미와 중요성을 깊이 인식하여 죄와의 영적 전투에서 승리해야 할 것입니다. 악한 세상이 우리를 지배하지 못하도록 성령의 역사하심을 구하며, 예수께서 완성하신 구속의 진리를 믿어 구원을 이루시는 하나님의 은혜를 사모해야 할 것입니다. 이 영적 전투에서 승리하시는 성도들이 되시길 소원합니다.

그래서 사도 바울은 에베소 교회 성도들에게 죄악이 관영한 세상에서 어떻게 살아가야 할지를 잘 말씀해 주셨습니다.

:: 그런즉 너희가 어떻게 행할지를 자세히 주의하여 지혜 없는 자 같이 하지 말고 오직 지혜 있는 자 같이 하여 세월을 아끼라 때가 악하니라. 그러므로 어리석은 자가 되지 말고 오직 주의 뜻이 무엇인가 이해하라. 술 취하지 말라 이는 방탕한 것이니 오직 성령으로 충만함을 받으라(엡 5:15-18).

기도

하나님 아버지, 저희들은 여전히 세상과 짝하기를 좋아합니다. 세상 방식이 익숙하고 편하게 느껴지고 하나님의 말씀은 멀리 느낄 때가 많이 있습니다. 일깨워 주옵소서. 죽는 것을 두려워하고 정욕에 따라 자유롭게 살려고 힘쓰고 있습니다. 십자가와 부활의 구원 진리를 확실하게 인식하고 믿게 하셔서 사망의 권세가 더 이상 나를 지배할 수 없음을 깊이 깨닫게 하옵소서. 생명이요 부활이신 거룩하신 주 예수 이름으로 기도드리옵나이다. 아멘.

26.

네 하나님 여호와께 돌아오라

:: 이스라엘아 네 하나님 여호와께로 돌아오라 네가 불의함으로 말미암아 엎드러졌느니라. 너는 말씀을 가지고 여호와께로 돌아와서 아뢰기를 모든 불의를 제거하시고 선한 바를 받으소서. 우리가 수송아지를 대신하여 입술의 열매를 주께 드리리이다. 우리가 앗수르의 구원을 의지하지 아니하며 말을 타지 아니하며 다시는 우리의 손으로 만든 것을 향하여 너희는 우리의 신이라 하지 아니하오리니 이는 고아가 주로 말미암아 긍휼을 얻음이니 이다 할지니라(호 14:1-3).

기독교는 구원의 종교입니다. "구원"이라는 말 자체가 "지은 죄로 저주받아 멸망한 상태"를 전제하고 있습니다. 이는 구원은 저주받아 망하고 죽은 곳에서 건져내겠다는 뜻입니다. 성경이 창조 기사(창 1, 2장)와 타락(3장)을 짧게 기록하고 나머지 성경 전체를 구원과 회복으로 설명하고 있는 것만 봐도 이 저주의 상태가 얼마나 심각한 지를 잘 알 수 있습니다. 이렇게 성경은 타락과 멸망을 전제로 구원의 방도를 계시하고 있습니다. 구약의 선지서는 바로 타락한 언약 백성을 구원하시기 위한 고통과 좌절의 과정을 통과하게 하시는 계시라 하겠습니다.

그동안 살펴본 호세아 예언의 결론 부분에 도달했습니다. 14장은 호세아 선지자가 전하는 9번째 설교입니다. 호세아는 북 왕조 이스라엘의 계속된 배교와 범죄에 대한 질책과 심판 경고에 대한 예언을 마감하고 회개를 권고하고(1-3절) 여호와의 회복을 약속합니다(4-8절). 끝으로 선지자는 예언에 대한 깨달음과 실천을 촉구하는 권면으로 마감합니다(9절).

본문은 호세아 선지자의 회개 촉구와 회복을 담고 있습니다. 그는 하나님의 명에 따라 음란한 고멜에게서 세 자녀를 얻었습니다. 이제 하나님께서 이들의 이름을 회복된 이름으로 바꾸시겠다고 말씀하십니다. 그 이름들은 루하마, 암미, 이스라엘입니다. 이는 긍휼을 얻지 못하는 자(로루하마)가 긍휼을 얻는 자(루하마)로, 내 백성이 아닌 자(로암미)가 내 백성(암미)으로, 그리고 풍성한 땅에서 반역으로 흘린 저주의 피로 얼룩진 이스르엘이 하나님을 이긴 이스라엘로 회복되는 소망을 담고 지은 이름들입니다.

1. 처참하게 망한 북 왕조 이스라엘

히브리 성경에서는 13:16이 14:1에 해당합니다. 13:16은 이렇게 되어 있습니다. "사마리아가 그들의 하나님을 배반하였으므로 형벌을 당하여 칼에 엎드러질 것이요 그 어린아이는 부서뜨려지며 아이 밴 여인은 배가 갈라지리라." 이 말씀은 잔인한 앗수르 군대에 비참하고 처참하게 멸망하는 현장을 묘사한 말씀입니다.

이때의 상황은 엘리사 선지자가 앗수르 왕 하사엘을 보고 눈물을 흘리는 사건 속에서 이미 예언된 사실입니다. 이 예언은 아람 왕 벤하닷이 병에 걸려 죽게 되자 엘리사가 문안을 갔습니다. 그때 벤하닷이 하사엘을 시켜 하나님의 사람 엘리사를 맞으라고 명하게 되는 자리에서 그가 얼마나 잔인하게 백성을 핍박하게 될 것인지를 예견한 선지자 엘리사가 한 말입니다.

그 배경과 내용은 이렇습니다. 이방 선지자들과의 내기에서 승리한 엘리야 선지자를 이세벨이 죽이겠다고 하자 엘리야는 도피했습니다. 그 엘리야 선지자를 호렙 산 굴속까지 인도하시고 휴식하게 하신 하나님께서 그에게 세 가지 사명을 부여하셨습니다. 위의 예언은 세 가지 명령을 수행한 엘리사 선지자의 사역 중 하나입니다(왕상 19:15-18). 엘리야가 수행할 세 가지 임무는 하사엘을 아람 왕이 되게 하고, 예후를 이스라엘 왕이 되게 하고, 엘리사를 후임 선지자로 삼는 일입니다. 그 일들을 하라고 하신 이유는 하사엘의 칼을 피하는 자를 예후가 처리하고 예후의 칼을 피하는 자를 엘리사가 처리하시려는 하나님의 섭리였습니다. 이는 역사를 주관하시고 통치하시는 하나님이심을 증명하는 사역들이라고 하겠습니다. 이에 엘리사가 하사엘을 만나자 그가 얼마나 잔인하게 이스라엘 백성을 괴롭힐 것인지를 예측하고 엘리사 선지자는 눈물을 흘렸습니다.

:: 하나님의 사람이 그가 부끄러워하기까지 그의 얼굴을 쏘아보다가 우니, 하사엘이 이르되 내 주여 어찌하여 우시나이까 하는지라. 대답하되 네가 이스라엘 자손에게 행할 모든 악을 내가 앎이라 네가 그들의

성에 불을 지르며 장정을 칼로 죽이며 어린 아이를 메치며 아이 밴 부녀를 가르리라(왕하 8:11-12).

호세아 13:16은 이 사건이 하나님께서 하신 예언이 성취된 것임을 적시합니다. 북 왕조 이스라엘은 하나님을 배반한 죄의 값을 치러야 했습니다. 형벌로 칼에 엎드러져 끊어질 것이고, 어린아이는 부서뜨려져 사지가 조각날 것이고(나훔 3:10; 시 137:9), 산모의 배가 갈라지는 잔혹한 일이 벌어질 것입니다(왕하 15:16; 암 1:3). 이로써 엘리사의 예언이 구체적으로 호세아를 통하여 성취되었음이 확인되는 것을 알게 됩니다. 이는 역사를 주관하시는 하나님께서 말씀하신 대로 실행하신다는 것을 교훈합니다.

2. 회개를 촉구하시는 하나님

앗수르에 완전히 패한 이스라엘에 대하여 호세아 선지자는 다시 하나님의 말씀을 전합니다. 그 말씀은 단순하게 죄에 대한 진노와 처단만 하시는 하나님이 아니심을 보여줍니다. 여호와 하나님은 타락하고 반역하여 망한 이스라엘에 대하여 여전히 긍휼과 사랑으로 계속하여 구원을 선포하셨습니다.

이러한 하나님이 우리가 믿는 하나님의 실제 모습입니다. 성도는 이런 하나님에 대한 깊은 이해가 있어야 합니다. 이것이 고난을 겪을 때 단순하게 하나님을 원망하거나 떠나서는 안 되는 이유입니다. 그럴수록 철저한 회개를 통하여 그 상황이 하나님께로 돌아가는 기회임을 깨닫고 구원의 소망을 가져야 합니다.

선지자 호세아는 죄로 처참하게 망한 이스라엘을 향하여 하나님의 구원 메시지를 전합니다.

:: 이스라엘아 네 하나님 여호와께로 돌아오라. 네가 불의함으로 말미암아 엎드러졌느니라(호 14:1).

호세아는 죄로 망한 백성에게 이스라엘의 하나님 "여호와"께 돌아오라고 호소했습니다. 이미 그는 6장에서 회개할 것을 전한 적이 있습니다. 그리고 또 회개를 촉구하는 말씀을 반복적으로 외칩니다.

:: 오라. 우리가 여호와께로 돌아가자. 여호와께서 우리를 찢으셨으나 도로 낫게 하실 것이요 우리를 치셨으나 싸매어 주실 것임이라. 여호와께서 이틀 후에 우리를 살리시며 셋째 날에 우리를 일으키시리니 우리가 그의 앞에서 살리라. 그러므로 우리가 여호와를 알자 힘써 여호와를 알자. 그의 나타나심은 새벽 빛 같이 어김없나니 비와 같이, 땅을 적시는 늦은 비와 같이 우리에게 임하시리라 하니라(호 6:1-3).

구원의 복음은 분명합니다. 살아계신 하나님의 하나님 되심을 반복적으로 전하는 것입니다. 호세아는 이 복음을 반복하여 전했습니다. 살아계신 하나님의 구체적인 구원의 행위를 계속하여 전하는 것이 복음입니다. 6장에서 선지자는 하나님의 징계(찢으심, 치심), 회복(치유, 관리) 등 하나님의 구원 패턴(Pattern)을 반복적으로 전했습니다. 변덕이 심한 하나님을 보여주는 것이 아니라, 사랑과 긍휼로 구원하시는 끈질긴 하나님의 공의와 사랑을 전하는 메시지입니다. 선지자는 '병 주고 약 준다.'는 식으로 받아들일 것을 염려하여 하나님에게 문제가 있는 것이 아니라 죄인인 우리에게 문제가 있음을 지적하며 이를 인정하고 하나님의 성품과 죄를 처리하시는 방식을 알고 그 하나님께 나아갈 것을 촉구했습니다.

북 왕조 이스라엘은 오직 회개를 통해서만 구원이 가능합니다. 이렇게 회개는 기독교 신앙의 전제이며 출발점입니다. 성경은 회개를 통하여 하나님의 자녀가 되는 길을 제시합니다. 세례요한이 전한 메시지가 회개이며(막 1:4), 예수의 공생애 첫 일성도 회개를 촉구하며 천국 복음을 전한 것이었습니다.

:: 때가 찼고 하나님의 나라가 가까이 왔으니 회개하고 복음을 믿으라 (막 1:15).

이렇게 회개는 하나님의 통치와 주권에 복종하겠다는 결단을 행동으로 옮기는 것입니다. 이는 단순한 후회와 뉘우침, 그리고 반성이 아니라, 이제까지 살아온 삶의 태도를 버리고 새로운 방향으로 전환하는 것입니다. 이는 예수께서 비유하신 탕자 비유에서(눅 15:17-20), 탕자가 비참한 상황 속에서 결단하여 "이에 일어나 아버지께로 가겠다."고 다짐하고 결단에 옮기는 것과 같고, 계시록에서 주께서 에베소 교회에 명하신 회개와 같습니다.

:: 그러나 너를 책망할 것이 있나니 너의 처음 사랑을 버렸느니라. 그러므로 어디서 떨어진 것을 생각하고 회개하여 처음 행위를 가지라. 만

일 그러지 아니하면 내가 네게 임하여 네 촛대를 그 자리에서 옮기리라(계 2:4-5).

베드로 사도는 회개(metanoeo, repentance)를 육신의 몸을 씻는 것이 아닌 선한 양심이 하나님을 찾아가는 구체적인 행위라고 정의했습니다. 성경은 이를 세례로 설명합니다(벧전 3:21c). 사도 바울은 세례란 예수와 함께 죽고, 예수와 함께 살아난 자로서의 확신에 찬 고백이며 선언이기에, 참된 회개는 전적으로 하나님께로 돌아가는 구체적인 행위가 수반되어야 하는 것이라고 가르칩니다.

:: 무릇 그리스도 예수와 합하여 세례를 받은 우리는 그의 죽으심과 합하여 세례를 받은 줄을 알지 못하느냐. 그러므로 우리가 그의 죽으심과 합하여 세례를 받음으로 그와 함께 장사되었나니 이는 아버지의 영광으로 말미암아 그리스도를 죽은 자 가운데서 살리심과 같이 우리로 또한 새 생명 가운데서 행하게 하려 함이라(롬 6:3-4).

3. 구체적인 회개의 과정

어떻게 회개할 수 있을까요? 호세아 선지자는 회개의 구체적인 과정을 예시합니다.

:: 너는 말씀을 가지고 여호와께로 돌아와서 아뢰기를 모든 불의를 제거하시고 선한 바를 받으소서. 우리가 수송아지를 대신하여 입술의 열

매를 주께 드리리이다(호 14:2).

이 말씀에서 회개의 몇 가지 단계를 생각하게 됩니다.

1) 나의 입으로 고백

:: 너는 말씀을 가지고 여호와께로 돌아 와서(호 14:2a).

여기서 말하는 "말씀을 가지고"는 성경 말씀을 가리키는 것이 아닙니다. 여기서 말하는 말씀은 자신이 저지른 행위를 명확한 말로 설명하라는 것입니다. 그저 마음으로 "잘못했지"라고 생각만 하고 반성만 하는 것이 아니라, 하나님 앞에서 자기 입으로 무엇이 잘못되었는지 구체적으로 이실직고하라는 것입니다. 그리고 앞으로 어떻게 하겠다는 결단을 보고하라는 것입니다. 이것이 회개입니다.

삭개오는 예수를 만났을 때 아주 구체적으로 잘못을 설명하고 어떻게 하겠다는 결단으로 회개했습니다.

:: 삭개오가 서서 주께 여짜오되 주여 보시옵소서. 내 소유의 절반을 가난한 자들에게 주겠사오며 만일 누구의 것을 속여 빼앗은 일이 있으면 네 곱절이나 갚겠나이다. 예수께서 이르시되 오늘 구원이 이 집에 이르렀으니 이 사람도 아브라함의 자손임이로다(눅 19:8-9).

그저 무조건 모든 것을 잘못했어요. 라며 대충 얼버무릴 것이 아니라,

조목조목 들어 무엇을 잘못했는지 토설하는 것이 참된 회개입니다. 낱낱이 고하는 것이 회개입니다. 또 진정한 회개는 그 어떤 예물과 제물로 해결하려는 것이 아닙니다. 무엇을 드려 해결하려는 것이 회개가 아니라, 마음으로부터 점검하여 잘못을 고백하고, 그 후 결단한 것을 구체적인 밝히는 것이 참된 회개입니다. 이로써 우리는 하나님께서 제사보다 인애와 긍휼을 원하시는 까닭을 알게 됩니다.

:: 내가 무엇을 가지고 여호와 앞에 나아가며 높으신 하나님께 경배할까 내가 번제물로 일 년 된 송아지를 가지고 그 앞에 나아갈까. 여호와께서 천 천의 숫양이나 만만의 강물 같은 기름을 기뻐하실까 내 허물을 위하여 내 맏아들을, 내 영혼의 죄로 말미암아 내 몸의 열매를 드릴까. 사람아 주께서 선한 것이 무엇임을 네게 보이셨나니 여호와께서 네게 구하시는 것은 오직 정의를 행하며 인자를 사랑하며 겸손하게 네 하나님과 함께 행하는 것이 아니냐(미 6:6-8).

2) 구체적인 고백과 실천으로

회개는 구체적 "아룀"으로 구성됩니다. 선지자는 "아뢰기를 모든 불의를 제하시고 선한 바를 받으소서."(2b) 라고 설명합니다. 이 말씀에서 보듯이 "모든 불의를 제하시고 선한 바를 받아주소서"라는 고백이 회개입니다. 자신의 행위에 대한 구체적인 실토와 고백을 담아 하는 회개가 바르고 선합니다. 그러한 고백 즉 회개를 받아 달라는 구체적인 간청으로 이어지는 것이 회개의 한 과정입니다.

하나님께 돌아가는 바른 길은 말씀과 기도입니다. 말씀과 기도라는 두

바퀴는 하나님께 나아가는 수레가 잘 굴러가도록 하는 핵심 바퀴입니다. 거창한 수송아지와 수양으로 드리는 비싸고 화려한 속죄 제물이 해결책이 아니라, 진정성 있는 입술의 참회가 하나님께서 원하시는 회개인 것입니다.

회개의 대표적인 사례를 다윗에게서 찾을 수 있습니다.

∷ 주께서는 제사를 기뻐하지 아니하시나니 그렇지 아니하면 내가 드렸을 것이라 주는 번제를 기뻐하지 아니하시나이다. 하나님께서 구하시는 제사는 상한 심령이라. 하나님이여 상하고 통회하는 마음을 주께서 멸시하지 아니하시리 이다. 주의 은택으로 시온에 선을 행하시고 예루살렘 성을 쌓으소서. 그 때에 주께서 의로운 제사와 번제와 온전한 번제를 기뻐하시리니 그 때에 그들이 수소를 주의 제단에 드리리 이다(시 51:16-19).

하나님은 우리에게 비싼 제물을 요구하신 적이 없으십니다. 하나님께서 기뻐하시고 원하시는 제물은 진정성 있는 참회하는 마음입니다. 우리는 이 점을 깊이 인식하고 즉각적으로 회개하기를 힘써야 합니다.

3) 온 마음으로 드리는 찬양으로

∷ 우리가 입술로 수송아지를 대신하여 주께 드리리 이다(호 14:3c).

이 구절의 히브리어 원문은 "가장 좋은 예물인 어린 수송아지인 우리의 입술로 지불 하겠습니다"(I will pay young oxon our lips)입니다. 이를 영어 성경에서는 "입술의 열매"(the fruit of our lips; NIV, NASV, RSV), 찬양의 말씀(the word of praise our lips; JB), 입술의 맹세(the vows of our lips; ESV) 등으로 번역했습니다.

하나님께서는 거창하고 비싼 제물이 아니라 상하고 통회하는 마음의 제물이며, 그로 인하여 갖게 되는 사죄의 은총에 대한 감격과 기쁨을 표하는 찬양을 기뻐 받으십니다. 성도는 이러한 과정을 통하여 참된 거듭남을 경험하게 되는 것입니다. 이 과정을 통하여 회개를 하는 자에겐 진정한 내적 치유가 이루어져서 그는 자신을 받아 용서해 주시고 구원해 주신 하나님께 자신을 드리기로 맹세하며 구원의 기쁨과 감격으로 하나님께 찬양을 드리게 됩니다. 살아계신 하나님께서 그런 제물을 원하십니다. 이것이 진정한 회개와 찬양으로 이어지는 기쁨과 고백의 제사라 하겠습니다.

4) 고백과 헌신으로

말로만의 회개가 아니라, 반드시 "회개의 합당한 열매"로 제사를 드려야 합니다.

:: 우리가 앗수르의 구원을 의지하지 아니하며 말을 타지 아니하며 다시는 우리의 손으로 지은 것을 향하여 너희는 우리 신이라 하지 아니하오리니 이는 고아가 주께로 말미암아 긍휼을 얻음이니 이다 할지니라(호 14:3).

고백과 헌신에는 세 가지의 합당한 회개의 열매가 담겨 있습니다.

① 환경과 상황의 지배로부터의 해방: "앗수르의 구원을 의지하지 아니하며"

이는 더 이상 세속적인 세력과 힘을 의지하지 않겠다는 결단입니다. 성도가 회개를 통하여 하나님의 사랑을 경험하게 된 후에는 더 이상 세상으로 되돌아가서는 안 될 것입니다. 출애굽 한 이스라엘 백성은 고통을 겪게 될 때마다 애굽으로 되돌아가자고 소란을 일으켰습니다. 그 결과 구원의 하나님은 배은망덕한 언약 백성을 40년 동안 광야를 방황하도록 조치하셨습니다. 죄에 대한 심판이며 새로운 구원의 역사를 세워 가시는 하나님의 공의로우신 조처였습니다.

성도 여러분, 우리가 예수를 믿으면서 조금만 힘들고 어려우면 실망하고 세상으로 되돌아가려는 것은 구원하시는 하나님의 자애로우신 심정을 조금도 알려고 하지 않는 유치하고 어리석은 행위일 것입니다. 어떻게 그런 사람이 진정한 성도가 될 수 있겠습니까!

② 세상 권력을 의지하지 않음: "말을 타지 아니하며"

이스라엘 백성들은 하나님을 떠나 세상적인 생각 속에서 군사력을 의지했습니다. 그러나 그들은 모두 앗수르에게 망했습니다. 그들이 자신들을 구원하실 하나님을 망각했기 때문입니다.

예수를 믿기 시작하면서 받게 되는 유혹 중 하나가 이전에 세상적으로 살던 방식과 습관을 따라가려는 것입니다. 사도 바울은 성도에게 "그때에 너희는 그 가운데서 행하여 이 세상 풍조를 따르고 공중의 권세 잡은 자를 따랐으니 곧 지금 불순종의 아들들 가운데서 역사하는 영이라. 전에는 우리도 다 그 가운데서 우리 육체의 욕심을 따라 지내며 육체와 마음의 원하는 것을 하여 다른 이들과 같이 본질상 진노의 자녀이었더니"(엡 2:2-3)라고 규정하고, "하나님을 모르는 이방인과 같이 색욕을 따르지 말고"(살전 4:5)라고 경고했습니다.

③ 우상을 버리는 것: "우리의 손으로 지은 것"을 더 이상 신이라 하지 않겠다.

이 모든 것에서 돌이켜 오직 하나님만 의지하겠다는 결연한 의지와 결단을 고백하는 것이 참된 회개이며, 진정한 입술의 열매입니다. 자신이 이제까지 믿고 의지했던 것을 더는 믿지 않고 의지하지 않겠다고 선언하는 것입니다. 이제까지 추구했던 육체의 소욕을 버리고 성령의 사모하겠다는 결단으로 이제부터 삶 속에서 성령의 인도하심에 순종하는 구체적인 열매들이 나타나도록 실행에 옮기려는 것이 참된 회개입니다.

:: 내가 이르노니 너희는 성령을 좇아 행하라 그리하면 육체의 욕심을 이루지 아니하리라 육체의 소욕은 성령을 거스리고 성령의 소욕은 육체를 거스리나니 이 둘이 서로 대적함으로 너희의 원하는 것을 하지 못하게 하려 함이니라(갈 5:16-17).

이렇게 더는 세상을 의지하지 않고 하나님을 고백하며 주께서 허락하신 구원을 찬양하고 경배하며 살아가는 주의 백성이 되겠다는 입술의 맹세가 참된 회개입니다. 이러한 회개의 전형이 시편 147편입니다.

:: 할렐루야 우리 하나님을 찬양하는 일이 선함이여 찬송하는 일이 아

름답고 마땅하도다. 여호와께서 예루살렘을 세우시며 이스라엘의 흩어진 자들을 모으시며, 상심한 자들을 고치시며 그들의 상처를 싸매시는도다(시 147:1-3).

구원은 하나님께서 허락하십니다. 구원을 베푸시는 하나님을 바르게 알고 하나님의 뜻을 찾아가는 바른 신앙을 추구하는 성도가 되시기 바랍니다. 이것이 하나님의 백성으로 나가는 길입니다.

결론

호세아가 전하는 말씀은 북 왕조 이스라엘을 향한 하나님의 사랑과 긍휼하심은 심판으로 끝나지 않고 회복의 과정을 거치도록 하시겠다는 것입니다. 공의로우신 하나님은 죄를 지어 전혀 무기력한 인간을 구원하시기 위하여 독생자 예수를 십자가에서 희생시키셨습니다. 그 은혜 가운데 구원받아 창조주 하나님과 소통할 수 있는 길이 열리게 되었습니다.

히브리서 저자는 이 구속의 도리를 믿을 때 주어지는 놀라운 신분의 변화를 강조했습니다.

:: 그러므로 우리에게 큰 대제사장이 계시니 승천하신 이 곧 하나님의 아들 예수시라 우리가 믿는 도리를 굳게 잡을지어다. 우리에게 있는 대제사장은 우리의 연약함을 동정하지 못하실 이가 아니요 모든 일에 우리와 똑같이 시험을 받으신 이로되 죄는 없으시니라. 그러므로

우리는 긍휼하심을 받고 때를 따라 돕는 은혜를 얻기 위하여 은혜의 보좌 앞에 담대히 나아갈 것이니라(히 4:14-16).

호세아 역시 같은 말씀으로 패망한 이스라엘 백성에게 진정한 회개와 감사의 찬송을 촉구합니다. 성도는 이렇게 자신이 죄인임을 인정하고 솔직하고 신실한 고백으로 하나님께 돌아와야 합니다. 그 과정에는 구체적인 행위가 수반되어야 합니다. 은혜를 입고 혜택을 받은 것을 아는 자가 그냥 말만 할 수는 없지 않겠습니까! 그 무엇인가 받은 은혜에 대한 마음의 표현을 구체적으로 하게 되지 않겠습니까?

기도

사랑이 많으신 하나님 아버지, 진정한 회개를 원하시며 온전한 구원을 보장하시는 놀라운 말씀을 이 시간 듣습니다. 위선과 거짓으로 포장하지 않고 구체적인 회개를 진정으로 하게 하시옵소서. 우리를 받아주시기를 원하시는 아버지, 하나님의 망극하신 사랑과 긍휼하심을 믿고 예수 안에서 이루신 복음의 진리로 주께 담대히 나아가게 하옵소서. 이것이 예수 안에서 얻게 된 새로운 신분임을 인식하고 참된 고백과 결단 그리고 구체적인 삶의 변화된 모습을 나타내도록 성령으로 인도하여 주옵소서. 거룩하신 주 예수 이름으로 기도드리옵나이다. 아멘.

27.
고치고 사랑하리라

:: 내가 그들의 반역을 고치고 기쁘게 그들을 사랑하리니 나의 진노가 그에게서 떠났음이니라. 내가 이스라엘에게 이슬과 같으리니 그가 백합화 같이 피겠고 레바논 백향목 같이 뿌리가 박힐 것이라. 그의 가지는 퍼지며 그의 아름다움은 감람나무와 같고 그의 향기는 레바논 백향목 같으리니 그 그늘 아래에 거주하는 자가 돌아올지라. 그들은 곡식같이 풍성할 것이며 포도나무 같이 꽃이 필 것이며 그 향기는 레바논의 포도주 같이 되리라. 에브라임의 말이 내가 다시 우상과 무슨 상관이 있으리요 할지라. 내가 그를 돌아보아 대답하기를 나는 푸른 잣나무 같으니 네가 나로 말미암아 열매를 얻으리라 하리라(호 14:4-8).

자녀가 아버지를 어떤 아버지, 어머니를 어떤 어머니로 인식하냐에 따라 그 자녀의 성장에 지대한 영향을 미친다고 합니다. 일반적으로 아버지는 엄하고 어머니는 다정다감하지만 반대의 경우도 없지 않습니다. 저의 경우는 전자에 해당합니다. 그러다 보니 지금도 자녀들이 저를 어려워하는 것 같아 가끔 후회하곤 합니다. 여러분의 가정은 어떠한가요?

이스라엘 백성은 하나님을 어떻게 인식했을까요? 구약 역사를 보면, 정말로 출애굽 한 이스라엘 백성이 하나님의 구원 역사에 감사하고 여호와 하나님께 충성했을까요? 그렇게 보이지는 않습니다. 다윗을 비롯한 히스기야, 요시야 왕 등 몇몇을 제외하곤 여호와 하나님을 형식적으로 섬기는 척하고 대부분의 왕들은 온전히 하나님을 섬기지 못했습니다. 그 결과 백성은 타락하고 배교했습니다. 그런 왕들이 있을 것에 대하여 하나님은 이미 모세를 통하여 예언하셨기에 왕을 달라고 하는 백성의 요청에 섭섭해 하는 사무엘 선지자에게 말씀하셨던 것입니다.

:: 여호와께서 사무엘에게 이르시되 백성이 네게 한 말을 다 들으라. 이는 그들이 너를 버림이 아니요 나를 버려 자기들의 왕이 되지 못하게 함이니라(삼상 8:7).

이렇게 시작된 이스라엘의 역사는 사울, 다윗, 솔로몬을 거쳐 분단된 역사로 흘러 북 왕조 이스라엘은 주전 722년 앗수르에 멸망했고 남 왕조 유다는 주전 586년 바벨론에 멸망했습니다. 호세아는 북 왕조 이스라엘의 번영기에 흥청망청 살면서 우상숭배와 쾌락에 빠진 이스라엘을 향해 하나님의 심판을 경고했습니다. 본문은 회개하고 돌아오라는 말씀(호 14:1-3)과 함께 구원과 회복을 보장하시는 약속의 말씀입니다.

1. 간곡한 사랑의 호소

하나님은 결코 택하신 백성을 완전히 내치시는 하나님이 아니십니다. 회개를 촉구하시며 이 하나님의 간청을 받아 주께 돌아오는 자를 절대 외면하지 않으시는 하나님이십니다. 이 얼마나 큰 축복입니까? 하나님은 자신의 비참함을 깨닫고 회개하며 나오는 자를 기꺼이 받아 품어 주시고 축복해 주십니다. 본문에서 하나님은 이 점을 강조하여 말씀합니다. 반역과 배교로 하나님을 떠난 이스라엘에 대하여 하나님은 극도로 분노하시며 심판하시겠다고 경고하셨습니다. "이스라엘아 네가 패망하였나니 이는 너를 도와주는 나를 대적함이라"(호 13:9)에서 분명히 그들의 죄를 지적하시는 하나님이심에도 불구하고 "자식 이기는 부모 없다"는 말처럼, 하나님은 무한한 사랑으로 자식을 잊지 않으시고 제발 돌아올 것을 간청하셨습니다.

:: 이스라엘아 네 하나님 여호와께로 돌아오라. 네가 불의함으로 말미암아 엎드러졌느니라. 너는 말씀을 가지고 여호와께로 돌아와서 아뢰기를 모든 불의를 제거하시고 선한 바를 받으소서. 우리가 수송아지를 대신하여 입술의 열매를 주께 드리리 이다. 우리가 앗수르의 구원을 의지하지 아니하며 말을 타지 아니하며 다시는 우리의 손으로 만든 것을 향하여 너희는 우리의 신이라 하지 아니 하오리니 이는 고아가 주로 말미암아 긍휼을 얻음이니 이다 할지니라(호 14:1-3).

하나님은 호세아 선지자를 통하여 어떻게 회개할 것인지를 세밀하게 가르쳐주셨습니다. 또한 회개하고 돌아오면 어떻게 대응하겠다고 약속하셨습니다. 이미 받은 말씀을 근거를 하여 생각해 보면, 여호와 하나님께 돌아와 회개하며 모든 죄를 사해달라고 간곡하게 아뢰고, 형식적인 제사를 드리는 대신에 입술의 열매 즉 찬양과 기도로 하나님께 나아가겠다고 아뢰고, 그동안 섬겼던 이방 신상과 군사력을 구하기 위하여 이방 나라들에 의지했던 것을 버리고, 그리고 여호와 하나님께로 돌아오라고 구체적인 회개의 과정을 가르쳐 주셨습니다. 하나님은 무지하고 반역적인 인간에게 구체적으로 주께 나와 회개하는 절차를 세밀하게 가르쳐주셨습니다.

우리가 믿는 하나님은 이러한 분이십니다. 그러기에 대충 회개하지 말고 구체적으로 해야 합니다. 이미 하나님은 나의 행위와 행적을 다 알고 계시기 때문입니다. 그 앞에서 무슨 자존심을 내세울 것이 있으며 숨길 것이 무엇이 있겠습니까? 하나님은 나의 입으로 이실직고하는 회개, 저지른 죄를 인정하고 낱낱이 아뢰기를 원하십니다.

예수께서 비유하신 탕자의 경우를 생각해 봅시다.

:: 내가 일어나 아버지께 가서 이르기를 아버지 내가 하늘과 아버지께 죄를 지었사오니, 지금부터는 아버지의 아들이라 일컬음을 감당하지 못하겠나이다. 나를 품꾼의 하나로 보소서 하리라 하고, 이에 일어나서 아버지께로 돌아 가니라. 아직도 거리가 먼데 아버지가 그를 보고 측은히 여겨 달려가 목을 안고 입을 맞추니 아들이 이르되 아버지 내가 하늘과 아버지께 죄를 지었사오니 지금부터는 아버지의 아들이라 일컬음을 감당하지 못하겠나이다(눅 15:18-21).

아버지는 돌아온 아들의 잘잘못을 따지지 않았습니다. 이미 그 아들이

스스로 무슨 잘못을 했는지 인식하고 있기에 더는 따지지 않으시고 그냥 받아 주셨던 것입니다. 아버지는 그를 무조건 품어 맞아주었고 목욕을 시키고 좋은 옷을 입히고 가락지를 끼워 아들의 지위를 회복시켜 주었습니다. 회개란 이렇게 하나님의 온전한 자녀로서 회복하게 하는 절대 요소입니다.

본문에서 보듯 그럴 때 주께서 "내가 저희의 패역을 고치고 즐거이 저희를 사랑하겠다."(4절)고 말씀하십니다. 여기서 "패역"(mushuba, apostacy)은 불신과 배신 그리고 타락과 배교의 의미가 없지는 않으나, 원문의 의미는 "등을 돌려 떠난 행위"를 뜻합니다. 그러나 영어 성경(NIV)에서는 "변덕"(waywardness)으로 번역했습니다. 즉 하나님은 자기 백성의 반역과 패역의 행위를 회복할 수 없는 배신으로 보지 않고 변덕 정도로 보신다는 의미입니다. 참으로 흥미롭습니다.

성도는 이 점에 주목해야 합니다. 부모는 결코 자식의 행위를 자신을 떠난 행위로 보지 않듯이, 하나님은 택한 백성의 배교를 완전히 하나님을 떠난 것으로 보지 않으시고 끝까지 인내하시며 돌아오기를 기대하십니다. 성도가 신실한 회개로 나아갈 때 불안과 두려움을 갖지 않도록 배려하시는 사랑과 긍휼이 풍성하신 하나님의 모습입니다. 그러기에 성도는 자신의 삶의 모습에 대하여 항상 돌아보며 점검하여 얻는 내용을 가지고 변명하지 말고 하나님 앞에 나아가려 힘써야 합니다.

2. 이슬 같은 하나님 축복

그럴 때 하나님은 놀라운 은혜를 베풀어 주십니다.

:: 내가 이스라엘에게 이슬과 같으리니. 저가 백합화같이 피겠고 레바논 백향목 같이 뿌리가 박힐 것이라. 그 가지는 퍼지며 그 아름다움은 감람나무와 같고 그 향기는 레바논 백향목 같으리니. 그 그늘 아래 거하는 자가 돌아올지라. 저희는 곡식 같이 소성할 것이며 포도나무 같이 꽃이 필 것이며 향기는 레바논의 포도주 같이 되리라(호 4:5-7).

1) 복의 근원

하나님께서 스스로 "이스라엘에게 이슬과 같다"(I will be like the dew to Israel!)는 무슨 의미일까요? "하나님께서 복의 근원"이라는 뜻입니다. 모든 생물은 비가 오지 않으면 생존할 수 없습니다. 그런데 여섯 달이나 되는 건기 동안 식물이 살 수 있는 것은 바로 이슬 때문입니다. 이 시기의 이슬은 초목과 농작물에 절대적으로 필요합니다.

이 말씀의 의미를 알기 위해서 당시 팔레스타인의 기후와 환경을 이해할 필요가 있습니다. 팔레스타인의 기후는 크게 두 가지로 구분됩니다. 보통 4-9월까지가 건기고, 10월부터 3월까지가 우기입니다. 그래서 4월 초에 오는 비를 "늦은 비", 9월 중순에 오는 비를 "이른 비"라고 부릅니다. 팔레스타인은 지중해와 요단강의 습도와 심한 일교차 때문에 연간 260일 이상 이슬이 내린다고 합니다. 강수량이 절대적으로 부족한 땅에서 이슬은 농작물에 절대적인 생명수라 하겠습니다.

본문에서 "하나님은 이스라엘의 이슬과 같다"라는 말씀은 하나님께서 북 왕조 이스라엘의 남은 자들을 소생시켜 생존하고 번영하는 복의 근원이 되겠다는 것입니다.

2) 이슬의 복

흥미롭게도 족장 이삭은 자기를 속이고 에서에게 돌아갈 복을 빼앗은 야곱에게 축복했습니다.

∷ 하나님은 하늘의 이슬과 땅의 기름짐이며 풍성한 곡식과 포도주로 네게 주시기를 원하노라(창 27:28).

이 축복에서 보듯이 건조한 가나안 땅에 내리는 이슬은 모든 생물의 생존에 필수입니다. 이삭은 야곱의 일생에 하나님께서 하늘의 이슬로 땅의 기름짐으로 풍성하게 내려주셔서 복을 받아 누리는 인생이 되기를 축복했습니다. 이슬과 같은 하나님으로 이스라엘이 누리게 될 복은 무엇일까요?

본문에서 이 복은 "저가 백합화같이 피겠고 레바논 백향목같이 뿌리가 박힐 것이라. 그 가지는 퍼지며 그 아름다움은 감람나무와 같고 그 향기는 레바논 백향목 같으리니"(5-6)라고 말씀합니다. 여기서 이슬과 같은 하나님의 은혜는 이스라엘이 누리게 될 복이 어떠한 것인지를 알게 합니다. 하나님은 이스라엘 백성이 원하는 것보다 더 좋은 것으로 주시는 하나님이십니다. 이스라엘은 하나님께서 이슬과 같이 내리시는 복으로 백합화같이 피겠고 레바논 백향목과 같이 뿌리를 깊이 내리게 될 것입니다. 그 결과 이스라엘의 가지는 옆으로 넓게 퍼지고, 감람나무같이 기름지고 아름다우며,

레바논 백향목과 같이 향기롭고 강건하게 될 것입니다. 백합화는 참으로 향기롭고 아름답습니다.

이러한 묘사가 바로 이스라엘이 장차 누리게 될 아름다움과 고상함 그리고 영광스러움을 상징합니다. 이 모든 말씀은 진정으로 회개하고 철이 들어 하나님께서 기뻐하시는 삶으로 살아드리는 하나님의 백성 이스라엘이 참으로 영광스러운 민족과 국가가 될 것을 보장하시는 축복의 말씀입니다.

우리가 세상적인 방식을 버리고 온전히 예수를 믿어 하나님의 말씀대로 살기로 결단하고 돌아오면, 이슬과 같은 하나님께서 우리에게 풍성한 은혜로 복을 주실 것입니다. 신실한 성도는 이 약속을 굳게 믿어야 합니다. 그래서 대충 회개할 것이 아니라 철저하게 회개하여 진정성 있는 모습으로 하나님께 돌아가야 합니다. 그 때 하나님은 우리의 이전 행위를 반역으로 보지 않으시고 변덕으로 보셔서 우리를 기꺼이 품으시고 회복시켜 주실 것입니다. 우리 모두 이러한 하나님을 깊이 인식하고 온전히 주를 신뢰하여 이슬같이 내리시는 튼튼하고 맛깔나고 강건하고 향기로운 하나님의 복을 받아 누리며 살아가는 하나님 나라 백성이 되어야 하겠습니다.

이러한 축복의 사례가 있습니다. 바로 하나님께서 비스가 산위에서 모세를 부르시기 전에 그에게 이스라엘이 들어갈 가나안 땅을 보여주신 바를 보며 그가 지은 유언입니다.

:: 하늘이여 귀를 기울이라. 내가 말하리라. 땅은 내 입의 말을 들을지어다. 내 교훈은 비처럼 내리고 내 말은 이슬처럼 맺히나니 연한 풀 위의

가는 비 같고 채소 위의 단비 같도다(신 32:1-3).

이슬은 낮에 내리지 않습니다. 한밤중이나 새벽에 소리 없이 조용히 내립니다. 이 이슬은 성도에게 하나님의 말씀을 상징합니다. 하나님의 말씀은 죽은 영혼을 소생시키고 성장하여 향기로운 꽃을 피게 하고 열매 맺게 합니다. 말씀은 성도의 삶의 모든 영역에서 새롭게 하고 생동감과 역동성이 있고 지치지 않고 강건하게 살아가며 주위에 선한 영향력을 끼치는 유용한 사람으로 살아가게 합니다.

살아계신 하나님께서는 선지자 이사야에게 모든 성도에 대하여 예언하라 명하셨습니다.

:: 티끌에 누운 자들아 너희는 깨어 노래하라 주의 이슬은 빛난 이슬이니 땅이 죽은 자들을 내놓으리로다(사 26:19).

성도가 이슬 같은 하나님의 은혜를 받아 누리며 주변에 선한 영향력을 끼칠 때 부패한 세상이 변하여 생동감 있는 세상으로 살아날 것입니다. 우리 주께서는 이미 성도를 세상의 소금이며 빛이라고 규정해 주셨습니다. 실로 하나님의 이슬을 듬뿍 받아 주변에 흘러넘칠 때 썩어 죽어가는 곳에 새롭게 소생하는 역사가 일어나고 어둠 속에서 헤매는 자들이 밝은 빛의 세상으로 나오게 될 것입니다. 그런 사람! 그런 가정이 예수를 믿는 사람이며 가정입니다.

:: 형제가 연합하여 동거함이 어찌 그리 선하고 아름다운고. 머리에 있

는 보배로운 기름이 수염 곧 아론의 수염에 흘러서 그 옷깃까지 내림 같고 헐몬의 이슬이 시온의 산들에 내림 같도다(시 133:1-3).

하나님께로 돌아온 성도에겐 마치 헐몬 산에서 흘러넘치는 이슬과 비와 같이, 하나님은 그에게 그리고 그의 집안에 풍성한 평안(샬롬)의 향기를 널리 풍기는 복을 누리게 하실 것입니다.

3. 확실한 신앙고백과 헌신

진정한 회개와 고백으로 하나님께 돌아온 북 왕조 이스라엘, 에브라임은 비록 하나님의 강력한 징계로 혼이 났지만, 후에 하나님의 이슬 같은 은혜를 받아 진정한 신앙을 고백하게 될 것입니다. 그때 하나님께서는 그들을 돌아보시고 풍성한 복을 허락하시겠다고 약속하십니다.

:: 에브라임의 말이 내가 다시 우상과 무슨 상관이 있으리요 할지라. 내가 그를 돌아보아 대답하기를 나는 푸른 잣나무 같으니 네가 나로 말미암아 열매를 얻으리라 하리라(호 14:8).

사람은 미련해서 실수하고 손해를 봐야 비로소 자신의 약점을 알게 되고 한계를 깨닫게 됩니다. 그 후에야 다시는 그런 짓을 하지 않게 됩니다. 북 왕조 이스라엘 역시 그럴 것입니다. 그들 역시 하나님의 강력한 심판을 경험한 후에 깨닫고 하나님께 나와 고백하게 될 것입니다. 이젠 세상의 우상과는 더 이상 상관하지 않을 것입니다. 여호와 하나님만이 오직 구원하시는 하나님입니다.

우리 역시 이들과 별반 다르지 않습니다. 손해 보고 창피당하고 환란을 겪은 후에 다시는 그런 행위를 하지 않겠다고 결심하듯이, 하나님의 사랑을 입은 자는 그런 경험을 통하여 더욱 하나님을 고백하게 되고 단단하고 확실한 신앙을 가진 성숙한 성도가 되는 것입니다.

지금까지 살펴본 호세아서에서 북 왕조 이스라엘의 타락상은 이루 말할 수 없습니다. 호세아의 가정이 이를 잘 보여줍니다. 고멜과 같은 길거리 여인이 아내가 되고, 누구의 자녀인지도 모를 자녀를 낳아 키우며, 호세아는 당시 사회 속에서 하나님을 떠난 백성의 위선과 거짓 그리고 타락과 배교의 삶의 모습을 자신의 가정에서 보며 괴로워하고 낙심했을 것입니다. 이스라엘은 흩어졌고(이스르엘), 긍휼을 받지 못했고(로루하마), 백성이 아닌(로암미) 상태에서 장차 회복되어 일치된 나라 이스라엘이 되고 하나님의 긍휼하심을 풍성히 받아 하나님의 친 백성으로 통일된 이스라엘이 될 것입니다. 이는 바로 하나님의 긍휼과 사랑으로 장차 하나님의 나라가 회복될 것을 예표하는 구속의 역사입니다. 그래서 새로워진 하나님의 자녀들은 그들 스스로 "우상이 나와 무슨 상관이 있는가"라며 더는 우상을 섬기지 않겠다고 선언하고 오직 하나님만을 섬기는 백성이 되겠다고 고백하게 될 것입니다. 그리하여 새로워진 하나님 나라 백성은 마치 푸른 잣나무같이 아름답게 온 세상에 드러나게 될 것입니다.

이때는 주님의 비유를 통하여 알 수 있듯이 장차 예수께서 오실 때 이루어질 것입니다.

:: 또 비유를 들어 이르시되 천국은 마치 사람이 자기 밭에 갖다 심은 겨자씨 한 알 같으니 이는 모든 씨보다 작은 것이로되 자란 후에는 풀보다 커서 나무가 되매 공중의 새들이 와서 그 가지에 깃들이느니라(마 13:31-32).

그렇습니다. 천국 복음! 예수 그리스도께서 완성하신 십자가와 부활의 복음은 성도가 구원받아 천국 백성이 되는 유일한 길이요 진리요 생명입니다. 그 복음을 믿는 자는 온 세상에 평안과 구원을 전하는 선한 영향력을 미치는 삶을 살게 될 것입니다. 하나님께서는 이런 놀라운 경륜 가운데 우리를 예수 안에서 부르시고 회복시켜 하나님의 뜻을 펼치며 살아가도록 지금도 부르시어 다루어 가십니다.

결론

살아계신 하나님은 지금도 사랑하는 택한 자의 인생을 다루어 가십니다. 우리를 치시어 단련시키고 고치십니다. 이러한 과정은 우리를 진정으로 사랑하시는 하나님의 구원 행위입니다. 호세아는 이러한 하나님을 구체적으로 깊이 알라고 강하게 권면하고 있습니다.

:: 오라. 우리가 여호와께로 돌아가자 여호와께서 우리를 찢으셨으나 도로 낫게 하실 것이요 우리를 치셨으나 싸매어 주실 것임이라. 여호와께서 이틀 후에 우리를 살리시며 셋째 날에 우리를 일으키시리니 우리가 그의 앞에서 살리라. 그러므로 우리가 여호와를 알자. 힘써 여호

와를 알자. 그의 나타나심은 새벽빛 같이 어김없나니 비와 같이, 땅을 적시는 늦은 비와 같이 우리에게 임하시리라 하니라(호 6:1-3).

여러분, 지금의 삶이 힘들고 고통스럽습니까? 이 말씀을 깊이 묵상하시기 바랍니다. 그 힘든 상황은 살아계신 하나님께서 당신을 미워하셔서가 아니라 오히려 사랑하셔서 여러분을 간섭하시고 다루시며 온전하게 하는 과정이라 생각하시기 바랍니다. 하나님은 이 모든 과정을 통하여 여러분의 인생 속에 이슬 같은 복을 풍성히 퍼부어 주실 것입니다.

그러기에 성도는 살아계신 하나님을 힘써 알아야 합니다. 말씀 속에서 하나님을 발견하고 만나고 경험해야 합니다. 그리고 진실하게 "세상이 더는 나와 상관없다. 하나님만이 나의 주님이시다"라고 고백하며 선언해야 합니다. 우리가 진정으로 이러한 고백을 할 때, 이슬 같은 하나님께서 부어주시는 풍성하고 은혜로운 복을 누리게 되실 것입니다. 이 놀라운 은혜가 풍성하시길 기원합니다.

기도

살아계신 하나님, 놀라운 구원의 진리로 하나님께서 멀리 계시지 않으시고 우리의 삶과 생애 속에 함께 하심에 감사드립니다. 하나님께서 건조하고 목마른 인생 속에 풍성한 이슬로 축복해 주시겠다니 감사합니다. 이 놀라운 구원의 비밀을 깨닫게 하옵소서. 나 중심의 욕망 가운데 살아가는 죄 된 인생이 놀라운 하나님의 사랑으로 받아 예수 안에서 거듭나게 하시고 구원의 복된 인생을 살아가게 하옵소서. 우리를 버리거나 외면하지 않으시고 치시고 고치시며 역동적으로 다루시어 이슬 같은 풍성한 은혜로 우리를 사랑하시는 하나님을 깊이 경험하고 고백하게 하옵소서. 거룩하신 주 예수 그리스도의 이름으로 기도드리옵나이다. 아멘.

28.
생명의 길

:: 누가 지혜가 있어 이런 일을 깨달으며 누가 총명이 있어 이런 일을 알겠느냐. 여호와의 도는 정직하니 의인은 그 길로 다니거니와 그러나 죄인은 그 길에 걸려 넘어지리라(호 14:9).

호세아서는 본문 9절 말씀으로 마감됩니다. 이 결론은 어떤 의미가 있을까요? 누가 하나님의 신비하고 오묘한 구원의 경륜을 알 수 있겠는가? 없다! 입니다. 지혜로운 자나 총명한 자나 그 누구도 하나님의 생각과 뜻 그리고 시행하시는 역사에 대하여 제대로 알고 깨닫는 자는 없다는 것이 호세아서의 결론입니다. 마치 지혜서와 같이 하나님의 신비와 오묘함은 그 누구도 알 수 없다는 고백이요 선언입니다. 이 주제는 우리의 신앙에 있어서 매우 중요합니다.

1. 알 수 없는 하나님의 생각과 길

이 세상에는 많은 길이 있습니다. 오솔길도 있고 고속도로도 있습니다. 지난 1959년 소련 대통령 흐루쇼프가 당시 미국 대통령 아이젠하워의 초청으로 미국을 방문 후 인터뷰에서 미국의 발달한 농업기술, 화려한 디즈니랜드와 같은 오락 시설 등 탐나는 것이 많이 있는데 그중에 가장 갖고 싶은 것이 고속도로라고 했다고 합니다. 그렇습니다. 미국을 여행할 때마다 감탄하는 것이 프리웨이 고속도로입니다. 이 도로는 말 그대로 통행료도 내지 않고 안전하고 신속하게 목적지에 도달하게 해주는 기반 시설입니다. 참으로 편리하고 놀라운 도로입니다.

인생의 길도 여러 가지가 있습니다. 넓고 긴 길도 있고 좁고 짧은 길도 있습니다. 이 길들 가운데 어느 길로 가야 하는지를 판단하기란 간단하지 않습니다. 그 판단은 매우 어렵습니다. 그 길을 결정하는 것은 전적으로 스스로 해야 합니다. 그래서 부모는 아이에게 인생의 길을 바르게 갈 수 있도록 부지런히 가르칩니다. 문제는 자식이 부모의 말을 제대로 듣지 않고 자기 마음대로 인생의 길을 가려 한다는 점입니다. 물론 어렸을 때는 부모의 말을 듣는 편이지만 머리가 커지면 더 이상 들으려 하지 않습니다. 자기 마음대로 결정하고 살아갑니다. 물론 이런 결정들이 무조건 잘못됐다고 할 수는 없을 것입니다. 특히 요즘과 같이 극도로 발달한 과학 기술 시대에는 더욱 그렇습니다. 당연히 성년이 되면 스스로 자기 삶에 대하여 결정해야 하고 스스로 책임져야 합니다. 이때 중요한 점은 판단과 결정의 기준입니다.

호세아서를 통하여 하나님께서 주신 말씀이 무엇입니까? 북 왕조 이스라엘에 보내심을 받은 선지자 호세아는 이해하기 힘든 하나님의 지시를 순종하여 실행했습니다. 하나님은 그에게 음란한 여인 고멜을 아내로 맞아 자녀를 낳으라고 명하셨습니다. 호세아는 그녀와의 사이에서 이스르엘, 로루하마, 로암미라는 세 자녀를 두었습니다. 이 이름들은 언약 백성임에도 더는 백성으로 삼지 않고 버려 긍휼을 베풀지 않으시겠다는 심판을 예고하는 명칭들입니다.

호세아는 하나님의 말씀에 순종하여 가정을 이루고 자녀들의 이름들을 생각하며 전하라고 명하시는 하나님의 말씀을 마음속 깊이 새기며 사역했을 것입니다. 그런데 하나님은 호세아에게 자녀의 이름들이 상징하는 바에 따라 심판만을 예언하라고 하지 않으셨습니다. 하나님은 놀랍게도 장차 시행하실 심판과 함께 구원을 상징하는 말씀을 전하라고 명하셨습니다.

그 말씀을 살펴봅니다.

:: 그러나 이스라엘 자손의 수가 바닷가의 모래 같이 되어서 헤아릴 수도 없고 셀 수도 없을 것이며 전에 그들에게 이르기를 너희는 내 백성이 아니라. 한 그곳에서 그들에게 이르기를 너희는 살아 계신 하나님의 아들들이라 할 것이라. 이에 유다 자손과 이스라엘 자손이 함께 모여 한 우두머리를 세우고 그 땅에서부터 올라오리니 이스르엘의 날이 클 것임이로다(호 1:10-11).

놀라운 구원의 완성을 예언하는 말씀은 마지막 14장에서도 확인됩니다.

:: 내가 그들의 반역을 고치고 기쁘게 그들을 사랑하리니 나의 진노가 그에게서 떠났음이니라. 내가 이스라엘에게 이슬과 같으리니 그가 백합화 같이 피겠고 레바논 백향목 같이 뿌리가 박힐 것이라. 그의 가지는 퍼지며 그의 아름다움은 감람나무와 같고 그의 향기는 레바논 백향목 같으리니, 그 그늘 아래에 거주하는 자가 돌아올지라. 그들은 곡식 같이 풍성할 것이며 포도나무 같이 꽃이 필 것이며 그 향기는 레바논의 포도주 같이 되리라(호 14:4-7).

하나님은 배교와 우상숭배의 길로 간 이스라엘에 진노하여 심판하시면서도, 그 과정을 통하여 고치시고 회복시키셔서 사랑하시겠다고 약속하셨습니다. 이러한 과정은 살아계신 하나님께서 시행하시는 구원의 경륜입니다. 이러한 구원의 전 과정에 대하여 누가 알 수 있겠습니까? 하나님은 우리에게 "만약 지혜가 있다면 이 섭리를 측정해 보거라, 총명하다면 이해해 보라"고 도전하십니다.

:: 누가 지혜가 있어 이런 일을 깨달으며 누가 총명이 있어 이런 일을 알겠느냐(호 14:9a).

여기서 말하는 "이런 일"이란 선지자 호세아가 전한 모든 메시지를 뜻합니다. 즉 이 말씀은 호세아를 통하여 전한 하나님의 말씀을 그 누가 알고 깨달을 수 있겠는가 라는 도전입니다. 그렇습니다. 모든 인생은 하루하루 살기에 급급하여 살아계신 하나님께서 행하시고 운행하시는 섭리에 대하여 알 수도 없고 깨달을 수도 없습니다. 사도 바울은 로마서에서 하나님의 구원의 경륜, 즉 예정, 중생, 성화, 영화로 설명한 이후 결론적으로 교리 부분을 마감하면서 이렇게 고백했습니다.

:: 깊도다. 하나님의 지혜와 지식의 풍성함이여, 그의 판단은 헤아리지 못할 것이며 그의 길은 찾지 못할 것이로다. 누가 주의 마음을 알았느냐 누가 그의 모사가 되었느냐. 누가 주께 먼저 드려서 갚으심을 받겠느냐. 이는 만물이 주에게서 나오고 주로 말미암고 주에게로 돌아감이라 그에게 영광이 세세에 있을지어다. 아멘(롬 11:33-36).

그렇습니다. 우리를 향한 하나님의 지혜와 능력 그리고 그의 판단은 그 누구의 도움도 조언도 필요하지 않습니다. 전능하신 하나님의 독자적이고 독단적인 생각과 판단 그리고 추진력으로 통치하시며 시행하십니다.

이렇게 성경은 단순하게 도덕적이고 윤리적인 교훈만을 가르치는 책이 아닙니다. 성경은 살아계신 하나님의 섭리하심과 뜻을 전하고 통치하심을 알려 그 길로 들어와 구원의 역사에 합류시키시려는 하나님의 뜻 하나님의 길을 알려주는 계시입니다.

대표적인 경우가 욥기입니다. 욥은 하나님 앞에서 잘못한 것이 없다고 항변하다가 창조주 하나님의 도전적인 주장에 대하여 다음과 같이 고백할 수밖에 없었습니다. "내가 가는 길을 그가 아시나니 그가 나를 단련하신 후에는 내가 순금 같이 되어 나오리라"(욥 23:20). 이는 죄로 미련한 우리 역시 단련 받은 후에야 비로소 정결하게 하나님 앞에 설 수 있음을 가르쳐 줍니다.

2. 모두가 알아야 할 길

문제는 하나님께서 밝히시는 그 길을 찾기가 쉽지 않다는 점입니다. 모든 인간의 죄스러운 성향 때문입니다. 그것은 하나님을 떠나 자기 정욕대로 마음껏 행하려는 반역적 성향 때문입니다. 아담이 그랬고 이스라엘 백성 역시 그랬습니다. 그들은 하나님께 경배하기를 싫어하고 조직적으로, 의도적으로 우상을 만들어 타락하고 배교하였습니다.

하나님은 창조하신 백성, 사랑하여 언약을 맺으신 당신의 언약 백성을 혹독하게 다루셨습니다. 죄를 지은 아담을 그 죄책으로 죽음을 겪게 하셨고 그의 모든 자손은 죽음을 피할 수 없게 하셨습니다. 우상 숭배로 하나님을 떠난 북 왕조 이스라엘을 멸망시키셨습니다. 그들은 주전 722년 앗수르에게 망하여 온 세상에 흩어져 소멸하게 하셨습니다.

즉 "이스라엘"(하나님과 싸워 이기다)이 "이스르엘"(하나님이 흩으신다)이 된 것입니다. 그러나 하나님의 섭리하심은 그것으로 끝나지 않았습니다. 하나님은 흩어버린 그들을 다시 회복시켜 당신의 자녀와 백성으로 회복하시겠다고 말씀하셨습니다. 이것이 하나님께서 호세아 선지자를 통하여 예언하신 하나님의 깊은 의도였습니다.(호 14:9b)

이 "여호와의 도"는 "여호와의 길들"(the ways of the Lord)입니다. 즉 하나님께서 시행하시는 다양한 길, 방법, 시도는 다 정직하고 바르고 곧고 옳다는 것입니다. 이 길들은 옳은 목적을 향하여 가는 바른 길이며 정직하고 참된 길입니다. 실로 여호와께서 말씀하시고 시행하시는 길은 궁극적으로 옳고 바르고 정직합니다. 그래서 이 말씀은 죄인이 가야 할 길이며 구원으로 인도하는 등불이며 빛입니다.(시 119:105)

이 같은 교훈을 다음 구절들이 잘 보여줍니다. 이스라엘을 출애굽 시켜 광야 40년을 인도한 모세는 그의 사역을 마감하면서 이렇게 하나님께서 행하신 모든 일들에 대하여 논평했습니다.

∷ 그는 반석이시니 그가 하신 일이 완전하고 그의 모든 길이 정의롭고 진실하고 거짓이 없으신 하나님이시니 공의로우시고 바르시도다(신 32:4).

또한, 시편 저자는 말씀을 묵상하면서 그 하나님의 말씀에 대하여 설명했습니다.

∷ 여호와의 율법은 완전하여 영혼을 소성시키며 여호와의 증거는 확실하여 우둔한 자를 지혜롭게 하며, 여호와의 교훈은 정직하여 마음을 기쁘게 하고 여호와의 계명은 순결하여 눈을 밝게 하시 도다. 여호와를 경외하는 도는 정결하여 영원까지 이르고 여호와의 법도 진실하여 다 의로우니, 금 곧 많은 순금보다 더 사모할 것이며 꿀과 송이꿀보다 더 달도다. 또 주의 종이 이것으로 경고를 받고 이것을 지킴으로 상이 크니이다.(시 19:7-11)

시편 119편 저자는 하나님 말씀의 능력과 믿음의 결단을 사모하며 말했습니다.

:: 여호와여 주의 율례들의 도를 내게 가르치소서. 내가 끝까지 지키리 이다. 나로 하여금 깨닫게 하여 주소서. 내가 주의 법을 준행하며 전심으로 지키리 이다. 나로 하여금 주의 계명들의 길로 행하게 하소서. 내가 이를 즐거워함이니 이다. 내 마음을 주의 증거들에게 향하게 하시고 탐욕으로 향하지 말게 하소서. 내 눈을 돌이켜 허탄한 것을 보지 말게 하시고 주의 길에서 나를 살아나게 하소서(시 119:33-37).

이렇게 하나님의 도 즉 하나님께서 제시하시는 길을 사모하고 순종하여 따를 때, 우리의 인생은 형통하여 행복한 인생을 살아가게 됩니다. 이것이 하나님의 도, 하나님께서 제시하시는 인생의 길입니다. 이러한 하나님의 뜻과 생각을 기록해서 우리에게 주신 것이 바로 성경입니다. 그래서 사도 바울은 이 성경의 정의와 유용성에 대하여 강조합니다.

:: 모든 성경은 하나님의 감동으로 된 것으로 교훈과 책망과 바르게 함과 의로 교육하기에 유익하니 이는 하나님의 사람으로 온전하게 하며 모든 선한 일을 행할 능력을 갖추게 하려 함이라(딤후 3:16-17).

그렇습니다. "성경은 능히 우리로 하여금 그리스도 예수 안에 있는 믿음으로 말미암아 구원에 이르는 지혜가 있게 하는 계시의 말씀"(딤후 3:15b)임을 굳게 신뢰하고 사모해야 합니다.

지금까지 호세아서를 읽으면서 이해하기 힘든 점은 바로 하나님의 깊고 도저히 알 수 없는 구원 방식이라 하겠습니다. 오늘날 성도들은 구약 시대 성도들보다 복 받은 자들인 것은 신약 성도들은 앞에서 이미 다 보여주신 하나님의 구원 섭리에 대하여 확실하게 알 수 있는 시점에 있다는 점일 것입니다. 그러기에 우리는 모두 하나님께서 구약을 통하여 보여주신 구원 경륜을 깊이 살펴 깨달아 알아야 합니다. 하나님의 사람으로 온전하게 되고 구원에 이르게 될 수 있기 때문입니다.

3. 의인이 되어야 갈 수 있는 길

호세아 선지자는 마지막으로 그의 예언을 마감합니다.

:: 의인은 그 길로 다니거니와 그러나 죄인은 그 길에 걸려 넘어지리라(호 14:9c).

의로운 자가 되어야 정직한 하나님의 도, 즉 여호와께서 제시하시고 허락하신 길로 다닐 수 있습니다. 여기서 누가 의인이며 누가 죄인일까요? 여기서 말하는 의인은 하나님을 믿는 자, 하나님의 말씀을 신뢰하고 순종하여 따르는 자를 뜻합니다. 그런데 어느 누가 하나님을 믿고 하나님의 뜻을 알 수 있단 말입니까?

사도 바울은 의인이 되는 방법에 대하여 이미 잘 설명해 주었습니다. 유일한 방법은 바른 믿음을 가지는 것입니다. 이 바른 믿음은 어떻게 주어질까요? 바울 사도가 제시하는 방법을 살펴봅시다.

:: 복음에는 하나님의 의가 나타나서 믿음으로 믿음에 이르게 하나니

기록된바 오직 의인은 믿음으로 말미암아 살리라 함과 같으니라(롬 1:17).

:: 사람이 마음으로 믿어 의에 이르고 입으로 시인하여 구원에 이르느니라. … 그러므로 믿음은 들음에서 나며 들음은 그리스도의 말씀으로 말미암았느니라(롬 10:10, 17).

그렇습니다. 복음을 들을 때, 그리스도께서 완성하신 십자가와 부활의 진리를 듣고 믿고 시인할 때, 하나님 앞에서 의로운 자가 될 수 있습니다. 이러한 구원의 진리가 구약 성도에겐 희미하게 주어진 진리라 한다면, 신약 성도에겐 부인할 수 없도록 역사 속에서 예수 그리스도를 통하여 기록된 진리가 주어졌습니다. 얼마나 감사한 일입니까?

선지자 이사야는 이 말씀의 능력을 신뢰하는 자에게 주어질 구원 도리를 설명해 주었습니다.

:: 의인의 길은 정직함이여 정직하신 주께서 의인의 첩경을 평탄하게 하시 도다. 여호와여 주께서 심판하시는 길에서 우리가 주를 기다렸사오며 주의 이름을 위하여 또 주를 기억하려고 우리 영혼이 사모하나이다. 밤에 내 영혼이 주를 사모하였사온즉 내 중심이 주를 간절히 구하오리니 이는 주께서 땅에서 심판하시는 때에 세계의 거민이 의를 배움이니 이다. 악인은 은총을 입을지라도 의를 배우지 아니하며 정직한 자의 땅에서 불의를 행하고 여호와의 위엄을 돌아보지 아니하는 도다(사 26:7-10).

하나님은 선지자들을 통하여 구원의 도리를 이미 충분하게 계시해 주셨습니다. 우리는 호세아서를 통하여 그러한 하나님의 말씀을 확인했습니다. 그것은 "오직 의인은 믿음으로 말미암아 산다."는 이신칭의(justification by faith)의 진리입니다. 구원을 얻기 원하십니까? 이 믿음의 길을 선택하여 가야만 합니다. 구약 이스라엘 백성은 실패하였고 망하고 말았습니다. 그들의 역사가 이를 증명합니다. 그 뿐 아니라, 그들 가운데 오신 예수 그리스도의 구원 역사를 통하여 이신칭의의 구원의 도리는 밝히 드러나고 있습니다. 이제 호세아서 강해를 마치면서 다시금 이 놀라운 이신 칭의 진리를 깨닫게 됩니다.

:: 복음에는 하나님의 의가 나타나서 믿음으로 믿음에 이르게 하나니 기록된바 오직 의인은 믿음으로 말미암아 살리라 함과 같으니라(롬 1:17).

결론

세상에는 참으로 알다가도 모를 일들이 수도 없이 많이 있습니다. 시편 73편 저자의 질문을 생각해 보십시오. 하박국 선지자의 질문이 무엇입니까?(합 1:12-17) 예레미야 선지자의 질문이 무엇입니까?(렘 15:10) 이 질문들은 공통적으로 "악인의 성공, 선한 사람의 고통"의 상황을 목격하면서 분노하고 괴로워하며 갈등하는 가운데 하나님께 던지는 질문들입니다.

우리 역시 이 세상을 살면서 같은 질문을 할 때가 적지 않습니다. 이들의 갈등과 분노 그리고 하나님께 대드는 문제들은 어떻게 해결되었습니까?

:: 내가 어쩌면 이를 알까 하여 생각한즉 그것이 내게 심한 고통이 되었더니, 하나님의 성소에 들어갈 때에야 그들의 종말을 내가 깨달았나이다(시 73:16-17).

시편 저자나 하박국 선지자나 모두 그들이 하나님 앞에 나아가서야 해결되었다고 고백합니다. 도대체 그들은 하나님의 성소에서 무엇을 깨달았을까요? 그래서 그동안 괴로워하고 갈등했던 문제가 어떻게 해결되었나요? 그들이 성소에서 하나님을 직접 만났을 때, 그들은 그렇게 역사하시는 하나님의 섭리에 대하여 이해하게 되었던 것입니다. 그들이 직접 하나님을 대면했을 때, 그 때에야 비로소 이해할 수 없었던 하나님의 통치와 구원의 방식에 대하여 깨닫게 되었습니다.

구체적으로 어떤 수단과 과정을 통해서일까요? 다름 아니라 하나님의 말씀을 통해서입니다. 그들은 하나님의 성소에서 하나님께서 말씀하시는 것을 듣고 깨달아 그 말씀을 통하여 그들이 겪었던 말도 되지 않는 상황 속에서 벌어진 것들이 그 과정 가운데서 역사하시는 하나님의 섭리를 깨닫고 이해하게 되었던 것입니다. 그리하여 하나님께서 시행하시는 섭리적 진리를 믿게 되었고 하나님의 섭리하심에 항복하고 적극 수용하여 참된 구원에 이르게 되었던 것입니다.

욥의 경우가 그랬습니다. 그는 그동안 받아드리기 힘든 고난을 겪으면서 도저히 이해하기 어려웠습니다. 그러나 그가 하나님의 계시의 말씀 앞에

셨을 때 그는 고백합니다. 그동안 귀로만 듣던 하나님을 만나게 되자 하나님께서 시행하시는 섭리에 대하여 확실하게 받아드리게 되었던 것입니다. 욥은 이렇게 고백했습니다.

:: 욥이 여호와께 대답하여 이르되 주께서는 못 하실 일이 없사오며 무슨 계획이든지 못 이루실 것이 없는 줄 아오니 무지한 말로 이치를 가리는 자가 누구니이까. 나는 깨닫지도 못한 일을 말하였고 스스로 알 수도 없고 헤아리기도 어려운 일을 말하였나이다. 내가 말하겠사오니 주는 들으시고 내가 주께 묻겠사오니 주여 내게 알게 하옵소서. 내가 주께 대하여 귀로 듣기만 하였사오나 이제는 눈으로 주를 뵈옵나이다 (욥 42:1-5).

이러한 현상은 지금도 마찬가지입니다. 우리 역시 이해되지 않은 상황을 겪으면서 단련 받으며 신앙의 갈등과 연단 속에서 마침내 주님을 만나 고백하게 되고 확신하여 성숙한 성도로 거듭나게 됩니다. 이러한 과정은 오직 예수 그리스도를 만나야만 가능합니다. 이는 야곱이 그랬고, 욥이 그랬고, 그리고 시편 저자와 바울 모두 그런 경험을 통하여 고백했습니다. 그래서 우리 주께서는 죄로 인하여 해결되지 않는 문제로 수고하고 무거운 짐을 지고 살아가는 우리 모두를 자신에게 오라고, 와서 만나자고 우리를 기꺼이 초청해 주셨습니다. 실로 예수님은 우리를 하나님 아버지께로 이끌어 주시는 유일하신 분이십니다.

:: 수고하고 무거운 짐 진 자들아 다 내게로 오라. 내가 너희를 쉬게 하리라. 나는 마음이 온유하고 겸손하니 나의 멍에를 메고 내게 배우라.

그리하면 너희 마음이 쉼을 얻으리니 이는 내 멍에는 쉽고 내 짐은 가벼움이라 하시니라(마 11:28-30).

:: 예수께서 이르시되 내가 곧 길이요 진리요 생명이니 나로 말미암지 않고는 아버지께로 올 자가 없느니라(요 14:6).

본문 9절 말씀대로, 의인은 여호와의 진리대로 살아가는 자입니다. 그러나 죄인은 그 여호와의 말씀에 걸려 망하게 될 것입니다. 인간은 하나님을 찾지 않고 자기 마음대로 살아가려는 죄성이 강하기 때문입니다.

사랑하는 여러분, 이미 우리를 초청해 주신 예수께서 우리의 생명이시며 길이시며 진리이심을 믿으시기 바랍니다. 이것이 호세아서를 통하여 주시는 하나님의 강력하신 말씀이며 우리 모두에게 베풀어 주시는 이슬과 같은 은혜입니다. 오직 하나님만이 모든 것의 기원이며 과정이며 목적이십니다. 비록 이해되지 않고 받아드리기 힘들더라도 예수 앞에 나오시기 바랍니다. 우리 예수께서 부르시는 초청의 말씀을 무시하거나 외면하지 말고 적극 수용하여 주께로 나오시기 바랍니다. 그러할 때, 오직 예수 안에서 바울과 같은 고백과 찬양할 수 있을 것입니다.

:: 이는 만물이 주에게서 나오고 주로 말미암고 주에게로 돌아감이라 그에게 영광이 세세에 있을지어다. 아멘(롬 11:36).

기도

하나님 아버지, 그동안 28 번의 시간 동안 호세아서를 통하여 섭리하시는 하나님의 구속의 진리를 잘 배울 수 있게 해 주셔서 감사합니다. 하나님의 사랑과 긍휼, 간섭과 경책, 그리고 회복과 구원, 이 모든 말씀이 예수 안에서 이루어짐을 다시금 확인합니다. 깊고 오묘하신 하나님의 섭리에 대하여 더욱 깊이 깨닫게 하시고 그 진리를 사모하여 예수 그리스도를 통하여 이루시는 하나님의 구원을 풍성히 누리게 하옵소서. 사악한 죄로 혼란스러운 이 세상에서 밝은 진리의 빛으로 오신 예수 그리스도께서 이루신 구속의 복음을 믿어 의와 사랑 그리고 진리와 화평을 이루며 살아가는 하나님 나라 백성이 되게 하옵소서. 이 거룩한 나라가 완성될 그날을 바라보며 다시 오실 주님을 대망하게 하옵소서. 거룩하신 주 예수 그리스도의 이름으로 기도드리옵나이다. 아멘.

참고문헌

박윤선, 『구약주석 소선지서』, 영음사, 1983.

김희보, 『구약 호세아 주해』, 총신대학교 출판부, 1983.

Barrett, Michael P. V. *Love Divine and Unfailing*, P&R, 2008.

Fairbairn, P. *The Interpretation of Prophecy*, Banner of Truth Trust, 1993.

Heschel, Abraham J. The Prophets, Prince Press, 2000.

Keil, C. F. & F. Delitzsch, *Commentary on the Old Testament* Vol. 10, Hendrickson, 2001.

McComiskey, T. E. ed., *The Minor Prophets, An Exegetical & Expository Commentary* Vol. 1, Baker, 1992.